Hand- und Lehrbücher der Pädagogik

Herausgegeben von Dr. Arno Mohr

Bisher erschienene Werke:

Callo, Modelle des Erziehungsbegriffs
Faulstich-Wieland, Individuum und Gesellschaft
Haefner, Gewinnung und Darstellung wissenschaftlicher
Erkenntnisse insbesondere für universitäre Studien-,
Staatsexamens-, Diplom- und Doktorarbeiten
Kammerl (Hrsg.), Computerunterstütztes Lernen
May, Didaktik der ökonomischen Bildung, 3. Auflage
Schröder, Lernen – Lehren – Unterricht, 2. Auflage
Schröder, Didaktisches Wörterbuch, 3. Auflage
Werning · Balgo · Palmowski · Sassenroth, Sonderpädagogik

Lernen – Lehren – Unterricht

Lernpsychologische und didaktische Grundlagen

Von
Professor
Dr. Hartwig Schröder

2., durchgesehene Auflage

R. Oldenbourg Verlag München Wien

Die Deutsche Bibliothek - CIP - Einheitsaufnahme

Schröder, Hartwig:
Lernen – Lehren – Unterricht: lernpsychologische und didaktische
Grundlagen / Hartwig Schröder. - 2., durchges. Aufl. – München; Wien:
Oldenbourg, 2002
  (Hand- und Lehrbücher der Pädagogik)
  ISBN 3-486-25973-3

© 2002 Oldenbourg Wissenschaftsverlag GmbH
Rosenheimer Straße 145, D-81671 München
Telefon: (089) 4505 1-0
www.oldenbourg-verlag.de

Gedruckt auf säure- und chlorfreiem Papier
Druck: Hofmann Medien Druck GmbH, Augsburg
Bindung: R. Oldenbourg Graphische Betriebe Binderei GmbH

ISBN   3-486-25973-3
ISBN 978-3-486-25973-5

Inhaltsverzeichnis

1. LERNEN

1.1 DEFINITION UND KENNZEICHNUNG VON LERNEN

1.1.1 Lernen in der Alltagssprache

Lernen vollzieht sich nicht nur in der Schule und im Unterricht. Lernen ist vielmehr im täglichen Leben des Menschen ein zentraler Vorgang. Die Fähigkeit zu lernen ist nicht nur dem Menschen zu eigen, denn auch zahlreiche Tierarten sind lernfähig. Aber der Mensch ist aufgrund seiner mangelhaften Instinktausstattung besonders auf Lernen angewiesen. Er ist ein typisches Lernwesen, ein Lernender "par excellence".

Im täglichen Sprachgebrauch ist der Begriff des Lernens besonders verbunden mit den Vorstellungen des Einprägens von Gedächtnismaterial oder des Erwerbs von Fertigkeiten und Fähigkeiten. Mit dem Begriff des Lernens ergeben sich häufig folgende Assoziationen (Gedankenverknüpfungen):

- **Lerninhalte:** Gedächtnisleistungen (Gedichte, Zahlenreihen, Formeln, Telefonnummern), Fertigkeiten (Laufen, Rad fahren, Auto fahren, Ski- oder Schlittschuh fahren, Schreibmaschinen schreiben), Fähigkeiten (Sprachen, Begriffsbildung, logisches Denken, Urteilen).
- **Lernort:** Schule, Klasse, Unterricht, Universität, Kurse u. a.
- **Lernender:** Schüler, Student, Kind, Auszubildender, Sportler, Tier.
- **Lernart:** Auswendiglernen, Lerntechnik, "Eselsbrücken", Einprägen.

Bereits in der Alltagssprache wird deutlich, dass man mit Lernen einen Vorgang meint, der ein Verhalten ermöglicht, das vorher nicht beherrscht wurde und diese Verhaltensänderung nicht allein durch instinktive Steuerung zu erklären ist.

1.1.2 Arbeitsdefinition von Lernen

Im Gegensatz zur Aufzählung von verschiedenen Vorstellungen, die sich mit Lernen verbinden, muss eine Definition des Lernens die typischen Gemeinsamkeiten aller Lernarten und -möglichkeiten enthalten, sowie eine Abgrenzung von anderen ähnlichen Prozessen, die nicht zum Lernen gerechnet werden. In der Psychologie (Lernpsychologie) werden zahlreiche Definitionen von Lernen angeboten. Diese sind meist abhängig von dem theoretischen Konzept, unter dessen Aspekt Lernen beschrieben wird (MIETZEL 1998, 125 f.), z. B.:

- Lernen als Reiz-Reaktions-Verbindung (Behaviorismus),

- Lernen als Gewinnung von Einsicht (Kognitivismus),
- Lernen als Regelkreis (Kybernetik),
- Lernen als Verarbeitung von Information (Informationstheorie) usw.

Wegen der entsprechenden Vielfalt der möglichen Definitionen soll eine Arbeitsdefinition angeboten werden. Arbeitsdefinition meint eine Beschreibung dessen, was man immer dann, wenn hier und jetzt von Lernen gesprochen wird, darunter versteht. Dabei kann kein Anspruch auf absolute Gültigkeit erhoben werden. Es ist vielmehr dabei immer zu akzeptieren, dass es daneben auch andere Betrachtungs- und Deutungsmöglichkeiten gibt, die allerdings ebensowenig Anspruch auf volle Gültigkeit erheben können. Als eine Arbeitsdefinition für Lernen kann gelten:

Lernen bewirkt eine relativ dauerhafte Verhaltensänderung auf Grund von Erfahrung.

1.1.3 Bestimmungsmerkmale des Lernens

Lernen wird hier gesehen als ein hypothetisches Konstrukt, das ist eine nicht direkt aufzeigbare Erklärungsgrundlage (Ursache) für einen erkennbaren Vorgang (Verhaltensänderung). Die o. g. Arbeitsdefinition erscheint zwar bei der Vielfalt der Erscheinungsformen von Lernprozessen relativ kurz, sie enthält aber die wesentlichen Bestimmungsmerkmale des Lernens:

- **Verhaltensänderung**: Jedes Verhalten, das durch Lernen beeinflusst wird, zeigt eine Veränderung. Wo keine Verhaltensänderung möglich ist, z. B. bei einem starren, instinktiv gesteuerten Verhalten im Tierreich, kann auch kein Lernen erfolgen. Der Begriff des Verhaltens ist dabei im weitesten Sinne zu verstehen, so dass auch äußerlich nicht erkennbare Verhaltensweisen wie Denkprozesse und Verhaltensdispositionen (latentes Lernen) eingeschlossen sind. Lernen ist nur dort möglich, wo das Verhalten variiert werden kann. Je fester ein Instinktschematismus ausgeprägt ist, desto weniger ist Lernen möglich. Lernen führt grundsätzlich zum Erwerb von neuen Verhaltensweisen oder zur Modifikation eines bereits erworbenen Verhaltens.

- **bewirkt**: Gelegentlich wird Lernen auch direkt als Verhaltensänderung gekennzeichnet, also: Lernen **ist** eine Verhaltensänderung
  (SKOWRONEK 1991, 183; BOURNE u. EKSTRAND 1992, 131)
  oder Lernen als "allgemeine, umfassende Bezeichnung für Veränderungen des individuellen Verhaltens" (FRÖHLICH 1998, 262). Hier
  soll jedoch etwas deutlicher zum Ausdruck gebracht werden, dass
  sich die Verhaltensänderung als **Folge** des Lernens ergibt.
- **relativ dauerhaft**: Durch das Adjektiv "dauerhaft" werden kurzfristige Verhaltensänderungen ausgeschlossen, die nicht zum Lernen
  gerechnet werden. Das Adverb "relativ" ist eigentlich eine
  Verlegenheitslösung und deutet an, dass die Dauer der Verhaltensänderung nicht eindeutig festgelegt werden kann. Sie ist von
  Lernsituation zu Lernsituation verschieden.
- **Erfahrung**: Durch den Hinweis auf die Erfahrung als Ursache des
  Lernens werden Verhaltensänderungen ausgeklammert, welche
  durch Krankheiten, Verletzungen, Ermüdungen oder Rauschzu-
  stände entstehen. Die Erfahrung schließt notwendigerweise die Fähigkeit des Wahrnehmens und Behaltens ein. Lernen wird also verursacht durch **Aufnahme**, **Verarbeitung** und **Speicherung** von
  Informationen.
  Als erfahrungsbedingter Prozess ist Lernen von Reifen, Wachsen
  und von instinktmäßigem Verhalten zu unterscheiden. Wenn z. B.
  ein Junge nach dem Stimmbruch tief spricht, ist dies nicht das Ergebnis eines Lernprozesses, sondern es handelt sich hierbei um
  einen Reifungsprozess. Das Beherrschen eines Fahrrades durch geschickte Lenkung und Bewegung ist dagegen durch Lernen zustande gekommen.

Weitere Merkmale des Lernens:
- Nicht immer erfolgt unmittelbar die Veränderung des Verhaltens.
  Lernen zeigt sich manchmal nicht direkt in einer Verhaltensände-
  rung. Lernprozesse wirken sich weit umfassender aus, als sich in
  Verhaltensänderungen unmittelbar niederzuschlagen. Es können
  auch Wünsche, Strebungen und Motive ebenso erlernt werden wie
  Ablehnungen, Hemmungen und Aversionen, die sich erst später
  oder überhaupt nicht im äußeren Verhalten zeigen. Somit sind auch
  Einstellungen und Haltungen erlernbar. Sämtliche als Anpassungen
  bezeichneten Prozesse sind Auswirkungen des Lernens.

- Lernen vollzieht sich als **Wirkeinheit**. Besonders im menschlichen Bereich gilt, dass es sich beim Lernen um einen ganzheitlichen Vorgang handelt, der nicht nur eine Dimension des Reagierens auf äußere Gegebenheiten aufweist. Bereits die Erfahrung selbst beinhaltet neben reaktiven Momenten auch Aktionen, welche in den Erfahrungsprozess einfließen. Diese werden gestaltet durch vorhergehende Erfahrungen, durch erworbene Einstellungen, durch Erwartungen u. ä. In der Erfahrung als Voraussetzung für Lernen treffen also nicht die objektiven Gegebenheiten der realen Umwelt auf innere Gegebenheiten der Erwartung, Einstellung, Zuneigung oder Ablehnung. Die sog. äußeren Gegebenheiten werden vielmehr bereits bei ihrem Wahrnehmen subjektiv erlebt und gedeutet. Es besteht bereits im Erkenntnisprozess eine Integration von inneren und äußeren Wirkmomenten, so dass in der Erfahrung nicht Äußeres und Inneres aufeinandertreffen und dadurch den Lernprozess bewirken, sondern dass bereits zwischen den inneren und den äußeren Faktoren eine Wirkeinheit besteht.

1.2   LERNFORMEN

In der Alltagssprache gibt es zwar **das** Lernen, womit meist der Erwerb von Wissen und Fertigkeiten gemeint ist. In der kritischen Analyse der Lernpsychologie zeigt sich jedoch eine Vielfalt von Lernformen, die kaum unter einer Bezeichnung zusammengefasst werden kann. Lernformen sind Variationsmöglichkeiten des Lernens, welche in Lernsituationen unter Beteiligung unterschiedlicher Lernfaktoren auftreten können. Formen des Lernens lassen sich in verschiedenen Gruppierungen beschreiben:

1.2.1 Lerntypologie

Am bekanntesten ist die Zusammenstellung verschiedener Lernformen in der Lerntypologie von GAGNÉ (1980). Diese zeigt sich als eine hierarchische Ordnung (Lernhierarchie) von der einfachsten zur komplexen Form. Hierbei ist immer für das Zustandekommen einer bestimmten Lernform die Beherrschung der in der Typologie vorhergehenden Lernart Voraussetzung. Im einzelnen weist die Typologie folgende Lernformen auf:
- **Signallernen:** Der Lernende erfährt, dass bestimmten Zeichen eine bestimmte Bedeutung zukommt. Reizkonstellationen werden Zeichen für etwas, d. h. sie fungieren als Bedeutungsträger und haben Signalcharakter. Hierbei werden ursprünglich neutrale Reize zu Bedeutungsträgern bzw. ändern Zeichen während des Lernprozesses ihren Bedeutungsgehalt.
- **Reiz-Reaktions-Lernen:** Es wird gelernt, auf bestimmte Reize entsprechend zu reagieren. Das Lernen erfolgt hierbei dadurch, dass sich bei bestimmten Reaktionen Erfolg, bei anderen Misserfolg einstellt.
- **Kettenbildung:** Eine Reaktionsfolge wird gelernt, indem verschiedene gelernte Verhaltensformen aneinandergeknüpft werden. Ein Verhaltensbestandteil geht in den anderen über bzw. wird Ursache (auslösendes Moment) für den anderen.
- **Sprachliche Assoziation:** Bestimmte Sachgegebenheiten werden mit entsprechenden Benennungen verknüpft (assoziiert). Es entsteht also eine Verbindung einer Sache mit ihrer entsprechenden Bezeichnung. Dabei wird der Name der Sache stellvertretend für die Sache, er bekommt Repräsentationscharakter.

- **Multiple Diskrimination**: Hierbei werden Mehrfach-Unterscheidungen gelernt, die es ermöglichen, Sachverhalte, welche zwar sehr ähnlich sind, aber unterschiedliche Bedeutung haben, ihren spezifischen Bedeutungen zuzuordnen. Im Lernexperiment lernt z. B. ein Versuchstier nicht nur auf ein rotes Signal zu reagieren, sondern auch auf Farbabstufungen von Rot (von hellrosa bis dunkelrot) und auf unterschiedliche Reizdauer zu achten.
- **Begriffslernen**: Es wird gelernt, aus einer Gruppe von Sachverhalten durch Verallgemeinerung das Gemeinsame herauszufinden. Dies ermöglicht, für Dinge, welche einander ähnlich und mit Namen versehen sind, durch Herausfinden der Gemeinsamkeit und entsprechende Abstraktion den Oberbegriff zu finden.
- **Regellernen**: Regeln und Gesetzmäßigkeiten, z. B. das Verhältnis von Ursache und Wirkung, werden gelernt. Hierbei werden Zusammenhänge, Gesetzmäßigkeiten und Beziehungen erkannt und die gefundenen Regeln sinnvoll angewandt.
- **Problemlösen**: Das Problemlösen stellt die höchste Form des Lernens dar und ermöglicht, in einer problematischen Situation selbständig Wege zur Bewerkstelligung der Situation zu finden. Durch Kombination verschiedener erlernter Regeln werden Problemsituationen gelöst.

1.2.2 Gegenüberstellung von Lernformen

1.2.2.1 Natürliches Lernen - schulisches Lernen

Beim **natürliches Lernen** ist der Lernende von sich aus motiviert und beschäftigt sich ohne fremden Antrieb mit einer Sache. In der Regel nimmt er Hilfe nur dann in Anspruch, wenn er Barrieren allein nicht überwinden kann. Natürliches Lernen zeigt folgende Merkmale:
- hohes Maß an Eigenaktivität,
- unmittelbares Sachinteresse,
- relativ große und andauernde Konzentration,
- verstärkte Einprägung,
- flüssiges Anwendungsverhalten und
- größere Kritikbereitschaft.

Schulisches Lernen ist in der Regel kein Lernen, das sich in der natürlichen Situation des Alltags ergibt, sondern im Unterricht veranlasst wird. Es ist meist durch folgende Merkmale gekennzeichnet:
- Lernen vollzieht sich weniger freiwillig, sondern wird gefordert.
- Die Lernziele werden dem Lernenden vorgegeben.

- Die Lernziele werden weitgehend unabhängig von den Bedürfnissen und Neigungen des Lernenden gesetzt.
- Lernen erfolgt im Rahmen einer sozialen Über- und Unterordnung.
- Lernen vollzieht sich in Gruppen.
- Der Lernerfolg unterliegt einer ständigen Kontrolle und Bewertung.

Aufgabe der Schule ist es, durch entsprechende Maßnahmen besonders unter Berücksichtigung der Offenheit und der Schülerorientierung das schulische Lernen dem natürlichen möglichst weitgehend anzunähern. Hierzu zählen der Projektunterrichts, das handlungsorientierte Lernen, die Öffnung der Schule für das Leben und für das Gemeinwesen sowie die Bildung von Arbeits- und Interessengemeinschaften. Hervorzuheben sind in diesem Zusammenhang auch die Möglichkeiten der ganztägigen Betreuung, welche sich nicht nur auf eine Hausaufgabenhilfe beschränkt, sondern auch aktive Freizeitgestaltung einbezieht. Hier hat es sich als besonders fördernd für die soziale Entwicklung der Kinder und als Anregung für das natürliche Lernen erwiesen, wenn in den schulischen Aufgabenbereichen neben dem gemeinsamen Lernen im Unterricht Formen des gemeinsamen Essens, Spielens und Arbeitens in Ess-, Spiel- und Arbeitsgemeinschaften nach eigener Wahl und Interessenrichtung angeboten und praktiziert werden können.

1.2.2.2 Sinnfreies Lernen - sinnvolles Lernen

Ein **sinnfreies** Lernen entspricht dem mechanischen Auswendiglernen. Hierbei wird der Inhalt vom Lernenden nicht verstanden und nur gedächtnismäßig memoriert. Beim sinnfreien Lernen versucht der Lernende häufig durch entsprechende gedankliche Verknüpfungen einen Sinnbezug herzustellen ("Eselsbrücken").
Sinnvolles Lernen ist ein Lernen von Bedeutungen, Zusammenhängen und Einsichten. Lange Zeit dominierte die irrige Annahme, dass jüngere Schüler auch sinnlose Lernstoffe sich leicht einprägen und gut behalten. Demgegenüber zeigte sich schon bei früheren Untersuchungen, dass 6- und 10-jährige Kinder ebenso wie 14-jährige Jugendliche und Erwachsene sinnvolles, sprachliches Material wesentlich leichter und besser lernen als sinnarmes.
Sinnvolles Lernen zeigt weitgehende Übereinstimmung mit dem **Lernen durch Einsicht** und dem **Problemlösen**. Hierbei sind in der Regel folgende Stufen erkennbar (KAISER u. KAISER 1998, 133):
- Eine Schwierigkeit tritt auf.
- Diese wird lokalisiert und präzisiert.
- Mögliche Lösungswege werden entworfen.

- Die Folgen dieser Entwürfe werden bedacht.
- Der Lösungsweg wird abgelehnt oder akzeptiert und daraufhin praktiziert

1.2.2.3 Intentionales Lernen - inzidentelles Lernen

Das **intentionale Lernen** ist ein Lernen mit einer bestimmten Absicht (Intention). Es ist auf ein Lernziel gerichtet, das entweder von außen gesetzt wird oder das sich der Lernende selbst stellt. Intentionales Lernen tritt dann auf, wenn der Lehrer seinen Schülern Aufgaben (z. B. Hausaufgaben) gibt, welche ein gezieltes Lernen bewirken. Auch wenn der Schüler beabsichtigt, aus welchen Gründen auch immer, etwas zu lernen, handelt es sich um intentionales Lernen.

Das **inzidentelle Lernen** dagegen vollzieht sich ohne erkennbaren Anlass oder Auftrag von außen. Auch der Lernende hat sich kein Lernziel gesetzt bzw. er ist sich eines Lernzieles nicht bewusst. Inzidentelles Lernen vollzieht sich gleichsam nebenher und wird daher auch als beiläufiges Lernen bezeichnet.

Obwohl man durch die Setzung von Lernzielen vom intentionalen Lernen größere Erfolge erwartet, wird sowohl im Alltagsleben als auch im Unterricht sehr vieles beiläufig gelernt. In der Schule spricht man in diesem Zusammenhang von einem "geheimen Lehrplan", der neben dem offiziellen Stoffplan, nach dem sich der Lehrer richten sollte, besteht. Nach diesem heimlichen Curriculum lernt z. B. ein Schüler, wie er sich gegen einen Konkurrenten in der Klasse durchsetzt, wie er ohne erwischt zu werden erfolgreich die Hausaufgabe umgehen kann oder wie er bei seinen Mitschülern am besten Aufmerksamkeit und Anerkennung erzielt.

Diejenigen Schüler, welche vom Lehrer allgemein gut beurteilt werden, erweisen sich in der Regel als gute Auftragslerner (im Sinne intentionalen Lernens). Häufig zeigen aber gerade die "schlechten" Schüler im Bereich des inzidentellen Lernens überraschende Leistungen, d. h. sie sprechen zwar auf das ihnen gesetzte Lernziel wenig an, bringen jedoch gerade dort, wo von ihnen Lernvollzüge nicht verlangt oder erwartet werden, manchmal verblüffende Lernleistungen zustande; dagegen versagen sie, wenn von ihnen Lernen gefordert und in Auftrag gegeben wird. Man kann in diesem Zusammenhang von einem **negativen Lernauftrag-Effekt** sprechen. Dieser steht im direkten Bezug mit einem inneren Sträuben gegen Lernaufträge, das immer dann auftritt, wenn eine Lernleistung vom Lehrer gefordert wird. Negative Lernauftrag-Effekte lassen sich besonders häufig bei Schülerinnen und Schülern beobachten, welche ihren Noten nach zur schlechteren Hälfte der Klasse zählen.

Diese bringen beim inzidentellen Lernen durchaus akzeptable, manchmal überraschende Leistungen, z. B. dann, wenn Dinge oder Begriffe, mit denen sie sich vorher spielend (etwa in einem Suchfeld) beschäftigten, wieder erkannt oder wieder gefunden werden sollen. Als Ursachen für einen negativen Lernauftrag-Effekt wirken in der Regel seitherige Enttäuschungen, Misserfolge oder gar Diskriminierungen im Zusammenhang mit angeordnetem oder aufgegebenem Lernen, wie es in der Schule beim Lernen von Vokabeln oder von Rechenformeln üblich ist.

1.2.2.4 Rezeptives Lernen - entdeckendes Lernen

Beim **rezeptiven Lernen** werden in der Schule die Lerninhalte entsprechend den Angaben des Lehrers vom Schüler übernommen. Es ist ein Lernen auf Vorgabe. Wichtig ist hierbei eine geschickte Anleitung des Lehrers, die Vermeidung von Übersteuerung durch den Lehrer und die Möglichkeit für den Schüler, den Lernprozess mit Einsicht nachzuvollziehen. AUSUBEL (1974), der besonders das sinnvolle Lernen (meaningful verbal learning) betonte, verteidigte ein sinnvoll-rezeptives Lernen gegenüber dem entdeckenden Lernen, da das entdeckende Lernen letztlich unrationell sei und besonders die schwächeren Schüler nur verwirre.

Beim **entdeckenden Lernen** findet der Lernende schöpferisch und selbsttätig Lösungswege zur Bewältigung von Problemsituationen (kreatives Lernen). Hierbei werden durch Eigeninitiative kognitive Strukturen aufgebaut, d. h. Einsichten und Kenntnisse erworben, die es ermöglichen, auch später auftretende Probleme eigenständig zu lösen und neue Zusammenhänge aufzufinden. Vorteile des entdeckenden Lernens für die geistige Entwicklung wurden besonders von BRUNER (1966) hervorgehoben:
- größere Lernfreude und Selbstvertrauen,
- Eigenaktivität des Lernenden,
- größere Konzentration und Ausdauer und
- erhöhte Gedächtnisleistung.

Als Zwischenform zwischen dem rezeptiven und entdeckenden Lernen erweist sich ein gesteuertes entdeckendes Lernen (guided discovery learning), bei dem der Lehrer einen steuernden Rahmen und organisatorische Vorgaben anbietet, welche dem Schüler ermöglichen, relativ selbständig entdeckende und problemlösende Prozesse zu aktivieren. Den Schülern bereitet es in der Regel Freude, etwas zu entdecken und ihre Kreativität entfalten zu lassen.

Dies gilt sowohl für den Umgang mit natürlichen oder technischen Gegebenheiten als auch für schriftliche Ausdrucksformen (SCHILCHER 1999, 215).

1.2.3 Sonderformen des schulischen Lernens

1.2.3.1 Lernen durch Einsicht

Das Lernen durch Einsicht entspricht dem sinnvollen Lernen. Es kann in folgende Verlaufsschritte aufgegliedert werden:
- **Vororganisation**: Für die in einer Situation auftretenden Gegebenheiten liegen entsprechende Bedeutungszumessungen vor, welche in der Regel durch vorhergehende Lernprozesse erworben wurden.
- **Störung**: Im Verhalten tritt eine Störung auf, wenn der gewohnte Handlungsablauf durch das Auftauchen eines Hindernisses nicht mehr möglich ist. In ähnlicher Weise kann es im Denkprozess zu Störungen durch das Erscheinen einer "Lücke" im seither geschlossenen Gedankensystem kommen, z. B. durch einen offenkundigen Widerspruch.
- **Problembewusstsein**: Es wird nicht nur erkannt, dass die Störung nicht ohne weiteres zu beheben ist, sondern auch die Ursachen der Störung werden lokalisiert und abgegrenzt.
- **Durchorganisation**: Problembewusstsein und Aufforderungscharakter der Situation veranlassen eine Umorganisation, wobei sich meist ein Wandel in der Bedeutungszumessung vollzieht. So erhalten seither unbeachtete Gegebenheiten Relevanz, während andere diese verlieren. Auch das Umfeld (Umweg) wird einkalkuliert und mögliche Lösungen werden gedanklich durchexperimentiert.
- **Einsichtsgewinnung**: Die Durchorganisation schließt mit der Gewinnung von Einsicht. Hierbei werden diejenigen Faktoren, welche die Situation bestimmen, erkannt, in ihrem Zusammenwirken einander zugeordnet und die Problematik wird dadurch aufgehoben.
- **Realisierung**: Die durch Einsicht gewonnene Problemlösung wird anschließend bei der Lösung der Aufgabe oder ähnlicher Probleme realisiert (Transfer), wobei sowohl der Vorgang der Umstrukturierung als auch die erlangte Einsicht Nachwirkungen zeigen.

Das Ziel des Lernens durch Einsicht ist es, die für die Situation bedeutsamen Momente zu erfassen (einzusehen) und richtig zuzuordnen, was zu gegenwärtigen und zukünftigen Problemlösungen führt. Für einen verlässlichen Verlauf des Lernens durch Einsicht müssen verschiedene Voraussetzungen erfüllt sein:

- **Struktur des Lernmaterials**: Das zu lernende Material muss einen sinnvollen Bezug aufweisen, d. h. dem zu lernenden Stoff soll ein logischer Sinngehalt zukommen.
- **Erfassbarkeit des Sinngehalts**: Der logische Sinnzusammenhang muss für den Lernenden erfassbar sein. Dies bringt Forderungen sowohl an das Lernmaterial (Schwierigkeitsgrad) als auch an den Lernenden (Fähigkeitsausprägung).
- **Lernbereitschaft des Lernenden**: Neben der Fähigkeit muss der Lernende auch die Bereitschaft aufweisen, sich mit dem Material zu beschäftigen und seinen Sinngehalt denkend nachzuvollziehen.
- **Methodisches Geschick des Lehrers**: Der Lehrer sollte die Fähigkeit besitzen, den Schüler für das Lernmaterial zu motivieren und das Lernmaterial sinnvoll aufzuarbeiten, so dass der Sinngehalt für den Schüler transparent wird.

1.2.3.2 Soziales Lernen

Soziales Lernen ist ein Lernen, das jeweils auf andere bezogen ist, von deren Verhalten geprägt wird und sich auf das Verhalten anderer auswirkt. Da beim sozialen Lernen die Verhaltensregeln und Normen der Gemeinschaft übernommen werden, bezeichnet man es auch als ein Lernen in der und für die Gemeinschaft.

Im Unterricht ist soziales Lernen insofern bedeutsam, als ein Schüler seine Lernleistungen meist im Klassenverband vollbringt und ein Großteil der Erfolge oder Misserfolge von seinen Mitschülern bestimmt wird. Soziales Lernen findet in der Gruppe statt. Es ist begleitet von den Meinungen und Kommentaren der Gruppenmitglieder. Die Anstrengungsbereitschaft des Einzelnen wird entscheidend dadurch bestimmt, ob er durch seine Leistung an Ansehen in der Gruppe gewinnt oder nicht. Hierbei sind Faktoren der Kommunikation, der Interaktion und des Selbstbildnisses in der Gruppe von Bedeutung.

Soziales Lernen wird besonders im **Gruppenunterricht** angestrebt. Dabei versucht der Lehrer den Unterricht weniger auf sich selbst, sondern mehr auf die Mitschüler zu beziehen. Es erweist sich als Vorteil, dass in der kleinen Gruppe ein Schüler leichter bereit ist, aus sich herauszugehen und Hemmungen abzubauen.

Auf das soziale Lernen können sich sowohl im Elternhaus als auch in der Schule nachteilig auswirken:
- rücksichtslose, überstrenge Erwartungen,
- überbesorgtes, ängstlich bewahrendes Betreuen,
- liebloses und vernachlässigendes Verhalten.

Auch unbedachte Verhaltensweisen des Lehrers, welche dem einzelnen Schüler ungewollt Missachtung oder geringe Erwartung signalisie-
ren, beeinflussen negativ das soziale Lernen. Hierzu gehören:
- geringe Zeit beim Warten auf Antwort geben,
- den Schüler in einer Versagenssituation zu lange belassen,
- verhältnismäßig häufig oder laut kritisieren,
- selten aufrufen, anerkennen oder loben,
- geringere Aufmerksamkeitszuwendung.

Soziales Lernen vollzieht sich in der Schule nicht nur bei der beabsich-
tigten Verwirklichung sozialer Ziele, sondern auch im täglichen persönlichen Umgang von Lehrer und Schüler. Ein interessantes Phänomen ist
hierbei die Meinungsbildung innerhalb einer Gruppe. Es zeigen sich
hierbei folgende Prozesse:
- Fehlen feste Bezugspunkte für die Urteilsbildung, gleichen sich die
  Meinungen der Einzelnen immer mehr einem Gruppenkonsens an.
- Der Einzelne hat nur dann eine Chance, Sondermeinungen zu vertreten, wenn er partnerschaftliche Unterstützung erfährt.
- Wenn der Einzelne auf seinem abweichenden Standpunkt beharrt,
  reagiert die Mehrheit der Gruppe meist abweisend und intolerant.

Hieraus ergibt sich, dass das schulische Lernen, welches sich in der
Regel im Klassenverband oder in einer Lerngruppe vollzieht, nicht nur
den Sachgesetzlichkeiten unterworfen ist, sondern auch von Gruppen-
strukturen und sozialen Prozessen bestimmt wird.

1.2.3.3 Lernen am Modell

Das Lernen am Modell ist eine Sonderform des sozialen Lernens, welches auch als Imitationslernen, Beobachtungslernen, Modelllernen oder
Nachahmungslernen bezeichnet wird. Hierbei werden Verhaltensfor-
men, die bei anderen Personen gesehen werden, in das eigene Verhal-
ten übernommen. Der Lernende ist der Beobachter, die beobachtete
Person das Modell. Das Lernen am Modell ist eine der urtümlichsten
Lernformen des Menschen. Als Ursache hierfür kann eine Tendenz der
Nachahmung von Bewegungen angenommen werden, die wahrschein-
lich stammesgeschichtlich aus Spiel und Neugierverhalten sozialer
Tiere entstanden ist.

Beim Lernen am Modell sind Prozesse verschiedener Art integrativ be-
teiligt:
- Wahrnehmungsprozesse (Hinschauen, das Verhalten des Modells
  beobachten),
- Gedächtnisprozesse (Merken und Wiedererinnern des beobachteten
  Verhaltens),

- motorische Prozesse (Anwendung des imitierten Verhaltens),
- Verstärkungsprozesse (unmittelbare Verstärkung des vom Beobachter übernommenen Verhaltens oder die Verstärkung des Modells als stellvertretende Verstärkung).

Die Verstärkung kann beim Modelllernen als förderliche, aber nicht als notwendige Bedingung des Lernens gesehen werden. Kinder übernehmen z. B. Verhaltensformen der von ihnen anerkannten oder idealisierten Personen, auch wenn sie nicht unmittelbar verstärkt werden, ja sogar dann, wenn sie selbst negative Konsequenzen durch dieses Verhalten erfahren. Derartige Lernformen sind bei Jugendlichen besonders ausgeprägt.

In der Regel wird das Lernen am Modell vom Nachahmenden nicht bewusst und nicht absichtlich praktiziert. Es ist daher dem inzidentellen Lernen ähnlich. Das Lernen am Modell kann sich in verschiedenen Variationsarten vollziehen:

- Ein neues Verhalten, das bisher nicht im Verhaltensrepertoire vorhanden war, wird angeeignet.
- Ein bereits vorhandenes Verhalten wird durch Verhaltensweisen des beobachteten Modells, auf die sich Erfolge einstellen, verstärkt.
- Bereits vorhandenes Verhalten wird durch Verhaltensweisen des Modells, welche negative Konsequenzen zeigen, vermindert.
- Bereits gelernte Verhaltensdispositionen werden durch Beobachtung von Verhaltensformen des Modells ausgelöst.

Ausmaß und Art der Nachahmung hängen u. a. ab vom Beliebtheitsgrad des Modells, von Erfahrungen und Eigenschaften des Nachahmenden und in besonderer Weise von den Konsequenzen, welche das Modell durch sein Verhalten erzielt.

Jedoch wird nicht nur die Übernahme von Wertmaßstäben und Normen, welche angestrebt werden, durch Imitationslernen mitbestimmt, sondern in besonderer Weise auch der Erwerb von **aggressiven Verhaltensformen** (OLWEUS 1999).

Die Schüler erleben immer wieder, wie sich Ältere gegenüber Jüngeren durchsetzen. Unterstützt werden diese Erfahrungen aus dem außerschulischen Bereich. Eltern, welche ihre Kinder körperlich strafen, erweisen sich als Vorbilder, wie man durch Aggression bestimmend wird. Auch die Massenmedien zeigen täglich, dass das beste Mittel zur Macht die eigene physische Überlegenheit ist. Im Gegensatz zu positiven Vorbildern, die gelegentlich angeboten werden, haben die negativen größeren Aufforderungscharakter. Hierbei zeigt sich, dass Aggressionen relativ leicht gelernt werden, denn ihnen folgt zu oft unmittelbar der Erfolg.

Während die Aggressionstrieb-Hypothese zurückgewiesen und die Gültigkeit der Frustrations-Aggressions-Hypothese bestritten werden kann, erweist sich für die Bildung aggressiver Verhaltensweisen das Lernen am Modell als besonders wirksam. So muss z. B. berücksichtigt werden, dass durch negatives Verhalten des Lehrers diese Verhaltensformen vom Schüler übernommen werden.
Für das Lernen am Modell in der Schule wirkt sich daher in besonderer Weise aus, wie der Lehrer auf unerwartete Ereignisse, unerwünschte Verhaltensweisen und bei Verstoß gegen seine Anweisungen reagiert. Deshalb sollten von Seiten des Lehrers alle Demonstrationen von Macht aufgrund von institutionalisierter oder körperlicher Überlegenheit vermieden werden. Grundsätzlich sollte das Verhalten, das der Lehrer zeigt, von den Schülern übernommen werden können.

1.2.3.4. Praktisches Lernen

Das praktische Lernen ist eine Lernform, die im heutigen Unterricht häufig angewandt wird bzw. werden sollte. Es ist ein Lernen im **handelnden Umgang mit Dingen**, wobei das Handeln einem Bedürfnis des Kindes entspricht.
Jedes Kind ist bemüht, von sich aus etwas Brauchbares und Erstrebenswertes zu erstellen. Der Lerngegenstand wird im praktischen Umgang erfahren und einer sinnvollen Verwendung zugeführt. Das praktische Lernen hat den Vorteil, dass es die positiven Merkmale verschiedener Lernformen vereint. Praktisches Lernen entspricht folgenden Lernformen:
-   **Natürliches Lernen**: Der Anlass zum Lernen und der Lerninhalt wird nicht, wie sonst beim schulischen Lernen häufig, vom Lehrplan vorgegeben, sondern entspricht einer Alltagsbegegnung.
-   **Aktives Lernen**: Lernwirkungen werden nicht vom Reden über eine Sache erwartet, sondern vom handelnden Umgang mit der Sache, wobei dem Lernenden Entscheidungsfreiheit und Selbsttätigkeit zugebilligt wird.
-   **Inzidentelles Lernen**: Das Lernen vollzieht sich nicht beabsichtigt und wird nicht in Auftrag gegeben. Die Lernerfolge stellen sich gleichsam beiläufig und nebenher ein.
-   **Motivierendes Lernen**: Die Schüler erfahren bei ihrem Umgang mit der Sache Erfolgserlebnisse, die sie zum weiteren (Lern-)Verhalten anregen.
-   **Erfahrungsbezogenes Lernen**: Durch das Handeln werden dem Schüler Erfahrungen vermittelt und stabilisiert (RAGALLER 1999, 192).

Praktisches Lernen kann als belebendes Moment jedes Unterrichts angesehen werden und sollte nicht nur bei jüngeren Schülern, sondern auch in höheren Klassen soweit wie möglich angestrebt werden. Auf dem Weg zu einer "lebensnahen Schule" (KREISELMEYER 1993, 9) kann praktisches Lernen in zahlreichen Lebensituationen des Schulalltags realisiert werden: Schüler und Lehrer
- verschönern ihr Schulhaus,
- erstellen eine Stadtteilzeitung,
- bauen ein Gartenhaus,
- töpfern und brennen wie in der Steinzeit,
- gründen eine Bigband,
- fabrizieren Holzspielzeug,
- erweitern den Schulgarten,
- bauen einen Lehmbackofen usw.

1.2.3.5 Interaktives Lernen

Interaktives Lernen vollzieht sich im Rahmen einer Wechselwirkung des Verhaltens, d. h. dass das Verhalten des einen vom Verhalten des anderen und umgekehrt bestimmt wird.
Dies vollzieht sich grundsätzlich im Austausch von Informationen und ist die Voraussetzung jeglicher Kommunikation. Mit den Ursachen und Auswirkungen interaktiver Prozesse beschäftigt sich die **Interaktionsanalyse.**
Im interaktiven Lernen besteht im Lernprozess eine Wechselwirkung zwischen Lernenden und Lehrenden. Die Aktionen des Lehrenden wirken sich auf das Verhalten des Lernenden aus. Auf dessen Verhalten reagiert der Lehrende entsprechend und gibt dem Lernenden Rückmeldungen über Erfolg oder Misserfolg.
Der Lehrende kann hierbei auch von einem Lehrsystem, z. B. einem Computer, repräsentiert werden. Soweit vom Lehrer interaktive Lernprozesse zur Eingabe in einen Computer selbst geplant und erstellt werden, handelt es sich um ein **Autorensystem** (ISSING u. TOBER 1989).
Ein Autorensystem ist ein Verfahren, bei dem der Lehrer interaktive Lernprozesse programmiert, also selbst als Autor für ein Lernprogramm aus seinem Unterrichtsfach wirkt.
Das Autorensystem bietet dabei eine Fülle von Möglichkeiten, interaktives Lernen zu realisieren, indem Programme erstellt werden, die mit Hilfe von Medien vermittelte Lernschritte beinhalten, welche jeweils ermöglichen, mit dem Lernenden in wechselseitige Kommunikation zu treten.

"Gegenüber einer einfachen Filmaufzeichnung, die immer einer Aufarbeitung oder zusätzlicher Kommentare und Informationen durch den Lehrer bedarf, ermöglicht das Autorensystem, Filme in Sequenzen aufzuteilen, zu interpretieren und in wesentlichen Punkten darzustellen und auszuwerten." (ERNST/ SCHULZ 1991, 149) Wichtig ist hierbei, dass mit Hilfe des Autorensystems multimediale Möglichkeiten erschlossen werden (im Sinne echter Veranschaulichung) und hierbei Dialoge und Rückmeldungen möglich sind.

1.2.3.6 Lernen lernen

Das Wissen der Menschheit wächst ins Unermessliche. Auch die Inhalte des Lehrplanes und der Wissensstand, den sich ein Jugendlicher im Beruf aneignen muss, nehmen immer mehr zu. Es ist nicht möglich, dem Schüler oder Auszubildenden alle notwendigen Kenntnisse hiervon zu vermitteln.

Lernen lernen soll dazu verhelfen, sich die erforderlichen **Lernstrategien** anzueignen, wie man sich Informationen beschafft und speichert. Strategien des Lernen sollen jedoch im Unterricht nicht nur aufgezeigt, sondern auch begründet und eingeübt werden (SCHRÄDER-NAEF 1977).

Auch das sog. lebenslange Lernen meint weniger ein ständiges Aufnehmen neuer Lerninhalte während des Lebens. Es ist ein sich Aneignen von Verfahren, sich ein Leben lang wichtige Informationen zu beschaffen und zu bewahren. Lernen lernen ist nicht ein gesondertes Fach im Unterricht oder ein Themenbereich innerhalb eines Faches, sondern meint die überfachliche Förderung grundlegender Fähigkeiten zum Lernen, die dem Schüler vermittelt werden sollen. Hierzu gehören z. B. Vokabeln effizient lernen, den Lernvorgang zu planen und zu sichern, aber auch sich Lernhilfen und Eselsbrücken zu beschaffen (EBBERT 1999, 43).

1.3   GEDÄCHTNIS- UND LERNPSYCHOLOGISCHE GRUNDLAGEN

1.3.1   Gedächtnis als Lernfähigkeit

1.3.1.1   Die traditionelle Gedächtnispsychologie

Das Gedächtnis als Fähigkeit zum Lernen beschäftigte die Psychologen früher als der Vorgang des Lernens selbst. Der Begründer der traditionellen Gedächtnispsychologie ist EBBINGHAUS (1850-1909), der experimentell arbeitete, wobei er meist sich selbst als Versuchsperson einsetzte und als Lernmaterial sinnlose Silben verwendete. Die Vielfalt der Erkenntnisse der Gedächtnispsychologie zeigt, dass es sich beim Gedächtnis nicht um eine einzige, einheitliche Fähigkeit handelt. Es sind zahlreiche Faktoren an der Merkfähigkeit beteiligt, welche untereinander in enger Beziehung stehen und das Gedächtnis selbst als integrierenden Faktor mit anderen Persönlichkeitsmerkmalen, z. B. Intelligenz, Motivation, Konzentration u. a., erscheinen lassen.

1.3.1.2   Erkenntnisse der Gedächtnispsychologie

- **Ebbinghaus-Gesetz:**
  Eine geringfügige Vermehrung des zu lernenden Materials lässt die Anzahl der erforderlichen Wiederholungen wesentlich stärker anwachsen. Für den schulischen Bereich könnte das Ebbinghaus-Gesetz bei der Festlegung des Umfanges von Hausaufgaben (Lernaufgaben) Bedeutung erlangen.
- **Vergessenskurve:**
  Die Kurve des Vergessens fällt am Anfang steil ab und läuft flach aus, d. h. der Verlust des Gelernten ist in der ersten Zeit am stärksten, während das nach einiger Zeit noch Behaltene im weiteren Verlauf nur geringfügig abnimmt. Dies führt im Unterricht oft zu Enttäuschungen und Missfallenskundgebungen des Lehrers, weil das erst vor kurzem Behandelte relativ rasch wieder vergessen wird. Der Verlauf der Vergessenskurve ist sehr stark von nachfolgenden Ereignissen (z. B. Reizüberflutung oder Schlaf) abhängig.
- **Gesetz der Anfangs- und Endbetonung:**
  Die ersten und letzten Glieder einer zu lernenden Reihe werden besonders schnell eingeprägt und bleiben am besten haften. Glieder in mittleren Positionen werden verhältnismäßig leicht vergessen. Dieses Gesetz könnte bei der Artikulation des Unterrichts einkalkuliert werden.

- **Bedeutung von Zuordnungen:**
  Für das Einprägen spielt die Zuordnung von Sinn- und Gedächtnismaterial sowie von Zeichen und Bedeutung eine fundamentale
  Rolle. Material, das nicht zugeordnet werden kann, wird nur schwer
  behalten. In der Regel schafft der Lernende sich selbst solche Zuordnungen ("Eselsbrücken").

- **Interferenzen:**
  Die Bedeutung der Interferenzen (Gedächtnishemmungen) zeigt sich
  an dem Umstand, dass das Behalten und Lernen vom vorhergehenden und nachfolgenden Lernen stark beeinflusst wird. Vorher oder
  später Gelerntes kann sich förderlich, aber auch erschwerend auf
  neu zu Lernendes und auf dessen Behalten auswirken. Ähnliches
  Material, das in zeitlicher Überlagerung gelernt wird, hemmt sich
  gegenseitig. Man spricht von retroaktiver Hemmung, wenn das jetzt
  Gelernte dem vorhergehenden entgegenwirkt, und von proaktiver
  Hemmung, wenn das jetzige Lernmaterial das nachfolgend zu Lernende stört. Mögliche Interferenzen sollten im Unterricht bei der
  Gestaltung von Stundenplänen beachtet werden.

Sonderformen des Vergessens sind die **retrograde Amnesie** (z. B. nach
einem Unfall oder anderen traumatischen Ereignissen), die **Verdrängung**
als Abwehrmechanismus bei Erlebnissen, welche als unangenehm
empfunden wurden, und der **senile Gedächtnisausfall** (im zunehmenden
Alter besonders auffallend bei kurzfristig zurückliegenden Ereignissen).
Häufig wird zwischen einem Kurzzeit-Gedächtnis (KZG) und einem
Langzeit-Gedächtnis (LZG) unterschieden. Dieses 2-Speicher-Modell
wird gelegentlich ergänzt durch ein Ultrazeit-Gedächtnis (UZG), das nur
Bruchteile von Sekunden umfasst. Das sehr kurzfristige Gedächtnis -
(UZG) wird auch als "sensorisches Gedächtnis" bezeichnet (BOURNE
u. EKSTRAND 1992, 176). Hier kann ein Reiz eine ganz kurze Zeit
nachwirken, wenn er selbst wieder verschwunden ist (ikonische Re-
präsentation). Das sensorische Gedächtnis zeichnet sich durch hohe
Kapazität, aber geringfügige Dauer aus (bei visuellen Reizen z. B. 1 Se-
kunde).
Das **Kurzzeitgedächtnis** (KZG) ist zwar in seiner Kapazität sehr beschränkt (ca. 7 Informationseinheiten), aber man ist sich in der Regel
seiner Inhalte bewusst. Dies trifft beim sensorischen Gedächtnis noch
nicht, beim Langzeitgedächtnis nicht mehr zu. Die Dauer des KZG be-
trägt ca. 15-20 Sekunden. Das **Langzeitgedächtnis** (LZG) ist von
unbegrenzter Dauer. In ihm wird das Wissen gespeichert, das
gegenwärtig nicht bewusst ist, aber abgerufen werden kann. Seine
Inhalte sind gegenüber dem Vergessen höchst widerstandsfähig.

Bei der kindlichen **Entwicklung** des Gedächtnisses kommt es zwar auch zu Veränderungen der Kapazität von Gedächtnisleistungen, was sich aber vornehmlich ändert, sind die Möglichkeiten des Einsatzes von Strategien bei der Abberufung von Gedächtnisinhalten (SCHNEIDER 1998, 654 f.). Mit der Entwicklung und dem Einsatz von Gedächtnisstrategien beschäftigt sich auch die **Informationstheorie**. Unter den Gedächtnisstrategien sind informationstheoretisch besonders bedeutsam:
- Wiederholen (rehearsal),
- Gruppieren (clustering),
- Codierung (encoding),
- Nutzung der verfügbaren Zeit,
- Um- und Weiterverarbeitung,
- Bildung von Superzeichen (chunking) u. a.

Für die Praxis sind für einen neuen Stoff zwei Encodierungstechniken wichtig: Der Einsatz von bildhaften Vorstellungen und die Systematisierung des Stoffes in größere Einheiten, Hierarchien oder Schemata. Zu den letzteren zählen mnemotechnische Methoden, welche durch eine Reihe von "Aufhängern", z. B. Verbindungen mit Zahlen oder Reihungen von Sachverhalten an bestimmten Positionen, Gedächtnishilfen bieten und die Abrufung erleichtern.

1.3.2 Behavioristische Lerntheorien: Lernen als Reiz-Reaktions-Verknüpfung

1.3.2.1 Das Konzept des Behaviorismus

Der Behaviorismus wurde von WATSON (1878-1958) begründet. Seine grundlegenden Werke, z. B. "Psychology from the Standpoint of a Behaviorist" (1919), wirkten sich umwälzend gegenüber der traditionellen Bewusstseinspsychologie aus. Das Anliegen des Behaviorismus lässt sich durch folgende Merkmale kennzeichnen:
- Ablehnung der in der traditionellen Psychologie üblichen Methoden der Introspektion und des Analogieschlusses. Hierbei wurde von eigenen seelisch-geistigen Erfahrungen auf psychische Gegebenheiten anderer geschlossen und dadurch Gesetzmäßigkeiten postuliert. Die hiervon abgeleiteten Aussagen sind nach Meinung der Behavioristen wissenschaftlich nicht akzeptabel.

- Demgegenüber wird gefordert, dass die Psychologie nach naturwissenschaftlichen Methoden, vornehmlich nach denen der Physik, arbeiten müsse. Es dürfen daher nur objektivierbare und messbare Fakten als wissenschaftlich anerkannt werden.
- Daher sind Begriffe wie "Seele", "Bewusstsein", "Einstellung" u. ä. grundsätzlich als Ergebnisse unwissenschaftlicher Spekulationen abzulehnen.
- Als entscheidende Konsequenz für die Lernpsychologie ergibt sich hieraus, dass nur das beobachtbare und exakt bestimmbare Verhalten (behavior) und der dieses Verhalten auslösende, ebenfalls messbare Reiz (stimulus) diesen Anforderungen entsprechen.

Zwar wurden diese Forderungen zuvor auch schon von anderen, z. B. von den russischen Physiologen BECHTEREW (1857-1927) und PAWLOW (1849-1936) vorgetragen, doch WATSON hat diesen Gedanken in der Psychologie zum Durchbruch verholfen. Besonders bekannt wurde sein Experiment mit dem kleinen Albert, dem er durch das gleichzeitige Ertönen von "Donnergetöse" und Ansichtigwerden von Plüschtieren Angst vor allem Pelzigen "anlernte".

Auf Grund der rigorosen Forderung, wissenschaftlich anzuerkennendes Arbeiten auf das Objektivierbare und Messbare zu beschränken, besteht Lernen im Behaviorismus in einer **Verknüpfung** von **Reizen** mit entsprechenden **Reaktionen**.

Zu den bekanntesten behavioristischen Lerntheorien zählen das klassische Konditionieren (PAWLOW) als Vorläufer, das Versuch-und-Irrtum-Lernen (THORNDIKE) und das operante Konditionieren (SKINNER). Die radikalste Form des Behaviorismus ist die Kontiguitätstheorie (GUTHRIE), bei der Lernen ausschließlich durch das messbare zeitliche Zusammentreffen (contiguity) bewirkt wird. Eine Weiterführung und Erweiterung erfährt der Behaviorismus im Neobehaviorismus, der sich nicht nur auf eine Reiz-Reaktions-Verknüpfung beschränkt. Hierzu zählen die Theorie des Zeichenlernens (TOLMAN) und die mathematische Verhaltenstheorie (HULL), wobei TOLMAN auch zu den kognitiven Lerntheoretikern gerechnet wird.

1.3.2.2 Klassisches Konditionieren

Das klassische Konditionieren kann als Vorläufer des Behaviorismus gesehen werden. Die einfachste auf experimenteller Basis beruhende Lernform ist die Schaffung **bedingter Reflexe**. Der Vorgang des Reflexes war schon im Altertum und Mittelalter bekannt. Es gibt Belege u. a. von HEROPHILUS (ca. 300 v. Chr.), GALEN (129-199 n. Chr.) und DESCARTES (1596-1650).

Am Zustandekommen eines Reflexes sind zentripetale (sensorische) und zentrifugale (motorische) Nervenfasern und ein Reflexzentrum beteiligt, welche die Umschaltung der sensorischen Erregung auf die motorischen Nerven bewirkt.

Folgende drei Merkmale kennzeichnen eine Reflexbewegung:

- Auslösende Ursache für einen Reflex ist ein Reiz, der auf ein Sinnesorgan trifft.
- Die Auslösung und der Ablauf des Reflexes erfolgen ohne Willens- und Bewusstseinseinsatz.
- Der Reflex bewirkt autonom gesteuerte, in Bezug auf die Lebenserhaltung sinnvolle Reaktionen des Organismus.

Die gegen Ende des 19. Jahrhunderts gegründete Reflexologie vertritt die Ansicht, dass die kleinste Einheit des menschlichen und tierischen Verhaltens der Reflexbogen ist. Hieraus abgeleitet wurde von BECHTEREW und PAWLOW die "Objektive Psychologie".

Bei den Lernexperimenten löste zunächst ein natürlicher Reiz (unconditioned stimulus: UCS) den natürlichen Reflex (unconditioned reflex: UCR) aus. Es gibt andere Reize, welche den Reflex natürlicherweise nicht auslösen, unter bestimmten Bedingungen aber reflexauslösend werden können (conditioned stimulus: CS), wobei es zu einem bedingten Reflex kommt (conditioned reflex: CR).

Am bekanntesten wurde in diesem Zusammenhang das Hundeexperiment von PAWLOW. Der Hund sonderte beim Anblick von Fleisch Magensaft ab. Dies wurde als unbedingter Reflex (unconditioned reflex: UCR) aufgrund eines unbedingten Reizes (UCS) gedeutet. Ein Glockenton löste diese Reaktion nicht aus. Unter der Bedingung, dass das Glockenzeichen gleichzeitig oder kurz nach Ansichtigwerden des Fleisches geboten wurde, kam es zur Reflexauslösung. Wurde nach einer gewissen Anzahl von Wiederholungen dieser beiden Reize der unbedingte Reiz (Fleisch) weggelassen und das Glockenzeichen allein geboten, kam es ebenfalls zur Reflexauslösung (Absonderung des Magensaftes). Das Glockenzeichen, welches ursprünglich nicht reflexauslösend wirkte, löste den Reflex jetzt aus und war somit zum bedingten Reiz (CR) geworden. Im Verlaufe des Experiments, bei dem sich beim Hund ein Lernvorgang vollzog, wurde somit der bedingte Reflex (conditioned reflex: CR) durch einen bedingten Reiz (conditioned stimulus: CS) ausgelöst. Lernen besteht also beim klassischen Konditionieren in der **Erzeugung bedingter Reflexe**.

Die Erkenntnisse des klassischen Konditionierens bei der Auslösung bedingter Reflexe wurde in den folgenden **Lerngesetzen** zusammengefasst:

- **Gesetz der Verstärkung** (reinforcement): Die Tendenz zur Auslösung des Reflexes muss bei einem bedingten Reiz verstärkt werden. Dies erfolgt durch eine wiederholte gleichzeitige oder kurzfristig aufeinander folgende Darbietung des unbedingten Reizes mit dem bedingten Reiz.
- **Gesetz der Auslöschung** (extinction): Ein bedingter Reflex erlöscht wieder, wenn der bedingte Reiz mehrmals hintereinander nicht mehr mit dem unbedingten Reiz, sondern allein dargeboten wird. Es kann jedoch zu einer sog. Spontanerholung kommen. Hierbei tritt nach einer Ruhephase, in der weder der unbedingte noch der bedingte Reiz dargeboten wird, der bedingte Reflex einige Male nochmals auf, bevor er endgültig erlischt.
- **Gesetz der Generalisation** (generalisation): Dem bedingten Reiz ähnliche Reize können ebenfalls den bedingten Reflex auslösen. Die Möglichkeit der Generalisation wird durch den Generalisations-Gradienten bestimmt.
- **Gesetz der Diskrimination** (discrimination): Wenn immer nur ein spezifischer Reiz verstärkt wird, also gleichzeitig mit dem unbedingten Reiz dargeboten wird, dagegen ein anderer ähnlicher Reiz permanent keine Verstärkung erhält, erfolgt als Antithese zur Generalisation kein bedingter Reflex auf den zweiten ähnlichen Reiz.

Der Einfluss PAWLOWs auf den Behaviorismus (besonders THORNDIKE und GUTHRIE) ist evident. Allerdings bleibt sein Beitrag für eine umfassende theoretische Grundlegung des Lernens aufgrund seines engen reflexologischen und physiologischen Ansatzes sehr beschränkt. Es ist jedoch unbestritten, dass die im klassischen Konditionieren postulierten Gesetze der Verstärkung, Auslöschung u. ä. dort, wo es sich um einfache Lernformen handelt, immer wieder auftauchen. Es kann auch auf Beispiele des klassischen Konditionieren im Alltag verwiesen werden (BOURNE u. EKSTRAND 1992, 113):
- Nach einem Autounfall erregt der Anblick eines Autos Angst.
- Der Anblick einer Katze ruft Atembeschwerden hervor, noch ehe ein Haar der Katze in die Nähe des Allergikers kommt.
- Ein Kind weint beim Anblick des Arztes, ehe dieser in Aktion tritt.
- Ein Kind weint beim Erscheinen des Babysitters, bevor die Eltern fortgehen.

Das klassische Konditionieren findet z. T. Anwendung in der Werbung (Schaffung positiver Vorstellungsassoziationen) und in der Therapie von Suchtproblemen oder Verhaltensstörungen (Erregung bedingter Reflexe negativer Art).

So werden z. B. auch Verfahren des klassischen Konditionierens eingesetzt, um Kinder vom Bettnässen (Enuresis) zu heilen. Übertragungsmöglichkeiten in den schulischen Bereich sind umstritten und pädagogisch bedenklich.

1.3.2.3 Versuch-und-Irrtum-Lernen

Die Theorie des Lernens nach dem Prinzip von Versuch und Irrtum (trial and error) wurde von THORNDIKE (1874-1949) entwickelt und ist eine der bedeutsamsten lernpsychologischen Ansätze auf experimenteller Basis. Sie dominierte fast ein halbes Jahrhundert lang in der Lernpsychologie und die nachfolgenden Konzepte wurden meist in Anlehnung oder in Ablehnung hierzu ausgearbeitet. Die Basis hierzu liefern zum Teil die Assoziationspsychologie, die Reflexologie und der sich entwickelnde Behaviorismus.

Von der Assoziationspsychologie wurde der Gedanke der Verknüpfung (connection) übernommen, weshalb dieser Ansatz auch als Konnektionismus bezeichnet wird. Die Reflexologie liefert die Reduzierung des Verhaltens auf ein Reiz-Reaktions-Schema (stimulus-reponse: S-R) als kleinste Einheit. Das Versuch-und-Irrtum-Lernen verbindet mit dem Behaviorismus das methodische Anliegen, sich auf beobachtbares und objektiv bestimmbares Verhalten unter Ausschluss psychologischer Deutungen zu beschränken. Wegen der prinzipiellen Übereinstimmung mit der Zielsetzung und der Methode des Behaviorismus kann der Konnektionismus als eine Sonderform des behavioristischen Ansatzes gelten.

Die Methode des Versuch-und-Irrtum-Lernens erhielt zur Unterscheidung zum klassischen Konditionieren (classical conditioning) auch die Bezeichnung instrumentelles Konditionieren (instrumental conditioning). Zur Ermittlung der empirischen Daten wurden Tierversuche durchgeführt. Der Herstellung experimentell brauchbarer Situationen dienten der Problemkäfig und das Labyrinth, welches den in Parks zur Belustigung der Besucher angelegten Irrgärten nachgebaut wurde. Der Verlauf der Experimente zeigt bei unterschiedlicher situativer Gestaltung meist folgende Merkmale:

- **Versetzen in eine Problemsituation**: Ein hungriges Tier kommt in einen Käfig. An das Futter kommt es durch das Bedienen eines oder mehrerer Hebel.

- **Planloses Verhalten des Versuchtieres**: Da die Beziehung zwischen Problemsituation und Lösung weder vom Tier instinktiv gefunden werden kann noch seinem seitherigen Erfahrungsbereich entspricht, führt das Tier eine Reihe planloser Versuche durch (trials), die sich jeweils als Irrtum (error) erweisen.

- **Zufällige Bewältigung der Situation**: Unter der Vielzahl der planlos durchgeführten Versuche stellt sich zufällig auch ein Verhalten ein, das sich nicht als Irrtum erweist, sondern das Erreichen des Futters ermöglicht.
- **Wiederholung der Versuche**: Der Versuch wird wiederholt, um zu prüfen, inwieweit aus dem vorhergehenden gelernt wurde. Ein Lernerfolg ist dann zu registrieren, wenn sich die Anzahl der vergeblichen Versuche verkürzt.

Die wichtigsten Erkenntnisse dieser Lernexperimente lassen sich in drei Gesetzmäßigkeiten zusammenfassen:

- **Gesetz der Bereitschaft** (law of readiness): Es kommt nur dann zu einem Verhalten, das zum Lernen führt, wenn eine Verhaltenstendenz vorliegt. Diese Bereitschaft zum Verhalten wird durch das gegebene Bedürfnis geschaffen.
- **Gesetz des Erfolgs** (law of effect): Eine Verbindung zwischen Situation und entsprechender Reaktion wird herbeigeführt und verstärkt, wenn das entsprechende Verhalten zu einer Bedürfnisbefriedigung führt (positiver Nacheffekt). Folgt auf das Verhalten ein unbefriedigender Zustand, wird die Verknüpfung verhindert oder schwächt sich ab (negativer Nacheffekt).
- **Gesetz der Übung** (law of exercise): Für eine Verknüpfung von Reiz und Reaktion ist ein mehrmaliges Zusammentreffen erforderlich. Die Verbindung wird umso stärker, je häufiger sich die Reiz-Reaktions-Folge vollzieht. Wiederholung stärkt die Verknüpfung, mangelnder Vollzug schwächt sie ab.

Den für das schulische Lernen bedeutsamen Vorgang der **Mitübung** (Transfer) deutet THORNDIKE nach der Theorie der identischen Elemente. Demzufolge gibt es keine generelle Übertragung, sondern nur dann, wenn sich in beiden Situationen identische Gegebenheiten einstellen.

Nach einer Ergänzung des Erfolgsgesetzes wirkt eine positive Bedürfnisbefriedigung durch Belohnung (reward) sich weitaus stärker auf die Formung des Verhaltens (stamping) aus als die negative Form durch Bestrafung des unerwünschten Verhaltens.

Die von THORNDIKE entwickelten Gesetzmäßigkeiten können bedingt auf das menschliche Lernen übertragen werden. Besonders das **Gesetz des Erfolgs** kann in Verbindung mit der **Verhaltensmodifikation** gesehen werden. Beispiele hierfür sind (BOURNE u. EKSTRAND 1992, 164):

- Ein Junge im Grundschulalter hörte auf, ständig zu weinen, indem der Lehrer ihn ignorierte, wenn er weinte, und ihm Aufmerksamkeit zuwendete, wenn er sprach. Vorher hatte der Lehrer das Gegenteil getan.
- Normales Gehen und Stehen werden beim Schulkind verstärkt, das oft im Klassenzimmer herumkrabbelte, indem es für das erwünschte Verhalten gelobt wird. Wenn es krabbelt, wird dies ignoriert.
- Beim Zubettgehen eines Kindes verschwanden seine Wutanfälle, indem die Eltern dem Schlafzimmer fernblieben, wenn es zu Bett gebracht worden war. Vorher kamen die Eltern ins Zimmer, wenn es tobte, und blieben, bis es einschlief.
- Mutistische Kinder werden mit besonderer Aufmerksamkeit bedacht, wenn sie sich Gruppenaktivitäten anschließen.

Die Ansätze von THORNDIKE gingen seinen Kritikern zum Teil zu weit, anderen sind sie dagegen zu eng. SKINNER kritisiert, dass sich die Experimente und Erkenntnisse von THORNDIKE ausschließlich auf das reaktive Verhalten (respondent behavior) beschränken. THORNDIKE kommt jedoch das Verdienst zu, entscheidende Anregungen für die Weiterentwicklung der Lerntheorien, sei es in Anlehnung oder im Gegensatz zu ihm, gegeben zu haben.

1.3.2.4 Operantes Konditionieren

Einen starken Einfluss auf das unterrichtliche Lehren und Lernen nahm in den 60er und 70er Jahren das operante Konditionieren, das von SKINNER (1954) entwickelt wurde. Eine wichtige Voraussetzung dieser Theorie ist der **doppelte Aspekt des Verhaltens**.
Es gibt grundsätzlich zwei Formen des Verhaltens: ein hervorgelocktes reaktives (elicited, respondent) und ein ausgesandtes (emitted, operant) Verhalten. Das reaktive Verhalten entspricht den bedingten Reaktionen bei THORNDIKE (Versuch-und-Irrtum-Lernen). Das operante Verhalten dagegen ist mehr ein spontanes Verhalten, das auf die Umwelt einwirkt, um dort Konsequenzen zu veranlassen. Es ist im Gegensatz zum Reaktionsverhalten als ein **Wirkverhalten** anzusehen und für das Lernen weitaus bedeutsamer als das Reaktionsverhalten.
Die Lernexperimente des operanten Konditionierens unterscheiden sich von denen der Erzeugung bedingter Reflexe (respondent behavior) besonders dadurch, dass das Versuchstier in einen reizarmen Käfig (Skinner-Box) kommt. Eine Skinner-Box ist ein Holzkasten, in dem sich eine Vorrichtung befindet, durch die eine Belohnung, meist ein Futter-

kügelchen, verabreicht wird oder sich eine Tür öffnet, durch die das Tier entkommen kann, wenn es ein bestimmtes Verhalten zeigt. Das operante Verhalten wird nicht durch Reize von außen provoziert, sondern stellt sich ohne äußere Anregung ein. Wird ein solches Verhalten belohnt, so erhöht sich die Wahrscheinlichkeit seines Auftretens. Komplexe Verhaltensweisen, z. B. Drehbewegungen oder Pingpongspielen von Tauben, werden dadurch konditioniert, dass jeder **kleine Bewegungsansatz**, der zum erwünschten Verhalten führt, verstärkt wird.

Lernen stellt sich also beim operanten Konditionieren nicht wie bei den übrigen behavioristischen Theorien als Reaktion auf Umweltreize ein. Das Verhalten **wirkt** vielmehr in die Umwelt hinein. Dort kommt es zu Reizkonstellationen, welche für das Versuchstier entweder positiver oder negativer Art sind. Positive Folgereize, das sind Reize, welche zur Bedürfnisbefriedigung führen, verstärken das praktizierte Verhalten und dieses wird gelernt.

Auch hier wird also das Gesetz der **Verstärkung** als Grundlage des Lernens gesehen. Im Unterschied zum klassischen Konditionieren wird allerdings nicht die S-R-Verknüpfung, sondern das Verhalten verstärkt.

Zu unterscheiden sind **positive** und **negative** Verstärkungen. Positive und negative Verstärker können nicht ohne weiteres mit **Lohn** und **Strafe** gleichgesetzt werden. Belohnung soll in der Regel ein Verhalten fördern, Strafe dagegen hiervon abschrecken.

Im Gegensatz hierzu erhöht jede Art von Verstärkung die Wahrscheinlichkeit des Verhaltens. Es werden nur zwei unterschiedliche Wege benutzt, um die Wahrscheinlichkeit des Auftretens zu erhöhen: Positive Verstärker erhöhen die Wahrscheinlichkeit, wenn sie **auftreten**, negative Verstärker dagegen erhöhen die Wahrscheinlichkeit, wenn sie **wegfallen**.

Ein Lehrer, der die Schüler freundlich begrüßt und entgegenkommend behandelt, wäre für die Schüler ein positiver Verstärker, in den Unterricht zu kommen. Ein mürrischer und abweisender Lehrer wäre dagegen ein negativer Verstärker, da wenn er "wegfällt", die Wahrscheinlichkeit sich erhöht, in den Unterricht zu kommen.

Des weiteren ist eine Unterscheidung zwischen **primären** und **sekundären** Verstärkern möglich. Primäre Verstärker befriedigen direkt ein natürliches Bedürfnis, z. B. Hunger oder Streben nach Anerkennung. Die oben genannten Verstärker sind primäre Verstärker, da ihre Wirkung auch dann vorliegt, wenn vorher noch kein Lernprozess erfolgte. Ihre Wirkung tritt natürlicherweise auf.

Bei einem sekundären Verstärker wurde **gelernt**, dass man mit ihm Bedürfnisse befriedigen kann. Sekundäre Verstärker sind durch ein operantes Verhalten provozierte Umweltreize, die sich zunächst nicht verstärkend auswirken, aber dadurch verstärkende Potenz erhalten, dass sie wiederholt in Verbindung mit einer Bedürfnisbefriedigung auftreten. Bei einem sekundären Verstärker wird also erfahren, dass man mit ihm Annehmlichkeiten erreicht, z. B. eine Marke, mit der Futter erworben werden kann.

Das typischste Beispiel für einen sekundären Verstärker im menschlichen Bereich ist das Geld. Um Geld zu erlangen, das weder schön noch genießbar ist, werden die erstaunlichsten Leistungen vollbracht und es wird viel dabei gelernt. Weitere sekundäre Verstärker sind Prestige, Ansehen, Ruhe und Sicherheit. In der Erziehung werden oft sekundäre Verstärker, wenn auch meist unabsichtlich, eingesetzt. Ein Kind, das für schlechtes Benehmen von den Eltern getadelt wird, erfährt, dass es gerade durch dieses unangepasste Benehmen die Aufmerksamkeit der Eltern auf sich zieht. Ähnliches gilt für Bettnässen, Schreien und Zerstören.

Eine Besonderheit bei der Wirkung von Verstärkern stellt das **Premack-Prinzip** dar, das häufig von Eltern angewandt wird. Bei zwei Verhaltensweisen der Kinder, von denen die eine häufiger auftritt, weil sie beliebter ist (z. B. Fernsehen oder Fußballspielen) als ein anderes Verhalten (z. B. Hausaufgaben schreiben oder Arbeiten erledigen) wird das von den Kindern bevorzugte Verhalten als Verstärker (Belohnung) für das unbeliebte, aber von den Erziehern erwünschte Verhalten gewährt und eingesetzt.

Als wichtigste Gesetzmäßigkeiten des operanten Konditionierens können gelten:
- **Bedeutung der Verstärkung**: Ein Verhalten wird nur durch entsprechende Verstärkung gelernt. Hierbei können sowohl positive Verstärker als auch negative Verstärkungen zur Verhaltensprägung beitragen. Verstärker erhöhen grundsätzlich die Wahrscheinlichkeit eines Verhaltens. Positive erhöhen die Verhaltenswahrscheinlichkeit, wenn sie auftreten, negative, wenn sie wegfallen.
- **Prinzip der kleinen Schritte**: Komplexe Verhaltensweisen können dadurch aufgebaut werden, dass bereits jedes Detailverhalten, das zum Aufbau einer Verhaltensfolge beiträgt, positiv verstärkt wird. Hier handelt es sich um die sog. Verhaltensformung (shaping of behavior). Dies ist ein Lernen in kleinen Schritten, wobei jeder Schritt einen Beitrag leistet, dem erwünschten Verhalten näherzukommen.

Die Effektivität der Verstärkung ist an bestimmte Bedingungen gebunden:
- Die Verstärkungen müssen unmittelbar (immediately) erfolgen.
- Verstärkungen müssen spezifischer Art (specific) sein, um keine unerwünschten Nebenwirkungen zu verstärken, muss der Verstärker genau dem erwünschten Verhalten zugeordnet sein.
- Verstärkungen müssen häufig (frequently) erfolgen. Hierzu ist erforderlich, anfänglich auch Details des erwünschten Verhaltens regelmäßig zu verstärken.

Zu beobachten ist, dass nach einer positiven Verstärkung häufig eine Reduzierung der Aktionsbereitschaft auftritt. Dieses Phänomen ist allgemein unter der Bezeichnung "**Lorbeereffekt**" bekannt. Der Lernende ruht sich gleichsam nach der Verstärkung auf seinem Erfolg aus, er "sonnt sich" in seiner Selbstbestätigung.

SKINNERs Erfolge, tierisches Lernen experimentell zu schaffen, fanden damals häufig ein positives Echo. Dies ließ ihn zu der etwas überheblichen Überzeugung kommen, dass man bei völliger Kenntnis der Lerngesetze und konsequenter Anwendung der entsprechenden Methoden auch das Verhalten des Menschen so "formen kann, wie der Bildhauer sein Material" (SKINNER 1953, 9).
Allerdings wurde diese Auffassung von SKINNER später widerrufen. Dennoch scheint die in seinem Werk "The Science of Learning and the Art of Teaching" (1954) erstmals erhobene Forderung berechtigt, dass die Erkenntnisse der Lernpsychologie weit mehr als bisher im Unterricht berücksichtigt werden müssten. Hierbei zog SKINNER einen Vergleich heran, der vielleicht nicht nur für die damalige Zeit galt.
Jemand, der vor 100 Jahren starb und heute wieder auf die Erde zurückkäme, würde sich in der inzwischen völlig technisierten Welt überhaupt nicht mehr zurechtfinden. Er wäre völlig überfordert. Nur an einem Ort würde er sich noch heimisch fühlen, weil sich dort nur wenig geändert hat: in der Schulstube. Dort herrschen zum Teil noch veraltete Methoden des Lernens und der Bestrafung (schlechte Noten, Verweis an die Eltern, Nichtversetzen und andere diskriminierende und grausame (aversive) Strafmaßnahmen) ähnlich wie vor 100 Jahren.
Nach Meinung von SKINNER hängt das unterrichtliche Lehren und Lernen den modernen Erkenntnissen der Lernpsychologie um Jahre nach. Eine Möglichkeit der Verbesserung sah SKINNER u. a. im **programmierten Unterricht**. Hier könnte den Lerngesetzen am besten entsprochen werden.

Der Schüler bekommt den Lehrstoff in kleinen, leicht zu bewältigenden Schritten geboten. Nach jeder Information erhält er eine Frage, die er leicht beantworten kann. Der zurückgemeldete Erfolg wirkt sich als Verstärker aus. Trotz dieser lerntheoretischen Absicherung konnte der Programmierte Unterricht die in ihn gesetzten Erwartungen nicht erfüllen.

Die Anwendung der Lerngesetze von SKINNER führte zum Teil auch zur Entwicklung und Anwendung der **Verhaltensmodifikation**, bei der ein Störverhalten der Schüler prinzipiell als erlernt interpretiert wird. Um es abzubauen, kann und muss **gegengelernt** werden. Dies erfolgt durch entsprechende positive Verstärkungen in Form von Belohnungen (tokens) bereits für Ansätze des erwünschten Verhaltens, z. B. in einer Unterrichtsstunde nicht fünfmal demonstrativ vom Stuhl zu fallen, sondern nur zweimal oder weniger, bis der Schüler in der Lage ist, eine ganze Stunde auf dem Stuhl sitzen zu bleiben.
Die Verhaltensmodifikation dient in der Regel der Behandlung von Verhaltensstörungen durch Anwendung der operanten Konditionierung. So werden operante Techniken gelegentlich bei Stottern, Wutanfällen, schlechte Lerngewohnheiten, Rauchen, übermäßigem Essen und anderen Problemen erfolgreich angewandt (BOURNE u. EKSTRAND 1992, 164). Die Erfolge der Verhaltensmodifikation waren zwar manchmal überzeugend, wenn auch der Ansatz als eine Behebung rein äußerer Symptome ohne auf die inneren seelisch-geistigen Bedingungen des Fehlverhaltens einzugehen stark in Zweifel gezogen werden muss.

1.3.3 Kognitive Lerntheorien: Lernen als Gewinnung von Einsicht

Bei den kognitiven Lerntheorien besteht Lernen nicht in einer einfachen Reiz-Reaktions-Verbindung, sondern in der **Gewinnung von Einsicht**. Hierzu gehören die Theorie des Zeichen-Lernens (TOLMAN), die Gestalttheorie (KÖHLER) und die Ganzheitspsychologie (KRUEGER).

1.3.3.1 Theorie des Zeichen-Lernens

Diese Lerntheorie ist eine Weiterentwicklung des Behaviorismus in Verbindung mit der nachfolgend beschriebenen Gestalttheorie und wird sowohl dem Neobehaviorismus als auch den kognitiven Lerntheorien zugeordnet. Als ihr Begründer gilt TOLMAN (1886-1959). Das Grundkonzept dieser Theorie besteht in dem Postulat der Zweckgerichtetheit des Verhaltens (purposive behavior), das von intervenierenden

Variablen bestimmt wird. Intervenierende Variablen sind Faktoren, welche ähnlich wie die hypothetischen Konstrukte (HULL) nicht direkt beobachtbar sind, aber aus dem Verhalten als Fakten des Organismus eindeutig erschlossen werden können. Ihre Wirksamkeit entfaltet sich zwischen den äußerlich beobachtbaren Reizkonstellationen und den Verhaltensäußerungen. Zu den intervenierenden Variablen zählen:
- das Bedürfnis (demand),
- die Erwartung (appetite),
- die Neigungen (biases),
- die motorische Geschicklichkeit (motor skill),
- die Annahmen (hypotheses) u. a.

Die intervenierenden Variablen, welche das persönliche Lernen des Einzelnen bestimmen, lassen sich in drei Gruppen zusammenfassen:
- das **Bedürfnissystem** (need-system), das sich aus der Art und Stärke der verschiedenen Bedürfnisse konstituiert,
- die **Verhaltensspanne** (behavior space), innerhalb derer sich die Bewegungsabläufe vollziehen, und
- die **Meinungen-Werte-Matrix** (belief-value-matrix), das ist das Gesamt der Werte setzenden Bedeutungen, Wahltendenzen und affektiven Besetzungen.

Die Zeichenfunktion der Umweltreize bewirkt, dass ein Signal zum Zeichen und damit zum Zeichen **für etwas**, d. h. zum Bedeutungsträger, wird. Im Lernakt wird das Zeichen (sign) in seiner Bedeutung (signification) für den Lernenden erkannt. Das Lernen vollzieht sich also nicht als eine einfache Verknüpfung eines Reizes (S) mit einer Reaktion (R), sondern als eine Verbindung des Zeichens (sign: S) mit seiner Bedeutung (signification: S). Aus dem S-R-Schema des klassischen und operanten Konditionierens wird im Modell des Zeichen-Lernens ein S-S-Schema, das den Lernvorgang repräsentiert. Der Vorgang des Zeichen-Lernens zeigt dabei folgenden Verlauf:
- Der wahrgenommene Reiz wird durch intervenierende Variablen einer Bedeutung zugeordnet und dadurch zum Zeichen.
- Durch die Zumessung der entsprechenden Bedeutungen zu den Zeichen kommt es zur **Einsicht** (insight).
- Die vollzogene Zuordnung und dabei gewonnene Einsicht manifestieren sich und beeinflussen die weiteren Lernvorgänge.

Lernen ist demnach ein Zeichen-Lernen, insofern ursprünglich neutrale Reize zu Bedeutungsträgern werden oder ursprüngliche Bedeutungszumessungen sich durch den Lernprozess abwandeln. Wie in der

Gestalttheorie ist hierbei die Gewinnung von Einsicht kennzeichnend für den Lernprozess. TOLMAN nimmt in der Lernpsychologie eine Zwischenstellung ein, da er nur dadurch Behaviorist bleiben konnte, weil er einen neuen Ansatz des Behaviorismus schuf (Neobehaviorismus), andererseits Ähnlichkeiten mit der Gestaltpsychologie aufwies (z. B. Lernen durch Einsicht), jedoch keinen engeren Kontakt zu ihr fand. Er war daher sowohl von der einen als auch von der anderen Seite heftiger Kritik ausgesetzt. Es bleibt offen, inwieweit sich in einem neueren umfassenden lerntheoretischen Ansatz die Gegensätze überwinden lassen.

1.3.3.2 Gestalttheorie

Die Gestalttheorie (Berliner Schule) wird wie auch die neobehavioristische Theorie des Zeichen-Lernens zu den kognitiven Lerntheorien gerechnet. Diese Theorien sind dadurch gekennzeichnet, dass das Lernen nicht wie beim Behaviorismus nur in einer Reiz-Reaktions-Verknüpfung gesehen wird, sondern vornehmlich durch Prozesse der **Einsicht** bestimmt wird. Zu den bedeutsamsten kognitiven Lerntheorien zählt die Gestalttheorie. Der Begründer der Gestaltpsychologie war KÖHLER (1887-1967). Der Begriff der Gestalt wurde von v. EHRENFELS (1859-1932) in die Psychologie eingeführt. Eine Gestalt weist folgende Merkmale auf:
- **Übersummativität**: Das Ganze ist mehr als die Summe seiner Teile (nach dem Gesetz der schöpferischen Synthese von W. WUNDT).
- **Transformierbarkeit**: Eine Gestalt, z. B. eine Melodie, kann in eine andere Tonart übertragen werden. Das gleiche gilt für Vergrößerungen und Verkleinerungen von Wahrnehmungsgestalten.

KÖHLER (1947) versuchte durch das Phänomen der optischen Täuschungen und durch eigene Lernexperimente (z. B. mit Hühnern und Schimpansen) zu beweisen, dass Lernen nicht nur in einer Reiz-Reaktions-Verknüpfung besteht. Hierdurch distanzierte er sich von dem bis dahin in der Lerntheorie dominierenden Behaviorismus und leitete in der lernpsychologischen Problematik eine entscheidende Umwälzung ein. Die Methode der gestaltpsychologischen Lernversuche steht z. B. im starken Gegensatz zu denen des Versuch-und-Irrtum-Lernens. KÖHLER wirft THORNDIKE vor allem vor, dass die Versuchstiere im Problemkäfig oder im Labyrinth die situativen Gegebenheiten nicht überschauen und den Zusammenhang zwischen Aufgabe und Lösung nicht erfassen können.

Sie werden vielmehr künstlich in den Zustand der Verwirrung versetzt und nur so kommt es zu einem Versuch-und-Irrtum-Verhalten.

Bei den Lernversuchen der Gestaltpsychologie werden dagegen die Versuchstiere mit den Gegebenheiten ihrer Umwelt vertraut gemacht. Im Bereich der gewohnten Umgebug erscheint sodann ein Hindernis, welches das Tier vom begehrten Futter trennt. Die Gesamtsituation ist hierbei so konfiguriert, dass sie der Möglichkeit nach vom Tier überschaut werden kann. Die Aufgabenlösung kommt nicht durch zufällige Versuche, sondern durch vorstellungsmäßige Umstrukturierung des Wahrnehmungsfeldes zustande. Durch die Änderung der Versuchsanordnungen und durch den Einsatz von Versuchstieren, deren geistige Organisation hoch genug ist, um Beziehungen erfassen zu können (z. B. Anthropoiden), ergeben sich völlig andere Bedingungen und dementsprechend andere Gesetzmäßigkeiten des Lernens.

Lernen stellt sich nach dem gestaltpsychologischen Konzept dann ein, wenn im Wahrnehmungsfeld eine Störung auftritt, z. B. wenn ein gewohnter Handlungsablauf durch eine Barriere gehemmt wird. Durch eine Um- und Durchorganisation des Wahrnehmungsfeldes kommt es zu neuen Bedeutungszumessungen, bis sich gleichsam als ein "Aha-Erlebnis" eine **Einsicht** ergibt. Hierdurch wird es ermöglicht, sinnvolle Werkzeugbenutzung zu erlernen, Hindernisse zu überwinden und einsichtig zu handeln. Der Prozess des Lernens durch Einsicht zeigt folgenden Ablauf:

- Verhalten in gegebenen Umweltbedingungen,
- Störung des Wahrnehmungsfeldes oder des Handlungsablaufes durch ein neu auftretendes Hindernis,
- Vorstellungsmäßige Umstrukturierung des Wahrnehmungsfeldes,
- Einstellung von Einsicht (Aha-Erlebnis),
- Lösung des Problems entsprechend der hierbei gewonnenen Erkenntnis,
- Verwertung der Einsicht bei neu auftretenden ähnlichen Problemfällen.

Eine Variationsform des gestaltpsychologischen Ansatzes findet sich in der Feldtheorie von LEWIN (1951), in der das Lernen als eine Änderung der kognitiven Struktur gesehen wird. Die Konfiguration, veranschaulicht durch dynamische Kräfte mittels Topologie (räumliche Lagebezeichnung innerhalb eines Feldes) und Vektor (gerichtetes, durch Dynamik verursachtes Geschehen), entspricht dem gestaltpsychologischen Ansatz der Strukturierung und Organisation.

Im Bereich der Schule führt ein Lernen und Lehren auf der theoretischen Grundlage der Gestaltpsychologie zu einer Ablehnung des mechanischen Auswendiglernens und zu einer Bevorzugung des Lernens durch Einsicht, das in seinem Ablauf und in seiner Gestaltung dem sinnvollen Lernen entspricht.

Um diese Lernformen anzuregen, werden Beziehungen und Sinnzusammenhänge aufgezeigt oder gefunden und anstelle eines Faktenwissens besonders Verstehen und kritisches Denken gefördert. Dies führt zu einem "sinnstiftenden Unterricht" (BÖNSCH 2000, 42).

Die psychologischen Impulse des Gestaltansatzes werden weitergeführt in den neueren Aspekten des lernerzentrierten und ganzheitlichen Lehrens in der Gestaltpädagogik (RICHTER 1999).

1.3.3.3 Ganzheitspsychologie

Die Ganzheitspsychologie wurde von KRUEGER (1874-1948) gegründet. Sie kann, wie sie sich in der Leipziger Schule (KRUEGER, WELLEK, LERSCH) entwickelte, als eine für die humanpsychologische Betrachtungsweise des Lernens grundlegende Lerntheorie angesehen werden.

Die Ganzheitspsychologie stellt nicht nur das Gestalthafte im Wahrnehmungsprozess in den Mittelpunkt (wie z. B. die Gestalttheorie), sondern die gesamte **Leib-Seele-Geist-Einheit** des Menschen. Hierin zeigt sich "der ganzheitspsychologisch fundierte, ... genetische Aufbau von Person, Charakter und Persönlichkeit" (ERNST 1997, 105).

Ganzheit bedeutet - im Gegensatz zum zufälligen Nebeneinander oder zur additiven Häufung - eine urtümliche Geschlossenheit, aus der sich die Bedeutung der integrierten Bereiche ableitet und die sich durch einen unauflöslichen Wirkzusammenhang auszeichnet. Diese Wirkeinheit betrifft bewusstseins- und erlebnisprägende Faktoren, wobei das Gefühl eine dominierende Funktion übernimmt. Wahrnehmungen sind hierbei eingeschmolzen in das gesamte dynamische und gefühlsgetragene Erlebnis. In der Ganzheitspsychologie kommen den folgenden Begriffen und den damit verbundenen Sachverhalten besondere Bedeutung zu:

- **Ganzheit**: Als prinzipielle Kategorie alles Seienden lässt sich Ganzheit nie vollständig definieren. Sie geht weit über das hinaus, was die Gestaltqualitäten in der Gestalttheorie betrifft. Ganzheit ist besonders durch Komplexqualitäten bestimmt (KRUEGER). Alles Erkennen und Erleben erweist sich als ganzheitlich.

- **Struktur:** Die Struktur ist das Bestimmungsmerkmal und der tragende Grund des Menschen als Leib-Seele-Geist-Einheit, in der sich sämtliche seelisch-geistigen Prozesse vollziehen.
- **Gefühl:** Das Gefühl bewirkt die emotionale Betroffenheit aller Erfahrung. Es schließt das Zuständliche und das Erleben des Gegenständlichen ein (WELLEK). Als Komplexqualität bestimmt das Gefühl das Erlebnisganze (KRUEGER). Das Selbst und das Gefühl sind "Kristallisationspunkte der Person", denen im menschlichen Erleben entscheidende Bedeutung zukommen.
- **Entwicklung:** Entwicklung vollzieht sich nicht in bestimmten Bereichen oder Teilen, sondern immer als eine Veränderung der Komplexqualität der körperlich-seelisch-geistigen Einheit. Entsprechend dem ganzheitlichen Grundprinzip schreitet die Entwicklung weder von Teilen zum Ganzen noch vom Ganzen zu Teilen, sondern ist stets Ganzheitswandel. Hierbei lassen sich folgende Aspekte aufzeigen:
  - Aktualgenese (Gestaltentwicklung): Entwicklung der augenblicklichen Gestaltqualitäten aus ganzheitlichen Vorgestalten in einem überschaubaren Erlebenszusammenhang.
  - Ontogenese (Individualentwicklung): Entwicklung des einzelnen Individuums im ganzheitlichen Konnex zur Mit- und Umwelt.
  - Phylogenese (Gattungsentwicklung): Entwicklung der Gattung im Zusammenwirken mit der gesamten belebten und nicht belebten Umwelt.

Die Ganzheitsqualitäten erweisen sich im Entwicklungsverlauf ursprünglich als komplex (nicht abgesondert) und diffus (ungegliedert). Ethnologische Untersuchungen zeigen auf, dass im Primitiverleben Zusammenhänge zwischen Mensch und Tier sowie zwischen Mensch und Natur als prärationales Ganzes erlebt werden. Im "primitiven" Organismus vollzieht sich das seelische Leben komplex, d. h. mit geringer Differenzierung zwischen Subjekt und Objekt, zwischen Gegenstand und Zustand, zwischen Wahrnehmung und Gefühl. Analog hierzu zeigt sich, dass in der Tierwelt die Verbundenheit des Lebewesens mit seiner Umgebung fast so innig ist wie die Einheit des Körpers.
Menschliches Erleben ist immer ganzheitlich. An ihm lassen sich die Merkmale der Ganzheit aufzeigen:
- Ganzheitliches Erleben ist prinzipiell **unzusammengesetzt**. Hier dominiert das Prinzip der Komplexität. Die Begriffe "Element", "Elementenverbindung", "Assoziation" und "Synthese" bleiben im "undhaften Denken und in mechanischer Auffassung des Bewusstseins- und Seelenlebens" stecken. Weder Bewusstsein an sich noch

überhaupt Seelisches an sich hat jemals Teile, ist jemals Summe, Und-Verbindung oder irgend in aggregathafter Weise zusammengesetzt. Also sind die Begriffe "Teil" und "Zusammensetzung" unangebracht. Ganzheitliches Erleben ist prinzipiell bestimmt vom Gesetz der unbedingten Unzusammengesetztheit des Erlebensstromes.

- In ganzheitliches Erleben gehen Momente des **Unbewussten** ein. Das Psychische wird nicht nur von bewussten Erlebnissen bestimmt. Es umfasst nicht nur Inhalte, welche bewusst erlebt werden. Das Erleben wird durch flüchtige, unauffällige und unbewusste Momente mitbestimmt.
- Ganzheitliches Erleben ist **personales** Erleben. Die Ganzheit des Erlebens betrifft die Ganzheit der Person.
  Es gibt im Erleben des Menschen keine Prozesse der reinen Geistigkeit, ebensowenig wie es im Menschen eine reine Sinnlichkeit gibt. Auch die höchste Stufe vergeistigten Denkens des Menschen ist mitbeeinflusst von seiner "Vitalsphäre" und auch im primitivsten Getriebenwerden des Menschen vollzieht sich nicht reiner Trieb, sondern das Trieberleben eines geistbetroffenen Wesens. In jedem menschlichen Erleben sind alle Bereiche der menschlichen Person beteiligt.
- Das ganzheitliche Erleben umfasst **innere und äußere Momente**. Die ganzheitliche Erlebensweise ist sowohl geprägt von personalen Faktoren als auch von Gegebenheiten der Außenwelt. In der Verlaufseinheit des ganzheitlichen Erlebens gehen Faktoren des Innen und Außen integrativ ineinander über. Das Innere ist immer bereits mitgeprägt vom Außen und das Außen ist im Erleben immer ein von innen geformtes Außen. Die Wirklichkeit ist für das Erleben keine Konstante, sondern wandelt sich mit der integrativen Ganzheit seelischen Erlebens.

Das menschliche Lernen betrifft wie das Erleben immer die **Ganzheit der Person**. Lernen vollzieht sich als Wirkeinheit und zeigt nicht nur Konsequenzen im Verhalten, sondern auch im gesamten Bereich der Leib-Seele-Geist-Einheit. Eine Deutung des Lernens als Reiz-Reaktions-Verknüpfung simplifiziert den Lernvorgang auf äußerlich erkennbare Fakten. Das ganzheitliche Verwobensein des Lernens in die menschliche Existenz bringt bestimmte Forderungen nach Anerkennung der Ganzheit im Bereich der Schule als Ort kindlichen Lernens.

Im schulischen Bereich sind mit der Forderung nach Ganzheit unterschiedliche Bedeutungszumessungen verbunden:

- Der Schüler als **personale Einheit**: Ansätze zeigen sich in der bereits von PESTALOZZI (1746-1827) aufgestellte Forderung nach ganzheitlicher Bildung des Menschen von "Kopf, Herz und Hand". Der heutigen Schule wird eine einseitige Bevorzugung der Verstandesbildung vorgeworfen, wodurch sie Gefahr läuft, zu einer reinen "Verkopfung" beizutragen. Ein ganzheitlicher Unterricht wird dagegen sowohl die affektiven als auch die psychomotorischen Bereiche einbeziehen. Die ganzheitliche Einheit der menschlichen Person zeigt sich in dem urtümlichen Zusammenhang von "Ganzheit und Menschlichkeit" (ERNST 1997).

- Der **Stoff als Ganzheit**: Ganzheitliche Stoffbetrachtung überwindet die fachspezifische Zersplitterung der Unterrichtsinhalte und stellt Lebenszusammenhänge in den Mittelpunkt des Unterrichts. Er zeigt dabei Züge des Gesamtunterrichts, der in seinen neueren Formen in den Projektunterricht übergeht.

- **Ganzheitliche Auffassung** des Kindes: Das Kind zeigt eine ganzheitliche Erlebnisweise und Auffassung der Welt. Daher wird jeweils vom Ganzen einer Sache ausgegangen. Dies gilt sowohl für den Heimat- und Sachunterricht wie auch für die Leselern-Methode. Ganzheitlicher Unterricht berücksichtigt somit Ganzheiten im personalen Sein des Menschen, in der Realität des Stoffes und im psychischen Bereich des Kindes.

Die personale Einheit des Kindes, der Stoff als Ganzheit und die ganzheitliche Auffassung klingen ansatzweise an in der traditionellen Forderung, das originale Kind die originale Gegebenheit erleben zu lassen und betreffen somit teilweise das "Postulat der Originalität" (RAGALLER 2000, 196). Das Wissen um die Ganzheit menschlichen Lebens könnte zu einer bewusstseinserweiterten kindgemäßen Erziehung führen. Die Erziehung darf sich nicht nur auf die Bewältigung der Außenwelt des Kindes beschränken, sondern muss bis in die Tiefen des Gemüts vordringen und sich um eine Harmonisierung der Wirkeinheit von Kind und Welt bemühen. Hieraus erwachsen die Bestrebungen nach ganzheitlichem Lernen (ZITZLSPERGER 1993, BUCHEN 1993) und ganzheitlicher Erziehung in der Schule.

1.3.4 Informationstheorie: Lernen als Speichern von Information

1.3.4.1 Lernen und Lehren unter informationstheoretischem Aspekt

Bedingt durch die vielfältige und umfassende Bedeutung des Informationsaustausches für jegliche Kommunikation hat sich als eigener Wissenschaftszweig die Informationstheorie gebildet. Die Übertragung informationstheoretischer Überlegungen in den Bereich der Psychologie hat hauptsächlich ATTNEAVE (1965) vollzogen. Eine informationstheoretische Pädagogik wurde von FRANK (1970) und v. CUBE (1982) entwickelt.

Im informationstheoretischen Ansatz ist Information die Zunahme des Wissens um vorher Nicht-Gewusstes. Dies zeigt, dass in der Informationstheorie der quantitative Aspekt dominiert. "Bit" als Maß zur Bestimmung der Menge des **Informationsgehaltes** bedeutet ursprünglich Zweier-Frageschritt (binary digit), das ist eine Frage, auf die es nur zwei Antworten gibt, nämlich "ja" oder "nein". Der Grundgedanke lautet hierbei: Je mehr Fragen durch eine Nachricht ersetzt werden, desto größer ist der angenommene Informationsgehalt dieser Nachricht. Somit dient die Anzahl der erforderlichen Fragen als Maß zur Bestimmung des Informationsgehaltes einer Nachricht.

Als Beispiel für die Ermittlung des Informationsgehalts nach Bit kann ein in den 70er Jahren bekanntes Fernseh-Ratespiel dienen, bei dem ein Beruf zu erraten war. Handelt es sich dabei um einen Beruf, der völlig absonderlich ist, den es vielleicht nur einmal auf der Welt gibt, dann ist die Anzahl der erforderlichen Frageschritte sicherlich sehr groß.

Dementsprechend hat die Ankündigung, die für die Zuschauer auf dem unteren Teil des Bildschirmes erscheint und den Beruf angibt, einen sehr hohen Informationsgehalt. Sie ersetzt hypothetisch eine Unmenge von erforderlichen Frageschritten. Handelt es sich dagegen um einen Beruf, der mit drei oder vier Fragen erfragt werden könnte, dann hat diese Information auf dem Bildschirm nur einen geringen Informationsgehalt. Je mehr Fragen gestellt werden müssten, desto größer ist der Informationsgehalt.

Wenn bei einer Aussage das Wissen bereits vorliegt, hat sie einen Informationsgehalt von 0 Bit. Die Nachricht ersetzt keine erforderlichen Frageschritte. Eine Aussage, die gleichsam unendlich viele Fragen ersetzen würde, hätte einen Informationsgehalt von unendlich vielen Bit oder Kilobyte. Hierbei besteht ein positives logarithmisches Verhältnis zur Anzahl der Möglichkeiten: Je größer die Anzahl der Möglichkeiten, desto höher ist der Informationsgehalt.

Ein Buchstabe im Deutschen ABC hat unter Berücksichtigung der Anzahl der dort möglichen Buchstaben einen Informationsgehalt von ca. 5 Bit, d. h. man benötigt bei systematischer Befragung 5 Zweier-Frageschritte, um ihn zu erraten. Bei einem Zeichensystem, das nur zwei Möglichkeiten hat, z. B. . (Punkt) oder - (Strich), weist jedes einzelne Zeichen einen Informationsgehalt von 1 Bit auf.

Umgekehrt ist es mit der Wahrscheinlichkeit: Je höher die Wahrscheinlichkeit, desto geringer ist der Informationsgehalt, weil dann die Anzahl der erforderlichen Frageschritte weniger wird. Eine alltägliche Nachricht, die erwartet wird, hat also einen geringen Informationsgehalt, dagegen hätte eine Aussage, die an ein Wunder grenzt, weil niemand sie für möglich hält, einen gleichsam unendlich hohen Informationsgehalt.
Nach der Informationstheorie ist Lernen ein Prozess der Informationsverarbeitung. Im Vollzug dieser Verarbeitung der Information wird beim Lernen der Informationsgehalt einer sich wiederholenden Nachricht abgebaut. Durch Lernen wird eine Aussage weniger informativ (redundant). Informationstheoretisch gilt also: Lernen ist Erzeugung von Redundanz.
Eine redundante Nachricht ist eine überflüssige Information. Wenn etwas mitgeteilt wird, das bereits gelernt wurde, hat diese Mitteilung einen Informationsgehalt von 0 Bit. Eine Nachricht, welche etwas bereits Gelerntes (Gespeichertes) beinhaltet, ist überflüssig. Durch Lernen wird eine Verringerung des Informationsgehaltes bewirkt.

Für das Lernen bedeutsame informationstheoretische Erkenntnisse und Interpretationen sind:
- **Lernbedingungen**: Voraussetzung für das Lernen sind die Fähigkeiten der Informationsaufnahme, Informationsverarbeitung und Informationsspeicherung.
- Lernen als Erzeugung von **Redundanz**: Durch Lernen wird Redundanz (Informationsüberschuss) erzeugt, d. h. aufgrund des Lernprozesses wird eine Information mit gleichem Inhalt bei nochmaligem Auftreten (je nach Lernerfolg) mehr oder weniger überflüssig.
- **Speicherungskapazität**: Die Menge der lernbaren Information ist jeweils von den Kapazitäten des Kurzzeitspeichers und des Langzeitspeichers abhängig.
- **Zeicheninventar**: Im Kommunikationsprozess werden nur Zeichen übermittelt, nicht ihre Bedeutungen. Informationsaustausch und somit Lernen sind nur möglich, wenn ein Minimum an Überein-

stimmung der Zeicheninventare mit entsprechender Bedeutungszumessung von Informationssender und Informationsempfänger besteht.

1.3.4.2 Informationstheorie und Unterricht

Unter informationstheoretischem Aspekt kann eine Verbesserung des
Lern- und Lehrerfolgs in verschiedener Hinsicht angestrebt werden und
erfolgen. Hierzu gehören:
- Anpassung an das **Zeicheninventar** des Lernenden: Eine volle Ausnutzung des möglichen Gewinns an Information bzw. zur Erzeugung
von Redundanz setzt voraus, dass weitgehende Übereinstimmung
im Zeicheninventar des Informationssenders und des Informations-
empfängers besteht. Eine Zusammenstellung der Zeichen und Zei-
chenfolgen im Softwarebereich der AV-Medien kann zu einer per-
manenten Überprüfung der Übereinstimmung in Bezug auf die vor-
gesehen Adressatengruppe führen.
- Berücksichtigung der **Speicherungsfähigkeit**: Ähnlich lassen sich
ständige Kontrollen in Bezug auf die Anpassung des Infor-
mationsflusses an die Speicherungskapazität durchführen. Überla-
dene und überfordernde Informationsangebote können ausgemerzt
bzw. verbessert werden.
- Verbesserung des **Wahrscheinlichkeitslernens**: Durch sinnvolle
Wiederholungen und durch Berücksichtigung von Wahrschein-
lichkeitsfolgen lässt sich der Lernprozess permanent effektivieren.
Die zur Verfügung stehenden Lerninhalte können diesbezüglich kontrolliert und korrigiert werden.
- Achten auf gute **Strukturierung**: Bei der Gestaltung der Software
der AV-Medien kann und sollte darauf geachtet werden, dass räumlich oder logisch Zusammengehöriges auch zusammengebracht
wird. Hierdurch wird die Strukturierung verbessert, was wiederum
den Lernprozess erleichtert und effektiviert.
- **Erfolgskontrollen** durch Berechnung der Redundanz:
Informationstheoretisch ist es möglich, die durch einen Lehrprozess
oder eine Unterrichtsstunde erzeugte Redundanz zu berechnen. Allerdings ist die Praktikabilität des Verfahrens noch zu wenig er-
probt. Dabei wird der Informationsgehalt von Informationen **vor** der
Unterweisung verglichen mit dem Informationsgehalt **nach** dem
Lehrprozess. Die hierbei festzustellende Verringerung des Infor-
mationsgehaltes der gleichen Informationen entspricht der durch
Lernen erzeugten Redundanz und ist somit ein Hinweis auf die
Effektivität der Unterweisung.

Informationstheoretische Aspekte des Lernens werden u. a. auch bei der Erstellung von Programmen (Lehralgorithmen) für den computergestützten Unterricht (CUU) verwendet (STEPPI 1989, EULER 1992). Die Entwicklung ist nicht abgeschlossen. Mit den Problemen der Informationstechnologie in Schule und Gesellschaft beschäftigt sich eine hierfür gegründete internationale Gesellschaft (International Federation for Information Processing). Sowohl für die "Schule der Zukunft" (FUNG/ VISSCHER/ BARTA 1997) als auch für die Lehrerbildung (PASSEY/ SAMWAYS 1997) scheint Nachholbedarf zu bestehen.

1.3.4.3 Grenzen des informationstheoretischen Ansatzes

Nach Meinung von v. CUBE (1999, 71) trägt die Verwendung informationstheoretischer Methoden in der Didaktik zur Präzisierung und Optimierung von Lernstrategien bei und hilft bei der Planung von Unterricht.
Bedingt kann die informationstheoretische Didaktik dazu dienen, unter Berücksichtigung seither vernachlässigter Gesichtspunkte (z. B. des Informationsgehaltes von Aussagen im Lehrprozess, der Speicherkapazitäten von Kurz- und Langzeitspeicher, der Übereinstimmung des Zeicheninventars von Informationssender und -empfänger u. a.) den Unterrichtsprozess zu effektivieren.

Es sind jedoch auch bedeutsame Grenzen zu berücksichtigen. So klammert die Informationstheorie wichtige Gesichtspunkte der didaktischen Problematik, wie Zielentscheidung und Inhaltsauswahl, aus. Zusätzlich bleiben bedeutsame Differenzen zwischen menschlichem Lernen und einem technischen Informationsspeicher häufig unberücksichtigt, wodurch soziale und schülerorientierte Aspekte des schulischen Lernens verlorengehen. Besonders die vereinfachende Reduzierung des Lernens auf messbare Informationsverarbeitung stösst auf Kritik. Wo Lernen auf "bloßen Input von Informationen, gemessen in Bits, reduziert wird, bleiben unterschiedliche Qualitäten" des Lernens "notwendigerweise auf der Strecke" (GLÖCKEL 1996, 129). Doch bei kritischer Reflexion über das angewandte Verfahren können auch informationstheoretische Überlegungen verschiedene Anregungen für das unterrichtliche Lernen geben.

1.3.5 Kybernetik: Lernen als Regelkreis

1.3.5.1 Kybernetische Pädagogik und Didaktik

Als der eigentliche Begründer der Kybernetik gilt WIENER (1948). Dieser hat den Begriff der Kybernetik als **Regelkreislehre** in seiner jetzigen Deutung geprägt. Die kybernetische Darstellung eines geregelten Prozesses liefert das Regelkreismodell. Sein wichtigster Bestandteil ist der Regler. Diesem wird der Soll-Wert als Ziel eingegeben. Der augenblickliche Zustand ist der Ist-Wert. Durch Rückmeldung (Feedback) wird der Regler über den Ist-Wert informiert. Zum Zwecke einer Annäherung des Ist-Wertes an den Soll-Wert werden vom Regler neue Impulse ausgegeben. Bei einem geregelten Prozess bestimmt der zurückgemeldete Erfolg einer Maßnahme die weiteren Maßnahmen.

Im Rahmen einer Verallgemeinerung und Übertragung des ursprünglich technischen Ansatzes der Kybernetik auf andere Realitätsbereiche werden auch psychische Prozesse (Lernen) und pädagogische Maßnahmen (Lehren) als geregelte Vorgänge interpretiert.

In der kybernetischen Betrachtungsweise der Didaktik und Pädagogik wird versucht, Bedingungen unterrichtlicher und pädagogischer Prozesse aufzeigbar und verfügbar zu machen (v. CUBE 1999, 57ff.). Lehren und Lernen vollziehen sich hiernach als geregelte Kommunikation zwischen einem Lehrsystem (Lehrer oder Lehrgerät) und einem Lernsystem (Schüler oder lernender Automat).

In der Kommunikation zwischen Lehr- und Lernsystem kommt dem Prozess der Rückmeldung entscheidende Bedeutung zu. Hierbei ist sowohl dem Lehrsystem als auch dem Lernsystem ein Regelkreis zuzuordnen, d. h. es finden spezifische Rückmeldungsprozesse in beiden Systemen statt.

- **Regelkreis im Lernsystem:**
  Der Schüler (Lernsystem) antwortet auf die ihm vom Lehrer oder AV-Medium im Anschluss an eine Information vorgelegten Fragen. Unmittelbar auf seine Antwort erhält er vom Lehrer oder Medium die Bestätigung über die Richtigkeit seiner Antwort oder Hinweise, dass seine Antwort falsch ist. Bei einem besonders effektiv gestalteten Verlauf erfährt er auch, worin sein Fehler lag und worauf er beim weiteren Vorgehen achten soll. Diese Reaktionen des Lehrsystems gehen bei ihm als Rückmeldungen ein und beeinflussen sein weiteres Lernverhalten.

Regelkreis im Lernsystem bedeutet also: Der zurückgemeldete Lernerfolg entscheidet über das weitere sich daran anschließende Lernverhalten.

- **Regelkreis beim Lehrsystem:**
  Der Lehrer oder das AV-Medium als Lehrsystem geben dem Schüler Informationen und stellen ihm anschließend Fragen. Durch die Antwort auf die Fragen erhält das Lehrsystem eine Rückmeldung, inwieweit die ausgegebenen Informationen beim Schüler angekommen sind.
  Diese Rückmeldung beeinflusst nun die weitere Informationsausgabe. Entweder es werden zusätzliche Informationen zum vorhergehenden nicht verstandenen Sachverhalt ausgegeben oder es werden neue darauf aufbauende Informationen ausgegeben.
  Rückmeldung im Bereich des Lehrsystems bedeutet also: Der zurückgemeldete Erfolg der zuvor ausgegebenen Information bestimmt die weitere Informationsausgabe.

Wenn Lernen und Lehren sich jeweils entsprechend der eingegangen Rückmeldung vollzieht, handelt es sich um interaktives Lernen.

1.3.5.2 Funktionen der Rückmeldung beim Lernen

Sowohl beim Schüler als auch beim Lehrenden kommen der Rückmeldung zwei wichtige Funktionen zu: eine Kontrollfunktion und eine Selektionsfunktion.

Kontrollfunktion bedeutet, dass die zurückgemeldete Information der Kontrolle des erzielten Erfolges (beim Schüler ist es der Lernerfolg, beim Lehrer der Lehrerfolg) dient.

Die **Auslesefunktion** bewirkt, dass von den weiteren Verhaltensweisen des Schülers, des Lehrers oder des Mediums diejenigen ausgewählt werden, die auf den zurückgemeldeten Erfolg abgestimmt sind.

Durch das Ineinanderübergreifen von Kontrolle und Selektion der jeweils lernwirksamen Verhaltensweisen und lehrwirksamen Informationen wird ein optimaler Lernfortschritt zu erreichen versucht.

1.3.5.3 Grenzen des kybernetischen Ansatzes

Zwar hat sich der kybernetische Aspekt der Didaktik als anregend für ein Überdenken unterrichtlicher Prozesse erwiesen, doch dürfen die Grenzen einer solchen Betrachtungsweise nicht außer Acht gelassen werden.

Die Begrenztheit der kybernetischen Didaktik ist einerseits auf die Einseitigkeit ihres Ansatzes, andererseits auf die Komplexität unterrichtlicher Vorgänge zurückzuführen.

Die Plausibilität der kybernetischen Deutung didaktischer Vorgänge ergibt sich vornehmlich aufgrund ihrer **"Wenn-dann-Objektivität"**. Hiermit ist gemeint, dass die Ziele als Vorgaben gesetzt werden müssen. Wenn das Lernziel X erreicht werden soll, dann ist so und so zu verfahren.

In dieser reinen Formalisierung ist eine entscheidende Begrenzung des kybernetischen Ansatzes für die Didaktik zu sehen. Die Gültigkeit und Setzung der Lernziele (Soll-Werte) ist also nicht Angelegenheit der Kybernetik. Erst wenn diese geklärt und erfolgt sind, kann versucht werden, unter Berücksichtigung der Rückmeldungen den Soll-Wert weitgehend zu erreichen.

Eine weitere bedeutsame Grenze ergibt sich aus der **Abstraktion** der **Unterscheidungsmerkmale** physikalischer, physiologischer und psychischer Realitätsbereiche. Die grundlegenden Unterschiede zwischen mechanischen und psychischen Regelprozessen dürfen nicht übersehen oder nivelliert werden. Deshalb ist die Übertragbarkeit des Regelkreises in den Unterricht nur bedingt möglich.

1.3.6 Humanpsychologischer Ansatz: Lernen als personaler Prozess

1.3.6.1 Philosophisch-anthropologische Grundlagen

Mit Ausnahme der gedächtnispsychologischen Untersuchungen sind die meisten lernpsychologischen Modelle von Tierversuchen abgeleitet oder werden analog technischer Prozesse gedeutet.

Hierdurch gehen spezifische Merkmale des **menschlichen Lernens** verloren bzw. werden nicht in Ansatz gebracht. Gelegentliche Hinweise auf Vorgänge im Bereich des menschlichen Lernens (z. B. Maschinenschreiben, Autofahren) dienen der Interpretation oder Absicherung vorgebrachter Hypothesen.

Der Ansatz der humanistischen Psychologie (MASLOW, BÜHLER, CO-HEN, ARNOLD) geht davon aus, dass die vorliegenden Lerntheorien nicht die Wesensmerkmale des menschlichen Lernens berücksichtigen. Die Grundlage der humanistischen Psychologie ist eine der behavioristisch angestrebten Voraussetzungslosigkeit entgegengesetzte philosophisch-anthropologische Betrachtungsweise seelisch-geistiger Prozesse.

Das menschliche Lernen ist demnach ein Lernen, wie es in anthropologischer Hinsicht seinsnotwendig zum Menschen gehört und wie es den Menschen in seiner Wechselwirkung zur Welt bestimmt. Daher kann sich eine das menschliche Lernen betreffende Betrachtungsweise nicht mit einer Erfassung und Beschreibung tierischen Lernens oder technischer Prozesse begnügen.

Im Ansatz der humanistischen Psychologie wird vielmehr versucht, spezifisch menschliches Lernen zu beschreiben, dieses den Wesensmerkmalen des Menschen zuzuordnen und entsprechend der Spannungspolarität der menschlichen Entwicklung zu interpretieren.

Menschliches Lernen ist das Lernen einer **Person**, für das die Gesichtspunkte der Selbstverwirklichung, der personalen Einheit und der absoluten Würde gelten. Dieses Lernen ist ein komplexer Vorgang, der in die Ganzheit psychischen Geschehens eingebettet ist. Insofern ist es unzulässig, von einfachen Lernformen in Tierexperimenten und Gesetzmäßigkeiten, welche in der isolierten Laboratoriumswirklichkeit gewonnen wurden, auf menschliches Lernen zu schließen. Im menschlichen Lernen bleibt immer ein unbestimmbarer Rest, der experimentell nicht zu fassen ist.

Der Festlegung von Einzelerkenntnissen über das Lernen geht im humanistischen Ansatz eine allgemeine Bestimmung menschlichen Lernens voraus. Lernen heißt in diesem Kontext im weitesten Sinne ein Bereitstellen von Erfahrungen als Vorwegnahme von Möglichkeiten für das zukünftige Handeln des Menschen. Menschliches Lernen ist eingebettet zu sehen in den ganzheitlichen Lebensvollzug, der mitbestimmt wird von der Grundbestimmung des Menschen, dass er sich verändern und selbstbestimmen kann und dass ihm die Welt, in der er lernt, nicht gegeben, sondern aufgegeben ist.

1.3.6.2 Menschliches Lernen als bildendes Lernen

Das Lernen ermöglicht dem Menschen, sich selbst zu verstehen und zu verwirklichen und sich zu bemühen, die Welt möglichst objektiv zu erfassen. Das Lernen wird somit zu einem Lernen, das Bildung bewirkt.

Lernen, durch das sich Bildung vollzieht, ist mehr als ein Reagieren auf Umweltreize, mehr als Anpassung durch Aktivität und mehr als der Erwerb von Kenntnissen und Fertigkeiten.

Bildendes Lernen ist Selbstformung des Menschen und damit Hinführung zum Ziel aller Erziehung und Bildung: **Persönlichkeit.** Unter Berücksichtigung anthropologischer Grundlagen, welche u. a. von ARNOLD (1969) in die Psychologie eingebracht und von HILLEBRAND (1958) und ROTH (1973) zur Interpretation des Lernens dienten sowie von SCHRÖDER (1999) und ERNST (1997) einer "humanistischen Schulpädagogik" zugrundegelegt werden, lässt sich also das spezifisch menschliche Lernen klassifizieren als ein bildendes Lernen, das
- den Schüler in seinem **Personsein** erfasst (Personalität),
- alle Bereiche seiner **individuellen Entfaltung** betrifft (Ganzheitlichkeit),
- zur **Welt- und Wertorientierung** verhilft (Persönlichkeitsentwicklung),
- zur **Gesinnungsbildung** beiträgt (Bildung),
- zur **Förderung** des Denkens und anderer Fähigkeiten führt (Fähigkeitsentfaltung) und
- sich motivierend und steuernd auf **Handlungen** auswirkt (Handlungsorientierung).

Menschliches Lernen ist "die ständige Fortentwicklung des Individuums und Lernen als Gesamtwerk der Menschheit schafft Bedingungen für diese fortgesetzte Evolution" (EBERT 1993, 16). Der humanistische Ansatz des Lernens greift über die Möglichkeit des Erfassens und Verifizierens empirisch nachweisbarer Lerngesetze hinaus und verweist letztlich auf Wesensbestimmungen des Menschen verbunden mit einer Sollensgesetzlichkeit, die neben der personalen Würde des Menschen auch seine Wertorientierung einschließt. Die kritische Auseinandersetzung mit der Gültigkeit dieser Voraussetzungen und mit den sich hieraus ergebenden Konsequenzen bleibt als überdauernde Aufgabe gegeben.

1.3.7 Zur Gültigkeit und Verwertung von Lerntheorien im Unterricht

- **Innere Gültigkeit der Lerntheorien:** Jede der auf experimenteller Grundlage aufbauenden Lerntheorien konnte als Beweise Gesetzmäßigkeiten aufweisen, welche die gesetzten Postulate bestätigten.

Da jedoch die Versuche jeweils entsprechend den gesetzten Grund-
annahmen geplant und durchgeführt oder die Konsequenzen in der
Regel von den Voraussetzungen abgeleitet werden, welche das
theoretische Konzept bestimmen, sind ihre Ergebnisse nicht zu ver-
allgemeinern und daher wenig beweiskräftig. Die Gültigkeit der
Lerntheorien erstreckt sich auf die Bedingungen, unter denen ihre
Gesetzmäßigkeiten entwickelt wurden.

- **Bedingte Gültigkeit und Übertragbarkeit**: Die einzelnen Lerntheorien
  gelten daher bedingt, und zwar nur für diejenige Lernform, welche
  im Experiment angegangen wird oder wofür die Hypothese zutrifft.
  Soweit eine solche Lernform, z. B. einsichtiges Lernen, Aufbau
  kognitiver Strukturen oder deren Voraussetzungen, z. B. Bedürfnislage (Motivierung) und Rückmeldung (Erfolgsbestätigung), für das
  unterrichtliche Lernen und Lehren einschlägig ist, sollten die Erkenntnisse der entsprechenden Lerntheorie bei der Planung und Gestaltung von Unterricht nicht ignoriert werden. Die im unterrichtlichen Lehren zu berücksichtigenden "didaktischen Prinzipien sollen
  lerntheoretisch begründet sein" (APEL 1992,15). Hierbei kann auch
  ein "multidimensionales Lernprofil" helfen (PAULUS 1999). Lediglich einem Absolutheitsanspruch in Bezug auf die Geltung muss
  widersprochen werden. Aufgrund ihrer bedingten Gültigkeit können
  die Gesetze des Lernens, welche die Lerntheorien liefern, nicht
  ohne weiteres mit **Prinzipien des Lehrens** gleichgesetzt werden.
  Lehren bemüht sich zwar, Lernen zu bewirken, aber dies gelingt
  nicht allein schon dadurch, dass man die Gesetze der Lerntheorien
  kennt. Dem Umsetzungsprozess in Prinzipien des Lehrens kommen
  eigene Gesetzmäßigkeiten zu.

Grundsätzlich gilt: Der Versuch, Lehren ohne Rücksicht auf die Lerngesetze zu bewirken, bleibt uneffektiv. Das Bemühen, Lehren ausschließlich auf isolierte Gesetzmäßigkeiten der Lerntheorien zu begründen,
erweist sich als unbefriedigend.

Den auf Lernexperimente begründeten und beschränkten Ansatz der
Lerntheorien versucht die humanpsychologische Betrachtungsweise
des Lernen zu überwinden, aber auch ihre Geltung ist auf die Gültigkeit
der angenommenen Voraussetzungen beschränkt.

2.   L E H R E N

2.1   DEFINITION UND KENNZEICHNUNG VON LEHREN

2.1.1   Vielfalt der Aspekte des Lehrens

Lehren ist ein zentraler, aber meist nicht exakt definierter Begriff der Didaktik. Er ist gleichsam ein irreführender Begriff, denn er deckt zuviel ab. Die Vielseitigkeit der Aspekte des Lehrens zeigt sich in folgenden Zuordnungen :

- Lehren kann zunächst entsprechend der Arten des **Lehrerverhaltens** beschrieben werden. Hier vollzieht sich Lehren als Erklären, Fördern, Zeigen und Führen.
- Lehren kann in Anlehnung an die **Lehrziele** bestimmt werden, die durch Lehrmaßnahmen erreicht werden sollen. Hierdurch ergeben sich unterschiedliche Lehrprozesse: z. B. Erklären (kognitive Ziele), Sensibilisieren (affektive Ziele) und Vormachen (psychomotorische Ziele).
- Lehren lässt sich auch beschreiben entsprechend den **Komponenten**, welche das Lernen bestimmen. Hierdurch würde das Lehren zu kennzeichnen sein als Motivieren, Verstärken und Veranschaulichen.
- Schließlich lässt sich das Lehren auch entsprechend den **Lerntheorien** aufgliedern: Schaffung von Reiz-Reaktions-Verknüpfungen, zu Versuch und Irrtum führen und Einsichten vermitteln.

2.1.2 Definition von Lehren

Eine allgemein gültige Definition von Lehren muss versuchen, unabhängig von der Vielfalt der verschiedenen Lehrarten ein gemeinsames Bestimmungsmerkmal von Lehren, das diesem Begriff in seiner ursprünglichen Bedeutung zukommt, zu finden. Die etymologische Ableitung verweist auf "laisjan" (gotisch: Wissen machen). Lehren (althochdeutsch: leren) bedeutet in diesem Sinne, anderen Wissen und Erkenntnisse vermitteln. Ziel des Lehrens ist es, bei dem Belehrten Lernen zu verursachen und zu fördern. Als Arbeitsdefinition bietet sich daher an:

Lehren ist ein Verhalten, das Erfahrung vermittelt mit der Absicht, Lernen zu bewirken.

2.1.3 Bestimmungsmerkmale des Lehrens

Aus der Definition des Lehrens lassen sich folgende Merkmale ableiten:
- **Lehren ist absichtlich:** Während Lernen als Verhaltensänderung sich auch häufig unbewusst einstellt, wird der Lehrprozess in der Regel bewusst und absichtlich vollzogen. Zunächst wird beabsichtigt, Informationen auszugeben, d. h. mit jemandem in Kommunikation zu treten. Diese Kommunikation soll dem anderen neue Erkenntnisse vermitteln.
- **Lehren ist lernorientiert:** Die Hauptabsicht des Lehrens besteht darin, Lernwirksamkeit zu erzielen. Lehren ist nur in Verbindung mit Lernen denkbar. Dadurch wird es unmöglich, beides voneinander zu trennen. Die Effektivität einer Lehrmaßnahme wird daher von dem Ausmaß des Lernens bestimmt, welches sich beim Lernenden einstellt.

Trotz der grundsätzlichen Ausrichtung des Lehrens auf Lernerfolg ist dieser auch bei intensiver Anstrengung nicht immer abgesichert. Andererseits wird aufgrund der multifaktoriellen Bestimmung des Lernens auch ohne Lehren gelernt (inzidentelles Lernen).

Lehren hat Dienstfunktion, d. h. es bietet Hilfe für eine lernwirksame Auseinandersetzung mit den Gegebenheiten dieser Welt. Als wichtigste Funktionen des Lehrens erweisen sich dabei:
- **Initiierungsfunktion:** fördernde Motivierung und Aktivierung des Lernenden, sich mit den Gegebenheiten lernend auseinanderzusetzen,
- **Übermittlungsfunktion:** didaktische Umformung und Aufbereitung der Sachverhalte bei der Übermittlung der Sache selbst oder durch Medien (z. B. Abbildungen oder Sprache), welche beim Lernenden Erfahrungen bewirken sollen, und
- **Stabilisierungsfunktion:** methodische Gestaltung von Anwendungs- und Übungsphasen zur Absicherung des Gelernten gegen das Vergessen.

Unabhängig von den einzelnen Lehrformen wird der Lehrprozess von verschiedenen Faktoren bestimmt, welche sich auf den Aufbau des Lehrprozesses, seinen Verlauf und seine Effektivität auswirken. Hierzu gehören:
- die **individuellen Gegebenheiten** des Schülers (Fähigkeitsentwicklung, Interessenlage, Lernfortschritt),
- das **Lehrgeschick** des Lehrers (Fähigkeit zur Motivierung der Schüler, Vermittlung der Lehrinhalte, Sicherung der Lernerfolge),

- die Art der **Lehrziele** (Erkenntnisgewinnung, Einsichtsvermittlung, Fähigkeitsentfaltung),
- die **Lehrinhalte** (Lehrstoffe im sprachlich-kulturellen Bereich, im mathematisch-naturwissenschaftlichen Bereich) und
- die **Lehrmethode** (darbietendes, erarbeitendes, exemplarisches, programmiertes, fächerübergreifendes Lehren).

2.2 FORMEN DES LEHRENS

Lehren kann in verschiedenen Formen vollzogen werden. Formen des Lehrens sind unterschiedliche Gestaltungsarten des Lehrprozesses zur Erreichung des Lehrzieles. Eine aus dem klassischen Altertum bekannte Form des Lehrens ist das "sokratische" Lehren, das ist die dialogische Lehrweise des SOKRATES. Diese basiert - wie sie von PLATO (427-347 v. Chr.) überliefert wird - auf der Annahme, dass alles Wissen im Menschen uranfänglich als "Idee" angelegt ist. Erkenntnisse kommen nicht von außen in den Menschen hinein, sondern er erinnert sich an etwas, was er schon besitzt, aber vergessen hat. Der Lehrer hat die Aufgabe, die Idee zur rechten Erkenntnis und zum wahren Wissen zu erwecken. Im Lehrgespräch wird mit Hilfe der geistesbildenden Kraft der Sprache Scheinwissen abgebaut und die rechte Erkenntnis gefördert. Lehren ist "Geburtshilfe" (Mäeutik) für die Erkenntnis.
DOLCH (1971) teilte ursprünglich die Lehrformen unter Berücksichtigung der Dominanz der Lehrer- und Schüleraktivität ein in
- darbietend-gebende Lehrform,
- herausholend-erörternde Lehrform,
- anreizend-aufgebende Lehrform.
Aus dieser Dreierkombination hat sich die Gegenüberstellung von darbietendem Lehren und erarbeitendem Lehren entwickelt. Weitere Lehrformen sind das fächerübergreifende Lehren, das exemplarische Lehren und das programmierte Lehren.

2.2.1 Darbietendes Lehren

Beim darbietenden Lehren dominieren als Vermittlungsformen im Unterricht das Vorzeigen, Vorführen, Aufzählen, Erzählen u. ä. Das darbietende Lehren erhebt das Prinzip der **Anschauung** zum (allein) bestimmenden Prinzip des Lehrens. Das darbietende Lehren vollzieht sich als sinnenfällige, sachbezogene und demonstrative Lehrform, bei der allerdings der Schüler kaum eigene Aktivitäten zeigen kann.

Aktiv ist vornehmlich der Lehrer, welcher vor der Klasse demonstriert. Der Schüler kann lediglich bei dieser Demonstration behilflich sein. Sonstige Aktivitäten stören den Unterricht.

Darbietendes Lehren empfiehlt sich als Lehrform im Unterricht,
- wenn das Darzubietende die Sache selbst ist,
- wenn die Schüler etwas nicht wissen und auch nicht durch Denken selbst darauf kommen,
- wenn ein ungestörter ganzheitlicher Eindruck angestrebt wird,
- wenn die Schüler durch einen zusammenhängenden Gedankengang ungestört von Zwischenfragen geführt werden sollen,
- wenn ein oder mehrere Schüler etwas so gut können oder vorbereitet haben, dass sie als "Experten" dienen können. (GLÖCKEL 1996, 69 f.).

Soweit im Unterricht AV-Medien eingesetzt werden, dominiert in der Regel die darbietende Lehrform.

2.2.2 Erarbeitendes Lehren

Im Gegensatz hierzu steht das erarbeitende Lehren, welches vornehmlich auf die Aktivierung des Schülers ausgerichtet ist. Hier gilt das Prinzip der **Aktivierung** (Selbsttätigkeit), welches in der Reformpädagogik die Arbeitsschulbewegung entscheidend bestimmte. Diese wurde durch KERSCHENSTEINER (1845-1932) begründet und von GAUDIG (1860-1923), BLONSKIJ (1884-1941), DEWEY (1859-1952) u. a. weiterentwickelt. Hierbei beschränkte sich die Aktivierung des Schülers nicht nur auf manuelle Tätigkeit, sondern umfasste auch die "freie geistige Tätigkeit" (GAUDIG 1930).

Durch das "learning by doing" (DEWEY) werden besonders die Lernformen des einsichtsvollen Lernens, des Problemlösens und des entdeckenden Lernens gefördert. Besondere Entfaltungsmöglichkeiten zeigt das erarbeitende Lehren im **Projektunterricht** (z. B. Dalton-Plan und Winnetka-Plan).

Während beim darbietenden Lehren das Prinzip der Veranschaulichung vorherrscht, bestimmt beim erarbeitenden Lehren das Prinzip der Aktivierung die Unterrichtsplanung und -gestaltung.

Hierbei sollen die Schüler in unmittelbarer Auseinandersetzung mit der Sache Erfahrungen sammeln und den Umgang mit der Sache durch ihre eigene Tätigkeit beherrschen lernen.

Beim erarbeitenden Lehren übernehmen die Schüler einzeln oder in Gruppen Teilaufgaben oder erstellen ein Gesamtwerk.

Die dominierende Sozialform ist beim erarbeitenden Lehren der Gruppenunterricht. Im Gruppenunterricht soll durch das Tätigsein neben dem Sacherfahrung vermittelnden Umgang mit den Materialien auch Sozialerfahrung im Zusammenwirken mit den anderen aufgebaut werden.

Das erarbeitenden Lehren ist die vorherrschende Lehrform beim handlungsorientierten Unterricht.

2.2.3 Exemplarisches Lehren

Das exemplarische Lehren (abgeleitet von lat.: exemplum, Beispiel) ist eine Lehrform, welche in ihrem Entstehen enge Beziehung zur **"Kategorialen Bildung"** (KLAFKI 1964) zeigt. Hierbei erschließt der im Bildungsinhalt (Stoff) wirksame Bildungsgehalt die Kategorien (Bestimmungsprinzipien) der Welt und des Erkennens. Bildung vollzieht sich als ein sich gegenseitiges Erschließen von Mensch und Welt.

Ziel des exemplarischen Lehrens ist die Reduzierung der Stofffülle auf Inhalte, welche bildungswirksam sind, bei gleichzeitiger Erhöhung der tatsächlichen Bildungswirksamkeit.

Es sind daher die Bildungsinhalte auf ihren Bildungsgehalt, das ist das Bildungsvermittelnde, zu überprüfen. Anstelle der Vielfalt der Stoffe tritt im exemplarischen Lehren das Repräsentative, Typische und Elementare. "Am potentiellen Thema müssen sich allgemeinere Zusammenhänge, Beziehungen, Gesetzmäßigkeiten, Strukturen, Widersprüche, Handlungsmöglichkeiten erarbeiten lassen" (KLAFKI 1999, 21).

Mit Hilfe des exemplarischen Lehrens soll das einzelne Beispiel stellvertretend für andere ähnlich gelagerte Inhalte treten, so dass sich das Lehren nicht in einer Vielzahl von Besonderheiten verliert, sondern die Fülle der Situationen und des Wissens auf wenige Fälle reduziert. Dies erfolgt durch das "Prinzip der quantitativen Reduktion und der qualitativen Verdichtung" (KAISER u. KAISER 1998, 292 f.).

Quantitative Reduktion bedeutet, dass nicht hintereinander mehrere ähnliche Sachverhalte behandelt werden müssen, sondern die Zahl der Gegenstände auf ein Beispiel reduziert wird (z. B. das Po-Delta als Beispiel für die Deltabildung am Nil und Mississippi). Es geht dabei um das Verhältnis des Einzelnen zum Vielen.

Qualitative Verdichtung heißt, dass allgemeine Einsichten am konkreten Beispiel erarbeitet werden. Es handelt sich hier um das Verhältnis des Besonderen zum Allgemeinen (z. B. ein Streik als Beispiel für die Struktur gesellschaftlicher Konflikte).

Die an einem Beispiel gewonnene allgemeine Erkenntnis, Fähigkeit oder Einstellung wird als "kategorial" bezeichnet. Gemeint sind damit zwei konstitutive Momente: Der Lernende erhält Einsicht in einen Zusammenhang und gewinnt bisher nicht verfügte Strukturierungsmöglichkeiten, die ihm neue Zugangsweisen und Lösungshilfen erschließen.

Mit dem exemplarischen Lehren ist auf Seiten des Schülers die Leistung der **Übertragung** (Transfer) notwendig verbunden. Hierunter versteht man die Verwertung des in einer bestimmten Situation Gelernten in anderen ähnlichen Bereichen. Übertragung kann sich vollziehen als horizontaler und vertikaler Transfer. Es ist jedoch zu beachten, dass sich Transferleistungen beim Schüler nicht automatisch einstellen, sondern in der Regel speziell geschult werden müssen. Die Schüler sollten möglichst selbständig lernen, wo Übertragungen möglich oder nicht angebracht sind.

2.2.4 Programmiertes Lehren

Programmiertes Lehren zeichnet sich durch folgende Merkmale aus:
- Der Unterrichtsverlauf ist **exakt vorgeplant**.
- Der Lerninhalt ist in einzelne **Lehrschritte** aufgeteilt.
- Das Durchlaufen der Lehrschritte passt sich der **Lerngeschwindigkeit des Schülers** an.
- Der Schüler wird durch **Fragen** in den einzelnen Lernschritten aktiv gehalten.
- Der Schüler bekommt unmittelbar seinen **Lernerfolg** zurückgemeldet.

Als Begründer des programmierten Lehrens gilt PRESSEY, der bereits 1926/27 ein Lehrprogramm erstellte und ein Lehrgerät einführte, das nach dem Prinzip der Mehrfach-Wahlantwort (multiple choice) arbeitete. Entscheidende Neuanregung erfuhr das programmierte Lehren durch SKINNER (1954), der auf der Basis der behavioristischen Lerntheorien sich kritisch mit den traditionellen Unterrichtsmethoden auseinandersetzte und Unterrichtsprogramme einführte, bei denen die Schüler die Antworten nicht auswählen, sondern selbst formulieren müssen (constructed response). Bei einem SKINNER-Programm müssen alle Schüler alle Lehrschritte, welche einen möglichst geringen Schwierigkeitsgrad aufweisen, durchlaufen (lineares Programm).

Von CROWDER (1964) wurde die Verzweigung eingeführt, bei der nicht alle Schüler die gleichen Informationen erhalten. Rückantworten und weitere Informationen sind vielmehr abgestimmt auf den sich beim Schüler einstellenden Lernfortschritt.

Das programmierte Lehren wurde zunächst mit großen Erwartungen verbunden, die sich jedoch nicht bestätigten. Als Kritikpunkte erwiesen sich:

- mangelhafte Programme,
- Lehrinhalte, welche nicht programmierbar sind,
- Gängelung der Schüler und
- fehlender sozialer Bezug.

Eine Weiterentwicklung und Verbesserung des programmierten Lehrens findet sich im **interaktiven Lernen**, im computerunterstützten Unterricht (CUU) und im dabei einsetzbaren **Autorensystem**.

2.2.5 Fächerübergreifendes Lehren

Beim fächerübergreifenden Lehren verteilt sich der Unterrichtsinhalt auf verschiedene Unterrichtsfächer. Es wird ein zentrales Thema, z. B. "Wir fördern den Umweltschutz" in den Mittelpunkt des Unterrichts gestellt, welches sich nicht nur auf die naheliegenden naturwissenschaftlichen Fächer der Biologie, Chemie, Physik und Zoologie erstreckt, sondern sich auch auf den Deutschunterricht, den Rechenunterricht und auf die Fächer im musischen Bereich auswirkt.

Das fächerübergreifende Lehren zeigt Ähnlichkeit mit dem **Gesamtunterricht** der Reformpädagogik. Gemäß den gestaltpsychologischen Thesen vom Primat der Ganzheit gegenüber den Teilen in der kindlichen Entwicklung stellt das fächerübergreifende Lehren anstelle der fachspezifischen Aufgliederung in einzelne Unterrichtsfächer das kindgemäße und komplexe Ganze an den Anfang und in den Mittelpunkt unterrichtlichen Lehrens. Hierbei kommt sowohl die sachlogische als auch die psychologische Orientierung des Lehrprozesses zum Tragen.

Neben der Einsicht in sinnvolle Zusammenhänge und der Fähigkeit, Sachverhalte in übergeordnete Strukturen einzugliedern, sollen dabei auch soziale und emotionale Aspekte angesprochen werden. Heute findet sich das fächerübergreifende Lehren häufig bei den sog. **Unterrichtseinheiten**. Eine besonders ausgeprägte Form des fächerübergreifenden Lehrens ist der **Projektunterricht**.

2.2.6 Weitere Formen des Lehrens

Bereits bei einigen der aufgezeigten Lehrformen zeigt sich deutlich ihre Einbettung in das zugrundeliegende Unterrichtskonzept, z. B. beim exemplarischen Lehren (exemplarischer Unterricht), programmierten Lehren (programmierter Unterricht) u. a. Ähnliches gilt für weitere Lehrformen wie z. B. schülerorientiertes Lehren und offenes Lehren. Um Wiederholungen zu vermeiden, werden diese in Verbindung mit den Unterrichtskonzeptionen (Kap. 4) dargestellt.
Sonderformen sind das kreative Lehren und das Lehren durch Internet. Das kreative Lehren ist integriert in das Kapitel über "Kreativität im Unterricht" (Kap. 9), das Lehren durch Internet ist Bestandteil von "Interaktives Lernen und Multimedia" (Kap. 7.4).

Als weitere Lehrformen werden in der Literatur aufgeführt das "fächerintegrierende Lehren", das "erfahrungsbezogene Lehren" und das "erfahrungsvermittelnde Lehren" (RAGALLER 2000, 188 ff.). All diese Lehrformen sind nicht exakt voneinander abgrenzbar und gehen integrativ ineinander über.
Formen des Lehrens lassen sich auch unter dem Gesichtspunkt "gute Vermittlungstechniken" oder "Vermittlungshilfen" zusammenfassen (BÖNSCH 2000, 28 f.). Hierzu gehören z. B. das "Problematisieren" als Versuch, "Lernende in ein Verhältnis zum zu Vermittelnden (Interesse) zu bringen" oder das "Strukturieren", zu dem "die Wegbeschreibung, das Ordnen und das Systematisieren" zählen.

Grundsätzlich ist in der Regel im Unterricht ein Wechsel zwischen den Lehrformen anzustreben. "Methodenpluralismus" sollte also gegenüber einem "Methodenmonismus" bevorzugt werden (BERNERT 2000, 84). Hierbei darf für eine gute Vermittlung "Engagement und Identifikation (der personale Faktor)" des Lehrers nicht unterschätzt werden, denn für eine "Animation zum Lernen" ist "der personale Faktor bei aller Vermittlung von entscheidender Bedeutung" (BÖNSCH a.a.O., 30).

2.3   LEHREN ALS INSTRUKTIONSOPTIMIERUNG

2.3.1 Instruktionsoptimierung als Vorhaben

Jede Bemühung um eine Optimierung der Instruktion erfordert die Kennzeichnung der Kriterien, nach denen etwas als "besser" oder "schlechter" eingestuft wird. Hierzu gehören z. B. die Entscheidung, welche Ziele gesetzt werden und ob möglichst viele Schüler die gesetzten Ziele erreichen sollen, ob ein Höchstmaß an Differenzierung bzw. Individualisierung erwünscht wird, ob eine möglichst entspannte Lernatmosphäre herrschen soll oder nicht, aber auch der Umstand, inwieweit bei der Zielfestlegung zwischen Basiscurricula (für alle) und Differenzierungscurricula (für die besseren Schüler) unterschieden wird.

Nach wie vor gilt, dass gleiche Lernzeit, gleiche Lehrmethoden und gleiche Lernhilfen bei verschiedenen Schülern mit unterschiedlichen Lernvoraussetzungen zu unterschiedlichen Lernleistungen führen. Optimale Lernleistungen des Einzelnen sind also nicht durch Gleichheit der Bedingungen für alle zu erreichen. Instruktionsoptimierung beim Lehren heißt, auf Seiten des Lehrers bei der Planung und Durchführung des Lehrens möglichst alle Faktoren berücksichtigen und einkalkulieren, welche das Lernen des Schülers positiv oder negativ beeinflussen.

2.3.2 Instruktionsoptimierung im Lehrprozess

Eine Instruktionsoptimierung kann jeweils immer nur angestrebt, aber in der Realität nie voll erreicht werden. Vor allem gilt es, bei dem Bemühen um Instruktionsoptimierung "Kunstfehler" des Lehrens zu vermeiden. Dies sind Fehler gegen die "technischen Regeln des Unterrichts" (GLÖCKEL 1996, 20):
- Wörtliche Wiederholung der Schüleraussage,
- zu hastiges, undeutliches oder monotones Sprechen des Lehrers,
- Position des Lehrers am Rande des Raumes,
- Auflösung des Unterrichtsgespräches in Einzelunterhaltung,
- Erteilung unklarer Arbeitsanweisungen,
- Präsentation von Medien, die nicht von allen wahrgenommen werden können,
- Abfragen von Wissen oder Fakten, das die Schüler überfordert.

Unter der Voraussetzung, dass keine Normalverteilung der Lernleistungen angestrebt wird, sondern dass möglichst zahlreiche Schüler die Lehrziele erreichen sollen, dass kein Leistungsdruck erwünscht ist, sondern eine entspannte Lernatmosphäre dominiert und dass die individuellen Lernvoraussetzungen der Schüler weitgehend berücksichtigt werden, sind bei der Planung und Durchführung von effektiven (optimalen) Instruktionen verschiedene Aspekte zu beachten:

- das **Lernziel** und die damit gemeinten Verhaltensweisen,
- die individuellen **Lernvoraussetzungen,**
- die Analyse der **Lernaufgabe,**
- die **Motivierung** der Lernenden,
- die Steuerung und Unterstützung des Lernvorgangs durch geeignete **Instruktionsverfahren,**
- die Erfassung der **Lernergebnisse** durch lernzielorientierte Tests und
- die zusätzlichen **Lernhilfen** bei Nicht-Erreichung des Lernziels.

2.3.3 Keine Ausschließlichkeit

Auffallend ist, dass die angestrebte Instruktionsoptimierung als dominierendes Anliegen die Ausrichtung am **Lernziel** hat. Das Ziel des Lernens und Lehrens bestimmt z. B. in der oben genannten Reihung die erste und die beiden letzten Positionen. Dies ist nicht verwunderlich, denn eine Optimierung lässt sich am günstigsten im Hinblick auf ihren Erfolg in Bezug auf ein gesetztes Ziel als Kriterium ausrichten. Es muss allerdings beachtet werden, dass bei ausschließlicher Orientierung des Lehrens auf vorgegebene Ziele das Lehren zu eng auf bestimmte Lernziele fixiert wird und dadurch die erzieherische Komponente des Lehrens im Unterricht und die soziale Dimension wie alle nicht im Ziel fixierten Wirkungen des Lehrens zu kurz kommen.

In diesem Zusammenhang ist daher vor einer ausschließlichen Zielorientierung und den sich hiernach richtenden technischen Bemühungen um eine Instruktionsoptimierung zu warnen.

2.4 LEHRPLAN UND CURRICULUM

2.4.1 Der traditionelle Lehrplan

Die Entwicklung des Lehrplans reicht bis ins Altertum zurück. Im Mittelalter zentrierte sich die höhere Bildung um das lateinisch sprachliche "Trivium", das sind die Fächer Grammatik, Rhetorik und Dialektik, und um das mathematisch orientierte "Quadrivium" mit den Fächern Arithmetik, Geometrie, Musiktheorie und Astronomie. Die Studierenden hatten diese Fächer nacheinander zu durchlaufen. Diese waren Grundlagen des Studiums für Theologie, Medizin und Jurisprudenz.
Mit der beginnenden Neuzeit entstanden entsprechend der sich herausbildenden Schularten schulspezifische Lehrpläne, in denen die Stoffe aufgeführt waren, welche in den einzelnen Fächern nebeneinander behandelt wurden.

Zu Beginn des 20. Jahrhunderts entwickelte sich ein Lehrplan, der sich in der Regel über Jahrzehnte hielt, weil er sich "bewährte". Er enthielt die für einen Schülerjahrgang in einer bestimmten Schulart vorgeschriebenen **Unterrichtsstoffe**, welche die Lehrkraft zu behandeln hatte und die von der Schulaufsicht kontrolliert und geprüft wurden. Auch der Lehrer selbst richtete die Prüfungsarbeiten, die von den Schülern anzufertigen waren, nach den Inhalten des Lehrplans.
Die Unterrichtstoffe waren im Lehrplan in der Regel über das Schuljahr verteilt und liefen entweder mehr oder weniger isoliert nebeneinander her oder waren thematisch aufeinander bezogen, besonders z. B. in Deutsch (Lesen) mit heimatkundlichen oder sachkundlichen Fächern oder bei den sachlich verwandten Fächern (Mathematik und Physik, Chemie und Biologie u. a.).
Häufig waren die Inhalte der Lehrpläne auch nach Sacheinheiten geordnet. Der traditionelle Lehrplan war also eine Zusammenstellung von Unterrichtsinhalten (Lehrstoffen), welche über einen bestimmten Zeitraum verteilt nach Fächern oder Sacheinheiten geordnet den Schülern zu lehren sind.
Neben den verpflichtenden Inhalten enthielt der Lehrplan auch Angebote, unter denen der Lehrer je nach Zeit, örtlichen Bedingungen oder auch Interessenlage der Schüler wählen konnte. Die Inhalte der Lehrpläne zeigten relativ hohe Stabilität und erfuhren nur selten größere Erschütterungen wie z. B. in der Reformpädagogik. Nur gelegentlich beschäftigten sich behördlich eingesetzte Lehrplankommissionen mit deren Erneuerung.

Die Kritik an den Schulen richtete sich meist gegen die **Stofffülle** und die damit verbundene **Überforderung** der Schüler. Auch die **Lebensferne** der Lehrpläne war häufig Gegenstand kritischer Auseinandersetzungen, besonders im Zusammenhang mit den Forderungen nach Schulreform.

2.4.2 Reformversuche durch die Curriculumdiskussion

Die mehr oder weniger ausgeprägte Stabilität des Lehrplans und seine Beschränkung auf die Unterrichtsinhalte änderte sich fast schlagartig durch die von ROBINSOHN gegen Ende der 60er Jahren initiierte Curriculumdiskussion. ROBINSOHN (1973, 123 ff.) setzte sich zunächst kritisch mit den seitherigen Reformversuchen der letzten Jahre auseinander. Hierzu zählen:

- **Ökonomisch-statistische Versuche** einer Reform: Die Ökonomie kann nicht Maßstab für Reformen der Bildung sein.
- **Sozial-politische Ansätze:** Die Lehrpläne der Institutionen reflektieren keinen Konsens in den Wertvorstellungen, aber auch keinen in Freiheit sich entfaltenden Pluralismus, sondern die Ideologie vergangener Epochen.
- Ansatz von der **Technologie und Rationalisierung** des Unterrichts: Techniken und Medien können zwar Wandlungen im Schulwesen unterstützen, können diese aber nicht auslösen.

Echte Veränderungen können nur durch eine Neubestimmung der **Ziele und Inhalte** erfolgen unter der Prämisse: "Bildung als Vorgang, in subjektiver Bedeutung, ist Ausstattung zum Verhalten in der Welt." (ROBINSOHN 1973, 132). Bei der Neubestimmung der Ziele und Inhalte erneuert ROBINSOHN den Begriff des Curriculums, der bereits im Mittelalter Verwendung fand: "Bildungsreform als Revision des Curriculums" (a. a. O., 122).

2.4.3 Elemente des Curriculums

Grundsätzlich steht die Curriculumentwicklung unter den Forderungen der Legitimierung, Aktualisierung und Präzisierung der Festlegungen. Diese betreffen die Elemente des Curriculums, welche sich als Ziele, Inhalte, Methoden und Kontrolle herauskristallisierten:

- **Ziele**: Voraussetzung für ein Austatten zum Verhalten in der Welt ist die Schaffung von entsprechenden **Qualifikationen**. Diese geben die Ziele vor, welche gesetzt und erreicht werden sollen. Die Zielproblematik zentriert sich dabei um Fragen der Legitimierung, der Transparenz der Kriterien, der Verbindlichkeit u. a.
- **Inhalte**: Die Inhalte sind die Gegenstände, mit denen die Qualifizierung bewirkt werden soll. Die Inhalte betreffen das zentrale Problem der Erneuerung. Die Kriterien für die Auswahl der Inhalte überlappen sich gegenseitig und betreffen die Bedeutung des Gegenstandes im Gefüge der Wissenschaft, für das Weltverstehen und für die Bewältigung spezifischer Situationen (ROBINSOHN 1973, 169).
- **Methode**: Methoden sind die entsprechenden Verfahrensweisen, mit deren Hilfe die gesetzten Ziele unter Vermittlung der entsprechenden Inhalte optimal erreicht werden können. Die Frage nach der Methode ergibt sich demnach in Folge der Bestimmung von Zielen und Inhalten. Wichtiger als das Wie ist das Was im Bildungsprozess.
- **Kontrolle**: Die vierte Station zum Abschluss des Curriculums ist die Kontrolle, wobei geprüft wird, inwieweit durch die angewandten Methoden die entsprechenden Inhalte vermittelt und die gesetzten Ziele erreicht wurden. Ergibt die Kontrolle Abweichungen, so sind sowohl die Methoden zu verbessern, aber auch die nicht erreichten Ziele und Inhalte zu überprüfen. Diese Kontrolle führt zu einer **ständigen Überprüfung** der Ziele und Inhalte entsprechend der sich vollziehenden Entwicklungen, so dass die Revision des Curriculums zu einer immerwährenden Aufgabe wird.

2.4.4 Der Lehrplan heute

Der von ROBINSOHN in die deutsche Sprache wieder eingeführte Begriff des Curriculums wurde in den Jahren nach 1970 gleichsam zu einem Modewort der Didaktik und gestaltete sich als Angelpunkt der sich entwickelnden Lehrplankritik.

Hierbei entstanden sowohl **offene** (nur die Rahmenbedingungen sind vorgegeben) als auch **geschlossene** (mehr oder weniger verbindlich vorgeschriebene) Curricula.

In den 80er Jahren wurde zur Verdeutlichung des Unterschieds zwischen einem neuen Lehrplan und dem traditionellen und überholten Lehrplan der Begriff des CULPs eingeführt, welcher eine Abkürzung für "curricularer Lehrplan" darstellt.

Im CULP wurden neben den bereits schon immer im Lehrplan vorhandenen Inhalten auch die Ziele, Methoden und Medien aufgeführt.

Heute hat sich wieder der Begriff des "Lehrplans" durchgesetzt, wobei der Lehrplan in Bezug auf seine Inhalte aktualisiert und erneuert wurde, was allerdings meist mit einer Erweiterung einherging, und Ergänzungen durch Zielangaben, Methoden-Beschreibungen und möglichen Kontrollen erfuhr.

2.4.5 Probleme der Lehrplan-Entwicklung

2.4.5.1 Überwindung der starren Fächerung

Wenn auch die Fächerung vornehmlich der Strukturierung und Systematisierung der Inhalte dient, so wird dem in den heutigen Regelschulen vorhandenen Fächerkanon entscheidende Nachteile vorgeworfen,
Der eine ist die Lückenhaftigkeit, die darin besteht, dass bestimmte Lebensgebiete wie medizinisches Wissen, Rechtskunde des Alltags, Raumforschung u.a. nicht vorkommen. Doch auch die Aufteilung in spezifische Fächer findet häufig Kritik. Sie entspricht nicht der Fülle der Komplexität des Lebens, der Geschlossenheit kindlichen Erlebens und trennt Sachbereiche, die nicht isoliert nebeneinander bestehen, sondern integrativ ineinander übergehen. Eine geistige Zersplitterung ist deshalb meist die Folge, anstelle ganzheitlicher und sinnbezogener Sichtweise.
Versuche, die Fächerung deshalb zu überwinden, wurden bereits seit der Reformpädagogik immer wieder unternommen. Die wesentlichsten beruhen in den fächerübergreifenden Maßnahmen des Gesamtunterrichts und in den neueren Unterrichtsformen des Projektunterrichts und des Offenen Unterrichts.

Hierbei sollten aber auch andere historische und gegenwärtige Versuche zur Überwindung der Fächerung nicht übersehen werden. Hierzu gehörten und gehören:
- **Konzentration in zeitlichen Einheiten** (Längenkonzentration): Über einen längeren Zeitraum hinweg wird statt verschiedener Fächer im zeitlichen Wechsel ein Fach, z.B. aus den Sachfächern Chemie, Physik oder Biologie, längere Zeit behandelt, während nach dieser Phase ein anderes Fach zeitlich ausgedehnt wird.

Es handelt sich hierbei um einen **Epochalunterricht**, der es ermöglicht, ohne ständigen Wechsel in ein anderes Sachgebiet Zusammenhänge in einem Fach vertiefend zu behandeln.

- **Konzentration durch Sachzusammenhänge** (Breitenkonzentration): Hier werden lebensnahe Beziehungen und sinnhafte Zusammenhänge, die zwischen den einzelnen Sachgebieten bestehen, nicht fachspezifisch isoliert nebeneinander behandelt, sondern unter einem gemeinsamen Aspekt, z.b. Lebensgemeinschaft Wald, Umweltschutz, das Leben an der Küste u.a. zusammengefasst. Wichtig ist hierbei, dass kein künstliches Zusammenführen durch einen "Klebemechanismus" erfolgt, von Dingen die sachlich nicht zusammengehören.

Als weitere Möglichkeiten bieten sich die Konzentration auf verschiedenen Niveauebenen (Höhenkonzentration) und die "Existenzielle Konzentration" in epochalen Lebensfragen an.

In den Lehrplänen finden sich in neuerer Zeit Ansätze zu einem integrierten naturwissenschaftlichen Unterricht (KIRCHER u. a. 1999, 11 f.) oder auch von Fächergruppen, z. B. im Bayer. Lehrplan der Hauptschule 1997: Physik/Chemie/Biologie bzw. Geschichte/Sozialkunde/Erdkunde.

Alle Versuche der Überwindung der Fächerung haben, soweit sie sinnvoll vorgehen, ihre Berechtigung. Eine letzte Aufhebung aller Fächer wird jedoch weder notwendig noch möglich sein. Sowohl der Klass- als auch der Fachlehrer wird versuchen, Nachteile der Fächerung durch ständige kritische Überprüfung der Inhalte und der Vorteile ihrer Zusammenführung oder Trennung bei den Schülern Fachwissen, Einsichten und Überblicke anzuregen.

2.4.5.2 Reduzierung der Stofffülle

Zahlreiche Versuche zur Reduzierung der Inhalte wurden bereits unternommen. Am bekanntesten wurde die "Tübinger Resolution", welche zur Einführung des Exemplarischen Lehrens führte (Kap. 5.4.1). Ihr Hauptanliegen war, der Stofffülle zunächst vornehmlich an den Gymnasien entgegenzuarbeiten. Im Rahmen des Exemplarischen Unterrichts sollte dies geschehen, indem man sich auf das **Bildungswirksame** beschränkt. In diesem Zusammenhang bemühte man sich um das Wesentliche der Unterrichtsinhalte, welches auf andere Inhalte übertragen werden kann und Unwesentliches weglässt.

Teilweise bedingt durch die "Saarbrücker Rahmenvereinbarung" der Kultusministerkonferenz (1960) entstanden in den einzelnen Bundesländern neue Formen der Reduzierung der Stofffülle. Zu ihnen gehören auch heute zum Teil noch praktizierte Maßnahmen:

- Einschränkung der für eine Schulart verpflichtenden Unterrichtsfächer,
- Beschränkung der Lernstoffe durch Schwerpunktbildung,
- Aufgliederung in Haupt- und Nebenfächer,
- Abwahlmöglichkeit einzelner Fächer,
- Umwandlung von Pflichtfächern in Wahlpflichtfächern und Wahlfächern,
- Einführungen von freiwilligen Lernangeboten.

Zur Realisierung dieser Vorhaben wurden und werden für die einzelnen Schularten Lehrplankommissionen eingesetzt, welche in unterschiedlichen zeitlichen Intervallen jeweils zu einem neuen Lehrplan oder zu neuen Fächerkombinationen der betroffenen Schultypen führen.

3.   UNTERRICHT

3.1   DEFINITION VON UNTERRICHT

Wie der Begriff des Lehrens ist auch der Unterrichtsbegriff in der Didaktik sehr unterschiedlich definiert. In einem Lehrbuch "Vom Unterricht" wird unter Hinweis auf über 50 verschiedene Unterrichtsbegriffe die Definition von Unterricht erst im letzten Kapitel geboten mit der Begründung, dass alle Definitionen von Unterricht ihren Sinn haben, aber keine "fasst das Wesen des Unterrichts allein und ganz" (GLÖCKEL 1996, 322). Bei der Begriffsbestimmung von Unterricht gehen persönliche und zeitbedingte Vorlieben und ideologische Setzungen ein. Soweit Definitionen angeboten werden, heben diese die Absicht des Unterrichts hervor, die individuelle Entfaltung und soziale Einordnung des Schülers durch **Lehren** und **Lernen** zu fördern.
Lehren und Lernen sind also wesentliche Merkmale des Unterrichts und gehen **integrativ** ineinander über. Lehren und Lernen können sich in verschiedenen Formen mit unterschiedlichen Wirkungen vollziehen. Im Alltag stellt sich Lernen und Lehren gelegentlich auch unsystematisch, planlos, improvisiert und zufällig ein. Dies ist jedoch im Unterricht nicht die Regel. Im Unterricht sind Lehren und Lernen meist **beabsichtigt** und sollten **effektiv** vollzogen werden. Um dies zu erreichen, wird im Unterricht versucht, Lehren und Lernen möglichst wirkungsvoll zu arrangieren und zu **organisieren**. Als Arbeitsdefinition bietet sich daher an:

> **Unterricht ist organisierte Interaktion von Lehren und Lernen.**

Im Unterricht werden in einem sozialen Kollektiv oder einzeln unter Anwendung bestimmter Methoden und Medien ausgewählte Inhalte vermittelt, um gesetzte Ziele zu erreichen.
Hierdurch ergeben sich zwei bedeutsame Dimensionen des Unterrichts: die **interaktional-soziale Dimension** und die **didaktisch-methodische Dimension**.
Die interaktional-soziale Dimension des Unterrichts bezieht sich vornehmlich auf die formalen Merkmale des Unterrichts: **Organisation, Interaktion** und **Institutionalisierung**. Die didaktisch-methodische Dimension betrifft die strukturierenden Merkmale der **Inhaltsauswahl**, der **Zielbestimmung** und der **methodischen Gestaltung** des Unterrichts.

3.2   FORMALE MERKMALE DES UNTERRICHTS

3.2.1   Organisation

Organisation bedeutet planmäßiges Vorgehen zur Verwirklichung bestimmter Absichten. Als organisiertes Lehren und Lernen wird also der Unterricht durch **Absicht** und **Planmäßigkeit** bestimmt. Unterricht ist zielstrebiges und planmäßiges Handeln. Im Unterricht werden Inhalte (Themen) unter bestimmten Intentionen (Absichten) nach einem mehr oder weniger verbindlichen Plan behandelt.

Die **Absichtlichkeit** zeigt sich dadurch, dass es nicht dem Zufall überlassen bleibt, ob und was der Schüler wozu lernt. Auch bei einem sog. "offenen" Unterricht liegen Absichten vor: den Ablauf des Unterrichts und die verschiedenen Lernprozesse möglichst frei zu gestalten.

Die **Planmäßigkeit** soll absichern, dass die gesetzten Ziele mit Hilfe der ausgewählten Inhalte durch entsprechend vorgesehene methodische Maßnahmen erreicht werden. Die extremste Form der Planung des Unterrichts stellt der programmierte Unterricht dar. Hier ist jede Information an den Schüler und jede einzelne Schülerreaktion vorher geplant und einkalkuliert. Eine offene Planung dagegen bestimmt nur das Endziel und die einzelnen Teilziele, während der Weg zur Zielerreichung nicht festgelegt ist, d. h. er ist variabel in bezug auf Schülerintentionen.

Der Planmäßigkeit des Unterrichts entspricht der Lehrer durch seine **Unterrichtsplanung.** Dieser kommen verschiedene Funktionen zu:
- Die Planung von Unterricht dient der angemessenen zeitlichen Einteilung, z. B. der didaktisch sinnvollen Verteilung der Lernziele und Inhalte auf die Unterrichtseinheiten.
- Sie soll den didaktischen Gehalt (Bildungsgehalt) der Inhalte aufdecken.
- Sie soll den Unterricht sowohl vor zufälligen und willkürlichen Aktionen des Lehrers als auch vor einer starren Bindung an immer gleichbleibende formale Abläufe bewahren.
- Sie soll dem Lehrer durch eine gründliche Vorbereitung die nötige Souveränität geben, um sich unvorhergesehenen Situationen flexibel anpassen zu können.
- Sie dient der Kontrolle, und zwar sowohl der Selbstkontrolle für den Lehrer als auch bei bestimmten Situationen (Schulratsbesuch, Staatsexamen) der Fremdkontrolle.

Die Unterrichtsplanung umfasst folgende Teilbereiche:
- **Die Gegenstandsanalyse:** Diese ist meist fachwissenschaftlich und sachstrukturell orientiert.

- **Die didaktische Analyse:** Diese betrifft die Bedeutung der gesetzten Ziele und Inhalte für das Kind zur Sinn- und Sacherschließung, sowie für seine gegenwärtige und zukünftige Lebensgestaltung.
- **Die methodische Analyse:** Diese bezieht sich auf Fragen der Aufgabenstellung und Impulssetzung, der Strategie, des Aufbaus (Artikulation) und des Einsatzes von Medien.

Die Unterrichtsplanung bestimmt zwar den Unterricht grundsätzlich, kann und soll ihn jedoch nicht bis in jede letzte Einzelheit festlegen.

3.2.2 Interaktion

Im Unterricht vollzieht sich der Zusammenhang von Lehren und Lernen als Interaktionsprozess. Interaktion bedeutet, dass im Unterricht eine **Wechselwirkung** des Verhaltens von Lehrer und Schüler besteht, d. h. das Verhalten des einen beeinflusst das Verhalten des anderen und umgekehrt. Die Interaktionen zwischen Lehrer und Schüler können sich als **lehrerdominant** oder als **kooperativ** einstellen.

Lehrerdominante Interaktionen zeigen sich besonders in einer Betonung der Über- und Unterordnung sowie des Leistungsdrucks und der Bevorzugung eines lehrerzentrierten Unterrichts. In einer kooperativen Interaktion treten diese zugunsten einer Schülerorientierung zurück, wobei ein sozial-integrativer Unterrichtsstil bevorzugt wird und Gruppen- und Partnerarbeit im Unterricht dominieren. Unterricht ist dann ein **Dialog** zwischen Personen. Lehrer und Schüler stehen sich als Subjekte gegenüber und öffnen sich dem wechselseitigen Anspruch.

In der Kommunikationstheorie wird bei den Interaktionsprozessen zwischen einer **Inhaltsebene** und einer **Beziehungsebene** unterschieden. Die Inhaltsebene bilden die Themen, Gegenstände und Sachverhalte, über die kommuniziert wird, während die Beziehungsebene die interpersonalen Beziehungen betrifft. Als besonders bedeutsam für die zwischenmenschliche Interaktion erweist sich hierbei die Beziehungsebene. Hier zeigt sich deutlich, dass der Informationsaustausch nicht nur auf das verbale Verhalten beschränkt ist, sondern dass vornehmlich auch nonverbale Prozesse die Interaktion zwischen Lehrer und Schüler beeinflussen.

Ein Verfahren, den Interaktionsprozess quantitativ zu bestimmen, ist die **Interaktionsanalyse.** Diese richtet sich hauptsächlich auf das Lehrerverhalten. Es wird geprüft, inwieweit der Lehrer den Unterricht direkt (Anweisung, Vortrag) oder indirekt (Ermutigung, Eingehen auf den Schüler) steuert.

Dies wird durch einen Zahlenwert, den I/D-Quotienten, bestimmt, der durch Beobachtung und Registrierung des Lehrerverhaltens während des Unterricht erfasst und berechnet werden kann.

3.2.3   Institutionalisierung

Unterricht bedarf der Institution. Die Institutionalisierung des Unterrichts bedeutet, dass hierfür besonders delegierte Personen Unterricht durchführen und dass das Unterrichtsgeschehen sich in Schulen vollzieht. Der Begriff der Schule ist hierbei im weitesten Sinne gemeint. Neben den staatlichen und privaten Bildungsanstalten sind hierbei auch schulähnliche Betriebe (Fahrschule, Skischule, Segelschule u. a.) und der schulmäßige Einsatz von AV-Medien (Schulfunk, Schulfilm, Schulfernsehen) einbezogen. Alle diese Einrichtungen praktizieren eine institutionalisierte Form des Lehrens und Lernens.

Institutionen stellen einen hohen Normenkomplex dar, der insbesondere die Verfahrensregeln beinhaltet. Mit ihnen ist häufig auch ein umfangreicher materieller "Apparat" verbunden (Gebäude, Instrumente, Techniken).

In einer Institution haben die hieran Beteiligten in der Regel bestimmte Statuszuweisungen und Rollenerwartungen. **Status** betrifft das Ansehen, das jemand aufgrund seiner Position (Lehrperson, Schulleiter, Schüler, Hausverwalter) in der Institution besitzt. Hierbei korreliert der Status positiv mit der Höhe des Ansehens. Je größer die Akzeptanz der übrigen Mitglieder gegenüber einer Person ist, desto höher ist ihr Status. Der Begriff der **Rolle** stammt aus dem klassischen Theater. Hier stand auf einer Papyrusrolle das aufgeschrieben, was der Schauspieler vorzutragen hatte. Entsprach sein Vortrag demjenigen, was auf der Textrolle stand, "spielte er seine Rolle gut", wenn nicht, "fiel er aus der Rolle". Eine Rolle meint also das Gesamt an Erwartungen im Verhalten, das jemand entgegengebracht wird. In einer Institution sind die Rollenzuordnungen der hierbei beteiligten Personen meist formalisiert und geregelt, d. h. von den einzelnen Personen werden in bestimmten Situationen spezifische Verhaltensweisen erwartet.

Die aufgezeigten formalen Merkmale des Unterrichts der Organisation, Interaktion und Institution wirken nicht isoliert nebeneinander, sondern gehen in einem Beziehungsgefüge integrativ ineinander über.

3.3   STRUKTURMERKMALE DES UNTERRICHTS

Während die formalen Merkmale in der Regel jedem Unterricht mehr oder weniger zukommen, entscheiden die Strukturmomente des Unterrichts über die Frage, um welchen Unterricht es sich hier und jetzt handelt. Ein Unterricht wird vornehmlich bestimmt durch die eingeplanten und gesetzten **Ziele** (Intentionen), durch die zur Zielerreichung zu vermittelnden **Inhalte** (Stoffe) und durch die hierbei angewandten **Methoden** (Gestaltung).

3.3.1   Zielorientierung

Die Lernziele gehören zu den "Merkmalen eines jeden didaktischen Ansatzes" (MÖLLER 1999, 76). Die Probleme der Zielorientierung des Unterrichts zentrieren sich um die Fragen der **Zielauswahl**, der **Lernzielhierarchie**, der **Taxonomie** der Ziele und der **Operationalisierung**.

3.3.1.1   Zielauswahl

Im Zusammenhang mit der Auswahl der Ziele sind die Kriterien von besonderer Bedeutung, nach denen die Zielentscheidungen getroffen werden. Diese beziehen sich auf folgende Ansätze:
- Legitimität derjenigen, welche die Zielentscheidungen treffen,
- Transparenz der Kriterien, nach denen die Ziele ausgewählt werden und
- Angemessenheit und Realisierungsmöglichkeit der gesetzten Ziele.

3.3.1.2   Hierarchie der Ziele

Die Lernzielhierarchie betrifft die Frage nach der Über- und Unterordnung der Ziele in Bezug auf Richt-, Grob- und Feinziele, wobei sich in der Regel die Feinziele von den Grob- und diese sich von den Richtzielen ableiten (deduktive Ableitung). Die Deduktion vollzieht sich als eine zunehmende Konkretisierung von den allgemein formulierten und überfachlichen Richtzielen zu den fachspezifischen Feinzielen einer Unterrichtsstunde. Daneben ist jedoch auch eine induktive Ableitung möglich, welche von einer konkreten Situation ausgeht, die zur Situationsbewältigung erforderlichen Feinziele formuliert und diese schließlich zu umfassenderen Grob- und Richtzielen überleitet. Beispiele für die Hierarchie der Ziele:

Deduktive Ableitung:
Richtziel:
Förderung des Gemeinschaftssinnes
Grobziel:
Bereitschaft entwickeln, Minderheiten anzuerkennen
Feinziel:
Auf die Wünsche eines anderen sinnvoll reagieren
Induktive Ableitung:
Feinziel:
Ein überflüssiges Arzneimittel umweltfreundlich entsorgen
Grobziel:
Erkenntnis der Zusammenhänge zwischen der Ablagerung chemischer Abfälle und der Reinhaltung des Trinkwassers
Richtziel:
Verständnis entwickeln für die Bedeutung des Umweltschutzes

3.3.1.3   Taxonomie der Ziele

Taxonomien sind Ordnungsschemata, die nach bestimmten Prinzipien strukturiert sind. Die Lernzieltaxonomie betrifft die Einteilung der Ziele in kognitive, affektive und psychomotorische Bereiche (BLOOM 1974, KRATHWOHL u. a. 1975). Bei der Lernzieltaxonomie sind die einzelnen Bereiche nicht wie bei der Lernzielhierarchie über- und untergeordnet, sondern nebeneinander geordnet.

Die **kognitiven** Lernziele beziehen sich vornehmlich auf Kenntnisse und intellektuelle Fähigkeiten. Ihre innere Ordnung ist dadurch bestimmt, dass sie in der Reihung von einfachen Formen in immer komplexere übergehen. Beispiele für kognitive Ziele:
- Wissen von konkreten Gegebenheiten,
- terminologisches Wissen,
- Kenntnisse von Kriterien,
- Kenntnisse von Methoden,
- Kenntnisse von Prinzipien und Verallgemeinerungen,
- Kenntnisse von Theorien und Strukturen,
- Verstehen,
- Interpretationen,
- Analyse von Elementen und Beziehungen,
- Urteilen aufgrund von Kriterien usw.

Die **affektiven** Ziele sind nicht, wie der Name vermuten lässt, auf Gefühl und Gemüt beschränkt, sondern beziehen sich auf Einstellungen

und Werthaltungen. Ihre innere Ordnung richtet sich nach der mehr oder weniger ausgeprägten "Anmutungsqualität" der entsprechenden Teilziele. Beispiele für affektive Ziele:
- Beachtung,
- Angemutet-Sein,
- Zuwendung,
- Begeisterung,
- Betroffenheit,
- Engagement für eine Sache usw.

Die **psychomotorischen** Lernziele sind Ziele, die auf Bewegungen, Verhaltensweisen und Geschicklichkeiten gerichtet sind. Sie werden dann gut beherrscht, wenn sich ihr Ablauf ohne besondere Willens- und Kraftanstrengung vollzieht. Beispiele für psychomotorische Ziele:
- Fertigkeiten,
- Geschicklichkeit,
- Beherrschung,
- Anwendung bestimmter Verhaltensformen u. a.

3.3.1.4   Operationalisierung

Das Problem der Operationalisierung betrifft die Beschreibung des angestrebten Endverhaltens der Schüler. In der Regel findet man bei den Zielvorgaben für den Unterricht mehr allgemein formulierte Ziele, z. B.: "Einsicht gewinnen in die Beziehung von Bodenschätzen eines Landes und der Beschäftigung seiner Bevölkerung", "einen Text richtig verstehen" u. ä.
Diese Ziele sind meist Grobziele und sind zwar wichtig für die Zielorientierung des Unterrichts, haben aber den Nachteil, dass sie nicht evaluiert werden können, d. h. es ist nicht ohne weiteres möglich, am Ende der Unterrichtsstunde festzustellen, inwieweit die Schüler die gesetzten Ziele erreicht haben oder nicht.
Durch die Operationalisierung wird versucht, dasjenige Verhalten konkret zu beschreiben, welches der Schüler am Ende des Lernprozesses beherrschen sollte. Hierbei werden auch die Bedingungen und die Kennzeichen der Erreichung der Lernziele einbezogen. Operationalisierung ist also eine Festlegung der konkreten Tätigkeiten (Operationen), die Schüler ausführen können, wenn das Lernziel erreicht ist.

Beispiel für ein nicht operationalisiertes Lernziel:
    Fähigkeit des logischen Schließens entwickeln.

Beispiel für ein operationalisiertes Lernziel:
Der Schüler soll von sechs logischen Schlüssen von der Einheit zur Mehrheit im Zahlenbereich von 1-100 mindestens vier rechnerisch richtig vollziehen.

Die Operationalisierung von Lernzielen bringt besondere Vorzüge bei der Kontrolle der Zielerreichung. Es ist jedoch zu beachten, dass nicht alle Lernziele, besonders nicht diejenigen im affektiven Bereich (z. B. "Sensibilisierung für kulturelle Werte"), operationalisiert werden können.

3.3.2 Inhaltsbestimmung

Der Inhalt eines Unterrichts bezieht sich auf den **Unterrichtsstoff**, also auf das, **was** gelehrt bzw. gelernt werden soll. Die Frage nach dem Inhalt eines Unterrichts ist nicht deshalb ein Problem, weil ein Mangel an Unterrichtsinhalten besteht. Im Gegenteil: Der Möglichkeit nach ist Unterrichtsstoff im Überfluss vorhanden. Alle Fakten dieser Welt, alle Naturgegebenheiten und Produkte des Geistes könnten grundsätzlich gelehrt werden, also Unterrichtsinhalt werden. Im gleichen Maße, wie sie objektivierbar sind, sind sie prinzipiell auch lehrbar. Allerdings ist ihre Lehrbarkeit relativ, d. h. abhängig von den individuellen Gegebenheiten des Lernenden und von der pädagogischen Sinngebung des Lehrens.
In Form eines pädagogischen Optimismus wurde jedoch auch die Meinung vertreten, dass ein jeder Gegenstand in einer intellektuell redlichen Form einem jeden Kind jeder Entwicklungsstufe vermittelt werden kann. COMENIUS (1592-1670) nannte diese Kunst, allen alles zu lehren: "omnes omnia docendi artificium".
Im Rahmen der Inhaltsbestimmung des heutigen Unterrichts ergeben sich die Probleme der Stoffauswahl, der Thematisierung und der Strukturierung.

3.3.2.1 Stoffauswahl

Wenn auch grundsätzlich jeder Gegenstand zum Unterrichtsinhalt erhoben werden könnte, so hat die Frage, ob ein Gegenstand unterrichtet werden **soll**, Vorrang vor der, ob und wie er unterrichtet werden **kann**.

Hierin liegt der Schwerpunkt der Problematik der Inhaltsbestimmung. Obwohl von der Sache her möglich, werden nicht alle **potentiellen** Inhalte auch Unterrichtsstoff. Das Problem der inhaltlichen Bestimmung des Unterrichts entfaltet sich als ein Selektionsproblem.

Im ursprünglichen Modell des Curriculums wurden von ROBINSOHN (1973, 169) für die Auswahl der Unterrichtsinhalte folgende Kriterien vorgeschlagen:
- "die Bedeutung eines Gegenstandes im Gefüge der Wissenschaft",
- "die Leistung eines Gegenstandes für das Weltverstehen" und
- "die Funktion eines Gegenstandes in spezifischen Verwendungssituationen des privaten und öffentlichen Lebens."

In der "didaktischen Analyse" ist für die Auswahl der Unterrichtsinhalte grundsätzlich der Umstand entscheidend, inwieweit diesen ein für die Schüler erschließbarer **Bildungsgehalt** (das im Unterrichtsinhalt erzieherisch Wirksame) zukommt. Von ausschlaggebender Bedeutung ist hierbei sein Beitrag für das Weltverständnis des Kindes und für die Lösung augenblicklicher oder zukünftiger Situationsprobleme. Daher erstreckt sich die Begründungsproblematik im bildungstheoretischen Modell der Didaktik (KLAFKI 1999, 19 f.) auf die Aspekte der
- "Gegenwartsbedeutung,
- Zukunftsbedeutung und
- exemplarischen Bedeutung."

Ein Teil der mit der Auswahl der Unterrichtsinhalte zu treffenden Entscheidungen kann vom Lehrer nicht ohne Hilfe vollzogen werden. Es werden ihm daher **Lehrpläne** angeboten, die ihn jedoch von seiner eigenen Aufgabe der Selektion nicht entlasten, zumal die Lehrpläne verbindliche und zusätzlich auszuwählende Inhalte aufweisen. Bei seiner Entscheidung wird der Lehrer neben den aufgeführten Kriterien den seelisch-geistigen Entwicklungsstand der Schüler, deren Interessenlage und augenblicklich bedeutsame Geschehnisse und Ereignisse mitberücksichtigen.

3.3.2.2 Thematisierung

Neben der Selektion (Auswahl) der Unterrichtsinhalte ist ein weiteres Problem der Inhaltsbestimmung die Thematisierung. Ein Thema ist ein Unterrichtsinhalt, der unter einer **pädagogisch bedeutsamen Fragestellung** steht und aufgearbeitet wird sowie den Schüler möglichst **persönlich** betrifft.

Im Thema vollzieht sich eine Verbindung zwischen der Zielsetzung und Inhaltsbestimmung insofern, als das Thema die Bedeutsamkeit des Inhaltes für den Schüler akzentuiert.
So kann z. B. der **Unterrichtsinhalt** in der Sozialkunde "Zwischenmenschliches Zusammenleben von deutschen Kindern und Ausländerkindern" aktualisiert werden durch das **Thema:** "Mein Freund stammt aus der Türkei".
Inhalte sind Unterrichtsstoffe, welche in Verbindung mit der Zielsetzung ausgewählt wurden, aber in ihrer Formulierung der Systematik entsprechen, aus der sie stammen, z. B.: "Klingeltransformator" (Inhalt). Sie weisen noch nicht den Bezug zum Schüler auf. Im genannten Beispiel könnte dieser gewonnen werden durch die Thematisierung: "Wie bringe ich eine Klingel zum Läuten?" (Thema).
Themenformulierungen lassen sich je nach Unterrichtsfach aus dem Naturkreislauf, aus dem Leben in der Familie oder in der Schule, aus dem Tagesgeschehen, aus der Politik usw. ableiten. Durch das In-Beziehung-Setzen eines Inhaltes zum Schüler wird ein didaktisch noch nicht qualifizierter vieldeutiger Inhalt im Hinblick bestimmter auf den Lernenden bezogener Ziele zum Unterrichtsthema. Die von der Themenstellung erwartete Motivierungsstärke ist abhängig von der Interessenlage des Schülers und vom Aufforderungscharakter, den die Formulierung aufweist.

3.3.2.3 Strukturierung

Eine Struktur ist ein innerer Zusammenhang, ein ganzheitliches Gefüge, bei dem sich zwar Teilbereiche abzeichnen, die aber immer notwendigerweise aufeinander bezogen sind und in ihrer Gesamtheit unter einer immanenten Gesetzmäßigkeit stehen. Die Strukturierung der Unterrichtsinhalte (Sachstruktur) betrifft sowohl die Einbeziehung in einen größeren Wirkungszusammenhang, aus dem sie stammen, als auch die Aufgliederung in Teilbereiche, die aufeinander bezogen sind.
Jeder Lerninhalt stammt aus einem größeren **Beziehungsgefüge** und kann in einzelne Teilinhalte strukturell aufgegliedert werden. Bei der Auswahl der Inhalte sollte eine Herausnahme aus dem Gesamtzusammenhang und damit Isolierung möglichst vermieden werden, ebenso wie eine Aufgliederung in Teilinhalte nicht bruchstückmäßig und elementenhaft erfolgen sollte.

3.3.3   Methodengestaltung

Die Methode ist das dritte Strukturmerkmal des Unterrichts. Methoden sind im erziehungswissenschaftlichen Sprachgebrauch Formen und Verfahrensweisen, mit denen Menschen unter pädagogischen Zielvorstellungen das Lernen anderer Menschen bewusst und planmäßig zu beeinflussen versuchen.

Die Methodengestaltung betrifft die Frage nach der **Art und Weise** der Vermittlung von Unterrichtsinhalten zur Erreichung der gesetzten Unterrichtsziele. Sie zentriert sich also um die Frage, **wie** im Unterricht vorgegangen werden soll.

Zwischen Ziel, Inhalt und Methode des Unterrichts besteht ein enger Implikationszusammenhang, d. h. Ziel, Inhalt und Methode bedingen sich gegenseitig, sie stehen untereinander in einem Abhängigkeitsverhältnis.

Die Methodengestaltung betrifft die Fragen nach der Artikulation, den Prinzipien, der Medienauswahl sowie den Lehr- und Sozialformen des Unterrichts.

3.3.3.1   Artikulation

Die in Bezug auf die Methode des Unterrichts getroffenen Entscheidungen über die **Gestaltung** und den **Verlauf** der einzelnen Lehr- und Lernabschnitte wird als Artikulation des Unterrichts bezeichnet. Die Artikulation wird in der Regel bei der Unterrichtsplanung festgelegt. Sie sollte jedoch während einer Unterrichtsstunde für Abwandlungen und Variationen offen sein, die sich als angebracht oder als notwendig erweisen und nicht in einen starren Schematismus (Formalstufen) verfallen. Der Begriff der Formalstufen wurde von HERBART (1776-1841) entwickelt und von seinen Schülern REIN (1847-1929) und ZILLER (1817-1882) tradiert. Im Formalstufensystem wurde der Unterricht in seinem Ablauf nach einem starren Schema gegliedert, z. B. von REIN (1927):

1. Vorbereitung,
2. Darbietung,
3. Verknüpfung,
4. Zusammenfassung,
5. Anwendung.

Bereits von GAUDIG (1930) wurde die "Formalstufenzeit" als "kein Ruhmesblatt" in der Geschichte der deutschen Volksschule bezeichnet.

Wie er wenden sich alle Vertreter der Arbeitsschule (und der gesamten Reformpädagogik) gegen die Schematisierung des Unterrichts durch die Formalstufentheorie. In der von ihm geforderten Selbsttätigkeit der Schüler (als freie geistige Tätigkeit) kommt es in Überwindung der Formalstufen mehr zu einem Wechsel zwischen Eindruck und Ausdruck auf Seiten des Schülers.

Als Gliederung eines Unterrichts wird in der Arbeitsschulbewegung empfohlen (SCHEIBNER 1962):

1. Festlegung des Arbeitszieles,
2. Bereitstellung der Arbeitsmittel,
3. Entwicklung des Arbeitsplanes und der -schritte,
4. Ausführung der Arbeitsschritte und Arbeitsteile,
5. Sicherung und Bewertung des Arbeitsergebnisses.

ROTH (1973) schlug für die Artikulation des Unterrichts folgende Lernschritte vor:

1. Motivation,
2. Erkennen der Schwierigkeit,
3. Planung der Lösung,
4. Durchführung der Lösung,
5. Übertragung und Integration.

Die Artikulation ist in enger Beziehung zu den Zielen, Inhalten und Themen des Unterrichts zu sehen. Hierbei sollten in der Artikulation des Unterrichts die verschiedenen Funktionen des Lehrens (Initiierung, Vermittlung und Stabilisierung) mit unterschiedlicher Gewichtung und gegenseitiger Ergänzung zum Tragen kommen.

3.3.3.2 Unterrichtsprinzipien

Neben der Artikulation als zeitliche Einteilung der Lehr- und Lernschritte und der Strukturierung des Unterrichts gehört zur Methodenproblematik besonders auch die Berücksichtigung überfachlicher Unterrichtsprinzipien. Zu den wichtigsten Prinzipien der Unterrichtsgestaltung (Kap. 5) zählen:

- Prinzip der Motivierung,
- Prinzip der Veranschaulichung,
- Prinzip der Aktivierung (Selbsttätigkeit),
- Prinzip der Differenzierung (Individualisierung),
- Prinzip der Erfolgsbestätigung (Rückmeldung)
- Prinzip der Erfolgssicherung.

Die Unterrichtsprinzipien haben mit unterschiedlicher Schwerpunktbildung überfachliche Geltung, d.h. sie bestimmen den Unterricht in allen Fächern und Schulstufen.

Aufgabe der Unterrichtsprinzipien ist es, "den in der Sachanalyse aufgearbeiteten Inhaltsbereich ... zu Unterrichtsgegenständen zu transformieren" (KAISER u. KAISER 1998, 284). Bei dieser Transformation kommen den Prinzipien der Situationsbezogenheit (Veranschaulichung) und der Handlungsorientierung (Aktivierung) besondere Bedeutung zu. Innerhalb der Didaktik ist es die **Methodik**, die sich als Teilgebiet der Allgemeinen Didaktik mit der Bedeutung, Begründung und Berücksichtigung der Unterrichtsprinzipien beschäftigt. Methodik ist die kritische Auseinandersetzung mit den Möglichkeiten und Grenzen von Verfahrensweisen zur Vermittlung von Lerninhalten und zur Erreichung von Unterrichtszielen.

3.3.3.3 Medienauswahl

Die Auseinandersetzung mit den Problemen der methodischen Gestaltung schließt die Fragen des Medieneinsatzes bzw. die Verwendung von Lehr- und Lernmitteln im Unterricht ein. Somit ist das Medienproblem ein Teilaspekt der Methodenproblematik.
Der Einsatz von Medien darf sich dabei nicht nur nach Gesichtspunkten der Praktikabilität (Anwendbarkeit) richten, sondern muss die theoretischen Grundlagen, die didaktischen Funktionen und besonders im Bereich der Sonderpädagogik die zu erwartenden fördernden Wirkungen einbeziehen.
Das Medienproblem betrifft sowohl die Frage nach der Auswahl der Medien als auch die Frage nach der zeitlichen Festlegung des Medieneinsatzes im Ablauf der Unterrichtsstunde, z. B. als Hilfe der Motivierung, Vermittlung oder Erfolgssicherung. Von Bedeutung ist hierbei, welche didaktischen Funktionen von den Medien erwartet werden. Zu den didaktischen Funktionen der Medien (Kap. 7.3) zählen:
- Veranschaulichung,
- Motivierung,
- Informierung,
- Individualisierung,
- Objektivierung und
- Reproduzierung.

3.3.3.4 Lehrformen

In enger Anlehnung an die Entscheidungen über die Unterrichtsprinzipien und den Medieneinsatz ergeben sich bei der Methodengestaltung die einzelnen Lehrformen, z. B. Dominanz der darbietenden oder erarbeitenden Lehrform. Weitere Formen des Lehrens (Kap. 2.2) sind:

- exemplarisches Lehren,
- programmiertes Lehren,
- fächerübergreifendes Lehren,
- schülerorientiertes Lehren und
- offenes Lehren.

Die Lehrformen richten sich zwar sehr stark nach der Zielauswahl und Inhaltsbestimmung des Unterrichts, sollten aber auch einen gewissen Spielraum für Methodenwechsel offen lassen. Von einem Wechsel der methodischen Gestaltung von Lehrformen können zusätzliche Motivierungswirkungen, Umstrukturierungen der Lernfelder und damit Abbau von individuellen Lernbarrieren erwartet werden. Die Bevorzugung oder Ablehnung bestimmter Lehrformen kann sich von Schüler zu Schüler unterschiedlich aber auch innerhalb der Klasse gleichartig einstellen.

3.3.3.5 Sozialformen

Die Sozialform des Unterrichts betrifft die dominierende Lehrer-Schüler-Beziehung und das Schüler-Schüler-Verhältnis. Hierbei lassen sich Formen unterscheiden, welche mehr einem lehrerzentrierten Unterricht oder mehr einem schülerzentrierten Unterricht zuzuordnen sind. Zu den Sozialformen werden gerechnet:

- **Lehrervortrag**: Beim Lehrervortrag steht die Lehrperson im Mittelpunkt des Unterrichts. Sie erteilt Informationen über den Unterrichtsinhalt. Jede Interaktion zwischen den Schülern wird als störend empfunden und in der Regel unterbunden. In der Bewertungsskala liegt der Lehrervortrag am Ende. Auch ein nur kurzfristiger Vortrag des Lehrers ist im allgemeinen verpönt. Der Lehrervortrag gehört mit dem Lehrergespräch zu den typischen Formen eines lehrerzentrierten Unterrichts.

- **Lehrergespräch**: Auch beim Lehrergespräch nimmt der Lehrer eine zentrale Position ein. Zusätzlich zur Information werden Fragen gestellt und die Schüler durch Denkanstöße zur Teilnahme am Gespräch angeregt.

- **Klassendiskussion**: Hier tritt die Lehrperson zurück. Die Diskussionsleitung kann ein Schüler übernehmen. Die Themen werden entweder vom Lehrer vorgeschlagen oder von den Schülern eingebracht.

- **Gruppenarbeit**: Der Gruppenunterricht kann arbeitsgleich (themengleich) oder arbeitsteilig (mit verschiedenen Themen) erfolgen. In der Gruppenarbeit sind die Schüler meist eher dazu geneigt, sich einzubringen und zu beteiligen, als vor der versammelten Klasse.

- **Partnerarbeit**: Die Partnerarbeit ist eine spezielle Form der Gruppenarbeit. Hier beschäftigen sich jeweils zwei Schülerinnen oder Schüler mit einer Aufgabe oder Sache. Die Partner können hierbei frei gewählt oder zugewiesen werden.

- **Einzelarbeit**: Die Einzelarbeit wurde und wird gelegentlich als "Stillbeschäftigung" praktiziert, wobei sie jedoch nicht nur als Notlösung mangels anderer Beschäftigung eingesetzt werden sollte. Meist erfolgt die Einzelarbeit bei der Erledigung von Aufgaben, welche vom Lehrer benotet werden. Doch auch bei freiwillig übernommen Aufgaben ist gelegentlich Einzelarbeit angebracht.

Je besser es dem Lehrer gelingt, bei der Sozialform in den Hintergrund zu treten, desto größere Sozialisierungswirkung kann erwartet werden und desto größer ist die Bereitschaft der Schüler, sich zu artikulieren. Der Abbau von Ausdrucksbarrieren steht in einem engen Zusammenhang mit der Gruppen- und Partnerarbeit.

3.4   UNTERRICHT IM SPANNUNGSGEFÜGE VON PLANUNG UND FREIER GESTALTUNG

3.4.1 Komplexität des Unterrichts

Unterricht erweist sich als ein sehr komplexer Vorgang, an dem eine Fülle von Faktoren beteiligt ist. Hierzu gehören:
- Zielbereich (kognitiver, affektiver, psychomotorischer Art),
- Komplexität und Schwierigkeitsgrad des Inhaltes,
- Einstellung der Schüler zum Unterrichtsziel und -inhalt,
- Lehrer-Schüler-Verhältnis,
- Fähigkeitsentwicklung der Schüler,
- Homogenität oder Heterogenität der Klassenstruktur,
- psychischer Verlauf der Lernprozesse,
- verbale und nonverbale Ausdrucksgestaltung des Lehrers.

3.4.2 Aufgaben der Planung von Unterricht

Nach der Definition von Unterricht als Organisation von Lernen und Lehren ist die Planung ein notwendiges Bestimmungsmerkmal des Unterrichts. Sie soll
- eine zeitlich angemessene Einteilung des Unterrichts bewirken,
- Ziele, Inhalte und Methodengestaltung aufzeigen,
- den didaktischen Gehalt (Bildungsgehalt) der Inhalte aufdecken,
- dem Lehrer durch entsprechende Vorbereitung Souveränität vermitteln,
- Möglichkeiten der Überprüfung durch Vergleich von Zielsetzung und Realisierung bieten.

Grundanliegen der Unterrichtsplanung ist es, den Unterricht von reiner Zufälligkeit zu befreien. Hierzu ist es notwendig, die oben genannten am Unterricht beteiligten Faktoren zu kennen und jeweils einzukalkulieren.

3.4.3 Gesichtspunkte der Planung

Die Versuche, die Unterrichtsplanung möglichst optimal zu gestalten, sind abhängig von den didaktischen Theorien und Modellen, die der Planung zugrunde liegen (z. B. bildungstheoretisches, lehrtheoretisches, informationstheoretisches, kybernetisches, kritisch-kom-

munikatives Modell, Curriculum-Modell). Im bildungstheoretischen Modell zentriert sich die Unterrichtplanung um folgende Probleme:
- **Gegenstandsanalyse** (meist fachwissenschaftlich und sachstrukturell orientiert),
- **didaktische Analyse** (Bedeutung der gesetzten Ziele und Inhalte für den Schüler, z. B. für seine gegenwärtige und zukünftige Lebensgestaltung) und
- **methodische Analyse** (Fragen der Motivierung, Sacherschließung, Artikulation und des Medieneinsatzes).

Im lehrtheoretischen Modell dominieren die Berücksichtigung der Bedingungs- und Entscheidungsfelder, in der informationstheoretisch-kybernetischen Didaktik die Gestaltung der Informtionsausgabe und die Berücksichtigung der Rückmeldungen, im kritisch-kommunikativen Modell der kritisch reflektierte Verlauf der zwischenmenschlichen Kommunikation und im Curriculum-Modell die Entscheidungen über Zielauswahl und Operationalisierung der Ziele. Weitere Schwerpunktsetzungen sind je nach Unterrichtsinhalt, Interessenlage der Schüler und situative Problemfelder im Umkreis von Familie, Schule und Gesellschaft möglich.

3.4.4 Unterricht im polaren Spannungsverhältnis

Die Unterrichtsplanung orientiert zwar die praktische Unterrichtsgestaltung in ihren wesentlichen Zielen, Inhalten und Formen, soll und kann diese jedoch nicht bis in jede Einzelheit determinieren.
Die reale Gestaltung des Unterrichts wird neben den rational gefällten Entscheidungen in der Planung mitbestimmt von unvorhergesehenem Schülerverhalten und auf Seiten des Lehrers, von nicht eingeplanten nonverbalen Verhaltensweisen und ebensowenig einplanbaren Emotionen. Das vorher Geplante und das situativ Einmalige und daher Unplanbare bilden im realen Unterrichtsgeschehen eine **Wirkeinheit**. Hier zu entscheiden, und zwar notwendigerweise meist ganz kurzfristig, ist eine der schwierigen Aufgaben des Lehrers.
Das bedeutet: "Für die Planungs- bzw. Entscheidungsebene von Unterricht gilt die Forderung nach bestmöglicher rationaler Begründbarkeit, für die Handlungsebene des ablaufenden Unterrichts sind emotionale Vorgänge nicht ausgeschlossen" (PETERßEN 1996, 17). Auch ein didaktisch gut organisierter Lehrprozess muss also in Kauf nehmen, dass die Planung immer wieder durchbrochen wird.

Im Schulalltag vollzieht sich der Unterricht "zwischen Planung und Prozess" (KRAWITZ 1997). Ein guter Unterricht steht in einem polaren Spannungsverhältnis von exakter Planung und situationsabhängiger Improvisation. Das Spannungsverhältnis ist deshalb polar, weil sich Planung und tatsächlicher Verlauf nicht als Gegensätze erweisen, sondern (wie Pole) gegenseitig bedingen. Jede Planung des Unterrichts ist immer eine zu treffende Auswahl des pädagogisch Sinnvollen aus der Vielfalt des unterrichtlich Möglichen. Unterrichtlich Mögliches kann aber auch zufällig immer wieder auftreten und sich als pädagogisch sinnvoll erweisen.

Ein weiteres Spannungsgefüge, das zwar in die Planung mit eingehen kann, aber im Unterrichtsverlauf doch immer wieder neue Improvisationen herausfordert, ist der Anspruch der zu behandelnden sachlichen Gegebenheit auf der einen Seite und der Erwartungshaltung des Schülers auf der anderen Seite. Hierdurch wird der Unterricht zu einem "Spagat zwischen Sachanspruch und Kindbedürfnis" (SEIBERT 2000, 205). Die Unterrichtsvorbereitung muss neben dem Sachanspruch den individuellen Bedürfnissen der Schüler gerecht werden.
Damit ist aber das Problem nicht gelöst. Im Unterrichtsverlauf werden sich immer wieder situationsbedingt neue Anregungen durch positives oder negatives Angemutetsein der Schüler ergeben, die Bedürfnislage wird sich also als variabel erweisen. Hier wird es für den Lehrer oft schwierig, ein positives Kommunikationsklima aufzubauen, besonders wenn die "Sache" bestimmte methodische Gestaltung aufdrängt, bestimmte Veranschaulichungformen nahelegt oder bestimmte Sozialformen begünstigt, "denen die Schüler unter Umständen keinen Vorzug abgewinnen können" (SEIBERT a.a.O., 217).
Hier liegt es nicht immer nur an der Planungsgeschicklichkeit des Lehrers, Sachanspruch zu erkennen und Kindgemäßheit anzustreben, sondern besonders an seiner Fähigkeit, auf Unerwartetes aufgeschlossen zu reagieren. Möglichkeiten hierzu bietet evtl. eine **ganzheitliche Unterrichtsgestaltung**, bei der versucht wird, das Sinn- und Beziehungsgefüge des Inhaltes als Ganzheit mit dem Kind als ganze Person in Einklang zu bringen. Auch das Unterrichtsprinzip der Schülerorientierung, das versucht die Individualität des Schüler zu berücksichtigen und seine Personalität anzuerkennen, und das Prinzip der Thematisierung, das einen sinnvollen persönlichen Bezug zwischen Inhalt und Schüler anstrebt, können das Spannungsverhältnis zwar nicht auflösen, aber wertvolle didaktische Hilfe leisten.

4. UNTERRICHTSKONZEPTIONEN DER VERGANGENHEIT UND GEGENWART

Konzeptionen oder Konzepte des Unterrichts sind Beschreibungen des Unterrichts, die dessen dominierende Formen, Methoden und Prinzipien betreffen. Sie sind in Bezug auf die formalen und strukturellen Merkmale des Unterrichts Kombinationsmöglichkeiten, wobei sie die charakteristischen Verfahren, Arbeits- und Sozialformen unter Einbeziehung der inhaltlichen Schwerpunkte aufzeigen, und zwar unter dem kennzeichnenden Namen einer Unterrichtsart, wie dieser sich in der einschlägigen Literatur durchsetzte, z. B. "exemplarischer Unterricht", "offener Unterricht" usw.

Unterrichtskonzeptionen sind durch bestimmte Zielvorgaben, Inhalte, Methoden, Prinzipien und Formen gekennzeichnet und in sich geschlossen. Dadurch setzen sie sich mehr oder weniger von anderen Konzeptionen ab.

Über Unterrichtskonzeptionen wurde schon viel geschrieben und teilweise kontrovers argumentiert. Dies liegt darin begründet, dass sie einen gewissen Aufforderungscharakter haben, wie Unterricht sein soll. Sie beurteilen Unterrichtsprozesse zwar nicht grundsätzlich als "richtig" oder "falsch", weisen aber doch meist einen wertenden und fordernden Charakter auf.

Zu den Unterrichtskonzepten der Vergangenheit gehören der Anschauungsunterricht, die Arbeitsschule, der Gesamtunterricht und das exemplarisches Lehren. Seit einigen Jahren kommen neue Ansätze hinzu: wissenschaftsorientierter Unterricht, zielorientierter Unterricht, erziehender Unterricht, schülerorientierter Unterricht und offener Unterricht.

4.1 ANSCHAUUNGSUNTERRICHT

4.1.1 Kennzeichnung

Der Anschauungsunterricht setzt sich als eine vorherrschende Unterrichtsform in verschiedenen Variationsarten um die Jahrhundertwende durch. Er gehört zwar in seinen Begründungen teilweise einer vergangenen didaktischen Epoche an. Er basiert aber bereits auf der Forderung, dass unterrichtliches Lehren dem **natürlichen Erkenntnisvorgang** des Schülers angepasst werden soll und trägt deutlich Züge, welche in den neuzeitlichen Formen der Unterrichtsgestaltung wiederkehren.

Der Anschauungsunterricht löst als Vorbereitungsstufe einer ersten pädagogischen Reformbewegung den Begriffs- und Wortunterricht aus der Gründungszeit der allgemeinbildenden Schulen endgültig ab und leitet über zu den neuen Unterrichtsgestaltungen des 20. Jahrhunderts. Der Anschauungsunterricht kann daher als Übergangsform zwischen den traditionellen und neueren Formen des Unterrichts bezeichnet werden.

Im Mittelpunkt des Anschauungsunterrichts steht das **Anschauungsprinzip**. Gemeint ist damit die Forderung des Zurückgehens auf die Anschauung als Grundlage allen Unterrichtens, also auf die anschaulich gegebene Wirklichkeit selbst oder auf Abbildungen, Modelle usw. Der Anschauungsunterricht macht von Anfang an ernst mit der "Notwendigkeit von Anschaulichkeit im Unterricht" (SEIBERT 1992, 248).

Der Begriff des Anschauungsunterrichts beschränkt sich dabei nicht auf den gelegentlich so bezeichneten Unterricht für Schulanfänger oder auf einen heimatkundlichen Anschauungsunterricht der Unterstufe, sondern betrifft den Unterricht in allen möglichen Fächern und in allen Jahrgängen auf anschaulicher Grundlage. Ziel des Anschauungsunterrichts war und ist es, durch reiche, planmäßige und vielseitige Anschauungen dem Schüler zur Grundlegung der weiteren Bildungsarbeit einen wohlgeordneten Besitz von klaren, deutlichen, möglichst erlebnisbetonten Vorstellungen zu vermitteln. Der Anschauungsunterricht lässt sich durch folgende Merkmalen kennzeichnen:

- Der Anschauungsunterricht ist **die Sinne ansprechender Unterricht**. Er setzt an den Anfang aller zu neuen Erkenntnissen führenden Unterrichtsarbeit die Erfassung des Gegenstandes oder eines Abbildes durch die Sinnesorgane. Auf dem Wege der induktiven Erkenntnisgewinnung verlangt er **vor** dem Denkakt das allseitige Erkennen und führt hierbei das Bedeutsame sinnennah vor.
  Im Anschauungsunterricht wird versucht, möglichst "anschaulich" zu erklären, d. h. im wörtlichen Sinne das zu Erklärende soweit wie möglich dem Auge darzubieten, aber auch durch andere Sinnesbereiche wie Tast-, Geruch- oder Gehörsinn Anschauung zu vermitteln.
  Bei der Appellation an den Gesichtssinn kam im Anschauungsunterricht der Tafelzeichnung, meist in ihrer Eindrucksstärke unterstützt durch Benutzung von Farbkreide, besondere Bedeutung zu, was dem Anschauungsunterricht die etwas abwertende Bezeichnung "Didaktik der Farbkreide" einbrachte (AEBLI 1963, 18).

- Der Anschauungsunterricht ist **sachbezogener Unterricht.**
Die Veranschaulichung erfolgt im Unterricht am besten dadurch, dass man den Gegenstand, die Sache selbst, in den Mittelpunkt des Unterrichts stellt (originale Begegnung).
Von der Sache ausgehend erfolgen die notwendigen Erklärungen im ständigen Bezug zur Sache.
Den Sachverhalt repräsentieren dabei:
  - der wirkliche Gegenstand,
      der Gegenstand in seiner natürlichen Umgebung,
      der Gegenstand in der Schulstube,
  - das Präparat,
  - das Modell,
  - die bildhafte Darstellung,
      bewegte Bilder,
      stehende Bilder,
  - das Schema,
  - das Symbol.
  Der Anschauungsunterricht bevorzugt im Streben nach Sachlichkeit die Veranschaulichungsmittel in der angegebenen Reihenfolge. Anschauungsmittel mit hohem Abstraktionsniveau (z. B. das Schema, das Symbol) können nur dann eingesetzt werden, wenn vorher die Sache selbst behandelt wurde.

- Der Anschauungsunterricht ist **demonstrativer Unterricht.**
Wichtigster Teil im Unterrichtsprozess ist das Vorführen der Gegebenheit, von der dem Schüler eine Anschauung vermittelt werden soll. Der Lehrer führt hierbei die Schüler an die Wirklichkeit heran und zeigt sie ihnen bzw. bringt die Anschauungsmittel in die Schule mit, baut sie vor der Klasse auf, experimentiert und demonstriert.
Die Phasen der "Darbietung", "Vorführung", "Anschauung", "Demonstration" werden dabei zum Kernstück der Unterrichtsstunde.
Darauf folgt in der Regel der "Vergleich", bei dem die neuen Erkenntnisse miteinander verknüpft und durch Hinweis auf bereits Gelerntes in den vorliegenden Erfahrungsbereich eingebaut werden sollen.
Auf der sich anschließenden letzten Stufe der "Anwendung" oder "Übung" wird versucht, die an der Sache gewonnenen Erkenntnisse gegen das Vergessen abzusichern. Der Anschauungsunterricht war daher in seiner ursprünglichen Form häufig nach den Formalstufen gegliedert.

4.1.2 Begründungen des Anschauungsunterrichts

4.1.2.1 Ursprünge in der Erkenntnislehre

Die Begründung des Anschauungsunterrichts bezieht sich häufig auf die Feststellung: "Die Anschauung ist das allgemeine Fundament aller menschlichen Erkenntnis" (PESTALOZZI, 1746-1827).
Als erste Begründungen des Anschauungsunterrichts sind die Ansätze in der Philosophie zu sehen, die sich mit der Möglichkeiten und der Gültigkeit von menschlicher Erkenntnis beschäftigten (Erkenntnislehre). Hier reicht die Spannweite sehr weit.

- ARISTOTELES: Die Bedeutung der Sinneswahrnehmung für echte Erkenntnis (im Gegensatz zu der Ideenlehre von PLATO) wird betont.
- LOCKE: Die Sinneswahrnehmung ist die Voraussetzung für die Verstandestätigkeit (Idee der "tabula rasa" als Grundlage des Sensualismus: nihil est in intellectu, quod non ante fuerit in sensu). Die Feststellung, dass die Wissenschaft auf das Zeugnis der Sinne angewiesen ist, führt zum Aufkommen der empirischen Forschung.
- KANT: Es ergibt sich eine Notwendigkeit, Begriffe "sinnlich" zu machen (z. B. empirische Begriffe durch das "Exempel").

In der Geschichte der Didaktik verweisen diese Ansätze auf COMENIUS und sein Werk "orbis pictus", der Anschauung forderte, weil das mit den Sinnesorganen Wahrgenommene besser behalten wird.

4.1.2.2 Traditionelle Richtungen in der Psychologie

Zu Beginn der Psychologie als eigenständige Wissenschaft gegen Ende des 19. Jahrhunderts wurde die Anschauung von verschiedenen, teils sich überholenden Ansätzen psychologisch begründet:

- **Aufbau des Erkenntnisvorganges** (Elementenpsychologie):
  Unter elementenpsychologischem Aspekt wird der Aufbau des Erkenntnisvorganges in einzelne Teilprozesse aufgegliedert:
  - Reiz,
  - Empfindung,
  - Wahrnehmung,
  - Vorstellung,
  - Anschauung und
  - Denken.

  Die Erkenntnisgewinnung vollzieht sich hiernach in Form eines Aufbauprozesses, der vom Reiz ausgeht, welcher eine Sinnesempfindung bewirkt, und über die Wahrnehmung, Vorstellung und Anschauung zum Denken führt. Die vorhergehende Stufe ist der Baustein, das "Element", der nachfolgenden Erkenntnisstufe. Die Anschauung, letztlich zurückgehend auf Reize und Empfindungen (als Elemente), erweist sich somit als notwendiger Baustein für das Denken.

Durch die Festlegung der Anschauung als Voraussetzung für das Denken erfuhr der Anschauungsunterricht einen ersten Schritt der Begründung. Die elemtenpsychologische Betrachtungsweise wurde jedoch bereits durch die sog. "Würzburger Schule" (MARBE, KÜLPE) ansatzweise überwunden. Nach ihr wird das Denken nicht durch die Elemente der Wahrnehmung, sondern durch "determinierende Tendenzen" bestimmt.

- **Verknüpfung der Vorstellungen** (Assoziationspsychologie):
  Die Assoziation als Verknüpfung der Vorstellungen leistet ebenfalls eine Begründung für das Anschauungsprinzip. In der sogenannten Assoziationspsychologie werden folgende Gesetze (bereits von ARISTOTELES aufgezeigt) hervorgehoben:
  - Gesetz der **Ähnlichkeit**:
    Vorstellungen mit ähnlichem Inhalt verbinden sich.
  - Gesetz des **Gegensatzes**:
    Vorstellungen mit gegensätzlichem Inhalt drängen zur Verknüpfung.
  - Gesetz der **räumlichen und zeitlichen Nähe**:
    Vorstellungen von Sachverhalten, die sich in räumlicher Nähe befanden, oder von Ereignissen, die aufeinander folgten, assoziieren sich.
  Der Anschauungsunterricht entspricht diesen Gesetzmäßigkeiten, indem er sowohl auf der Stufe der Darbietung ähnliche oder gegensätzliche Inhalte in räumlicher und zeitlicher Nähe vorführt oder einen besonderen Abschnitt des Unterrichts (Vergleich) der Verknüpfung der Vorstellungsinhalte widmet.
  Auch die Assoziationspsychologie wurde in der Folgezeit überwunden. Endgültig widerlegt wurde sie durch die Gestaltpsychologie (KÖHLER, METZGER) und Ganzheitspsychologie (KRUEGER, WELLEK).

- **Einbau der Vorstellungen in den Erfahrungsbereich** (Apperzeptionspsychologie):
  Neben der Assoziation ist auch die Apperzeption von Bedeutung, das ist der Einbau neuer Vorstellungen in das Bewusstseinsfeld. Als

Vorläufer zu den Ansätzen der "Apperzeption" oder der "Assimilation" bei PIAGET (1966) werden nach der Apperzeptionspsychologie die psychischen Inhalte zu einer klaren Auffassung gebracht. Sie rücken in das Blickfeld des Bewusstseins. Die Übernahme der Anschauungsgrundlage wird heute nicht mehr als Assoziation oder Apperzeption gesehen. Es kommt als wesentliches Moment die Abstraktion hinzu, die sich nur durch aktive Prozesse einstellen kann. Hiermit wird bereits die Wahrnehmung nicht nur durch passives Aufnehmen, sondern durch aktive Momente der Selektion und Bedeutungszumessung bestimmt.

- **Bedeutung der Vorstellung für das Wollen und Handeln** (Bewusstseinspsychologie):
  In der Begründung des Anschauungsunterrichts dominierte noch der bewusstseinspsychologische Ansatz, welcher die Vorstellungen als den "Sitz der Gemütszustände" sieht und die sich "in ein Streben" verwandeln. Fühlen, Wollen und Handeln werden von den im Bewusstsein befindlichen Vorstellungen bestimmt. Auf diese Weise wird der Vorstellungen vermittelnde Unterricht bei HERBART (1776-1841) zu einem "erziehenden" Unterricht.
  Die Meinung, dass ausschließlich Vorstellungen als bewusste Prozesse das Wollen und Handeln bestimmen, wurde spätestens mit dem Aufkommen der Tiefenpsychologie und Psychoanalyse (FREUD, ADLER, JUNG) widerlegt. Hiernach prägen Unbewusstes, Verdrängtes und Vergessenes entscheidend Emotionen, Motive und Verhalten.

Die traditionellen Richtungen der Psychologie (Elementen-, Assoziations-, Apperzeptions- und Bewusstseinspsychologie) gelten heute in ihrem Ansatz als überwunden. Ihr Verdienst liegt in ihrem Beitrag zur Begründung eines auf der Anschauung basierenden Unterrichts.

4.1.2.3   Weitere psychologische und didaktische Ansätze

Die weiteren psychologischen und didaktischen Begründungen des Anschauungsunterrichts stimmen mit denen des Unterrichtsprinzips der Veranschaulichung (Kap. 6.2.2) weitgehend überein. Sie beziehen sich auf die Forderungen nach Wirklichkeitsnähe, Sachbezogenheit und Erlebnistiefe als Voraussetzung für lebendige Wissensvermittlung und echte Betroffenheit im Zusammenhang mit der Motivierung des Schülers.

Erst durch die Veranschaulichung wird die Vermittlung von Erfahrung als Voraussetzung für das Lernen bei Kindern und jüngeren Schülern ermöglicht. Die ersten Denkleistungen des Kindes vollziehen sich am Gegenständlichen und durch die damit gewonnenen Erfahrungen wird das Kind zum Initiator seines Lernens. Das "Begreifen" mittels der Sinneswahrnehmung vermittelt dem Kind die ersten Lernerfahrungen. Das Wahrnehmen darf jedoch nicht nur als passives Aufnehmen gesehen werden. Es ist geprägt durch Eigenaktivitäten der Verarbeitung. Anschauung ist nicht ein Abbilden der Wirklichkeit, sondern ein **aktives Auswählen** aus der Fülle der Sinneseindrücke.

4.1.3 Würdigung und Grenzen

Wenn auch die aufgezeigten, vormals geltenden Begründungen des Anschauungsunterrichts durch nachfolgende Erkenntnisse der Gestaltpsychologie und Psychoanalyse u. a. als überholt anzusehen sind, so zeigt sich jedoch hier bereits deutlich das Bestreben, die Unterrichtsprozesse an den Wissensstand über seelisch-geistige Vorgänge anzupassen.

Die psychologischen Begründungen des Anschauungsunterrichts, welche zur Zeit seiner Entfaltung aufgeführt wurden, haben zwar ihre Beweiskraft verloren, das **Prinzip der Veranschaulichung** hat jedoch als allgemeines Unterrichtsprinzip nach wie vor Gültigkeit.

Die Besonderheiten des Anschauungsunterrichts liegen:
- in der Berücksichtigung empirisch gewonnener und theoretisch begründeter Annahmen über den Erkenntnisvorgang,
- in der Hervorhebung der Bedeutung der Anschauung als Ausgangsbasis für das Denken und
- in den Konsequenzen, die sich durch die Relevanz der Anschauung für die Planung und Gestaltung von Unterricht ergeben.

Die Forderung nach Veranschaulichung ist im Unterrichtsprinzip der Veranschaulichung nach wie vor gültig. Dieses muss jedoch im Gegensatz zum traditionellen Anschauungsunterricht, der sich hauptsächlich auf das Prinzip der Veranschaulichung beschränkte, durch weitere Unterrichtsprinzipien, z. B. dem Aktivierungsprinzip, ergänzt werden,.

Die heutige Unterrichtsgestaltung wird dieser Notwendigkeit gerecht, indem sie die Forderung nach Veranschaulichung als einen Unterrichtsgrundsatz **neben anderen** anerkennt. Das Prinzip der Veranschaulichung kann daher keinen Absolutheitsanspruch erheben, aber es kommt ihm in Verbindung mit anderen Unterrichtsprinzipien nach wie vor große Bedeutung zu.

4.2 GESAMTUNTERRICHT

4.2.1 Kennzeichen

Der Gesamtunterricht erreichte seinen Höhepunkt in der Reformpädagogik, wenn auch seine Wurzeln weit in die Geschichte der Pädagogik
zurückreichen. Als Merkmale des Gesamtunterrichts können gelten:
- Der Gesamtunterricht spricht die personale **Leib-Seele-Geist-Einheit**
  des Menschen an und wendet sich nicht nur einseitig an den Intellekt.
- Ausgangspunkt unterrichtlicher Behandlungen ist in der Regel ein
  kindliches **Erlebnis** unter Beteiligung des Gemüts an der Erkenntnisgewinnung und der Werteinsicht.
- Der Gesamtunterricht erstreckt sich über **alle** (oder zumindest zahlreiche) **Fächer** und hebt somit die fachspezifische Differenzierung
  auf.

Im Gesamtunterricht wird nicht der Unterrichtsstoff, sondern das Kind
und seine körperliche und geistige Entwicklung als Grundlage aller unterrichtlichen Maßnahmen betrachtet. Indem er das Kind in den Mittelpunkt der unterrichtlichen Behandlung stellt, kann er als Vorläufer
eines **schülerorientierten Unterrichts** gesehen werden.

4.2.2 Formen des Gesamtunterrichts

4.2.2.1 Gesamtunterricht nach B. OTTO

In dem von BERTHOLD OTTO (1907) an seiner Privatschule eingeführten Gesamtunterricht kommen alle Schüler aller Jahrgänge zusammen.
Sie haben die Möglichkeit, Fragen aus jedem Gebiet zu stellen. Stoff
und Unterrichtsziel sind nicht festgelegt. Ausschlaggebend ist das in
der Frage zum Ausdruck gebrachte Interesse des Schülers. Der Zweck
dieses Gesamtunterrichts wird darin gesehen, den "Gesamtgeist innerhalb dessen die einzelnen Schüler leben, sich in Gesprächen betätigen
zu lassen".
Merkmale des Gesamtunterrichts nach BERTHOLD OTTO:
- Die unterrichtliche Behandlung ist nicht an Unterrichtsfächer gebunden,
- die Initiative geht vom Schüler aus,
- der Unterricht ist Gelegenheitsunterricht und
- der Gesamtunterricht ist eine Ergänzung neben dem weiterhin bestehenden gefächerten Unterricht.

Der Gesamtunterricht nach B. OTTO gestaltet sich als eine freie Frage-
stunde; er ist frei vom Fach, frei vom Stoffplan und frei von der Steuerung des Lehrers.

4.2.2.2 Gesamtunterrichtsbewegung

Die Gesamtunterrichtsbewegung wurde angeregt durch den **Leipziger
Lehrerverein** (1914). Hier stand nicht so sehr wie bei BERTHOLD
OTTO die Schülerfrage im Mittelpunkt, sondern die überfachliche Einheit, welche den Möglichkeiten der kindlichen Welterfassung entspricht
und den gesamten Unterricht bestimmt. Die umfassende Sacheinheit
wird zwar vom Lehrer ausgewählt, aber sie ist der kindlichen Erlebnis-
welt entnommen und wird kindgemäß, d. h. konkret und anschaulich
behandelt. Die Anpassung des Unterrichts an die Entwicklung des
Kindes wirkt sich sowohl auf die Inhalte als auch auf die Methoden des
Unterrichts aus.
Der Gesamtunterricht des Leipziger Lehrervereins und die sich hieraus
entfaltende Gesamtunterrichtsbewegung zeigen folgende Merkmale:
- Der Gesamtunterricht ist prinzipiell überfachlich,
- der Ausgangspunkt aller unterrichtlichen Behandlung ist die
  Unterrichtseinheit,
- der Gesamtunterricht ist kindgemäßer (entwicklungsgemäßer) Unterricht.

4.2.2.3 Gesamtunterricht als Anfangsunterricht

Der Gesamtunterricht als Anfangsunterricht zeigt eine weitere Variation der Überfachlichkeit. Hier gibt es keine Fächer. Es gibt kein Fach
"Deutsche Sprache" oder "Rechnen". Im Anfangsunterricht ist die
Fachspezifizierung und damit jeder stundenplanmäßige Wechsel aufgehoben.
Entsprechend der Annahme, dass nicht der Teilinhalt, sondern das ursprüngliche Ganze in der Entwicklungsreihe vorangeht und das Kindgemäße ist, geht jeglicher Unterricht immer von der Ganzheit aus. Dies
gilt in besonderer Weise von der Methode des Lesenlernens, welche
sich als analytische Methode (Ganzwortmethode, Ganzsatzmethode)
entfaltet, im Gegensatz zur synthetischen Methode, welche ihren Ausgangspunkt von einzelnen Buchstaben nimmt.
Das Prinzip der Ganzheitlichkeit erstreckt sich jedoch nicht nur auf das
Lesenlernen. Es stellt vornehmlich das kindliche Gemüt in den Mittelpunkt und führt somit zum Erlebnisunterricht.

Ein **Erlebnis** unterscheidet sich von der Alltäglichkeit des Weltbezuges dadurch, dass es besonders starke Gefühlsregungen aktiviert und hierbei die Gesamtperson bis in die Tiefen des Gemüts anspricht. Es ist ein eindrucksvolles Innewerden der Welt. Der Grundsatz der Erlebnisnähe bestimmt die Auswahl der Stoffkreise: "Weihnachtsfest", "Auf der Rodelbahn", "Wir bauen einen Schneemann", "Beim Baden", "Ein Gewitter" u. ä. Unter dem Eindruck des Erlebnisses folgt der Umgang mit den beteiligten Dingen durch Auszählen, Malen, Schreiben. Hierdurch wird das Kind mit Hilfe der emotionalen Komponente in die einfachen Formen der kulturellen Lebensgestaltung eingeführt.

Eine Weiterentwicklung der sogenannten Erlebnispädagogik in Verbindung zur gesamtunterrichtlichen Gestaltung zeigt sich unter anderem in der Waldorf-Schule nach STEINER (1861-1925). Diese erstrebt eine ganzheitliche Entwicklung des Kindes unter besonderer Berücksichtigung der künstlerischen Kräfte und der Förderung des schöpferischen Geisteslebens, frei von Leistungs- und Notendruck und jeglicher Selektion. Eine Variationsform des Gesamtunterrichts als fächerübergreifender Unterricht zeigt sich auch in der Projektmethode.

Der Gesamtunterricht als Anfangsunterricht ist

- ungefächerter Unterricht, der sich
- dem Entwicklungsstand des Kindes anpasst,
- in freier Unterrichtsführung die Interessengerichtetheit des Kindes berücksichtigt und
- auf erlebnismäßiger Grundlage in die einfachen Formen der menschlichen Lebensbewältigung und Kultur einführt.

4.2.3 Grundlagen des Gesamtunterrichts

4.2.3.1 Gestaltpsychologie

Die Gestaltpsychologie entwickelte sich im Gegensatz zur Elementenpsychologie und hob die isolierte Betrachtungsweise von Teilinhalten psychischen Geschehens auf. Ihr Gründer ist KÖHLER (1887-1967). In der Literatur der Lernpsychologie wird sie den kognitiven Lerntheorien zugerechnet.

Nach der Gestaltpsychologie vollzieht sich psychisches Geschehen nicht als Zusammensetzung von Elementen oder deren Verknüpfung. Dies zeigt sich besonders beim Wahrnehmen von Gestalten, wobei der Begriff der Gestalt folgende Merkmale beinhaltet:

- **Übersummativität:** Das Ganze ist mehr als die Summe seiner Teile (Gesetz der schöpferischen Synthese).

- **Transponierbarkeit:** Eine Gestalt bleibt gleich, obwohl sich ihre Erscheinungsweise ändert. Dies wird aufgezeigt an der Melodie, welche in andere Tonarten transponiert werden kann, oder an geometrischen Gestalten, welche auch bei Vergrößerung oder Verkleinerung gleich bleiben.

Der Vorgang der Wahrnehmung von Gestalten ergibt sich nicht willkürlich, sondern nach Gestaltgesetzen, unter denen das "Gesetz der guten Gestalt" (METZGER 1954) von besonderer Bedeutung ist. Entsprechend der Priorität der Gestalt gegenüber den einzelnen Teilen vollzieht sich die gesamtunterrichtliche Anordnung der Unterrichtsinhalte.

4.2.3.2 Ganzheitspsychologie

Ganzheit bedeutet im Gegensatz zum zufälligen Nebeneinander oder zur additiven Häufung eine sinnvolle Geschlossenheit, aus der sich die Bedeutung der Glieder ableitet und die sich durch einen komplizierten Wirkzusammenhang aller Faktoren auszeichnet. Während sich die gestaltpsychologische Betrachtungsweise hauptsächlich auf die Wahrnehmung beschränkte, erstreckt sich die Ganzheitspsychologie auf den Einbezug aller seelisch-geistigen Prozesse in die Leib-Seele-Geist-Einheit. Als Gründer der Ganzheitspsychologie (Leipziger Schule) gilt KRUEGER (1874-1948). Seelisch-geistiges Erleben wird hier als Wirkeinheit gesehen, bei der das Gefühl die dominierende Funktion übernimmt. Die Bedeutung der Ganzheit als Wesensmerkmal des Menschen wird erkannt.
Ganzheitliches Erleben ist durch folgende Merkmale gekennzeichnet:
- Gesetz der unbedingten Unzusammengesetztheit des Erlebnisstromes,
- Einbezug des Unbewussten in die ganzheitliche Erlebensweise,
- Untrennbarkeit der personalen Einheit und
- Verbindung innerer und äußerer Gegebenheiten.
In neueren schulpädagogischen Ansätzen erfährt die Ganzheitspsychologie entsprechende Würdigung als eine "schulenübergreifende psychologische Bewegung" und als wesentlicher Beitrag in einer Zeit der "Blüte anthropologischer Forschung" (ERNST 1997, 105).
Im Gesamtunterricht steht nicht nur die durchgestaltete Wahrnehmung im Mittelpunkt, sondern auch die Erlebnisganzheit des Kindes, an der sich Unterrichtsstoff und Unterrichtsgestaltung orientieren. Ein solcher Unterricht erfordert die Mitbeteiligung des Gemüts an der Erkenntnisgewinnung und Werteinsicht.

4.2.3.3 Entwicklungspsychologie

Die Vertreter des Gesamtunterrichts in der Reformpädagogik verweisen häufig auf Erkenntnisse über die kindliche Entwicklung als Begründung für den fächerübergreifenden Unterricht. Sowohl in der phylogenetischen Entwicklung (der Menschheit) als auch in der Ontogenese (des Einzelnen) dominiert zunächst das urtümliche Ganze vor dem sich herausbildenden Detail. Das Kind erlebt ganzheitlich. Demnach ist die Aufteilung in Fächer zwar für wissenschaftliches Vorgehen angebracht, entspricht aber nicht der Sichtweise des Kindes.

Dem traditionellen Unterricht wird in der "Unkindlichkeit" und im Gegensatz zum natürlichen Bewegungsdrang des Kindes "Bewegungsfeindlichkeit" vorgeworfen. Hinzu kommt der unkindliche "Zwang zum einseitig formalen Lernen". Dies führt zu Schulverdrossenheit und überschüttet die natürliche Lebendigkeit der Kinder.

Der Gesamtunterricht versucht die natürliche Entwicklung des Kindes zu berücksichtigen, indem er eine der kindlichen Auffassung entsprechende Sacheinheit in den Mittelpunkt stellt.

4.2.4 Würdigung und Grenzen

Der Gesamtunterricht wird "als Fundament der Allgemeinen Deutschen Grundschule nach 1921" gesehen (Horn 1993, 141).

- Er rückt den Schüler selbst in den Mittelpunkt bei der Auswahl der Unterrichtsinhalte und der Methoden.
- Er betont die Bedeutung des Erlebnisses für die Persönlichkeitsbildung, an der Gefühl und Gemüt maßgeblich beteiligt sind.
- Er vermeidet durch ganzheitliche Gesichtspunkte bei der Auswahl des Unterrichtsinhaltes die Anhäufung isolierter Wissensfakten.

Die Gefahren der Überbewertung der Ganzheitlichkeit im Unterricht sind gegeben durch:

- Überbetonung des Emotionalen, die leicht zur "Gefühlsduselei" führen kann und echtes rationales Durchdringen verhindert,
- Stehenbleiben auf der Spiel- und Erlebnishaltung, wodurch eine für die Schule und das Leben erforderliche echte Arbeits- und Leistungseinstellung nur schwer aufkommt und
- sachinadäquates Zusammenführen von Gegebenheiten und Fakten, welches zu einem oberflächlichen und unrealistischen Verknüpfen führt.

Zusammenfassend zeigt sich, dass Gestalt und Ganzheit sehr bedeutsame Bestimmungsmerkmale des Unterrichts darstellen und dass es sich empfiehlt, die Spezifizierung und Detailierung unseres Wissens durch überfachliche Inhalte und überschauende Sinnfindung zu durchbrechen. Ganzheitliche Betrachtungs- und Erlebnisweisen dürfen aber nicht überfordert werden und sind auf Ergänzung durch Differenzierung und Aufschlüsselung angewiesen.

Die Grundideen des Gesamtunterrichts werden heute durch eine fächerübergreifende Unterrichtsgestaltung (MOEGLING 1998), durch offenen Unterricht (BÖNSCH 1993, MEYER 1994) und durch die Projektmethode (GUDJONS 1986, HÄNSEL 1986) zu realisieren versucht.

4.3   AKTIVIERENDER UNTERRICHT

4.3.1 Kennzeichen

Aktivierung im Unterricht heißt, den Schüler aus seiner passiven Rolle des Aufnehmens von Unterrichtsstoffen herauszunehmen, ihn anzuregen und ihm die Möglichkeit zu geben, im tätigen Umgang mit den Dingen Lernerfahrungen zu sammeln. In einem aktivierenden Unterricht werden bereits bei der Unterrichtsplanung die Inhalte unter dem Kriterium der Verwirklichung des **Aktivierungsprinzips** (Kap. 6.3) ausgewählt. Die methodische Gestaltung konzentriert sich besonders auf die selbsttätige Auseinandersetzung des Schülers mit dem Unterrichtsgegenstand und auf die durch den Schüler vollzogene Erarbeitung von Erkenntnissen.

Die Aktivität des Schülers erstreckt sich auf alle Phasen des Unterrichts von der Motivierung bis zur Erfolgssicherung. Eine Sonderform der Aktivierung ist die **Selbsttätigkeit**. Hierbei handelt es sich um ein Aktivsein
- aus eigenem Anlass,
- auf ein selbstgewähltes Ziel hin,
- mit frei gewählten Methoden und
- selbstbestimmten Mitteln.

Aktivierender Unterricht schließt sowohl die Möglichkeit der Fremdkontrolle des Arbeitsergebnisses (durch Mitschüler und Lehrer) als auch der Selbstkontrolle (eigene Bewertung) ein.

4.3.2 Formen des aktivierenden Unterrichts

Einen Höhepunkt erreichte der aktivierende Unterricht in der Reformpädagogik im Zusammenhang mit der **Arbeitsschule**, so dass die nachfolgenden Reformversuche als Variationsformen der Arbeitsschule im weitesten Sinne angesehen werden können. Vorläufer der Arbeitsschule zeigten sich in der Englischen Bewegung und in der Industrieschule.

4.3.2.1 Englische Bewegung

Inhalt und Ziel dieser Bewegung waren orientiert am Zweckdienlichen und am Praktischen (Pragmatismus). In der englischen Bewegung wurde kein primär pädagogisches Anliegen verfolgt, sondern mehr ein wirtschaftliches und sozialpolitisches Ziel. Ihr Anliegen war die

Ausbildung vollwertiger Staatsbürger, d. h. als arbeitswilliger und arbeitsfähiger Bürger eines geordneten Staatswesens tätig sein zum Wohle der wirtschaftlichen Entfaltung des Landes.

4.3.2.2 Industrieschule

Eine weitere Wurzel der Arbeitsschule im ökonomischen und wirtschaftlichen Bereich ist in der Industrieschule zu sehen. Die Industrieschule erstrebte eine Verbindung des Unterrichts mit nutzbringender Tätigkeit, und zwar vornehmlich im Bereich der Handarbeit. Hierdurch wird der Unterricht attraktiv für die unteren Gesellschaftsschichten, weil er hilft, die Lebensnot zu überwinden.

Daneben steht als Teilaspekt auch ein erzieherisches Anliegen. Die ersten Industrieschulen wurden im 18. Jahrhundert gegründet, um die Kinder vom "Müßiggang" fernzuhalten durch Spinnen, Weben und Stricken. In diesem Sinne verordnete z. B. Fürstbischof KARL LUDWIG von ERTHAL 1789 die Einrichtung von Industrieschulen für das Fürstbistum Würzburg.

Später sollte durch die handwerklichen Tätigkeiten in den Industrieschulen dem Kind eine Arbeitsgewöhnung vermittelt werden. Hierdurch wird der Schüler frühzeitig an die Arbeitswelt herangeführt und zum tätigen Wirken (Werken) angeleitet, um ihn zu befähigen, produktive Arbeit zu verrichten.

4.3.2.3 Arbeitsschule

Die Arbeitsschule hat unter den Reformbestrebungen der Schule die größte Bedeutung erlangt. Ihre enge Verflechtung mit der Umbildung des sozialen Lebens führte zu einer Vielgestaltigkeit arbeitsschulmäßigen Unterrichts. Während in den Vorläufern der Arbeitsschule vornehmlich das Produkt oder die Wirtschaftlichkeit im Vordergrund stand, dominierte in der Arbeitsschulbewegung das pädagogische Anliegen, gegen die sogenannte Lern- und Buchschule mit Hilfe der Aktivierung und Selbsttätigkeit des Schülers zu seiner Erziehung beizutragen. Wichtiges Anliegen der Arbeitsschule ist dabei, den natürlichen Bewegungsdrang des Kindes und seine Freude am Tätigsein zu berücksichtigen und zu fördern.

Als Gründer und wichtigster Vertreter der Deutschen Arbeitsschule wird in der Literatur KERSCHENSTEINER (1854-1932) genannt. Aber auch GAUDIG (1860-1923), LAY (1862-1926), OESTREICH (1878-1959) und SCHEIBNER (1877-1961) können als Gründer und Hauptvertreter der Deutschen Arbeitsschulbewegung gelten.

Innerhalb der verschiedenen Entfaltungsformen arbeitsschulmäßigen Unterrichts erweisen sich in Deutschland KERSCHENSTEINER und GAUDIG als besonders repräsentativ.

Arbeitsschule nach KERSCHENSTEINER:
KERSCHENSTEINER (1912, 1955) betont vor allem die **Sachhingabe** und die **Vollbringung** eines Werkes, z. B. beim Bau eines Starenkastens (ging als Beispiel in die Literatur ein).
Merkmale der Arbeitsschule bei KERSCHENSTEINER:
- **Arbeitsschulmäßiger Unterricht ist werktätiger Unterricht.**
  In der Werktätigkeit werden fast alle Bereiche manueller Beschäftigung angesprochen. Hierbei werden die Schüler zu Tätigkeiten an der Werkbank, zu Gartenarbeiten, zu Laboratoriumsversuchen, zur Beschäftigung im Hauswesen und zu verschiedenen handwerklichen Arbeiten angeleitet. Nach KERSCHENSTEINER ist diese manuelle Tätigkeit die Grundlage der Charakterbildung und dient als elementare Arbeitserziehung.
- **Arbeitsschulmäßiger Unterricht ist selbsttätiger Unterricht.**
  Die Selbsttätigkeit und die damit verbundene Selbständigkeit ist allgemein das typische Merkmal der Arbeitsschule. Die Schüler werden angeregt und bekommen Gelegenheit, aufgeworfene Probleme nach eigenem Ermessen anzugehen, Lösungsmöglichkeiten zu suchen und abzuwägen und die von ihnen akzeptierten Lösungswege selbständig auszuprobieren. Die praktische Gestaltung vollzieht sich als freies Tätigsein, welches sich gegen jede Gängelung wendet.
- **Arbeitsschulmäßiger Unterricht ist gemeinschaftsbezogener Unterricht.**
  Die Selbsttätigkeit der Schüler führt in der Arbeitsschule zur Auflösung der häufig durch einen Verwaltungsakt zusammengeführten Schulklasse und zur Bildung organisch gewachsener Arbeitsgruppen. Im gemeinsamen Handeln und Problemlösen finden sich die Schüler zusammen und es kommt zu Gemeinschaftserlebnissen. Belehrungen über das mitmenschliche Zusammenleben werden abgelöst durch ein auf den Mitmenschen bezogenes Tun in der Gemeinschaft.

Arbeitsschule nach GAUDIG
Etwas andere Schwerpunkte setzte die Arbeitsschule bei GAUDIG (1922). Dies ist dadurch begründet, dass er an einem Gymnasium (Mädchenlyzeum für zukünftige Lehrerinnen in Leipzig) tätig war. Auch bei ihm gehörte die Lehrerfrage zu den fragwürdigsten Mittel der Geistesbildung.

Merkmale der von GAUDIG vertretenen Arbeitsschule:

- **Arbeitsschulmäßiger Unterricht ist methodenbewusster Unterricht.**
  Voraussetzung für das Gelingen der Arbeitsschule ist, dass die
  Schüler die Methode des Arbeitens beherrschen und der Lehrer in
  der Lage ist, diese seinen Schülern zu vermitteln.
- **Arbeitsschulmäßiger Unterricht ist freie geistige Schularbeit.**
  Der Lehrer hält sich im Unterricht weitgehend zurück und gewährt
  seinen Schülern Freiheit besonders in der geistigen Entfaltung, z. B.
  in der Gewinnung von Einsichten durch eigenständiges geistiges Tä-
  tigsein. Damit wird die freie geistige Schularbeit zur Grundlage der
  Persönlichkeitsbildung.

4.3.2.4 Produktionsschule

Die Produktionsschule ist eine sozialistische Form der Arbeitsschule, in
der eine Vereinigung von Erziehung mit der materiellen Produktion angestrebt wird. Im 1848 von MARX (1818-1883) und ENGELS (1820-
1895) verfassten "Manifest der Kommunistischen Partei" wird festgestellt, dass Erziehung nur sehr einseitig die im Menschen ruhenden
Kräfte entwickelt. Diese Einseitigkeit ist vor allem durch die
Klassenzugehörigkeit bedingt. Die Einseitigkeit gilt es zu überwinden
durch ein Durchlaufen aller Produktionsstufen in einer von der ganzen
Gesellschaft betriebenen Industrie.
Eine Möglichkeit hierzu ist die in den neueren Formen der Produktionsschulen angestrebte **polytechnische Erziehung.** Die Produktionsschule
ist eine Schule, welche den polytechnischen, d. h. allseitig für die Ge-
sellschaft brauchbaren Menschen, heranbildet.
Mit diesem Ziel einer Erziehung zur Gesellschaftsfähigkeit entwickelten
sich besonders die Produktionsschulen der russischen Pädagogen
BLONSKIJ (1884-1941) und MAKARENKO (1888-1939). Auf eine
pädagogische Zielrichtung auf sozialistischer Basis entworfen ist auch
die Produktionsschule der "Entschiedenen Schulreformer", zu denen
KARSEN (1885-1951) und OESTREICH (1878-1959) gehörten.
Bei KARSEN sind die Schüler zwar nicht direkt in einen Produktionspro-
zess eingegliedert, aber das gesamte Schulleben zeigt die Organisati-
onsform einer durch die Belegschaft selbst organisierten Fabrik. Die
Schulklasse wird zum "Werkraum", der Lehrer zum "Werkmeister" und
somit zum Organisator der für die Erledigung des Auftrages nötigen
materiellen und personellen Kräfte. Ausstellungen dienen der Selbst-
darstellung der Schulgemeinde nach außen.

OESTREICH (1945) versteht unter Produktivität mehr als nur wirtschaftliche Effektivität. Sie betrifft vielmehr das schöpferische Tätigsein des ganzen Menschen und ist ein wesentlicher Beitrag der "Menschenbildung". Die Schule soll daher die schöpferisch tätigen Kräfte des Menschen ganzheitlich fördern. Ziele der von ihm postulierten Idee der Produktionsschule ist die Befähigung zu aktiver Lebensgestaltung. Dies erfolgt durch Betätigung an Aufgaben, die das Leben, die Schule und die Heimat stellen. In diesem Sinne ist Produktionsschule eine "wahre Lebensschule, eine Wirtschaft selber und mit dem Wirtschaftsleben ausstrahlend und ausströmend verbunden".

4.3.2.5 Schule für das Leben durch das Leben

DECROLY (1871-1932) entwickelte in seiner "Schule für das Leben durch das Leben" (L'école pour la vie par la vie) eine Variationsart der Arbeitsschule, die neben anderen Merkmalen von den elementaren Bedürfnissen der Kinder besonders die nach Arbeit in der und für die Gemeinschaft berücksichtigte.
Kennzeichen dieser Schule sind:
- Die Schule wird zum **Lebensraum**, in dem sich natürliche Gegebenheiten wie Pflanzen, Tiere und andere Arbeitsmittel befinden.
- Die Schulräume bleiben nicht isolierte Arbeitszimmer, sondern werden zu **Werkstätten**, zu **Laboratorien** und zu kleinen **Ateliers**.
- Tragendes Fundament des Unterrichts wird die **gemeinsame Arbeit** unter Beteiligung aller Schüler.
- Durch das Tätigsein soll der Schüler zum **Begreifen** seines Handelns und zur **Selbstdisziplin** geführt werden (individuelle Funktion des Tätigseins).
- Die gemeinsame Arbeit soll zur Entfaltung **sozialer Kräfte** führen (soziale Funktion des Tätigseins).
- Neben der Arbeit kommt dem **zwanglosen Beisammensein** (mit Spiel, Aussprache, Feier) große Bedeutung zu.

4.3.2.6 Jena-Plan

Der Jena-Plan wurde ab 1924 von PETER PETERSEN (1884-1952) an der Universitätsschule in Jena praktiziert. In den sich auf diesen Plan beziehenden Schulen wird der **Gruppenarbeit** für die Erziehung eine bedeutsame Funktion zugesprochen. Dementsprechend werden die Jahrgangsklassen aufgelöst und durch Kerngruppen ersetzt. Daneben werden Niveau- und Neigungsgruppen gebildet.

Des weiteren wird nach dem Grundsatz, dass sich Erziehung immer aus der Tätigkeit des Einzelnen im Miteinander der Gruppe vollzieht, dem **Schulleben** entscheidende Bedeutung zugemessen. Die Schule als **Lebensgemeinschaft** bestimmt daher die Schulorganisation und das Lehrer-Schüler-Verhältnis. Erst in der Gruppe und im Schulleben ergibt sich ein Freiwerden der menschlichen Beziehungen, wodurch sich eine echte Erziehungswirklichkeit bildet, in der weit mehr die unbewusste als die bewusste Erziehung wirksam ist.

Durch das im Jena-Plan praktizierte Schulleben wird die Schule zu einer Lebensstätte des Kindes, welche seinem Bedürfnis nach Bewegung, Kontakt, Spiel und Arbeit weitgehend entgegenzukommen versucht (PETERSEN 1968).

Typischen Merkmale der Schule nach dem Jena-Plan (DIETRICH 1993, 228):

- "Stammgruppen" statt "Jahrgangsklassen",
- "Wochenarbeitsplan" statt "Fetzenstundenplan",
- "Gruppenunterrichtliches Verfahren" statt "direkter Klassenunterricht",
- "Feiern" im Dienste der Gemeinschaftsbildung,
- "Arbeits- und Leistungsberichte" statt "Zensuren und Zeugnisse",
- "Schulwohnstube" als Raum für sittliche und soziale Erziehung statt "Klassenraum",
- "Schulgemeinde" als Ort der Zusammenarbeit von Lehrern, Schülern und Eltern und als "Lebensstätte der Jugend" statt "Schule als bloße Unterrichtsanstalt".

4.3.2.7 Freinet-Pädagogik

Die nach FREINET (1896-1966) benannte Schulform entwickelte sich an der Kritik der üblichen "Schulkaserne" und dem lebensfernen, verwissenschaftlichten (scholastischen) Unterricht.

Gefordert wird demgegenüber eine Verbindung von Schule und Leben, von körperlicher und geistiger Betätigung sowie Kooperation von Lehrer und Schüler und der Lehrer untereinander (BÖHM 1994, 237).

Um die Erfordernisse des Lebens mit dem schulischen Unterricht zu verbinden, werden in einer "aktiven Schule" unter Bereitstellung umfassender Arbeitsmaterialien **Schuldruckereien** gegründet, welche in freier Korrespondenz zwischen den Schulen eigene Texte und Klassenzeitungen herausgeben. Lesen und Schreiben wird vornehmlich im Briefverkehr mit anderen Schulen und Schülern praktiziert und dabei erlernt.

Zeichnen und Malen von Bildern aus dem Bereich der eigenen Erfahrung, des Alltags und besonderer Ereignisse beleben den Schriftwechsel. Daneben werden handwerkliche Fähigkeiten geübt.

Der Lehrer versteht sich als Partner und Helfer, welcher der kindlichen Initiative weiten Spielraum lässt und nur dann eingreift, wenn seine Hilfe benötigt bzw. erwünscht wird.

4.3.2.8 Projektmethode

Ein Projekt ist ein Vorhaben, das von Lehrern und Schülern **gemeinsam** zu einem **praktischen Zweck** entworfen wird (z. B. Anlegen eines Spielplatzes, Hilfe für ältere Personen, Versorgung von Randgruppen) und längere Zeit das **gesamte Unterrichtsgeschehen** bestimmt. Die Verwirklichung solcher Projekte dient neben der Realisierung praktischer Aufgaben auch dem sozialen Lernen und dem gegenseitigen Verständnis von Lehrer und Schüler.

Die Projektmethode als Unterrichtsmodell ist durch folgende Merkmale gekennzeichnet:

- Grundsätzlich erfolgt eine Abstimmung auf praktische Interessen der Schüler,
- die Planung und Ausführung wird durch das Prinzip der Selbständigkeit der Schüler bestimmt und
- es besteht eine Vertragsbasis zwischen Lehrer und Schüler, welche zur Ausführung verpflichtet.

Als Grundlage der Projektmethode wird häufig der Grundsatz von DEWEY (1859-1952) des "learning by doing" genannt oder ähnlich schlagwortartig: "not bookish and schoolmade but practical and lifemade!".

In Anlehnung an DEWEY (Pragmatismus) lieferte KILPATRICK (1871-1965) bedeutsame theoretische Grundlagen für die Projektmethode.

Allgemeines Ziel der Projektmethode ist die Erziehung zur Selbständigkeit und eigener Verantwortung. Auf dieser gemeinsamen Basis bilden sich verschiedene Formen der Projektmethode aus, von denen der Dalton-Plan und der Winnetka-Plan zu den bekanntesten gehören. So kommt es z. B. im Dalton-Plan (gegründet von HELEN PARKHURST, 1887-1959) zu einer Auflösung des Klassenverbandes durch die individuelle Arbeit der Schüler in freier Gemeinschaft. Durch sie und durch das praktische Leben soll Erfahrung zur Bildung führen. Unterricht und Schule sollten so beschaffen sein, dass sie Gelegenheit zu seelischem und geistigem Wachstum bieten (PARKHURST 1923).

Im Winnetka-Plan, entwickelt und entscheidend gefördert von WASHBURNE (1889-1968), werden die eigenen Lerninteressen und die individuelle Tätigkeit des Schülers in die Gemeinschaft einbezogen. Heute kann der Projektunterricht gesehen werden als "eine Hochform von Unterricht auf der Basis verschiedener teils selbstkritischer Tätigkeiten" und als "planvolle, differenzierte, längerfristige Zusammenarbeit unter gemeinsamem Ziel" (SEITZ 1992, 73).

Der sogenannte **projektorientierte Unterricht** setzt zwar allgemein verbindliche Ziele und praktische Projekte an, welche die unterrichtlichen Inhalte und Methoden bestimmen, kommt aber selbst nicht direkt zur realen Zielverwirklichung. Eine Variationsart der Projektmethode und Weiterführung des Projektunterrichts seit den 80er Jahren ist der **handlungsorientierte Unterricht.** Auch in einem **offenen Unterricht** werden häufig Projekte verwirklicht. In einem Unterricht, der sich für das Leben öffnet und das Leben in die Schule einzubeziehen versucht, werden Ziele und Inhalte weniger von einem verbindlichen Lehrplan, sondern mehr von lebensnahen Projekten bestimmt.

Projektorientierter Unterricht oder ähnliche Unterrichtskonzeptionen und Projektunterricht sollten begrifflich auseinander gehalten werden. Für den Projektunterricht gilt: Inhalt und Ziel jeden Unterrichts soll sein, die Schüler ein Vorhaben durchführen zu lassen, das zu einem konkreten Handlungsergebnis führt. Dieses Kriterium sollte davor bewahren, dass es zu einer Inflation des Begriffes Projektunterricht kommt. Man sollte nur dort von Projektunterricht sprechen, wo "eine reale Lebensaufgabe von praktischer Bedeutung für das Gemeinschaftsleben bewältigt wird, und zwar so, dass an ihrem Ende ein sinnenhaft greifbares, praktisch brauchbares Ergebnis steht" (GLÖCKEL 1996, 115)

4.3.3 Grundlagen des aktivierenden Unterrichts

So wie die Formen der aktivierenden Unterrichtsgestaltung sind auch die Grundlagen hierzu vielfältig. In der Fülle der Begründungsmöglichkeiten kristallisierten sich verschiedene Ansätze heraus:

- **Allgemeine Vorteile der Aktivierung**
  Als Begründung für die manuelle Tätigkeit im Unterricht wurde auf die allgemeinen Vorteile der Aktivierung verwiesen:
  - Entwicklung der Muskelkraft,
  - Erweiterung der Kenntnisse (über Material und Werkzeug),
  - Steigerung der geistigen Fähigkeiten (Beobachtungsgabe, abstraktes Denken),

- Entwicklung zur Wahrhaftigkeit,
- Förderung von Sachlichkeit,
- Vermittlung von Sicherheit, Selbstbewusstsein und Zuversicht,
- Sinn für Solidarität, Arbeitsteilung und gegenseitige Hilfe,
- Förderung von Ausdauer, Geduld und Konzentration.

- **Lerntheoretische Grundlagen**
  Erkenntnisse verschiedener Lerntheorien (z. B. Versuch-und-Irrtum-Lernen oder operantes Konditionieren) bestätigen die Notwendigkeit des Tätigseins als Voraussetzung für das Lernen (THORNDIKE 1932, SKINNER 1954), welche besonders im "learning by doing" (DEWEY, 1951) betont wird.

- **Einheit von Eindruck und Ausdruck**
  Schon in der experimentellen Pädagogik (LAY 1911) wurde die Einheit von Eindruck und Ausdruck postuliert, wie sie sich in der einfachsten Verhaltensform, im Reflexbogen, zeigt. Hierbei wird deutlich, dass es keinen reinen passiven Eindruck gibt, sondern jeder Eindrucksprozess immer zugleich auch von aktiven Momenten der Ausdrucksgestaltung begleitet wird.

- **Gegenseitiger Bezug von Denken und Handeln**
  Denken und Handeln stehen in enger Beziehung zueinander. Denken setzt dann ein, wenn das Handeln (z. B. durch Barrieren oder durch Hindernisse) unterbrochen wird und das Handeln unterstützt entscheidend das Denken. Durch den engen Zusammenhang von Denken und Handeln ergibt sich die Begründung der manuellen Tätigkeit als notwendiger Beitrag für die Denkschulung (KERSCHENSTEINER 1955).

- **Aktivität und Persönlichkeitsbildung**
  KERSCHENSTEINER hebt besonders die Bedeutung des tätigen Umgangs mit den Dingen für die "Charakterbildung" hervor. Am selbsterstellten Werk entfaltet sich die Kritik am eigenen Tun. Die "Selbstprüfung" des eigenen Arbeitsproduktes durch den Schüler (z. B. ob es gelungen ist oder nicht) ist der erste entscheidende Schritt für die Bildung des Charakters.

- **Sozialer Faktor des Tätigseins**
  Da Aktivitäten häufig in der Gruppe oder für die Gruppe erfolgen, wird hierdurch die soziale Entwicklung entscheidend gefördert.

Es kommt zu zwischenmenschlichen Beziehungen und mitmenschlichen Einstellungen, zur gegenseitigen Rücksichtnahme, zur Beachtung von Fremdkritik und zum Eingehen auf die Bedürfnisse des anderen.

- **Öffnung der Schule durch sinnvolle Tätigkeit**
  Ein zusammenfassendes Argument für die Begründung der Aktivierung des Schülers bietet die damit verbundene Öffnung der Schule zum Leben durch aktivierenden und lebendigen Unterricht. Im Tätigsein wird das Leben in die Schule eingebracht und durch das Tätigsein wird der Schüler für das Leben geöffnet. Hierbei werden Schule und Leben in ihrem eigenen Sein nicht miteinander verwischt. Sie bleiben in ihrer Eigenstellung erhalten, werden aber aufeinander bezogen und miteinander verbunden.

4.3.4 Würdigung und Grenzen

Die Arbeitsschule erhob in Verbindung mit dem Prinzip der Aktivierung bedeutsame Forderungen für eine lern- und erziehungswirksame Unterrichtsgestaltung, die teilweise heute noch gültig sind. Ein moderner Unterricht kann ohne Aktivierung der Schüler keine erfolgreiche Lern- und Erziehungsarbeit leisten.

Er darf sich jedoch nicht ausschließlich auf das Aktivierungsprinzip beschränken. Die Aktivierung und die Selbsttätigkeit des Schülers sind und bleiben wichtig für die Erkenntnisgewinnung, die Denkschulung und die Persönlichkeitsbildung. Aber daneben sollten veranschaulichende Vertiefung, schöpferisches Innehalten und kritischer Bezug nicht vernachlässigt werden. Tätigsein kann als Forderung keinen Absolutheitsanspruch erheben.

Ebenso sind der Selbständigkeit zur Vermeidung von Zügellosigkeit Grenzen gesetzt. Der Lehrer kann dem Schüler immer nur so viel Freiheit einräumen, als dieser bereit und in der Lage ist, die Konsequenzen hierfür zu übernehmen.

Nach wie vor kommt dem Prinzip der Aktivierung hohe Bedeutung zu für die körperliche Entwicklung, für das realitätsbezogene Lernen und für die Persönlichkeitsentfaltung.

4.4   EXEMPLARISCHER UNTERRICHT

4.4.1 Anliegen des exemplarischen Lehrens und Lernens

Die nicht erst in neuerer Zeit vorgetragenen Klagen über die Stoffüber-
lastung der Lehrpläne führten zu der sogenannten "Tübinger Resolution" (1951), deren schulpraktische Auswirkungen sich zwar nur zö-
gernd durchsetzten, aber in der Folge doch im gesamten Schulwesen
spürbar wurden.
Ihr Vorteil liegt darin, dass sie in richtiger Erkenntnis der Schwerpunkte
der Problematik sich nicht mit einer negativen Kritik begnügen und es
nicht bei dem im Zusammenhang mit den Klagen über die Stofffülle oft
zitierten "Mut zur Lücke", der leicht zum "Übermut" werden kann,
bewenden lassen. Anstelle einer willkürlichen Reduzierung des
Unterrichtsstoffes wird eine kritische Prüfung und Konzentrierung auf
das bildungsmäßig Relevante, auf das, was echte Bildung zu vermitteln
vermag (Bildungsgehalt), gefordert.
Anliegen des exemplarischen Lehrens und Lernens ist die **Beschränkung** der überwältigenden und nicht zu verarbeitenden Stofffülle in unseren Schulen auf das Bildungswirksame und -bedeutsame. Dabei sind
die der Kennzeichnung des exemplarischen Unterrichts dienenden Begriffe des "Exemplarischen", des "Elementaren" und des
"Repräsentativen" die Kriterien für die Auswahl der Inhalte.
Anlass der Rückbesinnung auf den Bildungsgehalt der Bildungsinhalte
(Unterrichtsstoffe) ist das Streben nach Abbau dessen, was unverar-
beiteter Wissensstoff bleibt. Daher musste sich das Konzept des
exemplarischen Lehrens und Lernens gegen die Stofffülle der meisten
früheren Lehrpläne wenden. Die Reduzierung erfolgt jedoch nicht
wahllos, sondern im kritischen Bezug auf das bildende Moment der
Bildungsgüter. So wird aus der Not der Unbewältigbarkeit des anfallen-
den Unterrichtsstoffes eine Tugend der Besinnung und der Beschränkung auf das wahrhaft Bildung Vermittelnde.
Als Voraussetzung geht in die verschiedenen Formen des exemplarischen Lehrens ein, dass sich bildendes Lernen, das die Selbständigkeit
des Lernenden fördern soll, nicht durch reproduktive Übernahme möglichst vieler Einzelerkenntnisse, -fähigkeiten und -fertigkeiten entfaltet,
sondern dadurch, dass sich der Lernende an einer begrenzten Zahl von
ausgewählten Beispielen (Exempla) aktiv mehr oder minder weitrei-
chend zu verallgemeinernde Kenntnisse, Fähigkeiten, Einstellungen erarbeitet. Hierzu gehören Wesentliches, Strukturelles, Prinzipielles, Typisches, Gesetzmäßigkeiten und übergreifende Zusammenhänge.

4.4.2 Merkmale des exemplarischen Unterrichts

- **Der exemplarische Unterricht ist Unterricht des Repräsentativen und des Typischen.**
Die inhaltliche Bestimmung des exemplarischen Unterrichts als Unterricht des Repräsentativen oder des Typischen legt einen Vergleich zwischen einem nicht-exemplarischen und einem exemplarischen Unterricht nahe. KLAFKI (1964, 373) zeigte eine solche Gegenüberstellung in der Unterrichtspraxis unter Verwendung des Unterrichtsinhaltes: "Schwimmvögel am Steinhuder Meer", der von zwei verschiedenen Klassen, und zwar von der einen nicht-exemplarisch (Klasse A) und von der anderen exemplarisch (Klasse B) behandelt wird.
Während in der einen Klasse besonders die einzelnen Unterscheidungsmerkmale der verschiedenen Wasservögel (Haubentaucher, Stockente, Graugans, Lachmöwe) herausgearbeitet werden, wird in der anderen Klasse eine Wasservogelart (Stockente) stellvertretend für die anderen behandelt. An dieser erfolgen die Erarbeitung der typischen Merkmale des Körperbaues und der Lebensweise der Enten, die Erkenntnis von Sinn und Zweck der typischen Merkmale in Körperbau und Lebensweise (Schwimmhäute, Schnabelform, das "Putzen" der Enten) sowie die Einsicht in die Beziehungen zwischen Körperbau und Lebensweise und den gegebenen Umweltbedingungen. Im exemplarischen Unterricht treten die besonderen Unterscheidungsmerkmale der verschiedenen Schwimmvogelarten zurück und das Gemeinsame, das Typische gewinnt an Bedeutung.
Das Kriterium für die Berücksichtigung des Besonderen ist seine Allgemeingültigkeit, seine Repräsentanz für das Allgemeine. Dabei erscheint das Repräsentative den Schülern nicht nur stellvertretend für ähnliche Fakten, sondern auch stellvertretend für die in der Sache liegenden Möglichkeiten der Weltbegegnung und Weltbemeisterung. So wird ein Straßentunnel deshalb zum Gegenstand des exemplarischen Unterrichts, weil er ein repräsentatives Beispiel für Sinn und Schwierigkeit vom Tunnelbau gibt.
Das Einzelne gewinnt nur insoweit an Bedeutung, als es repräsentativ für etwas Allgemeines fungiert, als es typisch für etwas ist.

- **Der exemplarische Unterricht ist Unterricht des Elementaren und Fundamentalen.**
Bereits PESTALOZZI (1746-1827) erstrebte eine Reform des Unterrichts durch Rückführung auf das Elementare, indem er "Urtypen"

und "Urformen" auf dem Gebiet der menschlichen Unterweisung nachspürte. In der Pädagogik wurde der Begriff des Elementaren besonders wieder von SPRANGER (1948) eingeführt und von KLAFKI (1964, 1999) entfaltet.

Das Elementare wird dabei nicht verstanden als Bestandteil eines Ganzen, als das Element, aus dem sich das Ganze zusammensetzt, sondern als das auf seine Grundform reduzierte Ganze. Es betrifft die Strukturierung eines Gegenstandes, Problemzusammenhangs oder Verfahrens. Damit verbunden ist das "Fundamentale" als eine grundlegende Schicht der Beziehung von 'objektiven' Sachverhalten und Problemzusammenhängen und dem lernenden Subjekt. Das Elementare ist die Bestimmungskomponente des Ganzen. Die Reduzierung des Ganzen auf das Elementare führt zur Fundamentalerfahrung.

Der exemplarische Unterricht ist Unterricht des Elementaren, indem er versucht, das Zusammengesetzte und Komplizierte von den Bestimmungskomponenten her zu erfassen. In Verwirklichung einer "elementarisierenden Verschlichtungstendenz" wird davon ausgegangen, mit der Kunst des Weglassens und der repräsentativen Vertretung "das Elementare vor das Komplizierte, das Einfache vor das Anspruchsvolle, das Ursprüngliche vor das Ausdifferenzierte, das Leichte vor das Schwierige, das Fundamentale vor das Ausgebaute zu stellen" (WEGMANN 1964, 25).

Das bedeutet z. B. im Rechenunterricht, dass die Multiplikation als Form der Addition erarbeitet und als solche immer wieder aufgezeigt wird. In jeder Multiplikation kommt das Addieren gleicher Summanden als die Bestimmungskomponente des Multiplizierens zum Tragen. Es werden also keine mechanischen Formeln eingeprägt, die zum gegebenen Zeitpunkt gleichsam automatisch zur Anwendung gelangen, sondern es wird immer wieder das Verständnis der Funktion des Multiplizierens an Hand der elementaren Form des Addierens zu erwecken versucht. Als Unterricht des Elementaren versucht der exemplarische Unterricht die konstituierenden Momente zusammengesetzter Gegebenheiten und komplizierter Prozesse aufzufinden und aufzuzeigen. Er geht dabei mehr in die Tiefe als in die Breite, er ist mehr intensiv als extensiv.

Der exemplarische Unterricht ist als Unterricht des Elementaren eine besondere Form des Bemühens um Vertiefung der Bildung durch Konzentration. Konzentration durch Elementarisierung versucht, durch das Beiwerk des Zufälligen bis in das Wesen vorzudringen.

- **Der exemplarische Unterricht ist Unterricht des "fruchtbaren Moments".**

Neben der Reduzierung des Bildungsgutes auf das Typische und Elementare tritt im exemplarischen Unterricht noch eine weitere Form der Rückführung in Erscheinung. Es ist die Rückführung des Bildungsgutes auf den "fruchtbaren Moment" (COPEI 1969) seiner Bildungswirksamkeit. Dies bedeutet z. B., dass die schriftliche Multiplikation gleichsam in der Ursituation ihres Entstehens durchgespielt wird, wenn sich aus einem konkreten Anlass heraus die Notwendigkeit hierzu ergibt.

Die schriftliche Multiplikation wird gleichsam hier und jetzt erfunden, die Erstellung ihrer Form (Strichsetzung, Einrücken, Addition) erarbeitend nachvollzogen. Ähnliches gilt z. B. in der Physik für die Hebelwirkung, die schiefe Ebene oder die Ausdehnungskraft bei Erwärmung oder Gefrieren des Wassers. Der fruchtbare Moment ist derjenige Augenblick, in dem das Bildungsgut seine größte Wirksamkeit entfaltet, weil das Kind aufgeschlossen ist und spontan zur Beschäftigung mit einer Sache, mit einer Problematik drängt. Der Anlass zur Begegnung mit dem Bildungsgut ist also nicht eine Zielangabe des Lehrers, nicht ein "Wir wollen heute...", sondern eine echte Problemlage, eine Situationsproblematik, die die Beschäftigung und Auseinandersetzung mit ihr provoziert.

Die Erkenntnisse werden aus Fragestellungen, zu der die unverstellte Natur uns herausfordert, gewonnen. Im Vollzug des exemplarischen Unterrichts als Unterricht des fruchtbaren Momentes wird somit der Lehrer weniger auf eine gut formulierte Zielangabe Wert legen, sondern mehr auf das Schaffen von Problemsituationen, die mit einem Optimum an Aufforderungscharakter dem Schüler gegenübertreten, sein Interesse erwecken, seine Aufmerksamkeit engagieren und ihn zu echtem Leistungsvollzug anregen.

Der fruchtbare Moment des Unterrichtsgeschehens ist der Augenblick des Auftauchens bzw. des Erkennens einer Problematik, in die sich der Schüler verwickelt fühlt und die ihn voll und ganz fordert. Dabei kann die Fruchtbarkeit des Moments auch in einer Erschütterung von seither Selbstverständlichem liegen, welche zu einer neuen Auseinandersetzung und Stellungnahme drängt. Immer wird der fruchtbare Moment zu finden sein im Suchen und Erstellen von Ursituationen der Weltbegegnung und Weltbemeisterung, welche exemplarisch für den eigenen Weltbezug erlebt und durchlebt werden.

Damit stehen die drei Merkmale des exemplarischen Unterrichts, das der Repräsentanz, des Elementaren und des fruchtbaren Momentes nicht isoliert nebeneinander, sondern ergänzen und durchdringen sich gegenseitig.

4.4.3 Theoretische Grundlagen des exemplarischen Unterrichts

4.4.3.1 Kategoriale Bildung

Die bildungstheoretische Grundlegung des exemplarischen Unterrichts erfolgte durch KLAFKI (1964) in der Theorie der kategorialen Bildung. Die kategoriale Bildung versucht den Gegensatz von formaler und materialer Bildung zu überwinden, wobei "das Sichtbarwerden von 'allgemeinen' Inhalten auf der Seite der 'Welt' nichts anderes ist als das Gewinnen von 'Kategorien' auf der Seite des Subjekts". Bildung als Ergebnis ist kategoriale Bildung "in dem Doppelsinne, dass sich dem Menschen seine Wirklichkeit kategorial erschlossen hat und dass eben damit er selbst dank der selbst vollzogenen kategorialen Einsichten, Erfahrungen, Erlebnisse für diese Wirklichkeit erschlossen worden ist" (KLAFKI a.a.O., 298). Damit bewirkt die kategoriale Bildung die gegenseitige Erschließung von Mensch und Welt.

Die Theorie der kategorialen Bildung betrifft die Frage nach der Bildungswirksamkeit des Unterrichtsstoffes und führt zur praktischen Konsequenz der Beschränkung auf das wahrhaft Bildung Vermittelnde, auf das Sinn und Möglichkeiten Erschließende, welches sich im exemplarischen Unterricht in der Reduzierung der Bildungsinhalte durch deren Bildungsgehalt erschließt.

4.4.3.2 Mitübung (Transfer)

Neben der bildungstheoretischen Begründung liegt dem exemplarischen Unterricht auch eine lernpsychologische Konzeption zugrunde. Diese beruht auf der alten Forderung von KONFUZIUS (chines. Philosoph, um 551-479 v. Chr.), wonach die Schüler "an drei Ecken anzuwenden verstehen sollen, was sie in der einen gelernt haben". Voraussetzung hierfür ist, dass ein Übertragungseffekt auftritt, der in der Lerntheorie als Mitübung (Transfer) bezeichnet wird.

Wenn es Anliegen des exemplarischen Unterrichts ist, allgemeine Gesetzmäßigkeiten am Beispiel eines einzelnen, vom Schüler wirklich erfassten Gegenstandes sichtbar werden zu lassen, so wird dabei vorausgesetzt, dass der Schüler in der Lage ist, die gewonnenen Erkenntnisse jetzt oder später auf das, wofür das Beispiel exemplarisch ist, zu übertragen. Die lernpsychologische Konzeption, die hierbei als Voraussetzung fungiert, ist die der Übertragbarkeit von Erfahrungswissen, das anhand bestimmter Gegebenheiten in spezifischen Situationen gewonnen wurde, auf andere Gegebenheiten und andere Situationen.

Die Übertragung auf ähnliche Gegebenheiten wird als Transfer bezeichnet. Man unterscheidet zwischen einem horizontalen und vertikalen Transfer.

Beim **horizontalen Transfer** wird von einem behandelten Sachverhalt auf andere ähnliche Sachverhalte geschlossen, z. B. vom Vesuv wird auf andere Vulkane übertragen, von der Französischen Revolution auf andere Revolutionen, von der Struktur einer Großstadt auf andere Großstädte u. a.

Beim **vertikalen Transfer** erfolgt eine Suche nach Problemlösungen, welche mit dem behandelnden Sachverhalt in Verbindung stehen, ihm zugrundeliegen oder darüber hinausgehen, z. B. im Anschluss an die Behandlung eines Vulkans der Bau von Wohngebäuden in einem erdbebengefährdeten Gebiet.

Die Ergebnisse psychologischer Untersuchungen legen allerdings die Vermutung nahe, dass sich Transfer nicht zwingend oder mechanisch einstellt, sondern nur dort, wo besondere Maßnahmen zu seiner Förderung ergriffen werden.

Im exemplarischen Unterricht zeigt sich die Berücksichtigung der psychologischen Problematik des Transfer-Effektes dadurch, dass man nicht bei der Reduzierung des Stoffes stehenbleibt. Die Rückführung auf das Exemplarische allein genügt nicht. Die Übertragung wird geübt im Problemlösen durch Anwenden des Prinzips und im sinnvollen Lernen mit Einsicht in die Struktur des Problems. Auch Beispiele, wo Übertragung nicht möglich ist, werden aufgezeigt.

4.4.4 Die Position des Exemplarischen im heutigen Unterricht

Die Bestimmungsfaktoren des exemplarischen Unterrichts kommen in der heutigen Unterrichtsgestaltung u. a. zum Tragen durch die zentrale Frage: Nach welchen Kriterien sind jene allgemeinen Strukturen, Gesetzmäßigkeiten, Prinzipien, Zusammenhänge zu bestimmen, die sich die Lernenden aneignen sollen? Neben der "Gegenwarts- und Zukunftsbedeutung" spielt hierbei die "exemplarische Bedeutung" als Auswahlkriterium eine entscheidende Rolle (KLAFKI 1999, 21). Ziel ist es, dass Lernen zur Selbständigkeit, zu kritischen Erkenntnissen, Urteils- und Handlungsfähigkeit verhelfen soll und damit auch zur Fähigkeit, aus eigener Initiative weiterzulernen. Dies ist nur möglich, wenn allgemeinere Zusammenhänge, Beziehungen und Gesetzmäßigkeiten in einem Thema oder Projekt transparent werden.

Der Gegenpol des exemplarischen Lernens ist das "orientierende Lernen". Dieses geht weniger in die Tiefe, sondern verschafft einen informierenden Überblick. Allerdings sind exemplarisches Lehren und orientierendes Lehren nicht Gegensätze, sondern ergänzen sich gegenseitig.

In der praktischen Unterrichtsgestaltung darf neben dem Typischen und Repräsentativen das Verbindende und Verknüpfende nicht übersehen werden. Neben dem exemplarischen Lehren muss hin und wieder orientierendes Lernen anklingen, um die Lücken zwischen den Kernstoffen zu füllen. In den meisten Fächern haben beide Weisen des Lernens ihre Berechtigung.

Bei der verwirrenden Anforderungsfülle des sich immer noch mehr ausdifferenzierenden Lebens wird es erforderlich sein, dass die Schule der Zukunft neben der Methode des Beschränkens und des In-die-Tiefe-Gehens Verfahren praktiziert, wie man mit dem Nicht-mehr-Gelernten fertig wird. Hierfür reicht allerdings das exemplarische Lehren allein nicht aus. Es bedarf weiterer Maßnahmen, um das Lernen zu lernen.

In der heutigen Unterrichtsgestaltung dient das Exemplarische als **ein** Auswahlkriterium für die Unterrichtsinhalte. Die Wirkung des Exemplarischen wird im Unterrichtsprinzip der **Erfolgssicherung** neben der Übung und Anwendung besonders durch die **Übertragung** (Transfer) unterstützt.

4.5 PROGRAMMIERTER UNTERRICHT

4.5.1 Definition und Kennzeichnung

Der programmierte Unterricht ist ein Lehrverfahren, bei dem nach einem exakten und erprobten **Programm** der Lehrstoff in einzelne **Lehrschritte** aufgeteilt ist, wobei der Schüler durch Informationen und Aufgaben **aktiv** gehalten wird und **unmittelbare Erfolgskontrolle** durch Rückmeldungen erhält.
Nach dieser Definition weist der programmierte Unterricht folgende Merkmale auf:

- **Exakte Vorplanung**
  Im Programmierten Unterricht vollzieht sich der Lehrprozess nach einem vorher genau festgelegten Unterrichtsprogramm, wodurch diese Art des Unterrichtens ihre Bezeichnung erhält. Da ausschließlich das Programm den Inhalt der einzelnen Lehrphasen bestimmt, ist jegliche aus der Situation heraus sich ergebende Improvisation ausgeschlossen, wenn sie nicht vorher vom Programmierer einkalkuliert wurde. Wichtiger Bestandteil der Programmplanung ist die Festlegung und Formulierung des Lehrzieles, seine Aufgliederung in einzelne Teilziele und die Festlegung des fachlogischen Zusammenhangs. In umfangreichen Voruntersuchungen wird die Gültigkeit (Validität) des Programms, d. h. die Frage, ob mit Hilfe des vorgeplanten Unterrichtsverlaufs auch tatsächlich das gelernt wird, was gelernt werden soll, überprüft. Danach erfolgen wiederholt Programmkorrekturen.
  Die exakte Vorplanung des Unterrichts bewirkt, dass der Unterrichtsinhalt und der Ablauf vorgegeben sind, bevor der Schüler mit dem Lernprozess beginnt. Ein gutes Unterrichtsprogramm zeichnet sich u. a. dadurch aus, dass der Schüler das Durchlaufen des Programms und die Lösung der Aufgaben dennoch nicht als Gängelung empfindet und seine Arbeit als selbständige Leistung erlebt.

- **Aufteilung des Lehrstoffes in einzelne Lehrschritte**
  Die Erstellung des Unterrichtsprogramms erfolgt mit Hilfe eines sog. "Lehralgorithmus", das ist ein sachlogisch und methodisch gestalteter Lehrweg, der in einzelne Lehrschritte eingeteilt ist. Programmierter Unterricht praktiziert das alte Prinzip der schrittweisen Progression auf ein Lehrziel hin (socratic method, kartesianisches Verfahren).

In Voruntersuchungen werden der Inhalt und die Größe der Lehrschritte auf die Fähigkeiten der Adressatengruppe abgestimmt und der Schwierigkeitsindex der einzelnen Lehrschritte berechnet.

- **Aktivierung des Lernenden**
Im programmierten Unterricht wird der Schüler durch einen ständigen Wechsel von Informationsübermittlung und Aufgabenstellung veranlasst aktiv zu sein. Im Gegensatz zum traditionellen Klassenunterricht ist es ihm nicht möglich zeitweilig "abzuschalten", während der Unterricht wie üblich weiterläuft. Allerdings machen sich im programmierten Unterricht durch die andauernde Aktivierung Ermüdungserscheinungen früher bemerkbar als bei den traditionellen Lehrmethoden.

- **Unmittelbare Erfolgskontrolle**
Sofort nach der Lösung der ihm gestellten Aufgaben erfährt der Schüler die von ihm erwarteten richtigen Antworten. Daher erhält er ständig Erfolgs- oder Misserfolgsbestätigungen, die als Rückmeldungen (Feedback) bei ihm eingehen und es ihm ermöglichen, den Erfolg seines Verhaltens zu kontrollieren. Fehler werden hierdurch unmittelbar erkannt und haben deshalb weniger Nachwirkungen.

4.5.2 Zur Geschichte des programmierten Unterrichts

Als Begründer des programmierten Unterrichts gilt PRESSEY (1926, 1927), wenn auch bereits vor ihm verschiedene technische Geräte als "Lehrmaschinen" patentamtlich registriert wurden. PRESSEY konstruierte ein einfaches Gerät zunächst zur Entlastung des Lehrers von der Korrekturarbeit, das durch einen Umschaltmechanismus zu einem Lehrgerät wurde und zwar dadurch, dass dem Schüler die nicht richtig beantworteten Fragen wiederholt vorgelegt wurden, bis er sie beherrschte. Das "Programm" bestand in einem Katalog von Sachfragen nach dem Prinzip der Mehrfach-Wahlantworten (multiple choice), d. h. mit mehreren vorgegebenen Antwortmöglichkeiten, aus denen die richtige ausgewählt werden musste.

Entscheidende Neuanregung erfuhr der programmierte Unterricht durch SKINNER (1954). Auf der Basis behavioristischer Lerntheorien (operant conditioning) vollzog er eine kritische Auseinandersetzung mit den traditionellen Unterrichtsmethoden und zeigte Verbesserungsmöglichkeiten durch Unterrichtsprogramme und Lehrmaschinen. Im Gegensatz zu PRESSEY verwendete er Programme, die nach der

Methode der Antwort-Konstruktion (constructed response) arbeiten, wobei der Schüler die Antworten nicht auswählen kann, sondern selbst formulieren muss.
Eine weitere bedeutsame Veränderung im Programmaufbau erfolgte durch CROWDER (1964), der die Verzweigung (branching) der Unterrichtsprogramme einführte. Hierdurch wurde es möglich, dem Schüler auf seinen Wissensstand und Lernfortschritt abgestimmte Informationen und Korrekturen zu übermitteln. Durch Abzweigungen nach vorwärts oder rückwärts wurde der Programmablauf dem individuellen Lernprozess angepasst.

In Deutschland setzte sich die Kenntnis vom programmierten Unterricht zunächst nur langsam durch, um jedoch nach 1963, besonders angeregt durch die sog. Nürtinger Symposien (1963/1965), eine lebhafte Entwicklung zu erfahren. Die Euphorie der ersten Jahre ging jedoch rasch wieder verloren und die erwartete "Revolution" des Unterrichts blieb aus.
Die kritische Überprüfung der Grundlagen sowie der Einsatzmöglichkeiten des programmierten Unterrichts ist noch nicht endgültig abgeschlossen, zumal die Unterrichtsprogrammierung durch den Einsatz von Computerprogrammen wieder neue Anregungen erfuhr. Dabei dominieren vornehmlich anstelle der von SKINNER eingeführten linearen Programme, bei denen der Schüler jeden Lehrschritt durchlaufen muss, die von CROWDER vorgeschlagenen verzweigten Programmarten.

4.5.3 Grundlagen des programmierten Unterrichts

4.5.3.1 Behavioristische Lernmodelle

Die lernpsychologischen Grundlagen des programmierten Unterrichts wurden zunächst ausschließlich von behavioristisch orientierten Lernmodellen (S-R-Theorien) bestimmt. Später wirkten sich auch Informationstheorie und Kybernetik auf die Programmgestaltung aus.
Bereits in der lernpsychologischen Begründung des ersten Lehrgerätes von PRESSEY (1927) zeigte sich der maßgebliche Beitrag des Behaviorismus zur Ausarbeitung der Grundsätze und Prinzipien des programmierten Unterrichts. PRESSEY berief sich besonders auf die Lerngesetze der Eindrucksfrische (law of recency), der Übung (law of exercise) und des Erfolgs (law of effect), welche der Theorie des Versuch-und-Irrtum-Lernens (THORNDIKE) entstammen. SKINNER (1954)

verwendete zur Begründung des programmierten Unterrichts vornehmlich das von ihm entworfene Modell des operanten Konditionierens,
wonach sich das zu lernende Verhalten nicht nur als Reaktion auf
Umweltreize einstellt. Vielmehr ergibt sich ein "Wirkverhalten"
(operant behavior), das die Gegebenheiten der Umwelt verändert, wodurch das Verhalten entsprechend positiv oder negativ verstärkt wird.
Generell wird der Verstärkung (reinforcement) in der lernpsychologischen Begründung des programmierten Unterrichts große Bedeutung
zugemessen.

4.5.3.2 Informationstheorie

Der informationstheoretische Ansatz ermöglicht, die vom Lehrgerät
bzw. Lehrprogramm als Informationssender (expedient) ausgehenden
"Nachrichten" lernwirksam aufzuarbeiten und zu verteilen. Dabei wird
der Informationsgehalt (gemessen in Bit) der Lehrschritte der Auf-
nahme- und Speicherungskapazität des Lernenden als Informationsempfänger (percipient) angepasst.
Von besonderer Bedeutung ist die Übereinstimmung des Zeicheninventars von Sender und Empfänger der Nachrichten. Durch entsprechende Voruntersuchungen muss dies bei der Programmerstellung
weitgehend geprüft und gewährleistet sein.

4.5.3.3 Kybernetik

Nach dem kybernetischen Ansatz vollzieht sich das Unterrichtsgeschehen als **Regelkreis**. Hierbei wird eine systematische Annäherung des
"Ist-Wertes" (derzeitiger Wissensstand des Schülers) an den "Soll-
Wert" (gesetztes Lehrziel) angestrebt. In dieser Ist-Wert-Soll-Wert-Approximation nimmt der Vorgang der **Rückmeldung** (Feedback) eine zentrale Stellung ein.
Die unmittelbare Rückmeldung ist beim programmierten Unterricht dadurch gewährleistet, dass im Gegensatz zum traditionellen Unterricht
jeder Schüler bei jedem Lehrschritt über die Richtigkeit seiner Antwort
unmittelbar informiert wird. Ein mit Unterrichtsprogrammen arbeiten-
des Lehrgerät wird daher auch als ein "cybernetic arrangement" bezeichnet.

4.5.4 Anwendungsmöglichkeiten und Grenzen

Vergleichende Untersuchungen zum Lernerfolg vom programmierten Unterricht und lehrergeleiteten Direktunterricht zeigen zwar die Möglichkeit, durch Unterrichtsprogramme effektiv zu lehren, aber keine grundsätzliche Überlegenheit des programmierten Unterrichts gegenüber dem Direktunterricht.
Lehrprogramme sind hauptsächlich dort anwendbar, wo dem Schüler mechanisierbares Wissen vermittelt werden soll. Doch auch zur Weckung von Verständnis über naturwissenschaftliche und sprachliche Gesetzmäßigkeiten lassen sich Lehrprogramme einsetzen, wobei diese vorbereitend und nachbereitend herangezogen werden können.

Besonders geeignet erweist sich der programmierte Unterricht in Form von **Eingreifprogrammen**, welche diejenigen Schüler erhalten, die längere Zeit abwesend waren oder aufgrund von Verständnisschwierigkeiten am normalen Unterricht nicht erfolgreich teilnehmen konnten.

Die Grenzen der Anwendung des programmierten Unterrichts sind vielseitig. Sie ergeben sich besonders durch
- Mangel an didaktisch gut aufgearbeiteten Programmen,
- Isolierung und fehlender sozialer Bezug zwischen den Schülern bei der Arbeit mit Unterrichtsprogrammen,
- Einschränkung von Eigeninitiative und Kreativität auf Seiten des Schülers,
- fehlender Lehrer-Schüler-Bezug,
- starke Ermüdung der Schüler bei der Programmbearbeitung und
- Begrenzung der Programme auf die Vermittlung von mechanisierbarem Wissen.

Der programmierte Unterricht erfährt eine Art Wiederentdeckung im Rahmen des **interaktiven Lernens** (STEPPI 1989, DUMKE 1993), bei dem mit Hilfe von Computern der Lehr- und Lernprozess nach einem durch ein Autorensystem erstelltes Programm (ISSING/TOBEL 1988, ERNST/SCHULZ 1991) geplant und gestaltet wird. Die lerntheoretischen und didaktischen Grundlagen des interaktiven Lernens und des Autorensystems gehen über die des programmierten Unterrichts hinaus.

4.6 WISSENSCHAFTSORIENTIERTER UNTERRICHT

4.6.1 Kennzeichen

Mit Wissenschaftsorientierung ist die Forderung gemeint, dass nichts gelehrt werden darf, was den Erkenntnissen der Wissenschaft widerspricht, was sich einer kritischen Überprüfung nach der Legitimation und Gültigkeit entzieht und was als bewusstseinshemmende Indoktrination den Lernenden beeinflussen könnte.

Wissenschaftsorientierter Unterricht lässt sich durch folgende Merkmale kennzeichnen (OBLINGER 1985, 45):

- Die Unterrichtsinhalte entsprechen dem anerkannten Erkenntnisstand der Fachwissenschaften,
- von der Situationsgebundenheit einer Erkenntnis wird zu übergreifenden Einsichten (Systematik) fortgeschritten,
- statt der Alltagssprache wird der Gebrauch von Fachbegriffen oder Formeln angebahnt,
- die Schüler erfahren, auf welche Weise als wissenschaftlich gesichert geltende Erkenntnisse zustandegekommen sind, und
- die Schüler vollziehen den Erkenntnisweg der Forschung nach (evtl. an ausgewählten Beispielen und in vereinfachter Form).

Durch wissenschaftsorientierten Unterricht wird das Anspruchsniveau im Hinblick auf Absicherung der Erkenntnisse gesteigert. Es zeigen sich Ähnlichkeiten zu einem ziel- und sach-orientierten Unterricht.

4.6.2 Grundlagen

4.6.2.1 Strukturplan

Die Grundlagen des wissenschaftsorientierten Unterrichts wurden vornehmlich im Strukturplan für das Bildungswesen (1970) gelegt. "Die Bedingungen des Lebens in der modernen Gesellschaft erfordern, dass die Lehr- und Lernprozesse wissenschaftsorientiert sind." (a. a. O., 33) Es wird gefordert, dass die Lehr- und Lernprozesse auf **allen Altersstufen** wissenschaftsorientiert sein sollen. "Die Wissenschaftsorientierung von Lerngegenstand und Lernmethode gilt für den Unterricht auf jeder Altersstufe." (a. a. O., 33).

Als richtungsweisend hierfür erwies sich die Arbeit von WILHELM (1969) über die "Theorie der Schule", in welcher darauf verwiesen wird, dass die alte Bildungsschule durch eine Wissenschaftsschule abgelöst werden muss.

Damit ist "etwas sehr Nüchternes" gemeint: "Vertiefung in den Gegenstand, besonnenes Abwägen der verschiedenen Möglichkeiten, ihn zu betrachten, Gewissenhaftigkeit in der Tatsachensammlung und Tatsachenverarbeitung, Sachlichkeit, Selbstkritik - und nicht das große Pathos vom Mut zur Wahrhaftigkeit und vom unbedingten Willen zur Objektivität, das sich so leicht missbrauchen lässt" (WILHELM a. a. O., 225).

Nach dem Strukturplan soll der Lernende im abgestuften Grade in die Lage versetzt werden, "sich die Wissenschaftsbestimmtheit bewusst zu machen und sie kritisch in den eigenen Lebensvollzug aufzunehmen" (Strukturplan a. a. O., 33). In dieser geforderten Selbstreflexion geht es zum einen um die **gegenwärtige**, jugendliche Lebenswelt (Alltagswelt) der Schüler, zum anderen um die Orientierung der Schüler auf ihre **zukünftige** individuelle und gesellschaftliche Möglichkeiten und Aufgaben.

4.6.2.2 Allgemeine Bedeutung der Wissenschaft

Ein wissenschaftsorientierter Unterricht wird durch die allgemeine Bedeutung der Wissenschaft für die Gegenwart und Zukunft begründet:
- Die Wissenschaft bestimmt den Weltbezug des heutigen Menschen.
- Die Wissenschaft befähigt den Jugendlichen zur Kenntniserweiterung und kritischen Reflexion.
- Wissenschaftlich fundierte Aussagen sind Grundlagen und Voraussetzung für Sachlichkeit und Objektivität.
- Wissenschaftliche Erkenntnisse verdrängen subjektive Voreingenommenheit und überwinden abergläubisch verfärbte Fehleinschätzungen.
- Den Bedingungen des Lebens in der modernen Gesellschaft entsprechend müssen Lehr- und Lernprozesse wissenschaftsorientiert sein.

Wenn Unterricht Wissen vermitteln soll, erweisen sich die Grundlagen als einleuchtend und die Forderung als akzeptabel, die Wissenschaft als Quelle des Wissens anzusehen und entsprechend einzubringen. Aber hier zeigt sich bereits eine Begrenzung in der Begründung:
- Unterricht ist nicht ausschließlich auf Wissensvermittlung angelegt.
- Soweit Wissen zu vermitteln ist, muss der Schüler als Adressat bei der Vermittlung berücksichtigt werden. Das Wissenschaftsgefüge kann daher nicht als einziges Kriterium für die Auswahl der Inhalte und Methoden der Vermittlung dienen.

4.6.3 Gefahren und Grenzen

Bereits im Strukturplan wird vor einer falsch verstandenen Wissenschaftsorientierung gewarnt. Wissenschaftsorientierung "bedeutet nicht, dass der Unterricht auf wissenschaftliche Tätigkeit oder gar auf Forschung abzielen sollte, auch nicht, dass die Schule unmittelbar Wissenschaft vermitteln sollte" (Strukturplan 1970, 33). Allerdings ist auch dann, wenn die Wissenschaftsorientierung des Unterrichts nicht zu einer Verwissenschaftlichung des Unterrichts oder zu einer Abbilddidaktik im Unterricht führt, eine gewisse Gefahr im "Eindringen von fachwissenschaftlichen Sichtweisen und Systematik in den Schulunterricht" zu sehen (REBLE 1979, 66). Vor allem ist zu fragen, ob die angestrebte sachliche Haltung "nur unter dem Gesichtspunkt der Wissenschaft gesehen werden kann und quasi von ihr abgeleitet werden muss". Auch, "wenn die Schule heute im ganzen mehr Rationalität in ihre Arbeit einbringen und bei der Jugend entwickeln muss, ist trotzdem noch nicht ausgemacht, dass damit alle ihre Fächer diesem Gesichtspunkt als dem allein zu bestimmenden zu folgen haben" (a. a. O., 73).

Zu berücksichtigen ist auch, dass die völlig unterschiedlich strukturierten Sinngebiete und Lebensbezüge, welche ihre eigene Struktur und Dignität und dementsprechend ihre eigene Bedeutung im Menschen haben, nicht in gleicher und umfassender Weise ihre Bedingtheit und Bestimmtheit durch die Wissenschaft haben können.

Eine ausschließlich geforderte oder dominierend angesetzte Wissenschaftsorientierung bringt Einseitigkeiten und Gefahren mit sich:
- Dominanz der Fachsystematik gegenüber Auffassungsgabe der Schüler und Lebensnähe des Stoffes,
- zu kurz greifende Umsetzung fachwissenschaftlicher Erkenntnisse in Unterrichtsinhalte und -themen,
- Ausgrenzung von unwissenschaftlicher Unbekümmertheit im Spiel, in der Freude, in der freien Gestaltung und im zwanglosen sozialen Bezug aus dem Bereich der Schule und des Unterrichts,
- Kluft zwischen dem Ringen um Wahrheit der Wissenschaften und den Aufgaben eines persönlichkeitsfördernden Unterrichts,
- Benachteiligung des natürlichen und belebenden Aspekts unterrichtlicher Bemühungen gegenüber den Forderungen nach systematischer Geschlossenheit fachwissenschaftlicher Systeme.

Zu warnen ist auch vor der Gefahr, dass wissenschaftsorientierter Unterricht eine naive Wissenschafts- und Forschungsgläubigkeit und ein unkritisches Verlassen in Expertenaussagen erzeugen kann.

Die Wissenschaftlichkeit hat in einem Ringen um Wahrheit und Erkenntnissicherung ihre volle Legitimität und Anspruchsberechtigung. Unterricht und Erziehung haben jedoch auch andere Zielvorgaben. Die Übernahme von Erkenntnissen in den eigenen Erfahrungsbestand, die damit erwachsenden Einstellungen und die hieraus sich ergebenden Handlungen bestimmen das Verantwortungsbewusstsein gegenüber den Mitmenschen, der Welt und den Werten und damit die Persönlichkeitsentfaltung in entscheidender Weise. Verantwortungsbereitschaft und Persönlichkeitsreife allein auf wissenschaftliche Systeme auszurichten, ist jedoch zu eng angesetzt und berücksichtigt zu wenig die Ganzheit menschlicher Seinsweise.

In einem recht verstandenen wissenschaftsorientierten Unterricht besteht also die Aufgabe der Lehrers nicht darin, Einzelwissenschaften in die Schule einzubringen, sondern Wissenschaft unter didaktischen Fragestellungen nach ihrem Lösungspotential für Lebensprobleme und nach ihren Grenzen kritisch zu befragen.

4.7 ZIELORIENTIERTER UNTERRICHT

4.7.1 Kennzeichnung

Die Zielorientierung (Intentionalität) gehört neben dem Inhalt und der Methode zu den Strukturmerkmalen des Unterrichts. Aus der Definition von Unterricht als Organisation des Lehrens und Lernens ergibt sich die Notwendigkeit der Zielfrage. Daher werden die Lernziele zu den "wesentlichen Merkmalen eines jeden didaktischen Ansatzes" gerechnet (MÖLLER 1999, 76).

Die Diskussion um die Zielproblematik des Unterrichts entstand vornehmlich in den 60er Jahren im Zusammenhang mit der Forderung nach Wissenschaftsorientierung und mit der Entwicklung des Curriculums. Der traditionelle Lehrplan bestand in einer Aufzählung von Inhalten (Unterrichtsstoffe), welche mit den Schülern einer bestimmten Jahrgangsklasse (Altersstufe) behandelt wurden und von ihnen beherrscht werden sollten. Mit dem Vorschlag "Bildungsreform als Revision des Curriculum" von ROBINSOHN (1967) wurden neben dem Inhalt Überlegungen zur Zielsetzung, zur Methodengestaltung und zur Kontrolle des Unterrichtserfolgs in den Mittelpunkt gestellt.

In einem zielorientierten Unterricht dominieren hauptsächlich die Fragen nach der Zielsetzung und -erreichung im unterrichtlichen Geschehen. Hierbei handelt es sich vornehmlich um folgende Anliegen (OBLINGER 1985, 103 f.):

- Der Unterricht soll bereits in der Planungsphase exakt auf das **Ziel orientiert** werden, so dass der eigentliche Unterrichtsverlauf möglichst intensiviert wird und zahlreiche Schüler das Ziel erreichen.
- Der Unterricht kann für die Schüler **effektiver** werden, wenn sie durch die Zielfestlegung wissen, worauf es ankommt. Abschweifungen werden durch Erinnerung an das Ziel vermieden.
- Der Erfolg des Unterrichts soll möglichst exakt **überprüft** werden durch Kontrollmaßnahmen des Lehrers und der Schüler. Diese sind am besten bei genauen Zielformulierungen durchzuführen.

4.7.2 Lernzieltaxonomien

Die Lernzieltaxonomien bieten eine Übersicht über mögliche überfachliche Lernziele, welche verschiedene Teilbereiche des schulischen Lernens betreffen. Die bekanntesten stammen von BLOOM (1974) und KRATHWOHL u. a. (1975).

Systematische Gliederungen beziehen sich hierbei vornehmlich auf den kognitiven und affektiven Bereich. Auch für den psychomotorischen Bereich liegen Taxonomieansätze vor (HARROW 1972).

4.7.2.1 Lernziele im kognitiven Bereich

Dem kognitiven Bereich (lat.: cognoscere, erkennen, lernen) werden diejenigen Lernziele zugeordnet, welche der Kenntnisvermittlung und Entwicklung von Denkfähigkeiten dienen. Die Ordnung (systematische Abstufung) erfolgt nach dem Prinzip zunehmender Komplexität: von einfacheren Lernzielen zu komplexeren Zielen. In übergeordneten Kategorien werden Zielgruppierungen zusammengefasst.

1. Kategorie: Wissen (knowledge)
   1.10 Kenntnis konkreter Einzelheiten
   1.20 Methodisches Wissen
   1.30 Abstraktes Wissen
2. Kategorie: Verstehen (comprehension)
   2.10 Übersetzung
   2.20 Interpretation
   2.30 Extrapolation
3. Kategorie: Anwendung (application)
4. Kategorie: Analyse (analysis)
   4.10 Analyse von Elementen
   4.20 Analyse von Beziehungen
   4.30 Analyse von Ordnungsgesichtspunkten
5. Kategorie: Synthese (synthesis)
   5.10 Individuelle Kommunikation
   5.20 Erstellung eines Plans
   5.30 Erstellung eines Systems
6. Kategorie: Bewertung (valuation)
   6.30 Bewertung nach innerer Evidenz
   6.40 Bewertung aufgrund äußerer Kriterien

4.7.2.2 Lernziele im affektiven Bereich

Affektive Lernziele sind solche Ziele, welche Prozesse des Angeregtwerdens und Ergriffenseins beinhalten (lat.: afficere, anregen, ergreifen, in Stimmung versetzen). Auch der Taxonomie der affektiven Lernziele liegt ein Ordnungsschema zugrunde, das sich jedoch von demjenigen der kognitiven Lernziele unterscheidet. Hier sind die Lernziele nach dem Prinzip der Internalisierung geordnet.

Internalisierung ist ein Begriff, der aus der Psychoanalyse stammt und betrifft dort das Hereinnehmen, das Aufnehmen von Regeln und Normen der Mitwelt in den eigenen seelisch-geistigen Bereich. Der Aufbau geht dabei von einem Aufmerksamwerden des Individuums auf ein bestimmtes Phänomen aus bis zu einer durchgängigen Lebensanschauung, mit der man sich identifiziert und die alle Handlungen und Einstellungen beeinflusst.

1. Kategorie: Aufnehmen, Aufmerksamwerden (receiving, attenting)
2. Kategorie: Reagieren (responding)
3. Kategorie: Werten (valueing)

Das Werten im affektiven Bereich unterscheidet sich von dem Bewerten bei den kognitiven Lernzielen dadurch, dass hier die Annahme eines Wertes (acceptance of a value) und die Bevorzugung eines Wertes (preference for a value) gemeint ist.

Im psychomotorischen Bereich gelten als Ziele u. a. Beweglichkeit und die Entwicklung von Fertigkeiten und Fähigkeiten. Die "Anforderungen an ein systematisches Ordnungsschema" werden hier "nur zum Teil" erfüllt (MÖLLER 1999, 82).

Als Vorteile der Lernzieltaxonomien können u. a. gelten:
- Auffinden von bisher weniger beachteten Lehrzielen,
- Verbesserung der Gewichtung einzelner Lehrziele,
- Präzisierung bei der Formulierung von Lehrzielen,
- Hilfen bei der Planung von Lernergebnissen,
- Einbeziehung bisheriger Lernerfahrungen,
- Klassifikation von Prüfungsaufgaben usw.

Wenn auch mit Hilfe der Taxonomien dem Lehrer vor Augen geführt wird, welche Vielfalt von Lernzielen es gibt, und die Taxonomien bei der Planung und Durchführung von Lernschritten helfen können, indem sie einen stufenweisen Aufbau zeigen, ist hierbei zu berücksichtigen, dass die Taxonomien selbst keine Kriterien abgeben, ob ein Ziel angestrebt werden soll oder nicht. Die Frage nach der Angemessenheit und Legitimität von Zielen bleibt ausgeklammert.

4.7.3 Lernzielhierarchie

Neben den Lernzieltaxonomien bietet sich eine systematische Einteilung nach dem Prinzip der Über- und Unterordnung der Lernziele in Form einer Lernzielhierarchie an. In dieser werden Richtziele, Grobziele und Feinziele einander zugeordnet und in ein System gebracht.

Die Lernzielhierarchie kann durch folgendes Schema veranschaulicht werden:

Zielart	Position	Zielformulierung
Richtziel	überfachlich	z. B. Urteilsfähigkeit, logisches Schließen
Grobziel	fachlich, Unterrichtseinheit	z. B. Kenntnis der Auswirkungen vulkanischer Tätigkeit
Feinziel	Unterrichtsstunde oder -phase	z. B. Beurteilung von Sicherungsmaßnahmen

Eine Variationsart der Hierarchie von Lernzielen bietet KLAFKI (1999, 22 f.):

1.Ebene: allgemeinste Lernziele
2.Ebene: Qualifikationen, die noch nicht direkt auf einzelne Sachbereiche bezogen sind, z. B. Kommunikationsfähigkeit
3.Ebene: Bereichsspezifische Konkretisierungen, z. B. Auseinandersetzung des Menschen mit der anorganischen und organischen Natur
4.Ebene: Lernzielbestimmungen im Bereich einzelner Fächer

4.7.4 Mastery Learning

Eine besondere Lernform, welche im zielorientierten Unterricht praktiziert wird, ist das mastery learning als eine Art lernzeitorientiertes Lernen. Es wurde vornehmlich von BLOOM (1970) entwickelt und begründet unter dem Grundsatz: "Alle Schüler schaffen es". Die Verbesserung der Lernleistungen der Schüler wird durch Schaffung günstiger Lernbedingungen versucht. Eine der wichtigsten hiervon ist, dem Schüler genügend **Zeit** zur Verfügung zu stellen. Nach BLOOM erreichen auch weniger gute Lerner das gleiche Lernziel, wenn ihnen mehr Zeit (etwa 10-20%), z. B. am Nachmittag, eingeräumt wird.
In der Methode des mastery learning wird nicht eine rigorose Individualisierung des Unterrichts angestrebt, sondern der alltägliche Schulklassenunterricht zugrundegelegt. Beim mastery learning sollen die individuellen Unterschiede in den Lernergebnissen durch das Gewähren genügender Lernzeit für die schwächeren Schüler möglichst verringert werden.
Es gilt der Grundsatz: Ein Lernprozess wird immer erst dann fortgesetzt, wenn bestimmte Lernziele von (fast) allen Schülern erreicht sind. Voraussetzung hierfür ist: Zeit lassen!

Die Gewährung genügender Zeit zur Zielerreichung und Bewältigung des Lernprozesses entspricht der Vorstellung von Freiheit bei der Begründerin des Dalton-Planes H. PARKHURST (1887-1959): Erlaubt man einem Schüler nicht, sich Wissen in seinem eigenen Tempo anzueignen, so wird er niemals etwas gründlich lernen.

Als weiterer Vorteil ist neben der Zielerreichung aller Schüler auch die Vermeidung eines "Scheren-Effektes" zu werten. Dieser besteht darin, dass bessere Schüler immer besser werden und der Abstand zu den schlechteren Schülern immer größer wird.

Das mastery learning kann dem **kompensatorischen Modell** von differenzierten Fördermöglichkeiten zugerechnet werden. Diese dienen dem Ausgleich von Fähigkeitsmängeln, indem man durch größere Zeitgewährung dem Schüler die Möglichkeit gibt, trotz geringer Ausprägung von Fähigkeiten die Lernziele zu erreichen. Allerdings ist hierbei zu berücksichtigen, dass das bestehende Defizit an Fähigkeitsausprägung hierdurch nicht grundsätzlich behoben wird.

Hierauf ist mehr ausgerichtet das **remediale Modell**, das durch Förderprogramme, welche Lernvoraussetzungen verbessern sollen, eine Behebung von Fähigkeitsmängeln anstrebt.

Die Erwartungen gegenüber dem mastery learning dürfen nicht zu hoch gestellt werden. Die benötigte Lernzeit ist nur eine der Funktionen für den Lernerfolg. Es bleibt ein Unterschied im Lernergebnis bei den einzelnen Schülern immer dadurch erhalten, dass Schüler, welche schneller und besser lernen, in der ihnen zur Verfügung stehenden erweiterten Lernzeit dann auch höhere Lernfortschritte erreichen. Das "alle Schüler schaffen es" wird daher nur für die niedrig anzusetzenden Lernziele gelten. Hinzu kommt noch eine erschwerende organisatorische Aufgabe für den Lehrer, den schwächeren Schülern jede benötigte Lernzeit für ihre Zielerreichung zu gewähren.

Unabhängig vom mastery learning kann davon ausgegangen werden, dass in einem lernzielorientierten Unterricht versucht wird, durch didaktische Interventionen in Form von Vorgabe von Lernhilfen oder durch andere begleitende Fördermaßnahmen dem Schüler geholfen werden soll, die gesetzten Lernziele zu erreichen.

4.7.5 Probleme und Grenzen

Zielorientierung ist notwendig, weil
- Unterricht als absichtliches Handeln notwendigerweise ein Ziel hat (Zielgerichtetheit),
- der Lehrer sich diese Ziele gut überlegen muss (Zielklarheit),

- Unterrichtsaufbau und Einzelmaßnahmen dem Ziel auch wirklich dienen und ihm nicht insgeheim widersprechen sollen (Zielgemäßheit),
- den Schülern das Ziel bekannt sein soll und sie soweit wie möglich bei seiner Aufstellung mitwirken sollen (Zielorientierung).

Doch gleichzeitig muss auch vor einer "Lernzielwelle" gewarnt werden (GLÖCKEL 1996, 141). Diese könnte im Überschwang an Begeisterung für Lernziel-Taxonomien und Lernzieloperationalisierung (Beschreibung des konkreten Verhaltens, das der Schüler beherrschen soll) zu einer Ignorierung der Probleme und Grenzen der Lernzielproblematik führen. Dementsprechend setzt die Unterrichtsplanung einen Begriff vom Sinn des Unterrichts, für den geplant werden soll, und von der Grundstruktur des Unterrichts voraus.

Die Grenzen und Probleme eines lernzielorientierten Unterrichts überlagern sich teilweise gegenseitig:

- Ein Teil der Lernziele, vornehmlich im affektiven Bereich, lässt sich nur schwer oder gar nicht im Hinblick auf die Zielerreichung kontrollieren. Dabei besteht die Gefahr, den Zielkatalog auf **nachprüfbare Lernziele** einzuschränken.
- Ein Unterricht ist sehr komplex und zeigt oft besonders im nicht intendierten Bereich sehr hohe **unbeabsichtigte Lern- und Erziehungswirksamkeit.**
- Ein aus der Situation sich ergebendes Interesse der Schüler ist oft **lernwirksamer** als eine formelle Zielfestlegung.
- Lernzielformulierungen legen einen starren, leblosen Ablauf des Unterrichts nahe und schränken dadurch die **belebende Beweglichkeit** der Schüler und des Lehrers ein.
- Zielorientierter Unterricht bringt die Gefahr des **autoritären Steuerns** auf das Ziel verbunden mit einem Abgleiten in Übersteuerung und Manipulation.
- Lernzielbeschreibungen grenzen häufig einzelne Bereiche und Fähigkeiten voneinander ab, die in Wirklichkeit eine **Ganzheit** bilden.

4.8   ERZIEHENDER UNTERRICHT

4.8.1 Kennzeichen

Erziehender Unterricht wurde besonders schon in der Reformpädagogik gefordert. Gemeint war dabei aber nicht ein Konzept, wie es bei HERBART (1776-1841) einem sog. "erziehenden Unterricht" zugrunde lag, da dieses auf einer anderen Bedeutungszumessung basierte. Bei HERBART war es Aufgabe der Erziehung, auf das Wollen und Handeln einzuwirken. Als Grundlagen für das Wollen und Handeln gelten dabei Vorstellungen. Vorstellungen werden durch unterrichtliche Maßnahmen vermittelt. Also ist jeder Unterricht, welcher der Bereicherung und Stärkung von Vorstellungen im Bewusstsein dient, auch Erziehung und umgekehrt. Die hierbei postulierten bewusstseinspsychologischen Voraussetzungen (Vorstellungen als Grundlagen für das Wollen und Handeln) werden heute nicht mehr als gültig anerkannt. In der Reformpädagogik richteten sich die Unterrichtsmaßnahmen weniger auf Wissensvermittlung, sondern mehr auf die **Erziehung** des jungen Menschen, z. B. bei GAUDIG (1860-1923) in der "Schule im Dienste der werdenden Persönlichkeit" oder bei KERSCHENSTEINER (1854-1932) in der "Charakterbildung durch Tätigsein". Erziehender Unterricht versucht dem Erziehungsauftrag der Schule zu entsprechen und betrifft das Bemühen um die **Persönlichkeitsentfaltung**. Aus dem Selbstverständnis des erziehenden Unterrichts ergibt sich, dass dieser kein spezifisches Unterrichtsfach darstellt, sondern als Leitidee die gesamte unterrichtliche Planung und Gestaltung prinzipiell bestimmt. Zu unterscheiden ist hiervon die "Erziehungskunde" der Sekundarstufe als Unterrichtsfach.

Erziehender Unterricht ist weder eine neue Unterrichtsform noch ein neues Unterrichtsprinzip, sondern hebt den schon immer bestehenden Erziehungsauftrag der Schule und die Bedeutung des schon immer geltenden **Wertsystems** für die Persönlichkeitsbildung als entscheidendes Kriterium für die Auswahl der Unterrichtsziele und -inhalte hervor und beeinflusst in entscheidender Weise die methodische Gestaltung des Unterrichts.
Im erziehenden Unterricht hebt sich die Alternative von "Unterricht" und "Erziehung" auf. Unterricht wird zur planmäßigen Lernhilfe und Wertbegegnung. Da "Unterricht immer der Selbstverwirklichung und der Weltorientierung dienen muss" (BÖHM 1994, 697), ist Unterricht grundsätzlich erziehender Unterricht.

4.8.2 Ziele des erziehenden Unterrichts

4.8.2.1 Erziehungsziel Persönlichkeit

Erziehender Unterricht bemüht sich um die individuelle Förderung der Persönlichkeitsentfaltung. Ziel des erziehenden Unterrichts ist somit die Erziehung zur Persönlichkeit.

Der Begriff der Persönlichkeit: Die Begriffsbestimmung von Persönlichkeit erfolgt in enger Anlehnung an die Überlegungen zur Personalität als allgemeine Grundlage des Mensch-Seins und Individualität als Entfaltung des real existierenden Menschen in Einmaligkeit und Einzigartigkeit: Jeder Mensch ist **Person** und hat **Individualität**.
Im Zuge der Entwicklung verändert sich die Individualität jedes einzelnen Menschen. Zur **Persönlichkeit** wird der Mensch, wenn seine individuelle Entfaltung einen gewissen Reifegrad erreicht hat. Persönlichkeit ist ein höher entwickeltes Ausgeprägtsein der Individualität einer Person. **Persönlichkeit ist ein Reifegrad der individuellen Entfaltung des Menschen.**
Der hier angewandte Persönlichkeitsbegriff ist auf die Person des Menschen beschränkt. Er ist nicht identisch mit der im Englischen gebräuchlichen Bezeichnung personality, welche mehr der Individualität entspricht.
Der Heranwachsende ist Person und soll zur Persönlichkeit werden. Die Persönlichkeitswerdung erfolgt als komplexer Vorgang. Dieser vollzieht sich als "dynamischer Interaktions- und Integrationsprozess zwischen Erbanlagen, Umwelteinflüssen und Selbststeuerungsfähigkeit" (WIATER 1993, 125).

4.8.2.2 Richtziele der Persönlichkeitserziehung

Persönlichkeit entfaltet sich als **Individuation** (Selbständigkeit, Ich-Kompetenz), als **Sozialisation** (Mitmenschlichkeit, soziale Kompetenz, Kommunikationsfähigkeit) und als **Enkulturation** (Sachkompetenz, Lebens- und Naturbejahung, Religion und Sinnbezug, ästhetisches Erleben). Als Richtziele eines erziehenden Unterrichts gelten demnach (SCHRÖDER 1999, 106 ff.):

- **Ich-Kompetenz**
  Ich-Kompetenz ist die Freiheit, Fähigkeit und Verantwortung zur Selbstbestimmung. Ich-Kompetenz führt zur Identitätsgewinnung, zum Selbstverständnis, zur Ichfindung. Sie bedeutet die alleinige

und verantwortliche Verfügbarkeit der eigenen Person, welche ein eigenständiges Handeln vollzieht und in der Lage ist, kritisch darüber zu reflektieren.

Ich-Kompetenz korrespondiert weitgehend mit den Zielformulierungen der Mündigkeit, Emanzipation, Selbstbestimmung, Eigenverfügbarkeit, Selbstentfaltung und Selbstverwirklichung. Als Merkmale der Ich-Kompetenz gelten Freiheit zur Selbstentfaltung, Fähigkeit der Selbstgestaltung und Bereitschaft zur Selbstverantwortung.

Schwierigkeiten bei der Zielverwirklichung ergeben sich im Rahmen der Ich-Kompetenz vornehmlich im Zusammenhang mit Überversorgung und Reglementierung, Anonymität in der Masse, Leistungsdruck und Verängstigung, Manipulierung und Beeinflussung durch Medien, Verwechslung von Ich-Kompetenz und Zügellosigkeit.

- **Soziale Kompetenz**
Soziale Kompetenz ist die Bereitschaft, Fähigkeit und Verantwortung für den mitmenschlichen Bezug. Die soziale Kompetenz betrifft ein freies und verantwortliches Verhältnis zum Mitmenschen, das getragen ist von Menschlichkeit, Nächstenliebe, Solidarität und Toleranz. Hierzu gehört auch die Fähigkeit, in Konfliktsituationen soziales Handeln zu verwirklichen.

Da der Mensch in seinem Wesen auf die Gemeinschaft hin angelegt ist, entspricht das Hineinwachsen in den Sozialverband einem spontanen Bedürfnis und vollzieht sich nicht als eine von außen aufgeprägte Anpassung. Der Mensch ist gemeinschaftsfähig und gemeinschaftsbedürftig. Er ist von seinem Wesen her auf ein Du bezogen. Mit der sozialen Kompetenz werden die Möglichkeiten der Ich-Kompetenz in der Persönlichkeitsbildung ergänzt durch das Verhältnis zum anderen.

Soziale Kompetenz vollzieht sich nicht nur demonstrativ vor den Augen anderer, sondern in besonderer Weise auch im Stillen, im kleinen und bescheidenen Rahmen, z. B. indem wir uns die Zeit nehmen, trotz Hektik im eigenen Bereich dem anderen zuzuhören, ihm Trost zuzusprechen oder auf irgendeine Weise behilflich zu sein.

Ein wichtiger Bestandteil der sozialen Kompetenz ist die Förderung des friedlichen Zusammenlebens durch Anregungen zur Friedenserziehung und Friedensforschung (EYKMANN 1992, 112).

Als Merkmale der sozialen Kompetenz gelten die Bejahung des Mitmenschen, Toleranz gegenüber dem Anders-Sein und Anders-Denken, Verantwortlichkeit für den anderen und die Bereitschaft zur friedlichen Konfliktlösung.

Die Schwierigkeiten ergeben sich zum großen Teil durch Negativ-Erfahrungen im Zusammenleben in der eigenen Gruppe, z. B. mangelnde Einbindung in die Gemeinschaft, Dominanz egozentrischer Einstellungen, Vorbildwirkungen in der Gewaltanwendung durch Medien, Absonderung von Minderheiten, vorherrschendes Konkurrenzdenken, schlechte Beispiele in der eigenen Umgebung. Grundsätzlich gilt, dass soziale Kompetenz nicht gefördert wird, indem man mit den Schülern über das mitmenschliche Zusammenleben redet und diskutiert, sondern dieses praktiziert. Soziale Einstellungen verfestigen sich nur durch die Möglichkeit des eigenen sozialen Handelns.

- **Kommunikative Kompetenz**
Kommunikative Kompetenz ist die Möglichkeit und Fähigkeit, zur gewünschten Zeit mit selbst gewählten Personen in der erstrebten Art und Weise in Kommunikation zu treten.
Kommunikation ist dabei zu verstehen als eine Interaktion (Wechselwirkung im Verhalten) zwischen informationsfähigen Systemen.
Das am häufigsten angewandte Kommunikationsmittel ist die Sprache. Kommunikative Kompetenz wird daher vornehmlich im Sprachunterricht und Sozialkundeunterricht angestrebt. Als Richtziel sollte sich die kommunikative Kompetenz jedoch auf alle Unterrichtsfächer und zwischenmenschliche Beziehungen in der Schule erstrecken. Hierbei ist von Bedeutung, dass weitaus mehr als normal angenommen die Kommunikation im nonverbalen Bereich erfolgt. Im zwischenmenschlichen Zusammenleben sind wir ständig diesen häufig unbewusst vollzogenen Kommunikationsprozessen ausgesetzt.
Schwierigkeiten ergeben sich durch übertriebene Berieselung mit Massenkommunikationsmittel, Mangel an eigenen Kommunikationsmöglichkeiten, Zurückweisung der eigenen Meinung durch andere, unlösbare Rollenkonflikte durch übertriebene Erwartungen, Vernachlässigung kreativer Ausdrucksgestaltung. Da sich kommunikative Kompetenz nur in der mitmenschlichen Kommunikation entfalten kann, ist das persönliche Eingeschränktwerden im Ausdrucksbereich ein Haupthinderungsgrund.
Kommunikative Kompetenz wird im Unterricht nur gefördert, indem den Beteiligten Entscheidungsfreiheit über die Gestaltung der unterrichtlichen Kommunikation eingeräumt wird. Hierbei werden im konkreten Fall dem Schüler Entscheidungsmöglichkeiten gegeben

und Anregungen, über die getroffenen (oder unterlassenen) Entscheidungen zu reflektieren.

- **Sachkompetenz**
Sachkompetenz ist ein Verhältnis des Menschen zu den Realitäten dieser Welt, in dem er in Freiheit und Verantwortung bereit und fähig ist zur Sachlichkeit, zur wahrheitsgemäßen Erkenntnis und zum sachgerechten Gebrauch der Dinge. Zum sachkompetenten Verhältnis zur Welt gehören die Merkmale der Sachlichkeit, das Streben nach Wahrheit und die sachgerechte Anwendung.
Schwierigkeiten ergeben sich durch einen dominierenden Nützlichkeitsaspekt, Mangel an Sachlichkeit, affektgeladene Einstellung, vorgefertigte Meinungen. Allein im Umgang mit der Sache und nicht im Reden über die Sache werden die Schüler motiviert und befähigt, Sachkenntnisse zu erlangen, Sachverstand zu entwickeln und Sachlichkeit zu entfalten.

- **Lebens- und Naturbejahung**
Lebens- und Naturbejahung meint eine positive Einstellung des Menschen zum Leben und zur Welt, in der er lebt, die ihm zugleich gegeben und aufgegeben ist. Ein wesentlicher Bestandteil der Lebensbejahung ist das Ja-Sagen zum eigenen Leben. Daneben ist die Welt um uns voller Leben, das es zu achten gilt.
Zu diesem Leben, das sich in der Natur entfaltet, steht der Mensch von Anfang seiner Existenz in einem engen Bezug. Leben ist dem Menschen gegeben und das Leben um ihn ist ihm anvertraut.
Während Drogenmissbrauch, übermäßiger Alkohol-, Nikotin- und Tablettenkonsum das eigene Leben zerstören, vernichtet die unverantwortliche Ausbeutung der Natur das Leben um uns. Leben und Natur sind eng verbunden, denn Leben entspringt der Natur und Natur verwirklicht sich im Leben. Dies wird besonders durch schädliche Eingriffe in die Natur deutlich. Wer Natur zerstört, zerstört das Leben und wer Leben gefährdet, verstösst gegen die Gesetze der Natur. Somit ist die Umwelterziehung ein wesentlicher Beitrag zur Lebens- und Naturbejahung (PAPPLER 1999).
Als wichtige Bestandteile einer effektiven Förderung der Lebens- und Naturbejahung erweisen sich Naturerfahrung (Wanderungen, Spiele, Schulgarten), pflegerische und erhaltende Maßnahmen (Artenschutzmaßnahmen, Anlage und Pflege von Biotopen, Begrünung) und die Mitarbeit im gesellschaftlich-politischen Bereich (Mitarbeit in Verbänden, Bildreportagen, Anfragen an Politiker und Behörden, Anregungen).

Schwierigkeiten ergeben sich dadurch, dass einer Erziehung zur Lebens- und Naturbejahung die immer mehr um sich greifende Entfremdung der Jugend - vor allem der Stadtkinder - von der Natur entgegensteht. Gleichzeitig vollzieht sich eine Vertechnisierung, Verkabelung und Verödung der Landschaften, verbunden mit einer Vernichtung von Lebensbereichen der Tiere und Pflanzen durch den Menschen.
Umwelterziehung problematisiert zwar die Gefahren einer Vernichtung der Natur, führt aber nicht zur unmittelbaren Verbesserung der Umwelt. Daher muss die Handlungskomponente mehr als bisher integrales Moment der Erziehung zur Lebens- und Naturbejahung sein. Umweltschutz wird auf die Dauer nur dann Erfolge zeigen, wenn "für das Umweltverhalten Handlungsanreize gesetzt werden" (SCHULZ 1991, 116). Möglichkeiten hierzu bieten Projektunterricht und "Aktionstage".

- **Religion und Sinnfindung**
Religion und Sinnfindung sind Einstellungen und Handlungen des Menschen, welche ihn über die Probleme der augenblicklich erlebten Situation hinaus verweisen und ihm Kräfte sowohl zur Lösung als auch zur Zufriedenheit vermitteln können. Religion und Sinnfindung heißt im Rahmen eines erziehenden Unterrichts den Sinn des Lebens in einer religiösen (nicht identisch mit konfessioneller oder sektiererischer) Orientierung zu finden.
Religion ist in ihrer allgemeinen Bedeutung nicht beschränkt auf ein bestimmtes Glaubensbekenntnis. Auch kann Religiosität nicht mit wöchentlichem Kirchgang oder als regelmäßige Teilnahme am Gottesdienst gleichgestellt werden, sondern ist ein "multidimensionles Phänomen" (HELLE 1994, 88). Hierzu gehören die Dimension des Erfahrbaren, die rituelle Dimension, eine ideologische Dimension und die Dimension der Nachfolge.
Erst im engeren Sinne ist Religion Glaube und Bekenntnis, welche durch Satzungen, Verordnungen und Gebote mehr oder weniger festgelegt sind. Ansätze zu einer Überwindung der rein konfessionalistischen Ausrichtung des Religionsunterrichts kann eine interreligiösen Kommunikation bieten.
Die **Sinnfindung** bestimmt ebenso wie die Religion die Lebens- und Welteinstellung des Menschen von heute und morgen. Bildung als Vorgang ist ein Prozess der Erschließung von sich selbst und der Welt. Dies kann sich nicht ohne Hinterfragen des Sinnbezugs der eigenen Person und der ihr aufgegebenen Welt vollziehen.

Sinnfindung meint eine durch Einsatz von Verstand und Vernunft und unter Mitbeteiligung des Gefühls gewonnen Einsicht in innere Zusammenhänge. Diese Einsicht bleibt nicht punktuell und augenblicklich, sondern führt zu einer bis in die Wurzeln des Gemüts verankerten habituellen Einstellung, aus der die Beziehung zu sich selbst, zur Welt und zum Mitmenschen gewonnen wird. Die Sinnfindung gibt dem Menschen Halt (Haltung) und die Möglichkeit, nicht in der Situation hier und jetzt aufzugehen (Überzeugung).

Sinnfindung ist auch in der modernen Welt der Technik von zentraler Bedeutung. In einer Welt, in der sich das Anwachsen des Wissensstandes immer mehr beschleunigt, in der sich der Konsumbedarf ins Unermessliche steigert und in der sich die Orientierungslosigkeit auffallend vermehrt, ist die Sinnfrage dringlicher geworden als je zuvor, denn "zu keiner Zeit war der Sinnverlust, der Sinnverfall so groß wie heute" (ADAM 1992, 297). Religion und Sinnerleben gehen ineinander über. Religion ist die gläubige Hinwendung zu etwas Überdauerndem, durch die das Jetzige seinen Sinn erfährt.

Bereits in den Familien zeigt sich eine religiöse Indifferenz, die zu einer gedankenlosen und unkritischen Lustorientierung Anlass geben kann. Aber auch die heute innerhalb einer Okkultismuswelle teilweise als Moderichtung auftretenden Glaubenslehren angeblicher Heilsbringer erweisen sich als ein Problem der Erziehung zu Religion und Sinnbezug.

Zusätzliche Schwierigkeiten ergeben sich durch die totale Inbeschlagnahme der Schüler durch Video- und Fernsehkonsum und durch eine Flucht in den Alkohol- und Drogenrausch.

- **Ästhetisches Erleben**

Ästhetisches Erleben ist die gefühlsmäßige und erlebnismäßige Aufnahme des Schönen (Erhabenen, Harmonischen, Vollkommenen) und das schöpferische Schaffen entsprechender Werke. Das Ästhetische wird zwar von den Sinnesorganen aufgenommen, spricht uns aber gefühlsmäßig an und führt zum Erleben des Schönen in Natur und Kunst. Ästhetisches Erleben ist als Möglichkeit nur dem Menschen zu eigen. Tiere sehen und hören nur, was für ihr instinktives Verhalten bedeutsam ist.

Ästhetisches Erleben bezieht sich sowohl auf das **Ergriffensein** und **Angezogenwerden** ohne eigene Verhaltenstendenz als auch auf das nach Ausdruck drängende schöpferisch **Kreative**, welches danach strebt, selbst etwas Schönes zu schaffen.

Ziele des ästhetischen Erlebens sind u. a. Sensibilisieren für das Schöne in der Form und Farbgebung, Fähigkeit entwickeln, zwischen Reklamekitsch und Schönem zu unterscheiden, Bereitschaft fördern, sich selbst kreativ zu betätigen, Verständnis für das Schönheitsgefühl vergangener Zeitepochen fördern, Einfühlen in die "primitive" Kunst, Erschließen für die Schönheiten der Natur und Werke der modernen Kunst kennenlernen.

Als Schwierigkeit steht dem ästhetischen Erleben die Dominanz des reinen Mittel-Zweck-Denkens entgegen, verbunden mit der Überbetonung der Fähigkeiten des Verstandes und des Intellekts gegenüber Gefühl und Gemüt. Der Erlebnishunger der heutigen Jugend strebt nach Abwechslung auf Kosten der Vertiefung in ästhetische Werke. Die Hektik der Zeit lässt kaum Möglichkeiten der Ruhe und Versenkung.

Das objektiv Messbare und Bestimmbare drängt die schöpferische Kraft und die Kreativität in den Hintergrund. Daneben gibt es eine Flut von Kitsch in Reklame und Werbung, welche den persönlichen Geschmack stark verfärben kann.

Ästhetisches Erleben im Unterricht ist auf das Gewähren von **Zeit** angewiesen. Es kann und darf sich nicht auf stundenplanmäßig festgelegte Zeiträume oder Fächer beschränken. Die Lust am freien Spiel, die Freude am schönen Gestalten, das Ungezwungensein im Ausdruck von Form und Farbe sollten Unterricht und Schulleben als Ganzes bestimmen.

4.8.3 Prinzipien eines erziehenden Unterrichts

4.8.3.1 Wertorientierung

Wertorientierung im Unterricht heißt Ausrichtung des unterrichtlichen Lehrens und Lernens auf die Werte und auf die Wertgerichtetheit (Transzendenz) des Menschen. Wertorientierung versucht, in einer technisierten und wertunsicheren Welt die Schule als pädagogisches Unternehmen zu retten und dem "Wertezerfall" entgegenzutreten (v. HENTIG 1993, 133). Sie macht ernst mit dem Erziehungsauftrag der Schule und der Grundaufgabe alles Erziehens, dem Kind die Welt der Werte zu erschließen und dem heranwachsenden Menschen bei der Vermittlung der Werte helfend und beispielgebend zur Seite zu stehen (PÖGGELER 1980, KÖNIG 1991, SCHMIRBER 1992, GENSICKE 2000).

Der **Wertbegriff** ist vielschillernd und es gibt eine Reihe von Definitionen dessen, was sich unter dem Begriff "Wert" verbirgt. Dies reicht von einer subjektiven Wertzuordnung (etwas hat für mich einen Wert) bis zur Gültigkeit überzeitlicher und objektiver Werte. Der Wertbegriff steht im engen Zusammenhang mit dem Begriff der Norm, daher lassen sich beide Begriffe miteinander in Beziehung setzen. Allerdings werden die Begriffe **Norm** und **Wert** in der Literatur nicht eindeutig und häufig unscharf verwendet.

Normen sind allgemein anerkannte Regeln des Handelns in einer Gruppe, Gesellschaft oder Kultur, denen ein mehr oder weniger ausgeprägter Aufforderungscharakter zukommt in Bezug auf das, was zu tun ist oder nicht getan werden darf. Normen stehen im engen Zusammenhang mit der Status- und Rollenausprägung in einem gesellschaftlichen System.

Die Norm repräsentiert einen Wert, d. h. der in der Norm formulierte Soll-Zustand gilt als verbindlich und erstrebenswert. Werte zeichnen sich durch eine größere zeitliche Dauer aus, während die Normen mehr Variabilität aufweisen. Werte sind somit Voraussetzungen und Grundlagen sozialer Normen einer Gesellschaft und prägen damit die Leitbilder des allgemein Erstrebenswerten oder Abzulehnenden.

Von der **Wertorientierung als Prinzip** sind im Unterricht besonders die Zielauswahl, aber auch die Inhaltsbestimmung und Methodengestaltung betroffen. Hierbei spielt die persönliche Einstellung des Lehrers eine entscheidende Rolle.

4.8.3.2 Prinzip der Thematisierung

Ein **Thema** ist ein Unterrichtsinhalt, der unter einer pädagogisch bedeutsamen Fragestellung steht und aufgearbeitet wird. Ein didaktisch noch nicht qualifizierter, vieldeutiger Inhalt wird unter bestimmten auf den Lernenden bezogene Bedeutungszumessungen zum Unterrichtsthema.

Hiernach ist z. B. "Umweltschutz" kein Thema, sondern Inhalt oder Gegenstand (Stoff) des Unterrichts. Ein entsprechendes Thema könnte lauten: "Wir reinigen den Gemeindewald von Abfällen".

Im Unterrichtsthema wird die pädagogische Intentionalität des Unterrichtsgegenstandes bzw. Unterrichtsinhaltes sichtbar. Die Thematisierung ist hierbei umso motivierender, je mehr der Inhalt die Bedürfnisse und Fragehaltungen des Schülers berücksichtigt.

Durch die **Thematisierung als didaktisches Prinzip** eines erzieherisch wirksamen Unterrichts begnügt dieser sich nicht mit der Vermittlung von sachwissenschaftlichen Gegebenheiten zur Erreichung physikalischer, chemischer oder biologischer Kenntnisse. Das Wissen um die Sachverhalte wird nur zu einer Durchgangsstufe bzw. zu einem Mittel zum Zweck in Bezug auf die Hinführung zu einer didaktischen Leitidee, welche im Thema angesprochen wird. Hierbei muß die Thematisierung den Interessenlagen, der Auffassungsgabe und der Aufgeschlossenheit der Schüler angemessen sein.

Thematisierungen bieten sich aufgrund aktueller Ereignisse in Politik und Gesellschaft, bei Naturkatastrophen, in situativen Konflikten oder auch bei besonderen Ereignissen in Brauchtum und Jahresablauf an.

Die Thematisierung zeigt häufig Motivierungskraft, ist ein Beitrag zur Aktivierung der Schüler und regt zur gedanklichen Verarbeitung an. Hierdurch erübrigen sich häufig formale Zielangaben, Aufforderungen zum Tätigsein oder auch das Anhängen einer "Moral von der Geschichte". Die Thematisierung als didaktisches Prinzip wird am besten durch **offenen Unterricht** oder durch fächer- und klassenübergreifende **Projekte** realisiert.

4.8.3.3 Prinzip der Ganzheit

Ganzheit bedeutet im Gegensatz zum zufälligen Nebeneinander oder zur additiven Häufung eine strukturelle Geschlossenheit. Ganzheit umschließt die kognitiven, affektiven und psychomotorischen Komponenten der **Person**. Der Mensch wertet immer als "ganzer" Mensch, d. h. in allen seinen Bereichen personalen Seins. Daher ist "ganzheitliches, wertorientiertes Lernen für die Entfaltung des Menschen wichtig" (ERNST 1993, 40). Mit dem Prinzip der Ganzheit soll "der ganze Mensch" durch "ganzheitliches Lernen" angesprochen worden, d. h. im Unterricht: "Belehrung durch Erfahrung ersetzen" (v. HENTIG 1993, 226).

Neben der personalen Einheit betrifft das Prinzip der Ganzheit auch den **Unterrichtsinhalt**. Hierbei hat jeder Teilinhalt seinen Beziehungs- und Sinnzusammenhang im Ganzen.

Das Prinzip der Ganzheit bezieht sich als wichtiges Unterrichtsprinzip nicht nur auf den erziehenden Unterricht, sondern hat überfachliche Geltung für die gesamte Planung und Gestaltung von Unterricht (Kap. 5.7.2). Durch das Prinzip der Ganzheit wird die Schule zum **Erfahrungs- und Lebensraum**.

4.8.3.4 Prinzip der Realitätsbezogenheit

Realitätsbezogenheit heißt, die Welt nicht in abstrakten oder verbalen Formen, sondern in der konkreten Begegnung von Kind und Welt erleben lassen. Realitätsbezogenheit lässt sich verwirklichen durch Sachbegegnung und durch den Bezug zur Gegenwart.

Realitätsbezogenheit erfolgt durch **Sachbegegnung**. "Sachen! Sachen!" ist bereits eine alte Forderung von ROUSSEAU (1712-1778), die aber überall dort, wo sich der Lehrer mit verbaler Umschreibung begnügt, nicht beachtet wird. Sie besagt, dass man den Gegenstand, die Sache selbst, in den Mittelpunkt des Unterrichts stellt, von ihr ausgeht und die notwendigen Erklärungen im ständigen Bezug zur Sache gibt oder noch besser von den Schülern finden lässt.

Die Sachbegegnung kann dabei mit dem wirklichen Gegenstand in seiner natürlichen Umgebung erfolgen oder, falls dies nicht möglich ist, durch die Hereinnahme des Gegenstandes in die Schulstube. Nur als Ersatz für die Wirklichkeit - wenn auch häufig eingesetzt - können bildhafte Darstellungen, Szenen, Filme, Aufzeichnungen von Fernsehausschnitten oder Wiedergabe durch Funk, Tonband und Kassette dienen. Insofern entspricht das Prinzip der Realitätsbezogenheit dem der Wirklichkeitsnähe. Sachbegegnung fördert aber nicht nur die Erlebnisfähigkeit, sondern auch den sinnvollen Umgang mit der Sache, den Sinnbezug zu den Realitäten dieser Welt und die mitmenschliche Kommunikation in gemeinsamen oder gegensätzlichem Verhalten zur Sache. Die originale Sachbegegnung erfolgt hierbei durch Schaffung von lebendigen Handlungseinheiten bzw. im realen Bezug von Kind und Sache.

Realitätsbezogenheit ist besonders auch **Bezug zur Gegenwart**. Ein Unterricht, welcher der Persönlichkeitsförderung dienen soll, geht immer von dem aus, was für den Schüler selbst in seiner augenblicklichen Verfassung Bedeutung hat. Dies ist in der Regel nicht die Vergangenheit oder die Zukunft, sondern die Gegenwart. Für die Zielsetzung und Themenwahl eines erzieherisch wirksamen Unterrichts gilt daher allgemein, dass durch hochgestellte Fernziele oder für die Zukunft bedeutsame Einstellungen die konkreten Aufgaben des Alltags nicht aus den Augen verloren werden dürfen. Unsere Schüler und wir sind immer hier und jetzt in einer konkreten Situation gefordert und diese Situationen entsprechen in keiner Weise dem Bild von der "heilen Welt", die gelegentlich im Unterricht aufzubauen versucht wird.

Realitätsbezogenheit kann aber auch durch **gespielte Realität** erfolgen (MOGEL 1999). Wertvolle Hilfen, die in ihrem Realitätsbezug zwischen der vorstellungsmäßigen Schaffung von Problemsituationen im Unterricht und der Situationsproblematik der Wirklichkeit stehen, können Simulations- und Planspiele in der Schule anbieten. Vor allem, wenn es dem Lehrer gelingt, die Phantasie der Schüler anzusprechen und sie in eine wirklichkeitsnahe Situation zu versetzen, können persönlichkeitsfördernde Verhaltensformen praktiziert werden, Einstellungen und Haltungen sich anbahnen und zur Übertragung (Transfer) in die Lebenssituation anregen. Gerade in diesem Zusammenhang ist auf die Entfaltungsfunktion des Spieles für die Ausbildung von Lebens- und Welteinstellungen während der Entwicklung zu verweisen, besonders dann, wenn in der Spielsituation zwischenmenschliche Kommunikationsformen praktiziert werden.

Große Bedeutung kommt hierbei sowohl im sozial-emotionalen als auch im sozial-kognitiven Bereich dem **Rollenspiel** zu, das einen Großteil der Grundbedürfnisse der Schüler anspricht. Rollenspiele sollten ihre Funktion jedoch nicht nur im Ablauf des Hier und Jetzt erfüllen, sondern gleichsam als Modellfälle für eine gemeinsame Diskussion gesehen werden. Besondere Funktionen haben hierbei die Fragen: Warum habe ich mich hier so verhalten? Welche Möglichkeiten hätte es noch gegeben? Wie hätte in diesem Falle der Partner sich verhalten? Was wäre auf gegenteiliges Verhalten erfolgt?

4.8.3.5 Prinzip der Vertiefung

Vertiefen heißt, in die Tiefendimension sowohl der Gegenstände als auch der Person vorzudringen, um den Bildungsgehalt zu erschließen und das Gemüt anzusprechen. Vertiefung vollzieht sich somit als Eindringen in den Sinngehalt eines Gegenstandes und als Verinnerlichung im personalen Bereich.

Vertiefung in den Gegenstand vermeidet die Gefahr, eine Fülle von Details anzubieten, welches - jedes für sich - interessant sein mag und unter Umständen auch den Schüler anspricht, aber in der Vielfalt mehr verwirren als informieren und orientieren kann. Anstelle der oberflächlichen Behandlung von einer Vielzahl von Einzelfakten muß versucht werden, das allgemein Gültige, das Bestimmende und das Verbindende aufzuspüren.

Statt einer Verbreiterung der Kenntnisse durch quantitative Vermehrung erfolgt ein Aufarbeiten typischer Beispiele, an denen Beziehungen und Sinnzusammenhänge aufgezeigt werden können. Die sachlichen Gegebenheiten werden dann zu Zeichen, die über sich hinausweisen können. In enger Beziehung steht mit der Forderung nach Vertiefung das Prinzip des Exemplarischen. Exemplarisches Lehren und Lernen erstrebt anstelle der Vielfalt von Einzelfakten, Wesentliches, Strukturelles, Prinzipielles, Typisches, Gesetzmäßigkeiten, übergreifende Zusammenhänge aufzuzeigen und in den Mittelpunkt des Unterrichts zu stellen (KLAFKI 1999, 21).

Vertiefen als Verinnerlichen heißt, in die Tiefen des kindlichen **Gemüts** vorzudringen. Das bedeutet, nicht nur den kognitiven Bereich ansprechen, auch nicht nur heftige, aber kurze Affekte zu erwecken, sondern die Tiefe des Gemüts zu treffen und zu aktualisieren. Eine solche Vertiefung erfordert Verweilen, Besinnen, Versenken und nicht nur Anschauen und Betrachten. Hierbei ist es möglich, das eigene Berührtsein und Angesprochenwerden des Schülers in Einstellungen und Haltungen überzuleiten und diese als bestimmende Faktoren des Verhaltens in der Welt und gegenüber den Mitmenschen, z. B. in Konfliktsituationen, zu aktualisieren.

In der unterrichtlichen Behandlung kann es nur dann zu einem Vertiefen kommen, wenn anstelle einer Hetze durch den curricularen Lehrplan Zeit für Verweilen und Besinnung gefunden wird. Am stärksten wird das Gemüt angesprochen, wenn es dem Lehrer gelingt, die Sachbegegnung für den Schüler zu einem **Erlebnis** werden zu lassen. Ein Erlebnis unterscheidet sich von der Alltäglichkeit des Weltbezugs dadurch, dass es besonders starke Gefühlsregungen aktiviert, bleibende Erinnerungen prägt und das Gemüt anspricht.

4.8.3.6 Prinzip der Angst- und Repressionsfreiheit

Angst- und Repressionsfreiheit heißt, angstauslösende und unter Druck setzende Ursachen weitgehend auszuschalten durch ein vertrauensvolles Lehrer-Schüler-Verhältnis und durch Maßnahmen, welche Zufriedenheit, Ausgeglichenheit und Arbeitsfreude wecken und fördern. Angst entsteht immer dann, wenn sich der Schüler von einem oder mehreren Faktoren bedroht fühlt, auch wenn er diese nicht genau lokalisieren kann. "Ein verantwortungsbewusster Lehrer wird auch verdeckte Lebensängste sehen und ihnen entgegenwirken." (HANSELMANN u. WETTER 1989)

Sorgen und Ängste der Kinder müssen also auch dort, wo sie nicht im Lehrplan stehen, in der Schule tagtäglich im persönlichen Lehrer-Schüler-Verhältnis ernst genommen werden.
Angstzustände und Angstverhalten können nicht Grundlage einer Verwirklichung des Erziehungszieles "Persönlichkeit" sein. Sie stören das gegenseitige Vertrauen und hemmen die freie Persönlichkeitsentfaltung. Der Abbau von Angst ist daher ein zentraler Aspekt der Humanisierung der Schule (DIETRICH 1991, MEYER/WINKEL 1991, OLECHOWSKI/GARNITSCHNIG 1999).

Das Prinzip der Angst- und Repressionsfreiheit bedeutet Befreiung von der Schulangst als das Erleben des Bedrohtseins durch Faktoren, welche direkt oder indirekt im Zusammenhang mit der Schule stehen. Anstelle der Angst werden Kräfte des Vertrauens und Vertrautseins gesetzt.
Die Ziele eines erziehenden Unterrichts lassen sich nur in einer angst- und repressionsfreien Atmosphäre verwirklichen. Kompetenzen können sich nur entfalten, wenn sich das Kind frei und entkrampft fühlt und nicht für Fehlleistungen und unerwartetes Verhalten Strafmaßnahmen befürchten muß. Voraussetzung hierfür ist ein positives Lehrer-Schüler-Verhältnis, das sich auf gegenseitigem Verständnis und Vertrauen aufbaut.
Als praktische Unterrichtsmaßnahmen zur Vermeidung von Angst und Furcht vor Repressalien bieten sich an:
- Bemühungen um ein positives Verhältnis zwischen Lehrer und Schüler,
- Kenntnis und Berücksichtigung individueller Gegebenheiten,
- Bevorzugung von Lob und Anerkennung gegenüber Tadel und Strafe,
- Leistungsforderungen nicht mit Strafandrohungen verbinden,
- Leistungsangebote gegenüber Leistungsforderungen bevorzugen,
- Leistungssituationen durch Spiel, Freude und Entspannung unterbrechen und auflockern.

4.8.4 Grenzen des erziehenden Unterrichts

Als Nachteil muss im erziehender Unterricht die Nicht-Messbarkeit des Erfolgs in Kauf genommen werden. Da es sich bei den Zielen um nicht objektivierbare Persönlichkeitsmerkmale handelt, können diese nicht in eine übliche Lernzielkontrolle einbezogen werden.

Dort, wo quantifizierbare Ergebnisse des Unterrichts erwartet werden, kommt daher der erziehende Unterricht zu kurz.

Als Grenzen der Realisierung erweisen sich auch die Wirkungen der Massenmedien und die damit verbundenen Negativ-Erfahrungen der Schüler. Hinzu kommt der Leistungsdruck in der Schule, welcher nicht immer in Einklang mit der Persönlichkeitsentfaltung gebracht werden kann.

Ein entscheidendes Hindernis für die Realisierung ist die häufige Abneigung des Lehrers gegen ein ideologieverdächtiges Ansinnen und die Konzentration auf sein zu vermittelndes Unterrichtsgebiet und -fach. Eine Lehrperson, welche nicht selbst wertbejahend in dieser Welt steht und dem Leben "keinen Sinn" abgewinnen kann, wird kaum etwas zur Erziehung der Schüler beitragen können.

Grundsätzlich dürfen die Erwartungen an einen erziehenden Unterricht nicht zu hoch gesetzt werden. Schule und Unterricht können Defizite in der familiären Erziehung nicht ersetzen. Kinder aus geschiedenen Ehen, aus Ehen mit zerstrittenen Elternteilen oder mit Eltern, denen die Erziehung ihrer Kinder gleichgültig ist, finden im Unterricht und in der Schule zwar gelegentlich Abwechslung und Auflockerung ihres gestörten Alltags und damit vielleicht auch Verbesserungen ihres seelischen Gleichgewichts, aber keine Kompensation ihres gestörten Persönlichkeitsentfaltung.

4.9 SCHÜLERORIENTIERTER UNTERRICHT

4.9.1 Zum Begriff der Schülerorientierung

Schülerorientierung heißt zunächst in der wörtlichen Bedeutung, das gesamte unterrichtliche Lehren und Lernen, also Zielauswahl, Inhaltsbestimmung und Methodengestaltung des Unterrichts, am Schüler auszurichten. Schülerorientierung bedeutet: "Vom Schüler her unterrichten" (WIATER 1999, Buchtitel)

Die Orientierung des Unterrichts am Schüler hat fundamentale Bedeutung in zweierlei Hinsicht: Der Schüler ist Ausrichtungspunkt des Unterrichts in Bezug auf seine Individualität (Einmaligkeit und Einzigartigkeit in der Entfaltung) und auf seine Personalität (Eigenwert, personale Würde).

Schülerorientierung heißt also **Berücksichtigung der Individualität** und **Anerkennung der Personalität** des Schülers in allen Bereichen der Planung und Gestaltung des Unterrichts. Die Berücksichtigung der Individualität wird realisiert durch das Prinzip der Individualisierung (Differenzierung, Passung), die Anerkennung der Personalität wird verwirklicht im Grundsatz der Partnerschaftlichkeit.

Merkmale der Schülerorientierung sind somit u. a. Berücksichtigung der Interessenlage und der Fähigkeitsentfaltung der Schüler sowie Schüler-Mitbestimmung in einem positiven Lehrer-Schüler-Verhältnis.

4.9.2 Die Forderung nach Schülerorientierung

Durch die Forderung nach Schülerorientierung wird versucht, den Schüler in allen Bereichen seiner Persönlichkeitsentfaltung zu fördern. Ein Unterricht, der nicht auf die individuelle Ausprägung von Lernvoraussetzungen (Fähigkeiten, Interessenslage, Haltungen) eingeht, bleibt unwirksam, und ein Unterricht, der nicht jedem der Schüler Eigenwert zuerkennt, verstößt gegen die Würde der Person. Der Schüler ist im schülerorientierten Unterricht nicht Objekt der unterrichtlichen Maßnahmen des Lehrers, sondern wird als **Subjekt** in seinen individuellen Gegebenheiten und in seiner personalen Selbstbestimmung ernst genommen. Durch die Einmaligkeit als Individuum und durch die Nicht-Verfügbarkeit als Person wird er zum Bestimmungsfaktor des Unterrichts.

Fast alle Reformversuche von Schule und Unterricht, von der Arbeitsschule über Projektmethode und Alternativschulen bis zur Forderung
nach einer humanen Schule, bringen die Schülerorientierung in irgendeiner Variationsform mehr oder weniger ausgeprägt ein (WALDMANN
1985).

In gegensätzlichen Positionen zum schülerorientierten Unterricht stehen der lehrerzentrierte Unterricht, in dem sich der Lehrer als zentrale
und allein bestimmende Komponente des Unterrichts setzt, und der
wissenschaftsorientierte Unterricht, bei dem die Wissenschaftlichkeit
der ausschließliche Bestimmungsfaktor bei der Zielauswahl und Inhaltsbestimmung ist.
Weniger im Widerspruch, sondern mehr in Ergänzung, steht die
Schülerorientierung zum Sachanspruch. Wo dem Schüler die Orientierung an der Sache und der sich hieraus bildende Sachverstand erspart
werden,   bleibt   ein   Bereich   seiner   Persönlichkeitsentfaltung
eingeschränkt. Sachlichkeit ist eine notwendige Ergänzung zur Befriedigung individueller Bedürfnisse im Rahmen der Entwicklung
persönlicher Fähigkeiten. Dabei ist es Aufgabe des Lehrers, in Form
von herrschaftsfreier Kommunikation eine Balance zu finden zwischen
den Ansprüchen der Sache und den Ansprüchen der einzelnen Schüler.
Gelegentlich wird hierbei der Unterricht zu einem "Spagat zwischen
Sachanspruch und Kindbedürfnis" (SEIBERT 2000, 205).

4.9.3 Planung und Gestaltung schülerorientierten Unterrichts

4.9.3.1 Allgemeine Leitlinien des schülerorientierten Unterrichts

Aus der Forderung nach Schülerorientierung des Unterrichts durch Anerkennung der Personalität und Berücksichtigung der Individualität er-
geben sich allgemeine Leitlinien eines schülerorientierten Unterrichts.
BECKER (1994, 71 ff.) formuliert für den Umgang mit Schülern Leitli-
nien, welche die Forderung nach Schülerorientierung betreffen und das
Verhalten des Lehrers sowohl bei der Planung als auch bei der Gestal-
tung von Unterricht bestimmen sollten. Hierzu zählen:
- Die Schüler kennenlernen - soweit dies möglich ist.
- Den Schülern vorurteilsfrei begegnen - und um die Gefahr eigener
  Vorurteile wissen.
- Den Schülern offen begegnen - und manchmal besser schweigen.
- Mit den Schülern natürlich umgehen - und die erforderliche Distanz
  wahren.

- Den Schülern Verständnis entgegenbringen - und ihnen die Grenzen aufzeigen.
- Die Sprachebene des Schüler berücksichtigen - ohne sich ganz auf diese Ebene zu begeben.

Das Bemühen um Schülerorientierung bei der Planung und Gestaltung von Unterricht eröffnet auch die Möglichkeit, Schüler hieran aktiv zu beteiligen, um ihre eigenen Meinungen und Interessen einzubringen und sie als Partner anzuerkennen.

Ein hierauf bezogener Leitsatz, der die oben genannte Reihe ergänzt, wäre:

- Den Schülern die Möglichkeit geben, bei der Planung, Gestaltung und Kritik von Unterricht mitzuwirken - um den Unterricht zu einer partnerschaftlichen Interaktion zu gestalten.

4.9.3.2 Zielauswahl und Inhaltsbestimmung

Es ist naheliegend, dass sich Zielauswahl und Inhaltsbestimmung eines schülerorientierten Unterrichts nach dem Konzept eines offenen Unterrichts gestalten. Doch auch die Schülerorientierung kann nicht völlig auf Festlegung von Zielen und Bestimmung von Inhalten verzichten. Das Hauptkriterium für die Auswahl wird dabei die Interessen- und Bedürfnislage der Schüler sein.

Somit wird von den für die Unterrichtsplanung angesetzten Bestimmungskriterien der "Zukunfts-, Gegenwarts- und exemplarischen Bedeutung" (KLAFKI 1999, 19 f.) der Gegenwartsbedeutung Dominanz zukommen. Entscheidungsfunktion haben die von den Schülern erfahrenen und praktizierten Sinnbeziehungen und Bedeutungssetzungen in ihrer Alltagswelt. Soweit Leistungsverhalten angestrebt wird, sind das persönliche Anspruchsniveau und die seitherige Fähigkeitsentfaltung bei Aufrechterhaltung eines gewissen Aufforderungsanreizes weitgehend zu berücksichtigen. Entscheidend wird im schülerorientierten Unterricht bei der Zielauswahl und Inhaltsbestimmung das Freiwilligkeitsprinzip sein.

4.9.3.3 Schülerorientierung und Methodengestaltung

Besonders in der methodischen Gestaltung zeigt sich die Vielfalt der Möglichkeiten (aber auch der Schwierigkeiten), die Grundforderung der Schülerorientierung nach Berücksichtigung der Individualität und Anerkennung der Personalität zu realisieren. Hierzu gehören :

- **Thematisierung** der Ziele und Inhalte, d. h. diese für den einzelnen Schüler in der gegebenen Situation zu problematisieren,
- **Ermunterung** der Schüler, eigene Vorgehensweisen zu versuchen und zu realisieren,
- **Anpassung** des methodischen Vorgehens an die Einsichtsfähigkeit der Schüler,
- **Berücksichtigung** individueller Gegebenheiten im Schwierigkeitsgrad und Lerntempo,
- durchgehende **sozial-integrative** Unterrichtsgestaltung,
- **Vermeidung** normorientierter Leistungskontrollen, dafür **Stärkung** der individuellen Fähigkeitsentfaltung,
- Berücksichtigung von Bevorzugungen und Neigungen der Schüler in Bezug auf die **Sozialformen** des Unterrichts,
- **Vermeidung** jeglicher Diskriminierung, auch bei unerwünschten Verhaltensformen oder bei Arbeitsverweigerung,
- Dominanz der **personalen Würde** eines jeden Schülers bei allen Unterrichtsmaßnahmen,
- **Freude und Aufgeschlossenheit** als bestimmendes Regulativ des Unterrichts,
- Gestaltung des **Schullebens** als Lebens- und Handlungsfeld,
- Kommunikation und Metakommunikation auf **symmetrischer Basis**.

4.9.3.4 Lehrer-Schüler-Verhältnis im schülerorientierten Unterricht

Schülerorientierung setzt notwendigerweise ein positives Beziehungsverhältnis zwischen Lehrer und Schüler voraus.

Das Rollenverständnis des Lehrers wird geprägt durch die Funktionen des Helfens, Zur-Verfügung-Stehens, Anregens und Förderns. Steuerungs- und Kontrollfunktionen treten dagegen in den Hintergrund. Schülerorientierter Unterricht ist nur dort möglich, wo sich der Schüler vom Lehrer verstanden und akzeptiert fühlt.

Schülerorientierung ist aber nicht identisch mit einem freien Gewährenlassen. Das pädagogische Verhältnis des Lehrers zum Schüler wird vielmehr bestimmt durch eine Verantwortlichkeit des Lehrers gegenüber dem Schüler, das sich realisiert in einem "pädagogischen Takt" als ein Bemühen des Lehrers, den Schüler zu steigern und zu entfalten ohne von ihm Besitz zu ergreifen. Das Recht des Schülers auf Selbstentfaltung und Selbstbestimmung (Individuation) wird ergänzt durch die Verantwortung des Lehrers, zur Partnerschaftlichkeit innerhalb des sozialen Kontaktes (Sozialisation) beizutragen.

4.9.4 Schülerorientierung und Lehrerbildung

Die universitäre Lehrerbildung hat in verschiedenen Bundesländern wesentlich dazu beigetragen, die fachwissenschaftliche Kompetenz des Lehrers in allen Schulstufen zu steigern. Nicht immer ist es ihr in gleicher Weise gelungen, den Schüler in den Mittelpunkt allen unterrichtlichen Bemühens zu rücken.

Zur Verbesserung bedarf es eines ausgewogenen Verhältnisses zwischen den fachwissenschaftlichen und den erziehungswissenschaftlichen Studienanteilen. Diese müssen ergänzt werden durch einen Theorie-Praxis-Bezug, der es ermöglicht, bereits während der Studienzeit neben der wissenschaftlichen Ausbildung Erfahrungen im Umgang mit dem Schüler zu sammeln.

Die Verantwortlichkeit des zukünftigen Lehrers für die werdende Persönlichkeit des Schülers sollte Anlass sein, erziehungswissenschaftliche und schulpraktische Studieninhalte nicht als notwendiges Anhängsel, sondern als ein zentrales Anliegen der Lehrerbildung einzustufen.

4.9.5 Grenzen der Schülerorientierung

"Orientierung am Schüler heißt nicht Feier seiner Egozentrik" (APEL 1992, 59). Bereits hieraus ergeben sich gewissen Grenzen einer übertriebenen Schülerorientierug. Weitere Grenzen der Schülerorientierung werden gesehen im Leistungsdruck des Lehrplans, in außerschulischen Gegebenheiten und in zu großen Klassenverbänden. Jeder Lehrer, der versucht schülerorientierten Unterricht zu praktizieren, wird sich an den Fakten schulischer Wirklichkeit stoßen.

Doch gerade diese meist mit hoher Unlust aller Beteiligten aufgeladene Schulwirklichkeit erfordert, sich mehr der individuellen Bedürfnislage der Schüler zu öffnen und die personale Würde jedes einzelnen Schülers als Richtschnur aller unterrichtlichen und erzieherischen Maßnahmen zu nehmen. Dann wird die schulische Wirklichkeit nicht mehr so sehr zum Bremsblock der Schülerorientierung, sondern die Schülerorientierung zum Gütemaßstab der schulischen Wirklichkeit.

Aber auch ein schülerorientierter Unterricht kann die Forderung nach Sachgemäßheit nicht völlig ausklammern. Sachgemäßheit und Schülerorientierung sind kein unvereinbarer Widerspruch, sondern ergänzen sich gegenseitig. Es gibt sowohl Sachzwänge als auch pädagogische Gründe, bei der Planung und Gestaltung von Unterricht den Gegenstand sachgemäß einzubringen.

Ebenso gilt aber auch, dass jeder qualifizierte Unterricht sich an den Lernvoraussetzungen der Schüler zu orientieren hat, denn wenn diese völlig unberücksichtigt bleiben, sind alle Lehrbemühungen umsonst. Dabei darf schülerorientierte Unterrichtsplanung nicht starr verstanden werden. "Es gibt keine Artikulationsmodelle und Unterrichtsmedien, die auf Dauer gesehen den Sachen und dem Schüler zugleich gerecht werden" (SEIBERT 1992, 215).

Die Schule hat gegenüber der heranwachsenden Generation sowohl Vermittlungs- als auch Bildungsfunktion. Hierbei ist sie in erster Linie für den Schüler und seine Förderung verantwortlich. Der Lehrer wird sich daher im Zweifelsfalle für die beste "Sache" der Schule entscheiden, für den Schüler als **werdende Persönlichkeit**. Ein schülerorientierter Unterricht ist hierfür die Ausgangsbasis. Hier darf der Schüler Person-Sein erleben und Individualität entfalten.

4.10 OFFENER UNTERRICHT

4.10.1 Merkmale offenen Unterrichts

Unter offenem Unterricht versteht man einen Unterricht, der im Hinblick auf den Inhalt und die Lehrmethode nicht festgelegt ist. Inhalt und Unterrichtsverlauf werden vornehmlich von der Interessenlage und den Fähigkeiten der einzelnen Schüler bestimmt (BÖNSCH 1993, MEYER 1994). Da diese in einer Schulklasse sehr verschieden sein können, wird die Jahrgangsklasse meist aufgelöst zugunsten eines **Gruppenunterrichts**, wobei sich die Schüler den einzelnen Gruppen nach eigenem Ermessen zuordnen können. Dominierende Unterrichtsprinzipien eines offenen Unterrichts sind die **Schülerorientierung**, die **Differenzierung** und die **Individualisierung**. Den Gegensatz zum offenen Unterricht bilden der lehrerzentrierte Unterricht und der programmierte Unterricht.

In seiner praktischen Gestaltung ist der offene Unterricht nicht eindeutig zu definieren, da sich hinter der Forderung "Öffnung des Unterrichts" als Schlagwort "kein einheitliches, systematisch ausgearbeitetes, theoretisches Verständnis" verbirgt (HALLITZKY 2000, 115) und es daher verschiedene Formen des offenen Unterrichts gibt. "Je mehr Selbst- und Mitbestimmung dem Schüler in der Frage, wann er was und wie lernen will, zugebilligt wird, umso offener ist der Unterricht." (NEUHAUS-SIEMON 1991, 14)
Zu den "Ansätzen eines offenen Unterrichts" werden das entdeckende Lernen, das kreativitätsfördernde Lernen, der Projektunterricht, das handlungsorientierte Lernen, das Lernen im Spiel u. a. gerechnet (GLÖCKEL 1996, 141 f.).

4.10.2 Formen des offenen Unterrichts

Verschiedenen Entwürfe des offenen Unterrichts zeigen sich bereits in der **Reformpädagogik** (IPFLING 1992, CZERWENKA 1992, HALLITZKY 2000). Hierbei kann verwiesen werden auf den **Gesamtunterricht** von B. OTTO (freie und offene Gesprächsführung) und auf den **Jena-Plan** von P. PETERSEN (Auflösung der Jahrgangsklassen und Forderung nach Lebensbezug). Offene Unterrichtsgestaltung dominiert auch in der **Arbeitsschule** von G. KERSCHENSTEINER und H. GAUDIG (handwerkliche Betätigung, Gruppenarbeit, freie geistige Tätigkeit) und bei M. MONTESSORI (freie Arbeit und selbsttätiges Umgehen mit didaktisch vorgeformten Materialien). Zahlreiche reformpädagogische Richtungen klingen an in dem Schlagwort: "Macht die Schule auf, lasst das Leben rein!" (ZIMMER/NIGGEMAYER 1986). Eine der bekanntesten Schulen, welche die Offenheit zu ihrem Grundprinzip erhob, ist die "Laborschule" in Bielefeld (v. HENTIG 1971).

Eine neuere Form des offenen Unterrichts ist die Öffnung der Schule für das **Leben in der Gemeinde** (gemeinwesenorientierte Schule). Mit dieser Art des offenen Unterrichts ist vor allem auch eine verantwortliche Teilhabe am gesellschaftlichen Leben der Gemeinde gemeint. Hierfür wurde der Begriff der "Community Education" eingeführt, welche sich als ein "Konzept für die Schule der Zukunft" erweist (REINHARDT 1992).
Weitere wichtige Momente des offenen Unterrichts sind die Mitbeteiligung der Schüler bei der Planung und Gestaltung des Unterrichts und die Unterrichtskritik zusammen mit den Schülern durch "Unterricht über Unterricht" (Metakommunikation).
Sonderformen des offenen Unterrichts bieten sich im Zusammenhang mit den Forderungen: "Das Lernen lernen!" (SCHRÄDER-NAEF 1977, EBBERT 1999, 43) oder "Für das Leben lernen!" an. Hier können die Inhalte im Sinne der Schülerorientierung mehr oder weniger frei gewählt werden. Das Auswahlkriterium ist nicht ein vorgeschriebener Lehrplan, sondern vor allem die Möglichkeit mit ihrer Hilfe Lernstrategien zu entfalten oder Schlüsselqualifikationen für das spätere Leben zu vermitteln. Offener Unterricht wird auch in der "Humanen Schule" praktiziert (OLECHOWSKI/ GARNITSCHNIG 1999), die sich als Lebens- und Erfahrungsraum versteht, in dem humanes und demokratisches Handeln nachhaltig gelernt werden kann.
Der offene Unterricht zeigt positive Entwicklungstendenzen. Meist findet er bei Eltern und Schüler hohe Akzeptanz, besonders wenn er in eine ganztägig geführte Schulform eingebunden ist (MAYR 1999). Allerdings erfordert er vermehrten Zeitaufwand der Lehrpersonen und führt gelegentlich zu einer Rollenüberlastung des Lehrers.

Weitere Unterrichtskonzepte werden in der Literatur beschrieben, z. B. "wechselseitiger Unterricht" (reciprocal teaching) und "tutorieller Dialog" von PRELL (2000, 240) oder "problemorientierter Unterricht" und "sinnstiftender Unterricht" von BÖNSCH (2000, 42). Diese stellen in der Regel Spezialaspekte in den Mittelpunkt, die meist in anderen Unterrichtskonzeptionen bereits enthalten sind.

5. UNTERRICHTSPRINZIPIEN

Unterrichtsprinzipien sind **Grundsätze,** welche die methodische Gestaltung des unterrichtlichen Lehrens und Lernens bestimmen. Als Bestimmungsfaktoren des Unterrichts beziehen sie sich auf die Art und Weise (Methode), wie der ausgewählte Inhalt zur Erreichung der gesetzten Ziele den Schülern vermittelt werden soll. Unterrichtsprinzipien sind daher generalisierte Verfahrensweisen mit regulativer Funktion. Ihre Aufgabe besteht in der Steuerung von Lernprozessen bzw. deren Ermöglichung und Optimierung. "Didaktische Prinzipien sind Grundsätze unterrichtlichen Handelns." (APEL 1992, 33). Dabei sind sie nur als "Richtlinien und nicht als Muss-Vorschriften für pädagogisch-didaktische Entscheidungen" zu betrachten.

Prinzipien des Unterrichts gelten allgemein, d. h. sie betreffen bei unterschiedlicher Schwerpunktbildung
- **alle Unterrichtsfächer** (naturwissenschaftlich-mathematischer Bereich, sprachlich-soziokultureller Bereich),
- **sämtliche Altersstufen** (Primar- und Sekundarstufen) und
- **alle Schularten** (Hauptschule, Sonderschule, Gymnasium u. a.).

5.1 PRINZIP DER MOTIVIERUNG

5.1.1 Definitionen: Motiv, Motivation, Motivierung

Der Begriff der **Motivierung** als Unterrichtsprinzip sollte von dem der **Motivation** als Gesamtheit der vorliegenden Motive auf Seiten der Schüler unterschieden werden. Motivierung betrifft Maßnahmen, welche der Lehrer ergreift, um Motivation beim Schüler zu bewirken.

> **Motivierung im Unterricht heißt Weckung und Berücksichtigung von Lern- und Leistungsbedürfnissen der Schüler.**

Zur Abgrenzung der Begriffe Motiv, Motivation und Motivierung:
- **Motiv** ist ein Wirkfaktor als Antriebskraft (des Verhaltens, der Einstellung u. ä.), der sich als Bedürfnis zeigt.

- **Motivation** meint einen Komplex der Motive, das ist die Gesamtheit der Antriebskräfte, welche das Verhalten und die Einstellungen bestimmen.
- **Motivierung** bezieht sich auf Maßnahmen zur Schaffung von und Einwirkung auf die Motivation.

5.1.2 Kennzeichnung und Formen der Motivation

Motivation ist ein "summarisches Konstrukt" (Sammelbegriff) der im individuellen Gefüge wirksamen Motive. Es betrifft die Gesamtheit der das Verhalten beeinflussenden Faktoren, die sich vornehmlich als Bedürfnisse manifestieren. Diese können bestehen als Bedürfnisse des Verlangens (Appetenz) oder des Vermeidens (Aversion). In der Motivationspsychologie werden verschiedene Formen der Motivation beschrieben:

5.1.2.1 Primäre und sekundäre Motivation

Motive lassen sich grundsätzlich in zwei Arten einteilen. Bedürfnisse, die in Begriffen physiologischer Zustände definiert sind (z. B. Hunger, Durst, Sexualtrieb), werden als **primäre** Bedürfnisse (primary needs) bezeichnet. Die psycho-sozialen Bedürfnisse (z. B. Ansehen in einer Gruppe, Wetteifer) werden als **sekundäre** Bedürfnisse (secundary needs) aufgefasst, ebenso wie jene Bedürfnisse, die durch den Einfluss von Lernvorgängen und Sozialisation aus primären Bedürfnissen hervorgegangen sind. Dementsprechend liegt primäre Motivation vor bei physiologisch bedingten Bedürfnissen. Um sekundäre Motivation handelt es sich bei Bedürfnissen, welche sozial bedingt sind bzw. durch Lernen erworben wurden. Die Unterscheidung zwischen primärer und sekundärer Motivation kann auch derart erfolgen, dass man ein Verhalten, das um seiner selbst willen vollzogen wird und zur Bedürfnisbefriedigung führt, als primär motiviert und ein Verhalten, das um etwas anderen willen vollzogen wird, als sekundär motiviert bezeichnet. Primäre Motivation ist auf die Tätigkeit selbst gerichtet, bei der sekundären ist die Tätigkeit lediglich Mittel zum Zweck.
Bei AUSUBEL (1974, 403) werden als Primärtriebe, die sich in der Motivationsforschung als wichtig für das menschliche Lernen erwiesen haben, aufgeführt: Neugier, Exploration, Aktivität, Manipulation, Beherrschung oder Kompetenz und das Bedürfnis nach Stimulation. Diese Triebe werden zu "Primärtrieben" erhoben, weil sie "anders als andere

Triebe ... lediglich durch die Tatsache des erfolgreichen Lernens selbst gratifiziert (reduziert)" werden.
Zu den primären Trieben wird auch der "kognitive Trieb" gerechnet (der Wunsch zu wissen und zu verstehen, Probleme zu lösen), der für das sinnvolle Lernen besonders bedeutsam ist.

5.1.2.2 Intrinsische und extrinsische Motivation

Häufig wird auch - besonders im Bereich des schulischen Lernens - zwischen intrinsischer und extrinsischer Motivation unterschieden. Die intrinsische Lernmotivation ist dabei durch persönliche Neugier mit dem Bestreben verbunden, solche Aufgaben zu lösen, die mit einem eigenen Aufforderungscharakter an den Lernenden herantreten. Ein Lernender ist dann intrinsisch motiviert, wenn er ein Problem oder eine Lernsituation in sich als spannend oder herausfordernd erlebt und eine Befriedigung bei der Bewältigung oder Lösung der Aufgabe findet. Die extrinsische Motivierung geht dagegen nicht von der Sache selbst aus, sondern von der Lehrkraft oder von den Eltern. Dennoch sollte die hierdurch sich ergebende Motivationsstärke im Unterricht nicht unterschätzt werden. Bei einer extrinsischen Motivation lernen die Schüler zur Vermeidung von Strafe oder zur Gewinnung von Lob durch den Lehrer, zur Erreichung einer besseren Zensur oder aufgrund der Bereitschaft, dem Lehrer zuliebe etwas zu tun. Im Verlauf der Persönlichkeitsentwicklung sollte zur Stärkung der autonomen Selbstbestimmung die extrinsische Motivation möglichst zurücktreten.

5.1.2.3 Leistungsmotivation

Unabhängig von den formalen Einteilungskriterien (primär - sekundär, intrinsisch - extrinsisch) lässt sich als inhaltlich bestimmte und für den Unterricht bedeutsame Motivationsart die Leistungsmotivation beschreiben. Leistungsmotivation ist "das Bestreben, die eigene Tüchtigkeit in allen jenen Tätigkeiten zu steigern oder möglichst hochzuhalten, in denen man einen Gütemaßstab verbindlich hält und deren Ausführung deshalb gelingen oder misslingen kann" (HECKHAUSEN 1970, 194).

Die für den Unterricht bedeutsame **Lernmotivation** ist eine Spezialform der Leistungsmotivation. Die Lern- und Leistungsmotivation beeinflussen der Beliebtheitsgrad eines Leistungsbereiches, der Neuigkeitsgehalt einer Aufgabe oder eines Bereiches, der Schwierigkeitsgrad in Verbindung mit dem persönlichen Anspruchsniveau u. a.

5.1.2.4 Ganzheitlicher Aspekt

Neben der Aufgliederung in einzelne Motivationsformen ist eine Gesamtschau der Motivation als Wirkeinheit wichtig, die den Menschen als Ganzheit sieht. Ein solcher Ansatz berücksichtigt die Vielfalt der menschlichen Motivbereiche. An dieser Gesamtheit sind biologische Grundlagen, Gewöhnungen, Schaffensfreude, Bestätigungen, Selbstwertgefühl und Sachinteressen beteiligt. Dies gibt Anlass, bei dem hiervon abgeleiteten Prinzip vom "Unterrichtsprinzip der ganzheitlichen Motivierung" zu sprechen (SERVE 1992, 180).

5.1.3 Faktoren der Motivationsentwicklung

An der Entwicklung der Motivation sind verschiedene Sozialisationsfaktoren beteiligt. Hierzu zählen:
- **Selbständigkeitserziehung:** Respektieren des Kindes ohne Überforderung scheint die beste Voraussetzung für die Selbständigkeitserziehung zu sein.
- **Bekräftigungslernen:** Erzieherische Sanktionen, das sind Folgerungen, welche die Erzieher in positiver oder negativer Form geben, beeinflussen die Leistungsmotivation.
- **Identifikationslernen durch Beobachten von Vorbildern:** Anstrengungsbereitschaft oder Gleichgültigkeit von Personen, welche als Vorbilder fungieren, wirken sich auf die Entwicklung der Leistungsmotivation aus.
- **Ökologische Faktoren der Sachumwelt:** Hierzu gehören Anregungsfaktoren der Umwelt, Anregungen von Seiten der Mitwelt in materieller und sprachlich symbolischer Art, Stimulation und Ausstattung der häuslichen Umwelt.

In der Entwicklungspsychologie werden für die individuelle Entwicklung der Motivation auf Seiten des Kindes für besonders wichtig gehalten (OERTER 1998, 787 ff.):
- Zusammenwirken von Erwartung und Wert,
- eigenständige Setzung von Gütemaßstäben,
- Freude am Effekt,
- Selber machen,
- Verknüpfung von Handlungsergebnissen mit der eigenen Tüchtigkeit (Kausalattribuierung),
- Unterscheidung von Tüchtigkeit und Schwierigkeit.

5.1.4 Zum Prinzip der Motivierung im Unterricht

Durch die Motivierung als didaktisches Prinzip wird die Schaffung und Berücksichtigung von Lern- und Leistungsbedürfnissen der Schüler angestrebt. Hierbei sollten die für die Entwicklung der Motivation bedeutsamen **Sozialisationsfaktoren** und **individuellen Gegebenheiten** berücksichtigt werden.

Um Schüler im Unterricht zu motivieren, genügt es nicht, eine "Motivationsstufe" in den Unterricht einzuplanen, von der man sich meist zu viel erhofft. Motivierung der Schüler erfordert, soweit die Schüler nicht direkt am Unterrichtsinhalt interessiert sind, besondere didaktische Maßnahmen:

- **Weckung der Aufmerksamkeit durch Konfrontation mit dem Unterrichtsinhalt**: Die Konfrontation mit dem Unterrichtsinhalt kann durch Sachbegegnung oder durch Problemstellung erfolgen. Besonders bei jüngeren Schülern empfiehlt sich die Sachbegegnung in der realen Situation.

- **Erhaltung des kindlichen Wissensbedürfnisses**: Jedes Kind steht den Dingen dieser Welt mit einem mehr oder minder ausgeprägten Wissensbedürfnis gegenüber. Diese primäre Motivation wird jedoch im vorschulischen Alter bereits häufig als Neugierverhalten des Kindes unterdrückt. Neugierig sein wird als Untugend erlebt. Um so wichtiger ist es, im Schulalter dieses Wissensbedürfnis als Motivationsfaktor zu wecken und zu erhalten. Der Schülerfrage ist daher besondere Aufmerksamkeit zu widmen, denn der Schülerfrage ist Motivation immanent. Im Unterricht sollte daher die motivierende Kraft des kindlichen Fragebedürfnisses beachtet werden.

- **Differenzierung im Schwierigkeitsgrad**: Die Motivation steht in einem engen Zusammenhang zwischen dem erlebten Schwierigkeitsgrad einer Aufgabe und den vom Schüler sich selbst zugemuteten Fähigkeiten. Es wird dann zu motivationalen Störungen kommen, wenn das vom Lehrer gesetzte Ziel (Anforderungsniveau) zu stark von dem Ziel, das der Schüler für erreichbar hält (Anspruchsniveau), abweicht.

- **Berücksichtigung der Beziehungszusammenhänge verschiedener Lernarten**: Für eine Motivationsförderung ist es erforderlich, die Beziehungszusammenhänge von sozialem, affektivem und kognitivem Lernen zu berücksichtigen. Einer Vereinseitigung und Bevorzugung des kognitiven Bereiches, der die Schüler im allgemeinen weniger anspricht, ist vorzubeugen, indem vornehmlich die sozialen und affektiven Komponenten des Lernens mit eingebaut werden.

Dies geschieht durch Partner- und Gruppenarbeit, durch erlebnisbetontes Lernen und durch gemeinsame Lernspiele.

- **Vermeidung normorientierter Bewertungen**: Zugunsten der Feststellung des individuellen Lernfortschrittes sollten die normorientierten Bewertungen eingeschränkt werden. Jeder Schüler benötigt die entsprechende Rückmeldung zur Erreichung eines Lernfortschrittes. Wird diese nur mit Hilfe von normorientierten Bewertungen gegeben, so bleibt in der Regel ein persönliches Engagement, das einen individuellen Lernfortschritt bewirkte, unberücksichtigt, weil sich dieser nicht in der Bewertung niederschlägt. Trotz intensiver Anstrengung ist dann die Leistung entsprechend den Benotungsrichtlinien immer noch "ungenügend" und es verstärkt sich im Schüler die Erkenntnis, weitere Anstrengungen "bringen ja doch nichts". Daher sollten zur Verbesserung der Leistungsmotivation in der Schule normorientierte Bewertungsmaßstäbe vermieden und **individuelle** Anstrengungen und Leistungssteigerungen stärker berücksichtigt werden.

5.2 PRINZIP DER VERANSCHAULICHUNG

5.2.1 Definition und Kennzeichnung

> **Veranschaulichung im Unterricht heißt, den Unterrichtsstoff so darbieten, dass die Schüler ihn mit Hilfe ihrer Sinnesorgane und entsprechend ihrer Auffassungsfähigkeit umfassend und zutreffend erkennen können.**

Mit dem Prinzip der Veranschaulichung stehen die Begriffe Anschaulichkeit und Anschauung im Zusammenhang, die nicht synonym verwendet werden sollten. Veranschaulichung als Unterrichtsprinzip fordert vom Unterricht Anschaulichkeit.

Anschaulichkeit weist ein Unterricht auf, in dem es möglich ist, Unterrichtsinhalte durch Wahrnehmungen mittels der Sinnesorgane zu erfassen. Anschaulichkeit ist die Voraussetzung für Erkenntnisgewinnung durch Wahrnehmung.

Anschauung kann unter einem mehr dynamischen Aspekt (als Vorgang, Prozess der Erkenntnisgewinnung) oder unter einem mehr statischen Aspekt (als Ergebnis der Erkenntnisgewinnung) gesehen werden. Im Vorgang vollzieht sich das allseitige und zutreffende Erfassen eines Sachverhaltes oder eines Zusammenhanges auf der Basis der sinnlichen Wahrnehmung, wobei sich die Erkenntnisgewinnung nicht nur auf ein "Hinschauen" beschränkt, sondern eine vorstellungsmäßige und denkende Verarbeitung maßgeblich daran beteiligt ist. Auch die Anschauung als Ergebnis bezieht sich nicht nur auf das mit den Sinnesorganen Erfasste, sondern betrifft die Integration des Wahrgenommenen in die kognitive Struktur. Eine Anschauung liegt dann vor, wenn das Erkannte in seinen Details in sich schlüssig und als Ganzes widerspruchsfrei den seitherigen Erfahrungen zugeordnet werden kann. Im weiteren Sinne kann unter dem Begriff Anschauung, z. B. als "Weltanschauung", ein inneres Konzept der Einstellungen zur Bewertung von Sachverhalten, Vorgängen und Sinnbezügen verstanden werden.

Somit erstreckt sich der Begriff der Anschauung auf folgende Dimensionen:

- die sinnenfällige und zutreffende Wahrnehmung (in Anwesenheit des Gegenstandes) als **äußere Anschauung,**
- die abbildgetreue und deutliche Vorstellung (in Abwesenheit des Gegenstandes) als **innere Anschauung,**

- die schöpferische Umgestaltung von Wahrnehmungen und Vorstellungen als **kreative Anschauung** und
- die Bildung von Erfassungsstrukturen, mit deren Hilfe neue Wahrnehmungen gewonnen, strukturiert und sinnvoll eingeordnet werden können, als **Anschauungsgrundlage.**

5.2.2 Zur Begründung des Prinzips der Veranschaulichung

Die Wirkung von anschaulichen Abbildungen zeigte sich bereits in den Anfängen der Informationsübermittlung. Handzeichen bezeichneten Sachverhalte, Schriftzeichen symbolisierten Gegebenheiten der Tier-, Pflanzen- und Sachwelt und Zahlensymbole stellten Sachmengen dar. Im Mittelalter bestand das Flugblatt, der gebräuchlichste Informationsträger für das Volk, mit guten Gründen aus Abbildungen: Was man hört und liest, kann glaubhaft sein, was man aber als anschauliches Bild erkennt, überzeugt. Auch die sog. Bänkelsänger nutzten diese Überzeugungskraft des Bildes aus.

Die wissenschaftliche Begründung des Anschauungsprinzips geht großenteils auf ARISTOTELES (384-322 v. Chr.) zurück. Nach ihm gründet auch die abstrakte menschliche Erkenntnis in der Sinneserfahrung (im Gegensatz zu PLATO, 427-347 v. Chr.). Hierauf berufend wird die Forderung nach Anschaulichkeit im Lehrverfahren besonders von RATKE (1571-1635) im Zusammenhang mit der "natürlichen Methode", von COMENIUS (1592-1670) auf der Suche nach der Methode "allen alles zu lehren", von ROUSSEAU (1712-1778) in der Erziehung als Erfahrung "an den Dingen" und in der Forderung "Sachen, Sachen!" und von PESTALOZZI (1746-1827) in der Betonung der Anschauung und der Arbeit als Bildungskräfte erhoben.

Bei COMENIUS steht die Anschauung in Beziehung zur sachlichen Einsicht und zum eigenen Urteil. Gefordert wird von ihm: "Alles möglichst allen Sinnen!" Besondere Bedeutung gewinnt die Anschauung bei PESTALOZZI, wobei allerdings die Vielfalt seiner Auslegungen des Begriffes den Zugang erschwert. Im Zusammenhang mit der "Anschauung als Fundament aller Erkenntnis" soll der Unterricht von "dunklen Anschauungen" zu "deutlichen Begriffen" führen. Mit Hilfe der "Anschauungskunst" erschließt der Unterricht Kategorien (Name, Zahl, Form), mit deren Hilfe neue Erkenntnisse gewonnen werden können. Dieser Gedanke wird im Zusammenhang mit der kategorialen Bildung von KLAFKI (1964) wieder aufgegriffen und variiert. Hier erfolgt unter dem kategorialen Aspekt eine "gegenseitige Erschließung von Mensch und Welt".

Die Bedeutung der Anschauung für die Erkenntnisgewinnung ist nach wie vor unumstritten. Der Mensch, besonders das Kind und der Jugendliche, ist auch bei der geistigen Tätigkeit auf die vorhergehende Wahrnehmung angewiesen. Dies gilt im besonderen Maße für die Lerneffektivität und Gedächtnishaftung. Wir lernen mit den Sinnesorganen des Schmeckens, Fühlens, Riechens, Hörens und Sehens. Dabei spielen die drei ersteren im Normalfall eine relativ geringe Rolle. Hingegen lernen wir durch Hören schon mehr als 10% und durch Sehen mehr als 80%. Als besonders wirksam erweist sich die Kombination von Hören **und** Sehen.

Zusätzlich zeigt sich, dass interindividuelle Unterschiede sehr bedeutsam sind. Manche Schüler lernen eher über das Ohr, andere über das Auge. Beim Lernen von Gedichten oder Vokabeln hilft es deshalb, alles **laut** zu lesen oder mehrmals zu schreiben.

Zur Verwirklichung des Prinzips der Veranschaulichung dienen Sachverhalte, an die die Schüler in der natürlichen Umgebung herangeführt oder die in den Schulbereich hereingenommen werden. Wo dies nicht möglich ist, werden technische Hilfsmittel (AV-Medien) in immer größerem Umfange in unseren Schulen eingesetzt. Aufgabe des Lehrers wird es dabei sein,
- die Wirklichkeit nicht völlig durch Medien zu ersetzen,
- die Wirklichkeitsverfremdung, welche durch Medien erfolgt, durch entsprechende Maßnahmen zu überwinden und
- auf der Grundlage der Veranschaulichung durch Medien Aktivitäten anzuregen und das Denken zu fördern.

Eine motivierende Kraft der Anschaulichkeit besteht darin, dass durch die anschaulich angebotenen Lerninhalte der Schüler angeregt wird, sich mit diesen Materialien auseinanderzusetzen. Die hierbei gewonnenen Erkenntnisse werden leichter in den eigenen Erfahrungsbestand eingebaut und bleiben besser haften. Durch Veranschaulichung kann das Lernen für die Schüler attraktiver gestaltet und die Kluft zu den abstrakten Formen überbrückt werden.

5.2.3 Veranschaulichung im Unterricht durch Sachbezogenheit

Die Veranschaulichung erfolgt im Unterricht am besten dadurch, dass man den Gegenstand, die **Sache selbst** in den Mittelpunkt des Unterrichts stellt, von ihr ausgeht und die notwendigen Erklärungen im ständigen Bezug zur Sache gibt. Veranschaulichung zeichnet sich also durch eine ständige Sachbezogenheit aus, d. h. sie vollzieht sich durchweg im Hinblick auf die sachliche Gegebenheit. Die Sache kann in verschiedenen Stufen der Konkretisierung bzw. der Abstraktion im Mittelpunkt des Unterrichts stehen:

- **Wirklicher Gegenstand**: Der Gegenstand wird in seiner Realität den Schülern vorgeführt. Es ist dies - besonders bei jüngeren Schülern - die lernwirksamste Form der Sachbegegnung. Hierbei sind zwei Möglichkeiten gegeben:
Der Gegenstand in seiner **natürlichen Umgebung**: Bei der Begegnung mit dem Gegenstand in seinem Existenz- und Lebensraum werden die Schüler hinausgeführt aus der Schulstube in die natürliche Umwelt der zum Unterrichtsstoff erhobenen Realität. Beobachtungs- und Unterrichtsgänge verschaffen den direkten Bezug zu den behandelten Gegenständen. Als besonderer Vorteil erweist sich, dass die Sachbegegnung in ein echtes Erlebnis eingebettet ist und der Gegenstand in seinem natürlichen Wirkzusammenhang mit der Umwelt gesehen werden kann. Als Nachteil muss in Kauf genommen werden, dass der Gegenstand meist nur einmalig oder kurzfristig beobachtet werden kann. Sich anschließende Erklärungen sind auf die Rückerinnerung, auf das Sich-Vergegenwärtigen in der Vorstellung angewiesen.
Der Gegenstand in der **Schulstube**: Dieser Nachteil wird aufgehoben, wenn der Gegenstand mit in die Schulstube gebracht wird. Dabei ist in der Regel genaueres und ständig wiederholendes Beobachten möglich. Als Nachteil erweist sich allerdings das Losgerissensein der Gegebenheit von ihren natürlichen Wirk- und Lebensumständen, wodurch falsche Vorstellungen und inadäquate Deutungen verursacht werden können.

- **Präparat**: Das kunstgerecht und naturgetreu zubereitete Präparat tritt an die Stelle des echten Gegenstandes, wenn dieser den Schülern selbst nicht vorgeführt werden kann. Nicht selten wird dem Präparat sogar der Vorzug gegeben, schon deshalb, weil es wenig Mühe kostet, es dem Medienschrank der Schule zu entnehmen und weil es relativ einfach den Schülern vorgeführt werden kann. Als Nachteil erweist sich besonders, dass es in seiner Unbeweglichkeit und Starre im Schüler zwar kurzfristige Aufmerksamkeit erregt, vor allem bei seinem ersten Erscheinen, aber kaum lang anhaltendes Interesse bewirkt. Während früher in den Schulen sehr viel mit Präparaten gearbeitet wurde, haben sie heute sehr stark an Bedeutung verloren, vor allem bei Tierpräparaten wegen ihrer lebensfernen Unbeweglichkeit und im Zusammenhang mit den Aufgaben der Arterhaltung und des Umweltschutzes.

- **Modell**: Das Modell als Verkleinerung der Wirklichkeit kann zwar ebenfalls dem Grundsatz der Sachbezogenheit gerecht werden, aber es ist nicht mehr die Wirklichkeit, sondern ein Ersatz dafür. Mit der Wirklichkeit gemeinsam hat es die Dreidimensionalität. Als Vorteil kann sich beim Modell die gute Überschaubarkeit erweisen. Seine Nachteile entsprechen denen des Präparates.

- **Bildhafte Darstellung**: Die bildhafte Darstellung kann erfolgen durch das bewegte Bild (Film) oder durch die starre Abbildung.
  Bewegungsbilder: Durch die Bewegung des Bildes mittels Film oder Fernsehen wird Leben in die Abbildungen gebracht und dem Kind größeres Interesse abgewonnen. Dies kann meist durch die Verwendung von Farbe noch unterstützt werden. Aber nicht immer ist das Kind in der Lage, bei einem Wechsel der Einstellungen und Szenen den Zusammenhang zu erkennen. Es verliert sich in nebensächlichen Einstellungen und füllt die Lücken oft mit sachinadäquaten Produkten der Phantasie auf. Vor allem bei jüngeren Kindern kann daher auch der Film und das Fernsehen nicht immer die angestrebte Sachbezogenheit erreichen.
  Unbewegte bildhafte Darstellung: Das Bild ist die einfachste, in der Regel am häufigsten angewandte Form der Veranschaulichung. Diese sollte sich jedoch nicht auf die Verwendung von bildhaften Darstellungen beschränken. Das Bild ist nur ein Ersatz für den realen Gegenstand. In seiner zweidimensionalen Erstreckung entspricht es noch weniger der Wirklichkeit als das Modell. Als Vorteil kann sich erweisen, dass man aus der Fülle der situativen Gegebenheiten die besonders bedeutsamen Fakten im Bild stärker hervorheben kann.

- **Schema**: Noch weiter von der Wirklichkeit entfernt ist das Schema. Es gehört bereits der symbolhaften Darstellungsebene an. Als Anschauungsgrundlage ist es im Unterricht bei jüngeren Schülern nicht oder nur bedingt anwendbar. Seine Anwendung als Anschauungsmittel beschränkt sich daher auf eine schematische Zusammenfassung der beobachteten Realität, also in der nachfolgenden Besprechung als Mittel zur Hervorhebung von Besonderheiten und als Gedächtnisstütze.

- **Symbol**: Gegenüber dem abstrakten Begriff kommt dem Symbol ein letzter Rest von Wirklichkeitsbezug zu. Dennoch kann es kaum als Anschauungsgrundlage dienen. Seine Anwendung vermittelt nur dann Sachbezogenheit, wenn es sich wie das Schema auf vorhergehende Erfassung der Wirklichkeit stützen kann. Symbole können dann eingesetzt werden, wenn es nicht mehr so sehr auf den Gegenstand selbst ankommt, sondern auf die Relation der Gegenstände zueinander. So findet das Symbol häufig auf der Landkarte sinngemäße Anwendung. Nicht der Gegenstand selbst soll hier veranschaulicht werden, sondern das räumliche Verhältnis der Gegebenheiten zueinander.

Veranschaulichender Unterricht bevorzugt im Streben auf Sachbezogenheit die Veranschauungsmittel in der aufgeführten Reihenfolge. Neben dieser Bevorzugung in der Reihung sollte der Lehrer jedoch im Zusammenhang mit dem Prinzip der Veranschaulichung weitere didaktische Gesichtspunkte beachten.

5.2.4 Didaktische Regeln zum Prinzip der Veranschaulichung

Unter Berücksichtigung lernpsychologischer und didaktischer Überlegungen ergeben sich für die Realisierung des Anschauungsprinzips folgende Grundsätze:

- **Lenkung**: Veranschaulichung im Unterricht bedarf der gelenkten und geleiteten Beobachtung. Daher sollte der Auftrag nicht lauten: "Beobachtet ... !", sondern: "Beobachtet, wie ... !" oder: "Versucht herauszufinden, warum ... !" Es sind also klare Zielformulierungen erforderlich, worauf geachtet werden soll.
- **Keine Übersättigung**: Echte Anschauung erfordert Auslese aus der Fülle des Angebotenen. Zahl und Intensität der Anschauungsobjekte werden heute besonders durch die Massenmedien vervielfacht. Es kommt jedoch nicht auf die Quantität, sondern auf die Qualität an. Die Übersättigung durch Anschauungsangebote ist daher zu vermeiden.
- **Vertiefung**: Anschauung erfordert die Möglichkeit des Versenkens in die sachlichen Gegebenheiten. Der Lehrer sollte daher nicht bei der oberflächlichen Beobachtung stehen bleiben. Es gilt vielmehr, das Beobachtete zu sammeln, zu ordnen, Sinnbezüge herzustellen, Denkanregungen herauszuschöpfen und Sinnzusammenhänge aufzufinden.

- **Aktivierung**: Angeschautes regt nur zum Denken an, wenn für die Schüler die Möglichkeit besteht, aktiv zu werden. Das Aktivitäts- moment muss also in der Anschauung beachtet werden. Anschau- ung bildet sich "nicht von selbst". Im Mittelpunkt des Unterrichts sollte nicht so sehr ein zu betrachtendes Objekt stehen, sondern der Umgang mit der Sache. Im tätigen Handeln lernen die Schüler Hin- schauen und Entdecken.
- **Eigeninitiative**: Den Schülern muss die Möglichkeit gegeben wer- den, Anschauungen selbst zu sammeln. Diese Gelegenheit, etwas in Erfahrung zu bringen, wird oft zu sehr eingeschränkt durch Dinge, die man den Schülern sagt, die man ihnen vorzeigt, die man ihnen vorführt. Besser wäre die Aufforderung an den Schüler: "Versuche, dies selbst zu erkunden!"
- **Hilfsmittel**: Der Veranschaulichung dient der Einsatz von vielfältigen Anschauungsmitteln (Medien) überall dort, wo der echte Umgang mit der Sache nicht möglich ist. Auf diese Anschauungsmittel sollte der Lehrer nicht verzichten, sie sind jeweils immer besser als wört- liche Beschreibungen. Besser als der Einsatz von An- schauungsmitteln ist jedoch der echte Umgang mit der Sache.

Wie jedes Unterrichtsprinzip hat auch die Forderung nach Veranschau- lichung keinen Absolutheitsanspruch. Bei ausschließlicher Bestimmung des Unterrichts durch das Prinzip der Veranschaulichung würde der Schüler zu sehr in die passive Rolle gedrängt werden. Es ist daher ne- ben dem Anschauungsprinzip das Prinzip der Aktivierung der Schüler in gleicher Weise zu berücksichtigen.

5.3   PRINZIP DER AKTIVIERUNG

5.3.1 Kennzeichnung und Definition

Aktivierung bedeutet in der wörtlichen Ableitung, sich selbst oder jemanden in Tätigkeit zu setzen. Im Unterricht ist Aktivierung das Gegenteil von einem Bestreben, den Schüler möglichst passiv zu halten. Eine einseitige und falsche Auslegung des Prinzips der Veranschaulichung könnte z. B. die Aufgabe des Lehrers darin sehen, dem Schüler möglichst viel zu demonstrieren und "darzubieten". Hierdurch wird der Schüler vornehmlich in eine passive Rolle gedrängt, denn je ruhiger er sich verhält, desto mehr kann ihm vorgegeben werden und desto größer ist die Erwartung, dass die Demonstrationen bei ihm ankommen. Aktivierung bedeutet dagegen, den Schüler aus seiner passiven Rolle des Aufnehmens von Unterrichtsstoffen zu drängen und ihn zur selbsttätigen Erarbeitung von Unterrichtsinhalten anzuregen.

Aktivierung heißt, den Schüler anzuregen und ihm die Möglichkeit zu geben, im tätigen Umgang mit den Dingen Lernerfahrungen zu erwerben.

Mit dem Prinzip der Aktivierung wird versucht, beim Schüler Selbsttätigkeit zu bewirken. Selbsttätigkeit ist eine Aktivität
- aus eigenem Anlaß,
- auf ein selbstgewähltes Ziel hin,
- mit freigewählten Methoden und selbstgewählten Mitteln,
- im eigenständigen sozialen Bezug und
- mit den Möglichkeiten der Selbstkontrolle.

In der unterrichtlichen Gestaltung führt dies dazu, dass man dem Schüler nicht nur die Möglichkeit gibt, tätig zu sein, sondern auch selbständig nach richtigen Lösungen zu suchen, auch dann, wenn der Lehrer weiß, dass der eingeschlagene Weg nicht zum Ziele führen wird. Offensichtliche Fehlversuche werden nicht vorzeitig korrigiert, um dem Schüler zu ermöglichen, am Sachverhalt Konsequenzen des einen oder anderen Weges zu erfahren. Die Verwirklichung der Forderung nach Selbsttätigkeit im Unterricht führt zu einem hohen Maße an Eigenaktivitäten des Schülers und zu einem Minimum an Steuerung durch den Lehrer.

5.3.2 Begründung des Aktivierungsprinzips

Die Begründung des Aktivierungsprinzips kann von verschiedenen traditionellen und neuzeitlicheren Aspekten her erfolgen. Hierzu gehören die lerntheoretische Begründung, die Einheit von Eindruck und Ausdruck, die Beziehung von Denken und Handeln, die Bedeutung der Aktivität für die Charakterbildung und der Zusammenhang zwischen Aktivierung und Motivation.

5.3.2.1 Lerntheoretischer Ansatz

Das Tätigsein als Bedingung für das Lernen zeigt sich bereits in den S-R-Theorien. So ist beim Versuch-und-Irrtum-Lernen (THORNDIKE) das **Verhalten** des Versuchstieres oder der Versuchsperson Voraussetzung für das Zustandekommen von Lernprozessen. Im besonderen Maße gilt das beim operanten Konditionieren (SKINNER), bei dem durch Verstärkungen eines Wirkverhaltens das Lernen verursacht wird. Auch das Grundgesetz des Lernens in der Kontiguitätstheorie (Lernen durch zeitliches Zusammentreffen von Reiz und Bewegung) verweist in gleicher Weise auf die Notwendigkeit des Auftretens von Verhaltensformen als Voraussetzung für das Lernen. Doch auch bei den kognitiven Lerntheorien ist das Tätigsein Bedingung für einsichtsvolles Lernen. Nach der Gestaltpsychologie (KÖHLER) oder der Theorie des Zeichen-Lernens (TOLMAN) werden durch unterbrochene Tätigkeitsabläufe diejenigen Prozesse veranlasst, die zur Einsicht führen. Einsichtsgewinnung erfolgt durch ein verinnerlichtes Handeln, welches das äußere Verhalten ersetzt.

Tätigsein ist jedoch nicht nur Voraussetzung für das Zustandekommen von Lernprozessen, es beeinflusst auch die Dauer und Wirkung des Lernens. Die Ergebnisse der Lernpsychologie bestätigen, dass Inhalte, die selbst erarbeitet werden, besser gelernt werden, länger behalten und eher auf neue Situationen übertragen werden können als nur sprachlich übermittelte Stoffe. Lernpsychologisch besonders bedeutsam wurde die Forderung des "learning by doing" (DEWEY). Im lerntheoretischen Konzept von SKINNER (1954) wird darauf verwiesen, dass Schüler nicht das lernen, was ihnen gesagt wird, sondern wozu sie die Möglichkeit haben, es zu tun. In empirischen Untersuchungen zeigt sich, dass Selbsttätigkeit zur Bedingung des Behaltens wird.

5.3.2.2 Einheit von Eindruck und Ausdruck

Der Gedanke der Einheit von Eindruck und Ausdruck geht u. a. zurück auf die sog. "experimentelle Pädagogik". Im Sich-Ausdrücken verstärkt sich die Eindrucksgewinnung, führt also zu einem verbesserten Erkennen.
Da die Ausdrucksreaktionen am sinnvollsten und zweckentsprechendsten ablaufen, wenn der Schüler die Möglichkeit erhält, **tätig** zu sein, wird eine die Einheit von Eindruck und Ausdruck berücksichtigende Schule zu einer Schule des Tätigseins, zu einer "Tatschule" (LAY 1911, FERRIERE 1928).
Der Vorgang des sinnlichen Wahrnehmens ist also kein passiver Prozess, sondern in Aktivitäten eingebettet. Durch die Möglichkeit, Erkenntnisse durch Aktivitäten zu gewinnen, kommt es zu einer Intensivierung der Sinneswahrnehmung.

5.3.2.3 Beziehung von Denken und Handeln

Noch stärker als die Einheit von Eindruck und Reaktion bestimmt die Relation von Denken und Handeln (DEWEY 1951, CLAPAREDE 1946) die Begründung des Aktivierungsprinzips:

- **Denken wird durch Handeln verursacht.** Denken setzt ein, wenn Handeln in gewohnter Form nicht möglich ist. Es kommt zu einer vorstellungsmäßigen Problemlösung. Die Analyse der hierbei sich abwickelnden Denkprozesse ergibt fünf Schritte:
  1. das Wahrnehmen einer Schwierigkeit,
  2. die Abgrenzung (Lokalisierung) und Bestimmung (Präzisierung) der Schwierigkeit,
  3. die Vermutung einer möglichen Lösung,
  4. die durch Schlussfolgerungen (logische Entwicklung) erschlossenen Folgen,
  5. die Ablehnung oder Annahme der Lösung durch weitere Beobachtungen und Experimente.

Die Annahme der Lösung führt zur Übertragung des gedanklich vollzogenen Aktes in den konkreten Handlungsablauf und damit zur Überwindung des Hindernisses bzw. zur Aufhebung des Problems. Durch den Handlungsvollzug, der durch Schwierigkeiten blockiert wird, kommt es zum Denken. Dementsprechend formuliert KERSCHENSTEINER (1955, 57): "Der Ursprung allen Denkens" liegt "im praktischen Tun".

- **Die gedankliche Lösung von Problemen nimmt einen gedachten Handlungsvollzug zu Hilfe**. Diese vorstellungsmäßig vollzogene Handlung als Hilfe für das Denken lässt sich verhältnismäßig leicht bei entsprechenden Aufgaben aufzeigen. So ist z. B. im Hamburg-Wechsler-Intelligenztest für Kinder (HAWIK) folgende Aufgabe enthalten:
Zwei Spieler verabreden in der Form miteinander zu spielen, dass immer derjenige, der verliert, dem anderen die Hälfte von seinem Geld gibt, das er noch besitzt. Beide Spieler haben am Anfang 8.-. A gewinnt das erste und das dritte Spiel. Wieviel besitzt jeder am Ende des 3. Spieles?
Bei der Lösung der Aufgabe wird von den meisten der Befragten die **Handlung** der Geldauszahlung nach jedem der drei Spiele **in Gedanken** durchgeführt: "A (oder B) gibt B (oder A) ...; also besitzt er jetzt noch .... Jetzt gibt ..." Zur Aufgabenlösung verhilft die gedanklich vollzogene Handlung.
Die mathematischen Formeln, mit denen das rechnerische Denken arbeitet, sind nichts anderes als ursprünglich tatsächlich oder gedanklich vollzogene Handlungen, welche sich zu Formeln verdichteten, sind also zu abstrakten Formen geronnene Handlungsvollzüge. Grundsätzlich unterstützt das gedachte Handeln den Denkprozess. Ein Verhalten wird denkend vollzogen, Handeln wird gedacht.
Der Zusammenhang von Denken und Handeln verlangt eine Erweiterung der Handlungsmöglichkeit und eine Intensivierung der Handlungsvollzüge im Unterricht.

5.3.2.4 Bedeutung der Aktivierung für die Persönlichkeitsentfaltung

Das Bedürfnis nach aktiver Auseinandersetzung mit den sachlichen Gegebenheiten der Welt ist den Menschen urtümlich angelegt. Aktivität des Kindes braucht nicht hervorgerufen zu werden, sie bricht vom Kinde aus auf, auch ohne Anregung, ohne Anreiz von außen (Spontaneität). Aufgrund der Spontaneität des Menschen kommt es zu einem Handeln in der Welt, zu einem Wirken in die Welt hinein.
Durch die Spontaneität des Handelns ist der Mensch ein aktives Wesen, das sich nicht nur reaktiv verhält, sondern in die Erscheinungen der Welt eingreift. Hierdurch hat der Mensch nicht nur Umwelt, die auf ihn einwirkt, sondern eine durch spontane Aktionen von ihm mitgeprägte **Welt**. Für die charakterliche Entwicklung des Menschen und somit für seine Persönlichkeitsentfaltung ist die Spontaneität des menschlichen Handelns von entscheidender Bedeutung.

Da die Spontaneität als eine "innere Nötigung" zum Tätigsein und zur Erkenntnisgewinnung führt, bewirkt die Auseinandersetzung mit den Folgen des eigenen Aktivseins die Möglichkeit der **Selbstkontrolle**. Die Kenntnisnahme des eigenen Arbeitsergebnisses ermöglicht eine kritische Einstellung des Schülers zu seiner Arbeit und damit **zu sich selbst**. Diese Selbstkontrolle ist der erste Schritt für die "**Charakterbildung**" (KERSCHENSTEINER 1955), denn der Mensch wird zu einem "zuchtvollen" Wesen, indem er lernt, sich selbst zu kontrollieren. Kontrollieren kann er sich selbst am besten an seinen eigenen Arbeitsergebnissen. Damit wird die der spontanen Entfaltung entsprechende Selbsttätigkeit zur Voraussetzung jeglicher Persönlichkeitsentfaltung.

Das aktive Sich-Ausrichten an den Gegebenheiten der Welt und den Ergebnissen seines eigenen Tuns führt zur kritischen Auseinandersetzung und ist damit ein bedeutsamer Beitrag zur Erziehung des Schülers. Durch die Aktivierung erfolgt nicht nur eine Erziehung **zum Tätigsein**, sondern eine Erziehung **durch Tätigsein**. Entscheidende Impulse hierfür wurden auch von DEWEY (1951, 19) gesetzt. Erziehung vollzieht sich nicht dadurch, dass bestimmte Dinge "auf physischem Wege von einem zum anderen weitergegeben werden wie Ziegelsteine".

Physische Gegebenheiten allein beeinflussen den Geist nicht, wenn sie nicht in eine Tätigkeit eingehen, die Folgen für die Zukunft hat, und Fähigkeiten lassen sich nur entfalten, wenn man von der physischen Umgebung einen tätigen Gebrauch macht.

5.3.2.5 Aktivierung und Motivierung

Die Aktivierung des Schülers steht in einer engen Beziehung zu seiner Motivierung. Ein Schüler wird besonders durch das motiviert, das ihm ermöglicht, aktiv tätig zu sein. Ein anschauliches Informationsangebot mag vielleicht sein Interesse eine gewisse Zeit wecken und erhalten, dieses erlahmt jedoch relativ rasch, wenn es dem Schüler nicht ermöglicht wird, sich selbst an der Sache aktiv zu beteiligen und zu bewähren.

Der Schüler ist an einer Sache um so mehr interessiert, je mehr sie ihm ermöglicht, seinen Bewegungsdrang zu befriedigen und Selbsterfahrung zu erwerben. Die Möglichkeit, aktiv tätig zu sein, trägt also zu seiner Motivierung bei und ist die Voraussetzung für die Vermittlung von Erfolgserlebnissen im Zusammenhang mit seinem eigenen Tun. Diese Erfolgserlebnisse selbst sind wiederum Anregungsmomente für die Beschäftigung mit der Sache. Erfolg am eigenen Tun motiviert also nachhaltig zum weiteren Aktivsein.

Erfolgserlebnisse im Zusammenhang mit der eigenen Aktivität regen nicht nur zu weiteren Tätigkeiten an, sondern sind auch ein wesentlicher Beitrag zur Erhöhung des persönlichen **Anspruchsniveaus.** Mit der Schwierigkeit der durch eigenes Tun bewältigten Aufgaben wächst das Zutrauen, schwierigere Aufgaben in Angriff zu nehmen. Durch Selbsttätigkeit erfolgreich gelöste Probleme motivieren also zum weiteren Tun, erhöhen das persönliche Anspruchsniveau und prägen sich am besten als Erfahrungsgrundlage für das weitere Lernen ein.

5.3.3 Das Prinzip der Aktivierung in der Reformpädagogik

Das Prinzip der Aktivierung dominierte besonders in der Arbeitsschul-Bewegung. Dies zeigt sich in ihren verschiedenen Ansätzen.

Die **Arbeitsschulbewegung** im deutschen Sprachbereich wurde gegründet und vorangetrieben besonders von KERSCHENSTEINER (1854-1932), SCHEIBNER (1877-1961) und GAUDIG (1860-1923). Bei KERSCHENSTEINER (1912) tritt als erste und vordringlichste Aufgabe der öffentlichen Schulen die Berufsbildung auf, welche geprägt wird von dem entscheidenden Merkmal der Arbeitsschule, "die auf der Möglichkeit der Selbstprüfung ruhende, immer mehr ausreifende sachliche Einstellung des Schülers". Das in der Arbeitsschule dominierende Prinzip der Aktivierung überwindet die traditionelle "Buchschule" und schafft die Voraussetzung für die "Charakterbildung" des heranwachsenden Menschen. Nach GAUDIG (1930) ist die "Selbsttätigkeit" das Kennwort der Methodik der Schule der Zukunft und durch "Selbständigkeit" wird die Schule zur "Arbeitsschule". Die den Charakter der Schule der Zukunft beherrschende Tätigkeitsform ist die "freie geistige Schularboit".
Als weitere wichtige Vertreter des Aktivierungsprinzips in der Reformpädagogik gelten LAY (1862-1926) in Deutschland, DEWEY (1859-1952), WASHBURNE (1889-1968) und PARKHURST (1887-1959) in den USA, CLAPAREDE (1873-1940) und COUSINET (1881-1973) neben FREINET (1896-1966) in Frankreich, DECROLY (1871-1932) in Belgien und SEIDEL (1850-1933) in der Schweiz.

Die **Freinet-Pädagogik**, benannt nach FREINET (1896-1966), wendet sich gegen den lebensfernen und verwissenschaftlichten Unterricht, wie er in den üblichen "Schulkasernen" betrieben wird. Ähnlich wie in der Schule "pour la vie par la vie von DECROLY (1871-1932) wird eine Verbindung von Schule und Leben gefordert. Körperliche Betätigung muss in Verbindung mit geistiger erfolgen. Zwischen Lehrer und Schüler und zwischen den Lehrern soll ein kooperatives Verhältnis herrschen. Hierzu tragen die für FREINET typischen Schuldruckereien wesentlich bei. Die freie Korrespondenz zwischen anderen Schulen und die Herausgabe von Klassenzeitungen sind ein praktischer Anlass für ein sinnvolles Erlernen und Beherrschen von Lesen und Schreiben.

Die **Projektmethode** als didaktisches Modell auf der Grundlage des Aktivierungsprinzips dient der Verwirklichung eines Projektes,
- das auf praktische Interessen der Schüler abgestimmt ist,
- bei dem die Planung und Ausführung durch die Schüler nach dem Prinzip der Selbsttätigkeit erfolgt,
- und eine Vertragsbasis zwischen Lehrer und Schüler besteht, welche zur Ausführung verpflichtet.

Wichtig für den Projektunterricht ist die Realisierung des Vorhaben in einer für die Öffentlichkeit sichtbaren und nutzbringenden Form. Grundlage der Projektmethode ist der philosophische Pragmatismus, wie er u. a. von DEWEY (1859-1952) vertreten wurde. Diesem zufolge kann nur das als Erkenntnisobjekt anerkannt werden, was praktischen und nützlichen Wert besitzt. Bezogen auf die Didaktik wird somit die Anwendbarkeit in der Praxis zum entscheidenden didaktischen Prinzip. Diese Forderung erfüllt das Projekt. Die Ansätze und Postulate von DEWEY ("learning by doing") wurden von KILPATRICK (1871-1965) in die theoretischen Grundlagen der Projektmethode eingebracht. Allgemeines Ziel der Projektmethode ist die Erziehung zur Selbständigkeit und eigenen Verantwortung.

Auf dieser gemeinsamen Basis bilden sich verschiedene Formen der Projektmethode, von denen der Dalton-Plan (PARKHURST 1877-1959) und der Winnetka-Plan (WASHBURNE 1889-1968) zu den bekanntesten gehören.

5.3.4 Bedeutung und Grenzen des Aktivierungsprinzips für die Unterrichtsgestaltung heute

Die **Bedeutung** des Prinzips der Aktivierung für einen lernwirksamen, besonders aber auch für einen erzieherisch wirksamen Unterricht wird seit Jahrzehnten nicht mehr bezweifelt. Die Aktivierung des Lernenden wird allgemein als Wirkfaktor anerkannt, denn "aktives Beteiligen befruchtet den gesamten Lernprozess. Es wird schneller, gründlicher und mit einer höheren Behaltensrate gelernt" (SEITZ 1992, 71).

Dabei sollen Unterrichtsmethoden grundsätzlich die Selbsttätigkeit des Lernenden ansprechen. Das Ziel der methodischen Gestaltung für den Lehrer ist es, sich selbst zunehmend überflüssig zu machen. In jedem Bemühen um Aktivierung des Schülers zeigt sich die Dominanz des Tätigseins gegenüber Aufnahme und Passivität.

Die Aktivierung des Schülers soll beitragen zur Stärkung der Motivation, zur Intensivierung der Erkenntnisgewinnung, zur Verbesserung der Entfaltung von Fähigkeiten (z. B. Intelligenz) und zur Förderung der Persönlichkeit.

Die Selbsttätigkeit der Schüler erfordert jedoch auch auf Seiten des Lehrers die Berücksichtigung methodischer Gesichtspunkte in der Zielsetzung, Inhaltsbestimmung und Methodengestaltung (BRUNNHUBER 1995, 48):

- Jede Aktivität fordert ein klares Ziel, das vom Schüler akzeptiert wird. Dieses Ziel muss vom Schüler erreichbar sein.
- Die erwartete Aktivität soll vom Schüler beherrscht werden.
- Die erforderlichen Arbeitsmittel sind für den Schüler bereitzustellen.
- Selbsttätigkeit wird für den Schüler zu einer Belastung, wenn der Lehrer ihn ständig unterbricht, neue Anregungen laut mitteilt und den Arbeitsablauf stört.
- Die erstellten Arbeitsergebnisse bedürfen der Selbst- und Fremdkontrolle, sollen in den Unterricht eingebracht werden und sind dort sinnvoll zu verwerten.
- Jede Tätigkeit soll die sozialen Beziehungen unter den Schülern berücksichtigen und fördern.
- Abwechslung in der Schüleraktivität beugt der psychischen Übersättigung vor und kann herbeigeführt werden durch einen Wechsel in der sozialen Arbeitsform, des Materials und der Zielsetzung.

Die **Grenzen** des Aktivierungsprinzips stimmen weitgehend mit denen des aktivierenden Unterrichts überein und sind gegeben durch die Gefahr der Vereinseitigung im Unterricht. Um diese zu verringern, muss die Forderung nach Selbsttätigkeit des Schülers **eine** Forderung **unter anderen** bleiben. Hierbei ist zu beachten:

- Die Anschauung darf nicht vernachlässigt werden. Sie bleibt, unterstützt durch die aktive Auseinandersetzung, ein wichtiger Faktor der Erkenntnisgewinnung.
- Mit dem Tätigsein allein darf der Unterricht sich nicht begnügen. Alle Tätigkeiten müssen motiviert und sinngerichtet sein. Es ergibt sich sonst die Gefahr des Tätigseins nur um des Tätigseins willen oder um beim Lehrer den Eindruck des Tätigseins zu erwecken.

Der Lehrer sollte sich also bemühen, die Schüler "zu echter, sinnvoller Tätigkeit, zu sachgerechter Auseinandersetzung mit den Unterrichtsgegenständen, zu selbstverantwortlichen Handeln anzuregen und anzuleiten, ohne dass sie dabei in bloß äußerer Geschäftigkeit und Betriebsamkeit verfallen" (GLÖCKEL 1996, 296).

- In der Tätigkeit sind der Selbständigkeit des Schülers Grenzen gesetzt. Diese Grenzen sind zu beachten, sonst artet die Tätigkeit und Selbständigkeit in Zügellosigkeit aus. Der Lehrer kann dem Schüler nur immer so viel Freiheit einräumen, als dieser in der Lage und bereit ist, Verantwortung zu übernehmen. Neben der Hinführung zur Selbständigkeit steht die Forderung nach Weckung des Verantwortungsbewusstseins.

5.4 PRINZIP DER DIFFERENZIERUNG

5.4.1 Definition und Kennzeichnung

> **Differenzierung ist die Auflösung des heterogenen Klassenverbandes zugunsten homogener Gruppen in Bezug auf die Leistungsfähigkeit oder Interessenrichtung der Schüler.**

Unter Differenzierung versteht man sowohl ein Unterrichtsprinzip als auch die entsprechenden Maßnahmen der Unterrichtsgestaltung zur Verwirklichung dieses Prinzips. Als Unterrichtsprinzip entspricht es dem der "Passung" (OERTER 1991, BRUNNHUBER 1995) und in seiner extremen Form dem der "Individualisierung".
Die Möglichkeiten der Differenzierung (Passung) lassen sich nach BRUNNHUBER (1995, 54) durch folgendes Schema darstellen:

Lehrerseite <---- **Passung** ----> **Schülerseite**

1.Lehrerverhalten	Feld der	1. Klasse
		nach
2. Lernangebot		
nach	Passung	a) sozialer Situation
a) Schwierigkeit		b) aktueller
		körperlicher
b) Umfang		und seelischer
3.Lernorganisation	< < > >	Disposition
Lehrmethode		

2. Einzelschüler nach
a) Persönlichkeitsvariablen
b) sachkulturellen
   Entwicklungsstand
c) Sprachverhalten
d) Lerntempo

Die Differenzierung dient der gruppenmäßigen oder individuellen Anpassung entweder des Schwierigkeitsgraden an den Entwicklungsstand und die Leistungsfähigkeit der Schüler (Differenzierung nach Fähigkeiten) oder von Lernzielen und Angeboten an ihre Neigungen und Lernbedürfnisse (Differenzierung nach Interessen).

Das Hauptanliegen der Differenzierung ist es, bei den Lehrzielen, Lehr-
inhalten und Lehrmethoden die Individualität der Schüler, also ihre Interessen, Fähigkeiten und Lernvoraussetzungen, zu berücksichtigen.
"Die Individualität der Schüler ist daher ein sehr wichtiges Element für
die Unterrichtsplanung, -vorbereitung, - durchführung und -nachberei-
tung." (SEIBERT 1992, 100) Man kommt dem Schüler entgegen, holt
ihn bei seinem derzeitigen Lernzustand ab.

5.4.2 Zur Geschichte der Differenzierung in der Schule

Die Schulen des griechischen Altertums boten verschiedene Bereiche
der Muße und Beschäftigung an, denen sich der Freie nach eigenem
Ermessen und entsprechend seiner Fähigkeiten anschließen konnte.
Hier kann man von einer Differenzierung sprechen, die von den Teil-
nehmern selbst ausgeht. In den Schulen der Römer wird das Problem
der Differenzierung angesprochen durch die Formulierung: "ultra posse
nemo obligatur" (niemand kann über sein Können hinaus gefordert
werden). Die im Mittelalter Lernleistungen fordernden Schulen wurden
den Lernvoraussetzungen der Schüler insofern gerecht, als man die
Schüler entsprechend ihrer Kenntnisse in bestimmten Abteilungen zu-
sammenfasste. Unabhängig vom Alter rückte man nach entsprechender Prüfung in die nächsthöhere Abteilung vor, wenn man die gesetzten Ziele erreicht hatte. Es vollzog sich ein Ausleseprozess, bei
dem das Problem der Differenzierung durch die Prüfungen mit nachfolgenden Konsequenzen gelöst wurde.

Eine entscheidende Veränderung , die sich in ihrer Folge bis in die jetzige Zeit auswirkt, ergab sich zu Beginn der Neuzeit, als COMENIUS
(1592 -1670) im 17. Jahrhundert die jährliche Einschulung und die Bildung von Jahrgangklassen forderte. Er ging dabei von der Meinung
aus, dass gleiches Alter in etwa auch gleiche Leistungsfähigkeit und
Auffassungsgabe zur Folge habe. In seiner Didaktik als "Kunst, allen
alles zu lehren" stellte er fest, dass eine größere Klasse bessere Voraussetzungen für das Lehren biete. "Ich versichere nicht nur, dass ein
Lehrer einer Zahl von etwa hundert Schülern vorstehe, sondern be-
haupte sogar, dass es geschehen müsse, weil dies für den Lehrenden
und die Lernenden bei weitem das Zweckmäßigste ist. ... Er wird also
an keinen besonders herantreten und nicht zugeben, dass einer besonders an ihn herantrete." Da sich die optimistische Einstellung von
COMENIUS in der Folgezeit nicht bestätigte, zeigte sich bald die
Notwendigkeit einer differenzierten Unterrichtsgestaltung.

Der Grundgedanke der Differenzierung klingt deutlich an im "Grundaxiom des Bildungsprozesses" von KERSCHENSTEINER (1919): "Jedes Kulturgut kann nur insoweit Bildungswirksamkeit entfalten, als es in seiner Struktur der Individuallage des Zöglings angepasst ist". In der Reformpädagogik wurden diesbezüglich verschiedene Versuche vorgeschlagen und unternommen:

- Wechsel der Schülergruppierung in Jahrgangs- und Leistungsgruppen (z. B. Stammgruppen und Niveaukurse bei PETERSEN),
- Auflockerung des Klassenunterrichts (z. B. Gesamtunterricht bei B. OTTO, Selbstbildung bei MONTESSORI),
- individualisierende Verfahren und Projekte (z. B. im Dalton-Plan bei PARKHURST),
- gruppenunterrichtliche Verfahren (z. B. in der Arbeitsschule bei GAUDIG)

Selbstverständlich konnten die Ansätze und Versuche der Reformpädagogen das Problem der individuellen Förderung und Differenzierung nur mehr oder weniger annähernd lösen. Die Grundproblematik wurde vor mehr als 200 Jahren vom amerikanischen Präsidenten THOMAS JEFFERSON umrissen: Die verfassungsmäßige Gleichheit der Menschen und die faktische Ungleichheit in physischer, seelisch-geistiger und sozialer Hinsicht sind das zentrale, aber auch letztlich unlösbare Problem jeder Demokratie und jeder Pädagogik. In der Neuzeit entwickelten sich spezifische Schulmodelle, welche sich in besonderer Weise um die individuelle Förderung des Kindes bemühen, z. B. in Anlehnung an die Montessori-Pädagogik, bei der die wesentliche Aufgabe der Lehrkräfte darin besteht, das Kind zu beobachten und seine Entwicklung in Spiel und Arbeit besonders zu fördern, wobei der Lehrer als Helfer dem Kind bei Bedarf zur Verfügung steht nach dem Grundsatz: "Hilf mir, es selbst zu tun!" Auch in den Waldorf-Schulen ist die Kenntnis der Schüler Voraussetzung für erfolgreiche Unterrichtsarbeit. In denjenigen Schulen, in denen vornehmlich der sog. offene Unterricht praktiziert wird (die "Laborschule" in Bielefeld (v. HENTIG 1971) hatte hier Modell-Charakter), wird besonders die Individualität des Schülers berücksichtigt.

In den heutigen Regelschulen wird das Problem der Differenzierung besonders aktuell bleiben, solange dort die Jahrgangsklassen dominieren. In diesen zeigt sich eine große Streuungsbreite in der Entwicklung der Schüler. So sind z. B. in den Jahrgangsklassen der Zehnjährigen solche, die wie Achtjährige lernen und denken, und andere, die mit Zwölfjährigen zu vergleichen sind.

Für die heutige Schule ist die Notwendigkeit der Differenzierung verfassungsrechtlich verankert im Grundgesetz, Art. 2: "Jeder hat das Recht auf freie Entfaltung seiner Persönlichkeit" oder z. B. in der Bayer. Verfassung, Art. 128: "Jeder hat Anspruch darauf, eine seinen erkennbaren Fähigkeiten und seiner inneren Berufung entsprechende Ausbildung zu erhalten". Dies schlägt sich teilweise nieder in den Lehrplänen und Curricula der einzelnen Schulstufen und Unterrichtsfächer (z. B. durch Hinweise auf verpflichtende und unverbindliche Lernziele oder -inhalte).

5.4.3 Innere und äußere Differenzierung

5.4.3.1 Innere Differenzierung

Die innere Differenzierung erfolgt innerhalb der Schulklasse. Die Differenzierungsmaßnahmen können sowohl die Ausprägung der Fähigkeit als auch die Interessenrichtungen betreffen. Fähigkeiten und Interessen wirken sich hierbei aus auf die Inhaltsauswahl, die Methodengestaltung, den Sozialformen oder den Medieneinsatz im Unterricht.
Bei der Anpassung an die Fähigkeitsstruktur kann differenziert werden nach:
- Schwierigkeitsgrad der Anforderungen,
- Art des Lernangebotes,
- individuelle Hilfen und
- Menge der Zusatzaufgaben für besonders leistungsfähige Gruppen.
Die Durchführung der inneren Differenzierung entspricht in der Regel der **Gruppenarbeit**, kann aber auch als Partner- oder Einzelarbeit erfolgen. Auch mit Hilfe des programmierten Unterrichts und unter dem Einsatz von Medien (z. B. Computerprogramme) ist innere Differenzierung in der Klasse möglich. Eine Sonderform der inneren Differenzierung ist die Individualisierung als Einzelbetreuung.
Durch die innere Differenzierung werden Über- und Unterforderungen der Schüler eingeschränkt, wodurch sich Leistungsbereitschaft, Lernleistung und Anspruchsniveau steigern können. Lernpsychologische Untersuchungen haben dies im allgemeinen bestätigt, doch auch gegenteilige Ergebnisse liegen vor. Besondere Differenzen in den Untersuchungsergebnissen zeigen sich in Bezug auf den Lernerfolg bei Einteilung der Gruppen in leistungsschwache und leistungsstarke Schüler. Für leistungsschwache Schüler wirkt sich die Bildung homogener Leistungsgruppen evtl. durch den Wegfall eines "Zugpferd-Effektes" anscheinend eher lern- und leistungshemmend als lern- und leistungssteigernd aus.

Schüler im mittleren Niveau scheinen dagegen von einer Differenzierung am meisten zu profitieren. Als leistungssteigernd erweist sich, wenn der Schwierigkeitsgrad der Aufgaben den Entwicklungsstand um ein geringes übersteigt. Dann kommt es zu einem "wohldosierten Diskrepanzerlebnis", das den Schüler motiviert und zu einer Verbesserung der Leistung führt. Von der hierdurch angestrebten "optimalen Passung" wird eine Verstärkung der Lernmotivation, eine Erhöhung des Anspruchsniveaus und eine Anregung der kreativen Entfaltung erwartet.

KLAFKI und STÖCKER (1996, 188) erstellten ein Schema, das die verschiedenen Ansätze, nach denen eine innere Differenzierung möglich ist, als gedachte "Dimensionen" setzt.

Hierzu zählen die Unterrichtsphasen (A), die Differenzierungsaspekte (B) und die Aneignungs- bzw. Handlungsebenen (C).

Die Unterrichtsphasen betreffen die Artikulationsstufen des Unterrichts, z. B. Aufgabenstellung, Erarbeitung u. a., in denen jeweils differenziert werden kann. In diesen Phasen ist die Differenzierung unter verschiedenen Aspekten möglich, von denen der Lehrer auswählen kann, z. B. in Bezug auf Aufwand von Zeit oder Umfang von Stoff, auf Anzahl der Durchgänge, auf Notwendigkeit direkter Hilfen. Es ist zusätzlich möglich, verschiedene Handlungs- bzw. Aneignungsebenen zu berücksichtigen und einzubringen, z. B. die konkrete oder abstrakte Ebene.

Zur Vermeidung negativer Effekte sind bei der inneren Differenzierung bestimmte **Regeln** zu beachten:
- Die Einweisung in differenzierte Arbeitsgruppen darf den Schüler nicht diskriminieren.
- Der Schwierigkeitsgrad der Anforderungen soll in den differenzierten Gruppen nur insoweit "angepasst" werden, dass ein gewisser Aufforderungscharakter an das Anspruchsniveau erhalten bleibt.
- Differenzierung ist kein unbedingter Garant für die Optimierung von Lernprozessen. Sie ist daher gelegentlich durch heterogene Lerngruppen zu ergänzen.

5.4.3.2 Äußere Differenzierung

Mit äußerer Differenzierung bezeichnet man eine solche Differenzierung, welche die Schulart bzw. die Struktur der Schule betrifft. Grundsätzlich lassen sich zwei Arten der äußeren Differenzierung unterscheiden:

- Die **interschulische Differenzierung** betrifft die Schularten, besonders die traditionelle Aufgliederung nach Grund- und Hauptschule, Realschule und Gymnasium. Diese entwickelte sich vornehmlich auf dem statischen Begabungsbegriff, wonach jeder Schüler mehr oder weniger Begabung mitbringt und dementsprechend geschult werden sollte. Zur Vermeidung einer zu großen Heterogenität der einzelnen Schüler und zur Verwirklichung einer äußeren Differenzierung werden in denjenigen Ländern, in denen das traditionelle dreigliedrige Schulsystem die Regelschule ist, zahlreiche dazwischenliegende Schularten angeboten.
- Zur **intraschulischen Differenzierung** gehören eine fächerübergreifende (streaming) und eine fachspezifische (setting) Form der Differenzierung.

Das **streaming-System** wird gelegentlich in den Gesamtschulen kooperativer oder integrativer Art durchgeführt, findet sich aber auch z. T. in den traditionellen Schulsystemen selbst, z. B. in den Gymnasien, wo besonders leistungsfähige Schüler zu Gruppen zusammengefaßt werden.
Kennzeichnend für dieses System ist, dass der Zuteilungsprozess in die einzelnen Gruppen bzw. Kurse aufgrund der **allgemeinen** Leistungsfähigkeit erfolgt. Schüler eines höheren Kurses haben somit größere Anforderungen sowohl im sprachlichen als auch im naturwissenschaftlichen Bereich zu erfüllen. Allgemein leistungsschwächere Schüler werden in den unteren Kursen zusammengefasst. Obwohl grundsätzlich ein Aufsteigen von unteren in die oberen Kurse möglich ist, wird dies in der Praxis nur selten realisiert, denn die Schüler der unteren Stufen bringen kaum diejenigen Leistungen zustande, welche für ein Aufrücken erforderlich sind. Auch ist hier wohl im besonderen Maße eine mögliche Diskriminierung und Stigmatisierung der Schüler durch die Zuweisung in die unteren Gruppen zu erwarten, verbunden mit einer Verringerung des persönlichen Anspruchsniveaus oder einer Aggressionstendenz gegenüber den nur scheinbar besseren "Angebern".

Das **setting-System** als fachspezifische Differenzierung teilt die Schüler nach ihren Lernvoraussetzungen und Lernfähigkeiten in den einzelnen Fächern ein. Ein im sprachlichen Bereich begabter Schüler kann hier einen höheren Kurs besuchen, während er im mathematischen Bereich an einem mittleren bzw. niedrigeren Kurs teilnimmt.

Das setting-System hat den Vorteil, dass es auf die einzelnen Begabungs- und Fähigkeitsschwerpunkte der Schüler besser einzugehen in der Lage ist. Durch das setting-System soll versucht werden, Nachteile, die im streaming zutage treten, einzuschränken. Allerdings bleibt auch im setting ein Großteil der Differenzierungsprobleme erhalten.

5.4.4 Differenzierung durch Gruppenunterricht

5.4.4.1 Formelle und informelle Gruppenbildung

Die am häufigsten angewandte Form der Differenzierung ist der Gruppenunterricht. Darunter versteht man die Aufteilung der Klasse in verschiedenen Arbeitsgruppen mit unterschiedlicher Größe. Eine Gruppe ist eine überschaubare Anzahl von Personen, die miteinander in sozialer Beziehung stehen.

Bei einer **formellen Gruppe** kommt die Anregung zur Gruppenbildung von außen, z. B. durch Gesetz oder eine andere Art von Reglementierung. Eine **informelle** Gruppe bildet sich spontan und auf freiwilliger Basis der Beteiligten. Eine Schulklasse ist in der Regel eine formelle Gruppe, während sich innerhalb dieser Klasse sehr häufig bedingt durch Freundschaften oder Interessenrichtungen informelle Gruppen bilden.

5.4.4.2 Arbeitsteilige und themengleiche Gruppenarbeit

Bei der schulischen Gruppenarbeit können die Gruppen unterschiedliche Aufgaben zugewiesen bekommen oder von sich aus in Angriff nehmen. Diese Form der Erarbeitung empfiehlt sich immer dann, wenn eine größere Arbeitsaufgabe durch die Beiträge der verschiedenen Gruppen gelöst werden soll. So könnte z. B. die Erarbeitung der Informationen über ein Land im Geographieunterricht dadurch erfolgen, dass eine Gruppe sich Kenntnisse über die Bevölkerung, eine andere über die geographischen Gegebenheiten, eine weitere über die klimatischen Verhältnisse oder über die wirtschaftliche Situation aneignet. Hier handelt es sich um eine **arbeitsteilige** Gruppenarbeit, bei der sich jede Gruppe mit einer speziellen Thematik beschäftigt und die Ergebnisse abschließend zusammengetragen werden.

Hiervon lässt sich die **themengleiche** Gruppenarbeit unterscheiden, bei
der von allen Gruppen die gleiche Thematik erarbeitet wird. Hier könnte
z. B. die Differenzierung durch einen höheren oder niedrigen
Schwierigkeitsgrad für die verschiedenen Gruppen erfolgen.

5.4.4.3 Regeln der Gruppenarbeit

Um Störungen zu vermeiden und um die Gruppenarbeit möglichst effektiv zu gestalten, müssen bestimmte Regeln beachtet werden:
- **Vorbereitende Organisation der Gruppenarbeit**: Dazu gehören die
  Bereitstellung der Räumlichkeiten und der Arbeitsgeräte.
- **Klare und deutliche Zielsetzung**: Jede Gruppe muss genau wissen,
  womit sie sich beschäftigen soll oder welche Ziele sie erreichen
  sollte. Wenn eine Gruppe nach Arbeitsbeginn erst noch fragt, was
  eigentlich ihre Aufgabe ist, zeigt sie dem Lehrer, dass er diese Regel nicht genügend beachtete.
- **Störungen nach Arbeitsbeginn vermeiden**: Eine der häufigsten Störungen erleben die Gruppenmitglieder, wenn nach Arbeitsbeginn der
  Lehrer noch zusätzlich Anweisungen einbringen will oder Erklärungen abgibt, worauf besonders geachtet werden soll. Hierdurch wird der Arbeitsfluss unterbrochen und die Motivation der
  Schüler lässt nach.
- **Gleichberechtigung der Gruppenmitglieder**: Während der Gruppenarbeit sind grundsätzlich alle Mitglieder der Gruppe gleichberechtigt.
  Jeder kann Vorschläge einbringen und Initiativen entwickeln. Der
  Lehrer sollte darauf achten, dass nicht einzelne Schüler zu
  dominant werden.
- **Verwertung des Arbeitsergebnisses**: Jedes Arbeitsergebnis der
  Gruppe sollte sinnvoll verwertet werden. Gruppenarbeiten, die ab-
  gebrochen werden oder deren Ergebnisse nicht zur Kenntnis genommen werden, tragen dazu bei, dass bei nächster Gelegenheit
  kaum noch Arbeitsbereitschaft besteht, denn "es bringt ja doch
  nichts". Die Gruppen sollten die Möglichkeit haben, ihre Ergebnisse
  vorzustellen oder zu erleben, wie diese sinnvoll eingesetzt werden.

Nicht als Regel gilt, dass die Gruppe in ihrer Zusammensetzung möglichst konstant bleiben sollte, denn ein Wechsel in der Gruppenzusam-
mensetzung erweitert den sozialen Raum der Schüler.

5.4.5 Sonderformen der Differenzierung

5.4.5.1 Modelle der differenziellen Didaktik

Die differenzielle Didaktik beschäftigt sich mit den verschiedenen Variationsmöglichkeiten der Differenzierung. Sie ist ein Konzept, welches die individuellen Unterschiede zwischen den Schülern im Hinblick auf Interessen, Fähigkeiten und Erfahrungen im Unterricht besonders zu berücksichtigen sucht und dementsprechend die Zielbestimmung, Inhaltsauswahl und Methodengestaltung vornimmt. Ausschlaggebend ist nicht der allgemeine Lernerfolg im Hinblick auf ein einheitliches Normsystem, sondern der **individuelle** Lern- und Leistungsfortschritt. Sonderformen der Differenzierung als unterrichtliche Maßnahmen werden im Rahmen der differenziellen Didaktik als **didaktische Interventionen** bezeichnet. Diese erfordern vom Lehrer hohe Variabilität in der methodischen Gestaltung und ein gutes methodisch-didaktisches Geschick.

Die didaktischen Interventionen stellen als Sonderformen der Differenzierung ein helfendes Eingreifen dar, welches besonders bei Verhaltensstörungen oder Lern- und Leistungsschwierigkeiten erforderlich wird. Im Lern- und Leistungsbereich vollziehen sich die didaktischen Interventionen durch Vorgabe von Lernhilfen oder durch begleitende Förderungen des Lernprozesses, welche dazu dienen, beim einzelnen Schüler das Lerndefizit auszugleichen und Lernziele zu erreichen. Als Modelle der differenziellen Didaktik bzw. der didaktischen Intervention dienen dabei

- das **Präferenzmodell**: Bevorzugung besonderer Fähigkeiten (z. B. sprachliche Information, figurliches Lernmaterial),
- das **kompensatorische Modell**: Ausgleich von Fähigkeitsmängeln (z. B. durch zusätzliches Lernmaterial, Erweiterung der Lernhilfen) und
- das **remediale Modell**: Beseitigung von Fähigkeitsmängeln und Behebung von Leistungsdefiziten durch Erkundung und Einschränkung der Ursachen sowie besondere Gestaltung der Lernumwelt.

5.4.5.2 Individualisierung

Individualisierung ist eine Spezialform der Differenzierung und intendiert die Berücksichtigung individueller Gegebenheiten jedes **einzelnen** Schülers (z. B. Fähigkeiten, Neigungen und Lernfortschritt) bei der Gestaltung des Unterrichts.

Differenzierung hat sich als Bezeichnung bewährt, wenn es sich um eine **gruppenspezifische Berücksichtigung** von Schülerfähigkeiten und -interessen handelt (praktiziert durch Gruppenarbeit).

Individualisierung ist die Kennzeichnung von methodischen Verfahren, die in Bezug auf Neigungen oder Fähigkeiten auf **den einzelnen Schüler** eingehen. Individualisierung ist in der Regel im differenzierten Unterricht nur bei individueller Einzelbetreuung bzw. unter Bildung von Kleinstgruppen möglich. Individuelle Gegebenheiten können in verschiedenen Formen berücksichtigt werden:

- die Art des Stoffes wird angepasst an Entwicklungsstand und Interesse des Schülers,
- der Umfang des Stoffes berücksichtigt die Aufnahmekapazität des Schülers,
- die Darstellung des Stoffes passt sich an die Verständnisfähigkeit des Schülers an,
- das Lehrtempo berücksichtigt die individuelle Lerngeschwindigkeit,
- der Schwierigkeitsgrad der zu lösenden Aufgaben entspricht dem Anspruchsniveau des einzelnen Schülers.

Durch Individualisierung werden Über- und Unterforderungen der Schüler eingeschränkt und ihre Interessenlage berücksichtigt, wodurch sich Leistungsbereitschaft, Lernleistung und Anspruchsniveau steigern. Es ist jedoch hierbei zu beachten, dass Individualisierung den Lernerfolg nicht unbedingt absichert. So fällt z. B. durch die Individualisierung der "Zugpferd-Effekt" weg, der bei der Mitbeteiligung besserer Schüler besteht, soweit der Abstand in Bezug auf die Ausprägung der Leistungsfähigkeiten nicht zu groß ist. Des weiteren schränkt die prinzipielle Individualisierung des Unterrichts das für die Persönlichkeitsentfaltung bedeutsame soziale Lernen der einzelnen Schüler ein. Deshalb sollte individualisierter Unterricht ergänzt werden durch Bildung von größeren Schülergruppen (beweglicher Unterricht).

Eine Variationsart der Individualisierung ist die **proaktive Individualisierung,** die besonders darauf ausgerichtet ist, durch individuelle Förderung einzelner Schüler Lerndefizite auszugleichen. Dies kann durch Anpassung der Lernzeit oder der Lernumstände an die individuellen Gegebenheiten erfolgen. Hierzu zählt auch das ATI-Konzept (aptitude treatment interaction). Dieses versucht, die Unterrichtsmethode weitgehend an Schülermerkmale (z. B. Ängstlichkeit) anzupassen.

Bei der Verwirklichung der Individualisierung werden nicht nur zusätzliche Anforderungen an die organisatorische Aufgabe des Lehrers gestellt. Individualisierung erfordert bestmögliche Ausstattung der Schulen und Klassen in Bezug auf die räumlichen Möglichkeiten und apparativen Einrichtungen, sowie der zur Verfügung stehenden Lehr- und Lernhilfen. Zur Vermeidung negativer Konsequenzen und zur Absicherung des Lernerfolges sind vom Lehrer bei der Verwirklichung der Individualisierung bestimmte Gesichtspunkte zu beachten:

- Die individuelle Betreuung des einzelnen Schülers sollte diesen weder bevorzugen noch diskriminieren.
- Der Schwierigkeitsgrad der Anforderungen soll auch bei der Individualisierung dem Schüler nur insoweit angepasst werden, dass noch ein gewisser Aufforderungscharakter bestehen bleibt.
- Individualisierung ist gelegentlich durch heterogene Lerngruppen zu ergänzen.

5.4.5.3 Fundamentum und Additum

Hierbei handelt es sich um eine Aufgliederung vornehmlich der kognitiven Lernziele und Lerninhalte. Das Fundamentum umfaßt die **Grundlagenkenntnisse**, welche allen Schülern vermittelt werden sollten. **Zusätzliche Ziele und Inhalte** bringt das Additum, das in verschiedene Aufbaustufen aufgegliedert und angeboten werden kann. Es ist zu beachten, dass eine Aufteilung in Fundamentum und Additum nicht identisch ist mit einer Differenzierung der Unterrichtsinhalte in Kern- und Kursfächer, welche mehr die äußere Differenzierung betreffen und zu einer Verfestigung von Gruppierungen in leistungsschwache und leistungsstarke Schüler beitragen kann.

In der klasseninternen Aufteilung von Fundamentum und Additum sollte hingegen der Lehrer darauf achten, die Durchlässigkeit zwischen Fundamentum und Additum so groß wie möglich zu gestalten und alle Kinder zu motivieren, über die Fundamentumstufe hinaus zu kommen und ihnen entsprechende Hilfen zur Verfügung zu stellen. Spezielle Formen der Anwendung von Fundamentum und Additum zeigen sich bei der progressiven und sukzessiven Differenzierung und im FEGA-Modell.

5.4.5.4 Sukzessive und progressive Differenzierung

Beide Differenzierungsformen unterscheiden sich durch die Anordnung bzw. die Aufeinanderfolge von Lehrzielen und Unterrichtsinhalten.

In der **sukzessiven Differenzierung** folgen jeweils nach dem gemeinsam vermittelten Fundamentum Angebote verschiedener Art als Additum für leistungsstärkere Schüler, während die schwächeren Schüler beim Fundamentum verbleiben und gegebenenfalls dort zusätzliche Hilfen und Übungsmöglichkeiten erhalten. Der weitere Lehrgang ist dadurch gekennzeichnet, dass anschließend wieder alle Schüler ein gemeinsames neues Fundamentum erarbeiten. Auch dieses wird dann wieder ergänzt durch entsprechende additive Angebote.

Bei der sukzessiven Differenzierung erfolgt also ein schrittweises Vorgehen von einem Fundamentum zu einem anderen für alle verbunden mit entsprechenden Angeboten der Addita für die leistungsfähigeren Schüler.

In der **progressiven Differenzierung** wird die gemeinsame Basis des Fundamentums verlassen und die leistungsfähigen Schüler schreiten je nach Fähigkeitsausprägung von einem Additum zum anderen weiter. Hierdurch vergrößert sich der Abstand in der Leistungshöhe immer mehr (Scheren-Effekt), so dass ein gemeinsames Unterrichten nicht mehr möglich wird und zwischen den Gruppen keine Durchlässigkeit mehr besteht.

5.4.5.5 FEGA-Modell

Das FEGA-Modell ist ein Modell der unterrichtlichen Differenzierung, welches an der Berliner Gesamtschule entwickelt wurde. Es lässt sich am besten durch die Verwendung der Begriffe Fundamentum (Fd) und Additum (Ad) schematisch darstellen. Die einzelnen Buchstaben FEGA stellen die Kennzeichnung der angebotenen Kurse dar.

Fortgeschr. Kurs : Fd + Ad + Ad
Erweiterungs Kurs:Fd + Ad
Grundkurs: Fd
Anschlusskurs: Fd mit Lernhilfen

Das FEGA-Modell ist ein Versuch, zu starkes Auseinanderklaffen der Leistungsentfaltung in den einzelnen Gruppen (Scheren-Effekt) zu vermeiden und dadurch die Transparenz (Überwechseln von einer Gruppe in die andere) vornehmlich nach oben zu erhalten.

5.4.5.6 Mastery Learning

BLOOM (1970) entwickelte eine Theorie des schulischen Lernens, welche als mastery learning bezeichnet wurde und einen spezifischen Beitrag zur Differenzierung leistet. Auf der Grundlage "alle Schüler schaffen es" wird die Meinung vertreten, dass eine Verbesserung der

Lernleistungen aller Schüler durch Schaffung günstiger Lernbedingungen erreicht wird. Eine der entscheidenden Bedingungen ist die dem Schüler zur Verfügung gestellte **Zeit**. Es wurde empirisch nachgewiesen, dass auch weniger gute Lerner das gleiche Lernziel erreichen, wenn ihnen mehr Zeit (etwa 10-20%) zur Verfügung gestellt wird.

BLOOM legt beim mastery learning den alltäglichen Klassenunterricht als Normalfall zugrunde. Durch entsprechende Maßnahmen wird dafür gesorgt, dass alle Schüler das gesetzte Lernziel erreichen, bevor neue Ziele gesetzt und angestrebt werden. Die vorübergehende Individualisierung ist eine von mehreren didaktischen Interventionen, welche dem Klein- und Großgruppenunterricht gleichwertig ist.

Durch das mastery learning sollen die individuellen Unterschiede in den Lernergebnissen möglichst verringert werden. Dies geschieht durch die Erweiterung der Lernzeit für schwächere Schüler.

Als Vorteil erweist sich hierbei, dass durch eine weitgehende Gleichsetzung in der Zielerreichung der sogenannte "Scheren-Effekt" vermieden wird. Als Grundsatz gilt hierbei: Ein Lernprozess wird erst dann fortgesetzt, wenn die Lernziele erreicht sind.

Das mastery learning kann dem **kompensatorischen Modell** der differenziellen Didaktik zugerechnet werden. Dieses erstrebt den Ausgleich von Fähigkeitsmängeln dadurch, dass man dem Schüler die Möglichkeit gibt, trotz geringerer Fähigkeitsentfaltung das Lernziel zu erreichen, indem man ihm mehr Zeit einräumt.

Allerdings ist dabei zu berücksichtigen, dass bestehende Defizite in der Fähigkeitsausprägung dadurch nicht grundsätzlich aufgehoben werden. Die Erwartungen in Bezug auf das mastery learning dürfen daher nicht zu hoch angesetzt werden. Die benötigte Lernzeit ist nur eine der Funktionen für den Lernerfolg.

5.4.6 Probleme der Differenzierung

Die vielseitigen Maßnahmen der inneren und äußeren Differenzierung werfen eine Fülle grundsätzlicher und praktischer Probleme auf, die in ihrer Vielfalt keinesfalls als gelöst betrachtet werden können. Dadurch kommt es, dass in kaum einem anderen Bereich der Didaktik und pädagogischen Psychologie die Meinungen so stark voneinander abweichen wie im Bereich der unterrichtlichen Differenzierung. Bei der Frage nach den Problemen der Differenzierung in der Schulpraxis bleibt auch die kritische Auseinandersetzung mit der unterrichtlichen und erzieherischen Effektivität der Differenzierung nicht ausgespart.

5.4.6.1 Organisatorische und didaktische Anforderungen an den Lehrer

Differenzierter Unterricht erfordert vom Lehrer zunächst eine umfassende organisatorische Vorbereitung im Hinblick auf Bereitstellung von Räumlichkeiten, Arbeitsmaterialien und Gruppenverteilung. Daneben ist besonders bedeutsam und erforderlich eine hohe pädagogisch-soziale Kompetenz bei der Durchführung der entsprechenden Maßnahmen. Besonders schwierig wird die Lehrerrolle, wenn differenzierende Maßnahmen in Verbindung mit den unterschiedlichen Lernvoraussetzungen der Schüler notwendig sind. Hier muss durch ein sehr sorgfältiges Vorgehen jegliche Diskriminierung vermieden werden.
Aber auch der ständige Wechsel beim Eingehen und Berücksichtigen der unterschiedlichen Leistungs- und Interessengruppen stößt nicht selten an die Grenzen de Toleranzfähigkeit der Lehrperson.
Da nicht alle Lehrer die entsprechenden Voraussetzungen in dem notwendigen Umfange und der erforderlichen Ausprägung erfüllen können, ergibt sich hierdurch eine Einschränkung der Möglichkeiten in der Durchführung von differenzierenden Unterrichtsmaßnahmen.

5.4.6.2 Zugpferd-Effekt und Scheren-Effekt

Die Problematik besteht in einem Wegfall des Zugpferd-Effektes und einer zu starken Ausprägung des Scheren-Effektes durch differenzierten Unterricht.
Mit **Zugpferd-Effekt** ist der Aufforderungscharakter gemeint, den bessere Schüler gegenüber schwächeren unbewusst ausüben können. Soweit der Unterschied in der Leistungsentfaltung und den Leistungsergebnissen nicht zu groß ist, streben schwächere Schüler häufig danach, diese Leistungen ebenfalls zu erreichen. Die leistungsstärkeren Schüler üben somit eine Art Vorbildfunktion aus, welche mit der Wirkung eines Zugpferdes verglichen werden kann. Hierdurch werden die schwächeren Schüler motiviert, ähnliche Leistungen zu vollbringen. Bei einer (angenommenen) völligen Homogenisierung der Gruppen in Bezug auf Leistungsfähigkeiten durch die Differenzierung würde dieser Zugpferd-Effekt weitgehend wegfallen.
Der **Scheren-Effekt** meint ein immer stärker werdendes Auseinanderklaffen der Leistungsvollzüge und der Fähigkeitsentfaltung in den oberen gegenüber den unteren Gruppen. Durch die Differenzierung - besonders z. B. in der progressiven Differenzierung - werden die besseren Schüler durch optimale Angebote immer besser, während die schwächeren durch das reduzierte Förderungsangebot im Vergleich hierzu

immer weiter zurückbleiben. Dadurch wird der Abstand immer größer, der Scheren-Effekt tritt voll in Funktion.

Wegen des Scheren-Effektes wird die Transparenz (Durchlässigkeit) zwischen den Gruppen immer geringer und schließlich völlig unmöglich. Das bedeutet, dass Schüler aus den unteren Gruppen nicht mehr in der Lage sind, in höhere aufzusteigen. Besonderes in der äußeren Differenzierung muss im Zusammenhang mit dem streaming-System mit einer starken Ausprägung des Scheren-Effektes gerechnet werden. Nicht zuletzt aus diesem Grund wird in einigen Bundesländern in der Primarstufe keine äußere Differenzierung durchgeführt.

5.4.6.3 Leistungsbeurteilung

Mit Hilfe der Differenzierungsmaßnahmen sollen Leistungen entsprechend der individuellen Fähigkeitsausprägung gefordert werden. Dementsprechend werden bei einem Vergleich der Leistungen aus der schwächeren Gruppe mit denen aus einer stärkeren Gruppe objektiv deutliche Unterschiede auftreten.

Die hieraus sich ergebende Problematik betrifft die Frage, inwieweit bei diesen Leistungsunterschieden entsprechend der unterschiedlichen Förderung und Forderung gleiche Beurteilungskriterien angewandt werden können.

Besonders deutlich tritt dieses Problem auf, wenn z. B. in einer Jahrgangsklasse Zensuren zu vergeben sind für Leistungen, die in Gruppenarbeit mit unterschiedlichem Leistungsniveau erbracht wurden. Hier sollten Noten möglichst eingeschränkt und durch verbale Beurteilungen mit Hinweisen auf die Beiträge des Schülers in der Gruppe eingesetzt werden.

Unabhängig hiervon ist es immer naheliegend, zumindest bei internen Erfolgskontrollen entsprechend der durchgeführten Differenzierungsmaßnahmen eine differenzierende Bewertung vorzunehmen.

5.4.6.4 Persönlichkeitsbildung

Differenzierung des Unterrichts kann zwar die Leistungsentfaltung durch Abstimmung der Schwierigkeitsgrade auf die Fähigkeiten der Schüler fördern, muss aber unter Umständen auch Einschränkungen in der sozialen Förderung des Schülers in Kauf nehmen.

In einer heterogenen Gruppe sind die Anregungs- und Entfaltungsmöglichkeiten besonders des sozialen Bereiches vielfältiger und provozierender als in homogenen Gruppen.

Hierzu gehören z. B. besonders Hilfeleistungen gegenüber schwächeren Schülern und gegenseitige Rücksichtnahme.

Das für die Persönlichkeitsentfaltung des Schülers bedeutsame **soziale** Lernen vollzieht sich am besten dort, wo nicht nur der Einzelne in seiner Einmaligkeit und Einzigartigkeit gefördert und berücksichtigt wird, sondern wo es gilt, sich im Klassenverband der Gemeinschaft anzupassen, auf Schwächere Rücksicht zu nehmen, Konkurrenzdenken zurückzustellen zugunsten des kollegialen Denkens und der kooperativen Aktionen.

Hierfür bietet der undifferenzierte heterogene Klassenverband bedeutsame Anregungen. Es darf nicht angenommen werden, dass sich soziale Verhaltensweisen immer spontan im Schulalltag einstellen, denn Schüler können untereinander häufig auch sehr rücksichtslos und egoistisch sein.

Allerdings kann auch bei der Persönlichkeitsbildung die Differenzierung in Form der inneren Differenzierung einen bedeutsamen positiven Beitrag leisten. Dieser steht unter dem übergeordneten Grundsatz der Vermeidung von Schulangst und Unterrichtsstress bei der Persönlichkeitsentfaltung.

Differenzierung erweist sich somit als ein bedeutsames, aber auch recht problematisches Unterrichtsprinzip. Seine sinnvolle lernwirksame und erzieherisch effektive Anwendung ist in die Verantwortung des didaktisch und pädagogisch kompetenten Lehrers gelegt.

5.5 PRINZIP DER ERFOLGSBESTÄTIGUNG

5.5.1 Zum Begriff der Erfolgsbestätigung

Erfolgsbestätigung ist ein Unterrichtsprinzip, das sich aus der lernpsychologischen Begründung der Verstärkung und des Erfolgsgesetzes ergibt.

> **Erfolgsbestätigung heißt, dem Schüler Kenntnisse über den Erfolg oder Misserfolg seines Lernverhaltens zu vermitteln, um weitere Lernerfolge anzubahnen.**

Die Erfolgsbestätigung ist ein wesentlicher Bestandteil des schulischen Lehrens und Lernens. Von fast allen lernpsychologischen Konzeptionen kann abgeleitet werden, dass die Auftretenswahrscheinlichkeit eines Verhaltens abnimmt, wenn keine Erfolgsbestätigungen gegeben werden. Dies führt entweder zu einem Ausbleiben des erwünschten Lernverhaltens oder zu einer Löschung (extinction) bereits erlernter Verhaltensformen. Hierbei erweisen sich Bestätigungen, welche als Erfolgserlebnis wirken (positive Verstärker) lern- und erziehungswirksamer als Bestätigungen, die zu einem Misserfolgserlebnis führen.

5.5.2 Formen der Erfolgsbestätigung

Die Problematik der Erfolgsbestätigung wird in der traditionellen Pädagogik unter dem Aspekt von Lob und Strafe behandelt. In der Lernpsychologie ist sie dem Problemfeld der Verstärkungen zuzuordnen. In der Kybernetik kommt der Erfolgsbestätigung als Rückmeldung zentrale Bedeutung zu.

5.5.2.1 Lob und Strafe

Die **Strafe** wird als eine Erziehungsmaßnahme eingesetzt, welche dazu verhelfen soll, vom Erziehungsziel abweichendes Verhalten zu verhindern. Die Absicht der Strafe ist es, durch Entzug einer Vergünstigung oder durch Zufügung von Unannehmlichkeiten eine Wiederholung des unerwünschten Verhaltens zu vermeiden oder ein erwünschtes Verhalten durch Unter-Druck-Setzen herbeizuführen.

Wegen ihrer Nebenwirkungen, besonders im Hinblick auf den zwischenmenschlichen Bezug, ist die Strafe pädagogisch sehr fragwürdig. Sie ist bestenfalls nur dann vertretbar, wenn sie vom Bestraften als gerecht empfunden wird und von seiner Seite eine Einsicht in die Notwendigkeit der Bestrafung besteht.

Grundsätzlich gilt zu beachten:

- Die durch die Strafe herbeigeführten Verhaltensänderungen sind in der Regel nur von kurzer Dauer. Sie ist also letztlich erzieherisch uneffektiv.
- Strafe kann sich zwar kurzfristig auf äußere Verhaltensformen auswirken, eine positive Veränderung in der Einstellung ist jedoch nicht zu erwarten.
- Strafe führt zu emotionalen Nebeneffekten, d. h. sie kann Ängste erzeugen, welche die Persönlichkeitsentfaltung entscheidend hemmen.
- Strafe führt zu einer bedeutsamen Störung des zwischenmenschlichen Bezugs zwischen Strafendem und Bestraftem.
- Strafe hat als Sanktion gegenüber dem Schwächeren Vorbildwirkung und kann daher zu Aggressionen, welche sich auf den Unterlegenen richten, führen.
- Strafe kann Ursache dafür sein, dass das Ansehen des Bestraften in der Gruppe steigt, z. B. weil er sich trotz Strafandrohung erlaubt hat, sich zu widersetzen oder ohne sichtliche Beeinflussung die Strafe über sich ergehen lässt.
- Strafe kann Verstärkung des unerwünschten und bestraften Verhaltens bewirken, wenn durch das Erleiden von Strafmaßnahmen innere Widerstände geweckt werden.

Bereits durch ROUSSEAU (1712-1778) und in der Folge durch die Philanthropen (BASEDOW, CAMPE und SALZMANN) wurde angeregt, die Strafe durch den Erzieher auszuschalten und durch "natürliche Strafen", die sich durch das Erleben der unmittelbaren Folgen eines Verhaltens ergeben, zu ersetzen.

Lob ist ein Erziehungsmittel, welches erwünschtes Verhalten herbeiführen bzw. dem Erziehungsziel entsprechendes Verhalten verstärken soll. Vom Lob wird erwartet, dass es im allgemeinen die Bereitschaft verstärkt, vorhergehendes Verhalten zu wiederholen. In diesem Sinne entspricht Lob einer positiven Verstärkung.

Lob kann jedoch auch zu unerwünschten Nebeneffekten, vor allem zu Störungen im sozialen Bereich zwischen gelobten und nicht gelobten Gruppenmitgliedern führen.

Auch besteht die Gefahr, dass permanentes Lob Überheblichkeit bewirkt oder im Gelobten das Konkurrenzdenken gegenüber den anderen Schülern wächst. Um erzieherisch negative Nebenwirkungen von Lob möglichst einzuschränken, sollte beachtet werden:

- Lob sollte nicht allzu häufig und nicht zu überschwenglich erteilt werden.
- Lob sollte nicht als ein Mittel zur Verhaltensdressur oder zur Manipulation angewendet werden.
- Lob ist jeweils sachlich bezogen anzuwenden und sollte nur in Ergänzung zur Erfolgsbestätigung durch die bewerkstelligte Sache treten.
- Es ist darauf zu achten, dass die Sekundärmotivation durch Lob möglichst bald und häufig durch die Primärmotivation (Freude am Tätigsein und an der Sache) ersetzt wird.
- Erziehungsschwierigkeiten sind auch daraufhin zu überprüfen, ob ihre Ursachen in unangemessenen Lobzuweisungen oder Straferteilungen liegen.

5.5.2.2 Verstärkung

In der Lernpsychologie ist Verstärkung ein das Auftreten eines Verhaltens beeinflussender Lernfaktor. Man unterscheidet hierbei zwischen positiver Verstärkung und negativer Verstärkung. Sowohl positive als auch negative Verstärker erhöhen die Wahrscheinlichkeit eines Verhaltens. Ein positiver Verstärker erhöht die Wahrscheinlichkeit, wenn er auftritt, ein negativer Verstärker erhöht sie, wenn er wegfällt. Nach dem Gesetz der Verstärkung stellen sich die in den **S-R-Theorien** des Lernens beschriebenen Reiz-Reaktions-Verknüpfungen nicht notwendigerweise ein, sondern bedürfen der Verstärkung.

Das Gesetz der Verstärkung wurde bereits von PAWLOW (1941) erkannt und in die Theorie des **Klassischen Konditionierens** übernommen. Verstärkung ist hierbei das wiederholte gemeinsame Auftreten von bedingtem und unbedingtem Reiz. Hierdurch wird die Tendenz zur Auslösung eines bedingten Reflexes verstärkt. Im Klassischen Konditionieren wirken als Verstärkung die möglichst kurze Zeitspanne zwischen dem unbedingten und bedingten Reiz und die wiederholte Darbietung beider Reize. Bei Wegfall der Verstärkung kommt es zur Auslöschung der Reiz-Reaktions-Verknüpfung.

In der Theorie des **Versuch-und-Irrtum-Lernens** von THORNDIKE (1932) wird die Verstärkung (reinforcement) durch den Erfolg einer in der Reizkonstellation vollzogenen Reaktion bewirkt, die sich nach einer

Reihe vergeblicher Versuche (trial) zufällig einstellt und sich nicht als Irrtum (error) erweist.
Nach dem hiernach benannten Gesetz des Erfolgs (law of effect) stellt sich eine Reiz-Reaktions-Verknüpfung ein und wird verstärkt, wenn das Verhalten zu einer Befriedigung des Organismus führt (positiver Nacheffekt). Folgt auf die Reaktion ein unbefriedigender Zustand des Organismus (negativer Nacheffekt), so wird die Verknüpfung verhindert oder schwächt sich ab und führt zum Erlöschen (extinction).
In der Theorie des **operanten Konditionierens** von SKINNER (1954) wird nicht die Reiz-Reaktions-Verknüpfung verstärkt, sondern das Verhalten, das sich ohne äußere Reize einstellt (operant behavior). Verstärkungen sind hierbei die Konsequenzen, welche sich durch das Wirkverhalten in der Umwelt ergeben.

Die Effektivität der Verstärker ist an die Erfüllung bestimmter Bedingungen gebunden:
- Verstärkungen müssen unmittelbar (immediately) erfolgen. Bereits ein Zeitintervall von einigen Sekunden beeinflusst die Wirksamkeit der Verstärkung.
- Verstärkungen müssen spezifischer Art (specific) sein. Um keine unerwünschten Nebenerscheinungen zu verstärken, muss der Verstärker genau dem erwünschten Verhalten zugeordnet werden.
- Verstärkungen müssen häufig (frequently) erfolgen. Hierzu ist es erforderlich, anfänglich auch Details des erwünschten Verhaltens regelmäßig zu verstärken.

Nach einer positiven Verstärkung tritt häufig eine kurzfristige Reduzierung der Aktionsbereitschaft (Lorbeereffekt) auf.
Bei der Wahl zwischen positiver und negativer Verstärkung ist grundsätzlich der positiven Verstärkung der Vorzug zu geben. Das heißt nicht, dass jede unordentliche Arbeit hochgelobt werden soll. Aber es ist von entscheidender unterschiedlicher Wirkung, ob der Lehrer sagt: "Jetzt sind von 12 Aufgaben schon wieder 3 falsch!" oder: "Jetzt hast du von 12 Aufgaben immerhin schon 9 richtig!"

5.5.2.3 Rückmeldung

Rückmeldung (Feedback) ist eine Bezeichnung, welche dem Regelkreismodell entstammt. Dort und in der sich hierauf beziehenden kybernetischen Didaktik bedeutet Rückmeldung, dass die Konsequenzen einer Maßnahme als Information zurückgesandt werden und die weiteren Maßnahmen beeinflussen.

Der Rückmeldung kommen hierbei zwei bedeutsame Funktionen zu: die Kontrollfunktion und eine Selektionsfunktion.

Kontrollfunktion bedeutet, dass der zurückgemeldete Erfolg als Ist-Wert mit dem als Soll-Wert gesetztem Ziel verglichen und im Hinblick auf Übereinstimmung überprüft wird.

Selektionsfunktion kommt der Rückmeldung insofern zu, als sie die Ausgangsbasis dafür darstellt, aus den möglichen weiteren Maßnahmen diejenige auszuwählen, die sich aufgrund des zurückgemeldeten Erfolgs der vorhergehenden Maßnahmen als die richtige (evtl. korrigierte) erweist.

Im kybernetischen Modell ist jedes Lernen auf Rückmeldung angewiesen. Ziel des Lernens ist hierbei, den Ist-Wert dem gesetzten Soll-Wert möglichst anzugleichen (Ist-Wert-Soll-Wert-Approximation). Ein Lernverhalten baut sich durch den zurückgemeldeten Erfolg oder Misserfolg eines Verhaltens auf.

Hierdurch zeigt sich, dass dem Schüler möglichst oft Rückmeldungen in Bezug auf den Erfolg seines Verhaltens übermittelt werden sollen. Die Grundsätze, nach denen Rückmeldungen gestaltet werden sollen, entsprechen denen der Verstärkung.

5.5.3 Zur Bedeutung der Erfolgsbestätigung

Die Bedeutung des Prinzips der Erfolgsbestätigung zeigt sich in der traditionellen Pädagogik als Erziehungsmittel im Zusammenhang von Lob und Strafe, in den Lerntheorien als Verstärkung von Lernverhalten und in der kybernetischen Pädagogik als Rückmeldung für die Annäherung von Ist-Wert und Soll-Wert.

Der Aufbau von Einstellungen (traditionelle Pädagogik) und von Verhaltensweisen (lerntheoretische und kybernetische Aspekte) ist auf Erfolgsbestätigung angewiesen. Somit lässt sich die Bedeutung von Erfolgsbestätigungen sowohl von der Ausbildung einfacher Verhaltensweisen als auch von der Prägung von Gewohnheiten und Haltungen im Zusammenhang mit der Persönlichkeitsbildung aufweisen.

Es sollte jedoch beachtet werden, dass Bestätigungen über den Erfolg eines Verhaltens nicht immer nur vom Lehrer ausgehen müssen. Weitaus effektiver ist oft die Erfolgsbestätigung, die durch die **Gruppe** durch Steigerung des Ansehens oder durch Missachtung der Leistung erfolgt. **Natürliche** Konsequenzen, die sich direkt auf ein Verhalten einstellen, erweisen sich ebenfalls als eine besonders wirksame Form der Erfolgsbestätigung.

5.6　PRINZIP DER ERFOLGSSICHERUNG

5.6.1 Aufgabe der Erfolgssicherung

Erfolgssicherung dient der Stabilisierung gelernter Unterrichtsinhalte, so dass diese auch später noch zur Verfügung stehen und angewandt werden können. Durch die Erfolgssicherung wird versucht, die im Unterricht vermittelten Stoffe und die erreichten Ziele **gegen Vergessen und Verfall abzusichern**. Hierzu sind entsprechende Maßnahmen in der Artikulation des Unterrichts erforderlich.

Erfolgssicherung im Unterricht heißt, durch entsprechende Maßnahmen den Lernerfolg einer Unterrichtseinheit längere Zeit zu erhalten.

5.6.2 Formen der Erfolgssicherung

5.6.2.1 Übung

Zweck der Übung ist es, das Gelernte durch **Wiederholung** zu festigen. Wesentlicher Bestandteil einer Übung ist also die Wiederholung eines gleichen oder eines ähnlichen Handlungsvollzuges bis zu seiner Vervollkommnung.

Fast alle Lerntheorien heben die Bedeutung der Wiederholungshäufigkeit, besonders beim Erwerb von Fertigkeiten oder wenn etwas dauerhaft gelernt werden soll, hervor. Das Üben wird daher auch als eigenes Unterrichtsprinzip beschrieben (SERVE 1992).

Das Üben dient der Automatisierung psychischer Funktionen. Üben ist überall dort nötig, wo Verhalten nicht nur einmalig vollzogen, sondern bis zur Sicherheit und Geläufigkeit eingeschliffen werden soll. Die Übung hat also auch in einer modernen Unterrichtsgestaltung ihren berechtigten Platz. Allerdings erweist sich mechanisches Üben ohne sinnvolle Begründung und Zweckzusammenhang als wenig lerneffektiv. Es sollten daher bei der Gestaltung von Übungsphasen "Übungsregeln" beachtet werden.

Zu den Regeln der Übung zählen:

- das Übungsziel aufzeigen und sachlich begründen,
- den Übungsfortschritt erkennen lassen,
- regelmäßig üben,
- abwechslungsreich üben,
- Übungsplateau (Sättigungsgrad) beachten.

Wiederholendes Üben des Gelernten erweist sich nicht nur am Ende einer Unterrichtsstunde, sondern auch vor der Behandlung neuer Stoffe im Zusammenhang mit dem sogenannten "Warmlaufen" (warming up) als lernwirksam.
Systematische und andauernde Übung zur Herbeiführung eines Zustandes optimaler körperlicher, manueller oder geistiger Leistungsfähigkeit wird als **Training** bezeichnet.

5.6.2.2 Anwendung

Die Anwendung dient ebenfalls der Erfolgssicherung im Unterricht. Bei der Anwendung kommt es weniger wie bei der Übung auf die Verfestigung durch Wiederholung an, sondern auf eine **Verwertung** des Gelernten bei der Lösung von praktischen Aufgaben und Situationsproblemen. Anwendung ist daher mehr **praxisbezogen** als die Übung. Anwendung ist die Verwertung des Gelernten im praktischen Tun. Der Anwendung kommt im Unterricht sowohl eine Kontrollfunktion als auch eine Sicherungsfunktion zu.
Ihre **Kontrollfunktion** besteht darin, dass sie dem Schüler (Selbstkontrolle) und dem Lehrer (Fremdkontrolle) anzeigt, inwieweit der Lerninhalt beherrscht bzw. das Lernziel erreicht wurde. Liegen Lücken vor, so zeigen sie sich überall dort, wo die praktische Verwertung des Gelernten nicht gelingt.
Die **Sicherungsfunktion** besteht in der Verfestigung des Lerninhalts durch seine Verwertung bei der Aufgaben- und Problemlösung.
Die Anwendung im Unterricht wird sich besonders dann als erfolgssichernd erweisen, wenn
- der Zeitraum zwischen Lern- und Anwendungsphase nicht zu lange ist,
- die Anwendungsaufgaben sich möglichst auf den Unterrichtsinhalt beziehen und dem Schüler nicht gekünstelt erscheinen,
- die Verwertung des Gelernten unter verschiedenen Gesichtspunkten erfolgt,
- dem Schüler die Verwertbarkeit des Gelernten im praktischen Tun einsichtig wird und
- der Schüler hierbei häufig Erfolgsbestätigungen vermittelt bekommt.

5.6.2.3 Transfer (Übertragung)

Das Problem der Übertragung wird in der Lernpsychologie unter dem Aspekt des "transfer of training" behandelt.

Hierunter wird die Veränderung des Verhaltens (Lernen) verstanden, die durch frühere in ähnlichen Situationen vollzogene Lernprozesse bewirkt wird. Als Voraussetzung für Transfer wird die **Ähnlichkeit** der Sachverhalte oder Situationen gesehen. Durch Transfer haben früher erworbene Verhaltensweisen einen Einfluss auf die Durchführung und Aneignung neuer Verhaltensformen. Transfer liegt also vor, wenn das Erlernen eines Verhaltens oder eines Inhalts von dem vorhergehenden Lernen eines anderen Verhaltens oder Inhalts beeinflusst wird.

In der Didaktik wird ebenso wie in der Lernpsychologie der Vorgang des Transfers auch als **Mitübung** oder **Übertragung** bezeichnet. Da sich Transfer nicht immer vorteilhaft auf den Erwerb neuer Verhaltensformen auswirkt, wird in **positiven** und **negativen Transfer** unterschieden. Positiver Transfer fördert, negativer hemmt das Erlernen neuer Verhaltensformen bzw. Inhalte. Im Zusammenhang mit dem negativen Transfer steht das Phänomen der Interferenz.

Interferenz tritt auf, wenn ähnliche Inhalte unmittelbar hintereinander gelernt werden. Interferenzen können als proaktive Hemmung (jetzt Gelerntes wirkt sich auf zukünftiges Lernen negativ aus) oder als retroaktive Hemmung (jetzt Gelerntes beeinflusst nachteilig vorher gelerntes ähnliches Material) wirken.

Das in der Didaktik bedeutsame Problem der **"formalen Bildung"** wird häufig mit dem lernpsychologischen Problem des Transfer in Beziehung gesetzt. Hierbei wird angenommen, dass z. B. das Erlernen lateinischer Vokabeln und Regeln das Gedächtnis und Denkvermögen allgemein schult. Es muss jedoch beachtet werden, dass ein regelmäßiger Zusammenhang in empirischen Untersuchungen nicht bestätigt werden kann. Transfer stellt sich nur dort ein, wo nicht nur Inhalte und Verhaltensformen gelernt werden, sondern das Übertragen auf andere Inhalte, Verhaltensweisen und Situationen speziell geübt wird.

Im Zusammenhang mit der Erfolgssicherung kann zwischen horizontalem und vertikalem Transfer unterschieden werden.

Beim **horizontalen Transfer** wird von einem gelernten Sachverhalt (z. B. Vesuv als Vulkan) auf andere ähnliche Sachverhalte geschlossen (z. B. auf andere noch tätige Vulkane der Erde).

Im **vertikalen Transfer** wird von einer relativ einsichtigen Gegebenheit auf umfassende Sinnzusammenhänge geschlossen, z. B. wird die Kenntnis über die Gefahren vulkanischer Tätigkeit angewandt beim Häuserbau in erdbebengefährdeten Gebieten. Vertikaler Transfer ermöglicht höhere, komplexere Operationen, Begriffe und Regeln.

Unser gesamtes schulisches Lernen setzt voraus, dass Schüler übertragen, d. h. dass sie in der Lage sind, das im Unterricht Gelernte später nutzbringend anzuwenden. Diese Voraussetzung wird meist kritiklos übernommen, obwohl die Lernpsychologie nachweist, dass sich Transfer nicht mechanisch einstellt, sondern nur unter bestimmten Bedingungen vollzieht. Der im Zusammenhang mit der Erfolgssicherung im Unterricht bedeutsame Vorgang der Übertragung sollte reflektiert werden unter den Fragen: Was kann übertragen werden? und: Welche Bedingungen des Transfers sind zu beachten? (BRUNNHUBER 1995, 64). Ein Übertragungseffekt ist davon abhängig, dass

- das Übertragen selbst geübt wird,
- eine möglichst weitgehende Ähnlichkeit zwischen Lern- und Übertragungssituation besteht,
- zur Vermeidung von Übertragungsfehlern auch Beispiele behandelt werden, bei denen keine Übertragung möglich ist,
- Übertragungsmöglichkeiten gefunden werden, welche das Leben und den Alltag des Schülers betreffen und
- die Schüler bei der Übertragung weitgehend Selbsttätigkeit entfalten können.

Transfer lässt sich auch gut bei der Aneignung von Lernstrategien einschließlich von Mnemotechniken einsetzen.

5.6.2.4 Weitere Möglichkeiten der Erfolgssicherung

Hierzu gehören besonders die Tafel- und Merktextgestaltung und die Lernziel- und Leistungskontrolle.

Bei der **Tafel- und Merktextgestaltung** ist besonders auf die strukturelle Gliederung, die Betonung der wichtigsten Ansätze und auf eine gedächtnispsychologisch abgesicherte Form zu achten. Die Inhalte sollten kurz, prägnant und sinnvoll miteinander verbunden aufgeführt werden.

Die **Lernziel- und Leistungskontrollen** tragen indirekt zur Erfolgssicherung bei, dadurch dass sie das Lernmaterial nochmals in Erinnerung bringen und den Schüler veranlassen, sich mit dem Inhalt wiederholt auseinanderzusetzen. Erfolgskontrollen sollten im Unterricht möglichst abwechslungsreich gestaltet werden, so dass sie einen gewissen Motivationscharakter nicht verlieren.

5.7   PRINZIP DER SCHÜLERORIENTIERUNG

5.7.1 Definition von Schülerorientierung

Das Prinzip er Schülerorientierung steht in enger Beziehung mit dem Prinzip der Differenzierung. Es beschränkt sich aber nicht nur auf die Berücksichtigung individueller Gegebenheiten bei Stoffauswahl und Methodengestaltung in der Planung, Durchführung und Nachbereitung von Unterricht.

> **Schülerorientierung heißt Berücksichtigung der Individualität und Anerkennung der Personalität des Schülers in allen Bereichen des Unterrichts.**

5.7.2 Merkmale der Schülerorientierung

Berücksichtigung der Individualität erfolgt dadurch, dass die individuellen Gegebenheiten der Schüler in Bezug auf ihre Fähigkeitsentfaltung und ihre Interessenlage bei der Planung und Gestaltung von Unterricht Berücksichtigung finden.

Die Berücksichtigung der Individualität kommt besonders beim Unterrichtsprinzip der Differenzierung zum Tragen. Hierbei können verschiedene Formen der Differenzierung praktiziert werden (Kap. 5.4), von denen der **Gruppenunterricht** (arbeitsteilig oder themengleich) eine zentrale Stellung einnimmt.

Anerkennung der Personalität betrifft die interpersonale Kommunikation von Lehrendem und Lernenden, also das Verhältnis von Mensch zu Mensch zwischen Lehrer und Schüler, zwischen dem Lehrer und der Klasse im Unterricht und Schulleben.

Anerkennung der Personalität ist also nicht so sehr eine Frage der Stoffauswahl und Methodengestaltung, sondern eine Form des Umgangs zwischen Lehrer und Schüler, eine Angelegenheit des **Unterrichtsstils**.

Die gegenseitige Anerkennung der Person und der personalen Würde ist Kennzeichen des sog. sozial-integrativen Unterrichtsstils, auch als demokratischer Unterrichtsstil bezeichnet. Hier vollzieht sich eine Kooperation von Lehrer und Schüler im Unterricht, bei der die Autorität des Lehrers zurücktritt zugunsten einer offenen und gegenseitig vertrauenden **Partnerschaftlichkeit**.

Dabei werden sowohl die Planung und Gestaltung des Unterrichts als auch das gegenseitige Verhalten zur Diskussion gestellt, sachlich begründet in ihren Auswirkungen beurteilt.
Es vollzieht sich eine **Metakommunikation** im Sinne einer Kommunikation **über** die Kommunikation im Unterricht. Ein typischer Platz für die Metakommunikation ist die Lehrer-Schüler-Konferenz (GORDON 1999).

Widrige Umstände des Schulalltags (überfüllte Stoffpläne, zu hohe Klassenstärke, auftretende Erziehungsschwierigkeiten) hindern oft die Verwirklichung hochgesteckter Ziele der Schülerorientierung..

Das Prinzip der Schülerorientierung ist zentrales Anliegen des **schülerorientierten Unterrichts** und wird dort einschließlich seiner Möglichkeiten und Grenzen ausführlich beschrieben (Kap. 4.9).

5.8   PRINZIP DER GANZHEIT

5.8.1 Ganzheit als Wesensmerkmal des Menschen

Der Titel eines Buches "Ganzheit und Menschlichkeit" (Ernst 1997) zeigt, dass die Ganzheit dem Menschen nicht zufällig oder beiläufig zukommt, sondern die Ganzheit der Person ein Wesensmerkmal des Menschen ist.

> **Ganzheit bedeutet im Gegensatz zum zufälligen Nebeneinander oder zur additiven Häufung eine urtümliche Geschlossenheit, aus der sich die Bedeutung der integrierten Bereiche ableitet und die sich durch einen unauflöslichen Wirkzusammenhang auszeichnet.**

In dieser strukturellen Geschlossenheit erhalten die einzelnen Teilstrukturen (nicht Teilelemente) ihre Bedeutung immer im Wirkzusammenhang mit den übrigen Teilstrukturen und im Bezug zum Ganzen. Bedeutsam für den Ganzheitsbegriff wurde u. a. das Gesetz der **"schöpferischen Synthese"** von WUNDT (1832-1920): "Das Ganze ist immer mehr als die Summe seiner Teile".
Neben dieser "Übersummativität" erhält der Begriff der Ganzheit eine wesentliche Bestimmung durch "Komplexqualität". Diese betrifft eine Wirkeinheit von bewusstseins- und gestaltprägenden Faktoren, unter denen dem Gefühl eine dominierende Funktion zugesprochen wird. Innerhalb der Psychologie entwickelte sich eine eigene Richtung, die **Ganzheitspsychologie**, welche die Berücksichtigung ganzheitlichen Erlebens als zentrale Forderung erhob (Kap. 4.2.3.2).
Ganzheitliches Erleben ist prinzipiell **unzusammengesetzt**. Es darf nicht als eine "Und-Verbindung" aus verschiedenen Teilen gesehen werden. In das ganzheitliche Erleben gehen Elemente des Unbewussten ein. Gefühlsmäßige Momente und Beteiligung des Unbewussten liegen auch dann vor, wenn der Mensch glaubt, reine Prozesse des abstrakten Denkens zu vollziehen. Es gibt im Erleben des Menschen keine reine Geistigkeit, ebensowenig wie es im Menschen eine reine Sinnlichkeit gibt.
Auch die höchste Stufe vergeistigten Denkens ist mitbeeinflusst von einer Vitalsphäre und auch im primitiven Getriebenwerden des Menschen vollzieht sich nicht reiner Trieb, sondern das Trieberleben

eines geistbetroffenen Wesens. "Den menschlichen Organismus kann man sich als komplexes, lebendiges System (nicht mechanistisch verstanden) vorstellen, das ganzheitlich strukturiert ist." (ERNST 1997, S. 110)

Hierbei ist zu beachten, dass sich die Ganzheit des Menschen nicht immer in Harmonie entfaltet. Spannungen können durchaus entstehen zwischen leiblichen Antrieben und geistiger Überbauung, ebenso zwischen starken Gefühlsregungen und willentlicher Gegensteuerung. Das ganzheitliche Erleben umfasst immer **innere** und **äußere** Momente. Es ist geprägt sowohl von personabhängigen Faktoren (Haltungen, Einstellungen, Gefühlen) als auch von Gegebenheiten der Außenwelt. Beide Faktorenkomplexe gehen im ganzheitlichen Erleben ineinander über. Hier gibt es kein reines Inneres und kein reines Äußeres. Das Innere ist immer bereits mitgeprägt von außen und das Außen ist im Erleben immer ein von innen geformtes Außen.

Die Entwicklung der Ganzheit ist weder eine Entwicklung von Teilen zum Ganzen noch eine vom Ganzen zu Teilen, sondern stets ein **Ganzheitswandel**. Dieser lässt sich aufzeigen im Prozess der Aktualgenese (Gestaltentwicklung im augenblicklichen Wahrnehmen), der Ontogenese (Entwicklung des einzelnen Individuums) und der Phylogenese (Entwicklung der Gattung).

5.8.2 Ganzheit als Unterrichtsprinzip

Das Unterrichtsprinzip der Ganzheit bezieht sich sowohl auf die Ganzheit des Kindes als auch auf die Ganzheit des Unterrichtsstoffes.

- **Ganzheit der Person des Schülers**
  Die Ganzheit des Kindes ist bereits angesprochen von PESTALOZZI (1746-1827), wenn er fordert, dass Unterricht "Kopf, Herz und Hand" beteiligen muss. Der Unterricht an unseren Schulen läuft heute Gefahr, "kopflastig" zu werden, d. h. sich in einer einseitigen Bevorzugung des kognitiven Bereiches zu vollziehen.
  Dementsprechend gilt die Forderung nach einer gründlichen "Entrationalisierung" der Unterrichts- und Erziehungsarbeit. Bei der Entwicklung des Kindes zur Persönlichkeit sind neben Verstand und Einsicht Gefühlskomponenten und Handlungsvollzüge wesentlich beteiligt.
  Der Unterricht muss daher sowohl die affektiven als auch die psycho-motorischen Bereiche einbeziehen. Jedoch ist darauf zu achten, dass "ganzheitliche Erziehung" nicht schon dadurch

entsteht, "dass man der kognitiven Förderung noch einige
Maßnahmen affektiver oder leiblicher Erziehung hinzufügt"
(KERSTIENS 1991, 172).

- **Ganzheit des Unterrichtsinhaltes**
  Die Ganzheit des Stoffes überwindet die fachspezifische Zersplitterung der Unterrichtsinhalte und stellt Lebenszusammenhänge in den
  Mittelpunkt des Unterrichts.
  Nach dem Prinzip der Ganzheit werden die Gegebenheiten und Fak-
  ten dieser Welt nicht elementenhaft und isoliert betrachtet, sondern
  in ihrem Beziehungs- und Wirkzusammenhang gesehen. Die "ganze
  Wirklichkeit" in den Unterricht einbringen heißt, Zugänge zum um-
  greifenden Ganzen zu erschließen.
  Dies ist realisierbar, wenn Lebensgemeinschaften (z. B. Wald), na-
  turkundliche Abhängigkeiten (z. B. Wasserkreislauf), wirtschaftliche
  Komplexe (z. B. Abstimmung von Import und Export), technische
  Einheiten (z. B. Regelkreis) u. a. im Unterricht behandelt und auf
  ihre strukturellen Beziehungen hin durchleuchtet werden.
  Ganzheitliche Behandlungen ergeben sich bei den genannten oder
  ähnlichen Inhalten allein schon vom **Sachanspruch** der Wirklichkeit.
  Methodisch aufgearbeitet und erzieherisch wirksam gestaltet werden die Wirkeinheiten - z. T. gestützt durch das Prinzip der Struktu-
  rierung - durch "Eingrenzung der Themengebiete" und durch
  "Konzentration auf das Wesentliche" (SEIBERT 1992, 203).

Die Ganzheit als Unterrichtsprinzip soll dazu führen, dass sich der Unterricht nicht nur einseitig an die Verstandeskräfte des Kindes wendet.
Es sollte im Unterricht die Allmacht und die Diktatur des Kognitiven
überwunden werden ohne die Wissens- und Erkenntnisvermittlung zu
vernachlässigen.
Gleichzeitig soll sich durch das Prinzip der Ganzheit der Unterrichtsinhalt nicht in Details verlieren, sondern als Einheit mit Schwerpunktsetzung und in seinem Sinn- und Beziehungszusammenhang eingebracht
werden.
Das Unterrichtsprinzip der Ganzheit ist wesentlicher Bestandteil verschiedener Lehrformen und Unterrichtskonzptionen. Hierzu zählen das
fächerübergreifende Lehren (Kap. 2.2.5), der Gesamtunterricht (Kap.
4.2), der erziehende Unterricht (Kap. 4.8) und der schülerorientierte
Unterricht (Kap. 4.9). Es ist integrativ verbunden mit den Prinzipien
der Anschaulichkeit, der Motivierung und der Strukturierung.

5.9 PRINZIP DER STRUKTURIERUNG

Das Prinzip der Strukturierung steht in enger Beziehung zum Unterrichtsprinzip der Ganzheitlichkeit. Der Strukturbegriff setzt jedoch etwas andere Schwerpunkte.

5.9.1 Begriff der Struktur

> **Eine Struktur ist ein innerer Zusammenhang, ein ganzheitliches Gefüge, bei dem sich zwar Teilbereiche abzeichnen, die aber immer notwendigerweise aufeinander bezogen sind und in ihrer Gesamtheit unter einer immanenten Gesetzmäßigkeit stehen.**

Neben diesem inneren Zusammenhang der Teilbereiche zeichnet sich eine Struktur dadurch aus, dass die Strukturiertheit die **Unterschiedenheit** einer Realität oder eines Ideengutes von anderen Gegebenheiten involviert.
Unter diesem Aspekt setzt sich die Struktur von allem mit ihm nicht Identischen ab. Hierbei besteht jedoch immer eine Bezogenheit der bestehenden Strukturen aufeinander. Eine Struktur ist per se nicht existent.
Das Prinzip der Strukturierung bezieht sich sowohl auf die Auswahl der Inhalte als auch auf die Methodengestaltung.

5.9.2 Strukturierung als Auswahl der Inhalte

Die Strukturierung der Unterrichtsinhalte (Sachstruktur) betrifft sowohl die Einbeziehung in einen größeren **Wirkungszusammenhang**, aus dem sie stammen, als auch die Aufgliederung in **Teilbereiche**, die aufeinander bezogen sind. Jeder Lerninhalt stammt aus einem größeren Beziehungsgefüge und kann in einzelne Teilinhalte strukturell aufgegliedert werden. Die Auswahl der Inhalte und damit Herausnahme aus dem Gesamtzusammenhang sollte daher eine Isolierung möglichst vermeiden, ebenso wie seine Aufgliederung in Teilinhalte nicht bruchstückmäßig und elementenhaft erfolgen sollte.
Als Strukturierungsmaßnahmen unter dem Inhaltsaspekt bieten sich an:
- Konzentration auf das Wesentliche,

- Aufgliederung in bedeutsame Teilbereiche,
- Thematisierung und
- Herstellung von Beziehungs- und Sinnzusammenhängen.

5.9.3 Strukturierung in der methodischen Gestaltung

In der methodischen Gestaltung erfolgt die Strukturierung im wesentlichen als Artikulation und als Rhythmisierung des Unterrichts.

- **Artikulation**
  Artikulation des Unterrichts bezieht sich auf die in der Unterrichtsmethode getroffenen Entscheidungen über die **Gestaltung** und den **Verlauf** der einzelnen Lehr- und Lernabschnitte. Entscheidungen über die Artikulation werden in der Regel bei der Unterrichtsplanung getroffen. Die geplante Artikulation sollte während einer Unterrichtsstunde für Abwandlungen und Variationen offen sein, die sich als angebracht oder als notwendig erweisen und nicht in einen starren Schematismus (Formalstufen) verfallen.

- **Rhythmisierung**
  Unter Rhythmisierung des Unterrichts versteht man einen sinnvollen Wechsel innerhalb der einzelnen Phasen im Ablauf des Unterrichts einschließlich des Schullebens. Rhythmisierung kann erfolgen als
  - Wechsel von Eindrucksphasen und Möglichkeiten des Sich-Ausdrückens (bereits in der Arbeitsschule praktiziert)
  - Wechsel von innerer Betroffenheit und gelöster Ausgeglichenheit
  - Wechsel innerhalb de Leistungsbereiche (kognitive, affektive u. soziale Leistungen)
  - Abwechslung zwischen Leistungsphasen und musischer Gestaltung
  - Integration von Unterricht und Freizeit

Die Rhythmisierung dient nicht nur der Auflockerung, sondern löst auch innere Spannungen und führt zur affektiven Ausgeglichenheit. Dadurch erhöht sich auch die Konzentrationsfähigkeit und lässt, wenn es darauf ankommt, bessere Leistungen entfalten.

Das Unterrichtsprinzip der Strukturierung steht in einem engen Zusammenhang mit den Prinzipien der Ganzheit, der Schülerorientierung und der Motivierung.

5.10 ZUSAMMENFASSUNG UND GÜLTIGKEIT DER UNTERRICHTS-PRINZIPIEN

5.10.1 Zusammenstellung der wichtigsten Unterrichtsprinzipien

Das Prinzip der **Motivierung** betrifft die Weckung der Bereitschaft des Schülers, sich mit den ausgewählten Unterrichtsinhalten und den gestellten Aufgaben auseinanderzusetzen.

Das Prinzip der **Veranschaulichung** ist ausgerichtet auf eine den Sinnesorganen zugängliche Darbietung, Erarbeitung und Gestaltung der Unterrichtsinhalte.

Das Prinzip der **Aktivierung** betrifft die Aneignung von Lernerfahrungen im tätigen Umgang mit den Lerninhalten.

Durch das Prinzip der **Differenzierung** soll die Leistungsfähigkeit des Schülers berücksichtigt und auf seine Interessen eingegangen werden.

Durch das Prinzip der **Erfolgsbestätigung** wird dem Schüler die Kenntnis über den Erfolg oder Misserfolg seines Verhaltens vermittelt, um hierdurch weiteres Lernverhalten anzubahnen und aufzubauen.

Das Prinzip der **Erfolgssicherung** ist ausgerichtet auf eine Stabilisierung des Lernerfolgs im Hinblick auf zukünftige Verhaltensweisen.

Das Prinzip der **Schülerorientierung** stellt die Person des Schülers in den Mittelpunkt in Bezug auf die Berücksichtigung seiner Individualität und Anerkennung seiner Personalität.

Das Prinzip der **Ganzheit** bezieht sich sowohl auf den Beziehungs- und Sinnzusmmenhang der Unterrichtsinhalte als auch auf die Leib-Seele-Einheit des Schülers.

Das Prinzip de **Strukturierung** ist ausgerichtet auf die Beziehung und Anordnung der Inhalte und auf die Gegliedertheit der methodischen Gestaltung.

5.10.2   Zur Gültigkeit der Unterrichtsprinzipien

Unterrichtsprinzipien sind Grundsätze, welche allgemein die methodische Gestaltung des Unterrichts bestimmen. Ihre Gültigkeit ist überfachlich, wobei ihnen jedoch in den verschiedenen Unterrichtsfächern spezifische Gewichtung zukommen kann.

Als Grundsätze des Unterrichts beziehen sie sich vornehmlich auf die Unterrichtsgestaltung, gelegentlich auch auf die Inhalte des Unterrichts. Ihr bedingter Geltungsbereich erstreckt sich mit unterschiedlicher Relevanz auf verschiedene Schularten, Jahrgangsstufen und Unterrichtsfächer.

Jedes der Unterrichtsprinzipien hat spezifische Begründungsansätze und eigene Variationsmöglichkeiten. In ihrer Wirksamkeit gehen die Unterrichtsprinzipien integrativ ineinander über. Keines der Unterrichtsprinzipien kann für sich allein absoluten Gültigkeitsanspruch erheben. Jeder Unterricht ist auf eine kombinierte Berücksichtigung verschiedener Unterrichtsprinzipien angewiesen.

Gelegentlich werden die Unterrichtsprinzipien in der Didaktik als **Wissenschaft** vom Unterricht **zu praxisbezogen** kritisiert und geraten in den Verdacht einer Normierung und Reglementierung des Unterrichts. In eine Didaktik, die sich als Schnittpunkt einer Wissenschaftsorientierung und Berufsfeldbezogenheit versteht, können sie zwar nicht unbedingten Geltungsanspruch erheben, aber bei der Planung und Gestaltung von Unterricht Orientierungspunkte abgeben und somit wissenschaftlich abgesicherte **Hilfsdienste** leisten.

6. DIDAKTISCHE MODELLE DER PLANUNG UND GESTALTUNG VON UNTERRICHT

Didaktik ist als Theorie des Unterrichts die kritische Auseinandersetzung mit dem Unterricht, also mit seinen formalen Merkmalen (Organisation, Institutionalisierung und Interaktion) und seinen Strukturmerkmalen (Zielen, Inhalten und Methoden). Unterricht vollzieht sich als ein **komplexer** Vorgang. Daher gibt es auch nicht **die** Theorie des Unterrichts, sondern verschiedene theoretische Ansätze, welche als Modelle der Planung und Gestaltung von Unterricht dienen können. In der Literatur werden Zusammenstellungen solcher Modelle angeboten, z. B. von JANKE/ MEYER (1991): "Didaktische Modelle", KÖSEL (1993): "Die Modellierung von Lernwelten", PETERßEN (1996): "Lehrbuch der Allgemeinen Didaktik" oder auch HEURSEN (1997): "Ungewöhnliche Didaktiken". Die nachfolgende Auswahl bezieht sich auf GUDJONS/ WINKEL (1999), welche teilweise auf BLANKERTZ (1975) zurückgeht und die fünf bedeutsamsten Modelle der Didaktik vorstellt.

6.1   DAS BILDUNGSTHEORETISCHE MODELL

6.1.1 Grundlagen des bildungstheoretischen Modells

Das bildungstheoretische Modell wird von KLAFKI (1999) aktualisiert vorgestellt und begründet. Seine Grundlagen entstammen - wenn auch nicht direkt erwähnt - der Theorie der **Kategoriale Bildung** (KLAFKI 1964). Kategoriale Bildung heißt, "dass sich dem Menschen seine Wirklichkeit kategorial erschlossen hat und dass er damit selbst dank der selbstvollzogenen kategorialen Einsichten, Erfahrungen, Erlebnisse für diese Wirklichkeit erschlossen ist" (KLAFKI a.a.O. 298). Kategoriale Bildung vollzieht sich also als ein doppelseitiges Erschließen von Welt und Mensch in Form von Sichtbarwerden von allgemeinen Inhalten auf der objektiven Seite und als Aufgehen allgemeiner Einsichten auf der Seite des Subjekts.
Besonders erwähnt wird die Grundlegung der didaktischen Position als eine "bildungstheoretisch fundierte" im Rahmen einer "kritisch-konstruktiven Erziehungswissenschaft". Hierbei geht es vornehmlich darum den "Bildungsbegriff als Zentralanliegen" zu etablieren.

"Eine zentrale Kategorie wie der Bildungsbegriff oder ein Äquivalent dafür ist unbedingt notwendig, wenn die pädagogischen Bemühungen nicht in ein unverbundenes Nebeneinander von Einzelaktivitäten auseinanderfallen sollen" (KLAFKI 1999, 13 f.). Mit dem Problem der Auswahl von Bildungsinhalten beschäftigt sich die "Didaktik im engeren Sinne".

Zum **Bildungsinhalt** kann jede sachliche Gegebenheit oder gedankliche Konstruktion unserer Welt werden. Entscheidend ist, aus der Fülle der möglichen diejenigen Inhalte auszuwählen, welche hohen **Bildungsgehalt** aufweisen. Der Bildungsgehalt ist das **Bildungswirksame** in einem Bildungsinhalt.

6.1.2 Planung und Gestaltung von Unterricht nach dem bildungstheoretischen Modell

6.1.2.1 Voraussetzungen eines Konzepts von Unterricht

Als Voraussetzungen eines Unterrichtskonzeptes gelten (KLAFKI 1999, 15 f.):

- Generelles Ziel ist es, Hilfe zu geben bei der Entwicklung von **Selbstbestimmungs- und Solidaritätsfähigkeit.** Hierzu zählen auch die rationale Diskursfähigkeit (Begründung und Reflexion), die entwickelte Emotionalität und die Handlungsfähigkeit.
- Der Zusammenhang von Lehren und Lernen wird als **Interaktionsprozess** verstanden, in dem Lernende mit Unterstützung von Lehrenden zunehmend selbständig werden in der Aneignung und Verarbeitung von Kenntnissen und hierbei auch die Fähigkeit zu weiterem Lernen gewinnen.
- Unterrichtliches Lernen muss in seinem Kern **entdeckendes, sinnhaftes und verstehendes Lernen** sein, dem die reproduktive Übernahme und das Üben sowie Trainieren nachgeordnet sind.
- Lehren muss als Vollzug für den Lernenden mit ihm gerechtfertigt und geplant werden, d. h. **Mitplanung und Mitgestaltung** des Unterrichts durch Schüler (offener und schülerorientierter Unterricht).
- Unterricht ist ein **sozialer Prozess**, in dem Biographien von Lehrer und Schüler einfließen. Soziales Lernen steht im Mittelpunkt und sollte funktional und intentional zu einer demokratischen Sozialerziehung führen.

6.1.2.2 Bedingungsanalyse und Hauptfelder der Unterrichtsplanung

Hieraus ergeben sich für die Unterrichtsplanung bedeutsame Perspektiven:
Voraussetzung ist eine **Bedingungsanalyse**, das ist eine Analyse der konkreten, soziokulturell vermittelten Ausgangsbedingungen einer Lerngruppe, sowie der institutionellen Bedingungen und der damit verbundenen möglichen oder wahrscheinlichen Schwierigkeiten. Aus der Bedingungsanalyse ergeben sich die **vier Hauptfelder der Unterrichtsplanung**: der Begründungszusammenhang, die thematische Strukturierung, die Bestimmung von Zugangs- und Darstellungsmöglichkeiten sowie die methodische Strukturierung.

- Im **Begründungszusammenhang** wird nach der Gegenwartsbedeutung, der Zukunftsbedeutung und der exemplarischen Bedeutung gefragt.
- Die **thematische Strukturierung** schließt die thematische Zentrierung, die Teillernziele und die sozialen Lernziele ein. Des weiteren betrifft sie die Erweisbarkeit und Überprüfbarkeit.
- Zur **Zugänglichkeit** der Thematik gehören einzelne konkrete Handlungen, Spiele, Erkundungen, Rekonstruktionen oder Darstellungen bzw. Verwendung von Medien.
- Die **methodische Strukturierung** wird verstanden als variables Konzept notwendiger oder möglicher Organisations- und Vollzugsformen des Lernens (einschließlich sukzessiver Abfolgen) und entsprechender Lehrhilfen, zugleich als Interaktionsstruktur und Medium sozialer Lernprozesse.

6.1.2.3 Leitfragen der Unterrichtsplanung

Aus dem bildungstheoretischen Ansatz lassen sich sieben entscheidende Probleme der Unterrichtsvorbereitung ableiten. Die ersten drei Fragen betreffen die Begründungsproblematik, die Fragen 4 und 5 beziehen sich auf die thematische Strukturierung und die Erweisbarkeit, die 6. Frage bezieht sich auf die Zugänglichkeit und Darstellbarkeit, während die 7. Frage die methodische Strukturierung betrifft.

1. Die Frage nach der **Gegenwartsbedeutung** versucht die von Kindern und Jugendlichen erfahrenen und praktizierten Sinnbeziehungen und Bedeutungssetzungen in ihrer Alltagswelt zu berücksichtigen und in den Unterricht einzubeziehen.

2. Die Frage nach der vermuteten **Zukunftsbedeutung** kann aufgrund der unterschiedlichen sozialen Herkunft der Schüler in der Einschätzung durch den Lehrer zu verschiedenen Ergebnissen führen. Wichtig ist hierbei, dass der Lehrer seine eigene Einschätzung einer kritischen Selbstreflexion unterzieht.

3. Die Frage nach der **exemplarischen Bedeutung** berücksichtigt den Umstand, dass am potentiellen Thema sich allgemeinere Zusammenhänge, Beziehungen, Gesetzmäßigkeiten, Strukturen usw. erarbeiten und aufzeigen lassen müssen.

4. Die vierte Frage betrifft Probleme, die auch in der alten Fassung der didaktischen Analyse enthalten sind, z. B.: Unter welchen **Perspektiven** soll das **Thema bearbeitet** werden? Welches ist die immanent-methodische Struktur? In welchem Zusammenhang stehen die ermittelten Momente (Strukturfaktoren)? Welches sind die notwendigen begrifflichen und kategorialen Voraussetzungen für die Auseinandersetzung mit dem Thema?

5. Die **Erweisbarkeit** ist durch folgende Fragestellungen angesprochen: Wie, an welchen erworbenen Fähigkeiten, welchen Erkenntnissen, welchen Handlungsformen, welchen Leistungen soll sich zeigen und soll beurteilt werden, ob die angestrebten Lernprozesse bzw. Zwischenschritte als erfolgreich gelten können?

6. Bei der Frage nach der **Zugänglichkeit und Darstellbarkeit** werden folgende Möglichkeiten überprüft: Konkrete Handlungen, Spiele, Erkundungen, Rekonstruktionen oder Darstellung bzw. Verfremdung in Medien (Bildern, Modellen, Collagen, Filmen usw.).

7. Die abschließende Frage richtet sich darauf, wie die durch die vorangegangenen Fragen ermittelten Momente in eine **sukzessive Abfolge** eines Lehr-Lern-Prozesses bzw. in alternativen Möglichkeiten solcher Abfolgen übersetzt werden können. Sie bezieht sich also auf die methodische Strukturierung des Lehr-Lern-Prozesses im Unterricht.

6.1.3 Zur Verwertbarkeit des bildungstheoretischen Modells

Das bildungstheoretische Modell kann in Anspruch nehmen, in sich systematisch gegliedert zu sein und die Problematik der Unterrichtsvorbereitung umfassend und zutreffend zu beschreiben. Es zeigt sich jedoch, dass

- das bildungstheoretische Modell einen relativ hohen Abstraktionsgrad aufweist (wie jedes theoretische Konzept) und daher vom

Lehrer jeweils mit konkreten Inhalten und Beiträgen aufgefüllt werden muss und
- das bildungstheoretische Modell in der Thematisierung der Probleme zwar wesentliche Beiträge liefert, soweit Unterricht und Unterrichtsvorbereitung in der 1. und 2. Phase der Ausbildung des zukünftigen Lehrers problematisiert werden, aber vom Lehrer in der Praxis ohne Prüfungsbezug selten konkret angewandt und eingebracht wird.

Die Grenzen seines Konzeptes der Unterrichtsplanung werden von KLAFKI (1999, 31 f.) in folgenden sechs Thesen gesehen:
- Der vorgelegte Entwurf kann in keinem Falle normatives Kriteriensystem sein, dessen Anwendung begründete, konkrete Unterrichtsentscheidungen garantiert. Er kann nicht bereits Antworten auf die aufgeworfenen Fragen enthalten.
- Das aufgeführte allgemein-didaktische Konzept kann die Dimension der bereichs- und fachdidaktischen Konkretisierung nicht überspringen.
- Die hohen und differenzierten Anforderungen, welche die Unterrichtsplanung heute stellt und in Zukunft in zunehmendem Maße stellen wird, führen zu der Forderung, sie von Lehrergruppen (nach Möglichkeit unter Beteiligung von Schülern) durchzuführen.
- Die thematisch bestimmte Unterrichtsarbeit oder das Unterrichtsprojekt muss als eine Grundeinheit betrachtet werden; erst in diesem Rahmen kann der didaktische Ort einzelner Unterrichtsstunden oder Doppelstunden bestimmt werden.
- Unterrichtsplanung im hier vertretenen Sinne kann nie mehr als ein offener Entwurf sein, der den Lehrer zu flexiblem Unterrichtshandeln befähigen soll.
- Ein Planungsraster muss an dem Ziel orientiert sein, möglichst alle wesentlichen Dimensionen des Unterrichts einzubeziehen, erfordert aber nicht, Antworten auf alle Fragen des Rasters bei jeder Unterrichtsplanung explizit auszuformulieren.

Das bildungstheoretische Modell liefert also Anregungen zur kritischen Reflexion des Lehrers bei der Planung und Durchführung von Unterricht, die eigene Durchdringung mit konkreten Situations- und Problemfeldern muss der Lehrer jedoch immer wieder selbst aufs neue leisten.

6.2   DAS LEHRTHEORETISCHE MODELL

6.2.1 Kennzeichnung des lehrtheoretischen Modells

6.2.1.1 Bestimmungsfaktoren des Unterrichts

Das lehrtheoretische, ursprünglich lerntheoretisches Modell oder auch "Berliner Schule" der Didaktik genannt, wurde von HEIMANN, OTTO und SCHULZ (1979) entwicklt als Gegenmodell zum bildungstheoretischen Ansatz, besonders zum dort dominierenden Bildungsbegriff. Dieser wurde mehr oder weniger durch das **Lernen** ersetzt und später auf das **Lehren** erweitert. Hierbei sollten alle am Unterrichtsgeschehen beteiligten Faktoren wertfrei erfasst und diese einer wissenschaftlichen Kontrolle unterzogen werden. Unterrichtliches Lernen und Lehren ist von einer Vielfalt von Wirkfaktoren bestimmt, von denen die wichtigsten durch die Strukturanalyse erfasst und beschrieben werden sollten. Das Ergebnis ist im lehrtheoretischen Modell in sechs Wirkfelder zusammengefasst, welche aus vier Entscheidungsfelder und zwei Bedingungsfelder des Unterrichts bestehen.

Entscheidungsfelder	**Bedingungsfelder**
Intentionen	- anthropologisch-psychologische Voraussetzungen
Inhalte	
Methoden	- sozial-kulturelle Voraussetzungen
Medien	

6.2.1.2 Entscheidungsfelder der Unterrichtsplanung

Der Lehrer muss täglich eine Fülle von Entscheidungen treffen. Diese beziehen sich zunächst auf die **Intentionalität des Unterrichts** (Zielorientierung). Hierzu gehören:
- Zieltaxonomie (kognitiver, affektiver oder psycho-motorischer Bereich),
- Zielhierarchie (Über- und Unterordnung der Ziele in Richt-, Grob- und Feinziele),
- Zieloperationalisierung (Beschreibung des Zielverhaltens).

Das zweite Entscheidungsfeld betrifft die **Thematik des Unterrichts** (Inhalt, Stoff). Bedeutsam ist hierbei, dass zwischen Zielentscheidung und Inhaltsauswahl kein einfaches Ursache-Wirkung-Verhältnis besteht. Beide bedingen sich gegenseitig: bestimmte Ziele verweisen auf spezifische Inhalte und bestimmte Inhalte sind auf spezifische Ziele gerichtet. Es liegt also ein Implikationszusammenhang vor.

Das dritte Entscheidungsfeld bezieht sich auf die **Methode des Unterrichts**. Hier sind folgende Entscheidungen zu treffen:
- **Artikulation** des Unterrichts (Einteilung in verschiedene Lehrphasen, z. B.: Einführung, Zielangabe und Erarbeitung),
- **Verfahrensweisen** (ganzheitlich-analytisch oder elementenhaft-synthetisch, d. h. vom Ganzen zum Teil oder umgekehrt, deduktiv oder induktiv),
- **Aktionsformen** (Vortrag, Frage, Gespräch, Demonstration, Schülerexperiment),
- **Sozialformen** (Frontal- oder Gruppenunterricht, Einzelarbeit, Partnerarbeit),
- **Urteilsformen** (steht in Beziehung zum allgemeinen Unterrichtsstil: motivierend, verurteilend, lobend, anerkennend, frustrierend).

Ein viertes Entscheidungsfeld hat die **Medienfrage** zum Problem. Besonders wegen der an Bedeutung gewinnenden Problematik und Vielfalt der Angebote an Medien wurde dem Medienproblem ein eigenes Entscheidungsfeld gewidmet.

6.2.1.3 Bedingungsfelder der Unterrichtsplanung

Die aufgeführten Entscheidungen muss der Lehrer täglich treffen. Seine Entscheidungen in Bezug auf die aufgezeigten Problemfelder sind jedoch nicht willkürlich, sondern von Bedingungen abhängig. Es ergeben sich in der Strukturanalyse des lehrtheoretischen Modells zwei Bedingungsfelder:

Anthropogene (anthropologisch-psychologische) Voraussetzungen beziehen sich auf die Bedingungen auf Seiten des Schülers. Sie betreffen seinen Entwicklungsstand, seinen seitherigen Lernerfolg, seine Lernfähigkeiten und den von ihm individuell praktizierten Lernvollzug.

Sozial-kulturelle Voraussetzungen begründen die Entscheidungen in Bezug auf die gesellschaftlichen und ideologischen Gegebenheiten.

Hierbei ist es wichtig, dass die diesbezüglichen Bedingungen kritisch reflektiert werden. Hierzu gehört sowohl die Normenkritik (Normen werden kritisch hinterfragt) als auch die Faktenkritik (sogenannte Fakten werden überprüft).

6.2.2 Struktur und Planungsebenen

Grundanliegen des lehrtheoretischen Ansatzes ist es, durch eine Strukturanalyse die den Unterricht bestimmenden Faktoren kontrolliert zu erfassen. Es ergeben sich folgende Bedingungen und Zusammenhänge, die in einem Implikationszusammenhang stehen: Didaktisches Handeln zielt auf eine Verständigung der primär Lehrenden (L-L) (auch untereinander) mit den primär Lernenden (S-S) (auch untereinander) ab (SCHULZ 1999, 39).
Bestimmende Strukturmomente sind hierbei:
- die Unterrichtsziele (UZ),
- die Ausgangslage (AL), auf die sie sich beziehen,
- die Vermittlungsvariablen (VV) - das sind die Methoden und Medien, mit deren Hilfe die Ausgangslage zur Ziellage gebracht werden soll, und
- die Erfolgskontrollen (EK), welche sowohl den Schülern als auch den Lehrern Selbststeuerung und unterrichtliche Kommunikation erleichtern.

Im einzelnen zeigen sich für die Planung des Unterrichts die Probleme auf vier Planungsebenen:
- **Perspektivplanung**: über längeren Zeitraum, mehrere Unterrichtseinheiten umfassend,
- **Umrissplanung**: Planung der einzelnen Unterrichtseinheit,
- **Prozessplanung**: Ordnung der Planungsentscheidungen,
- **Planungskorrektur**: beim Auftauchen unerwarteter Gesichtspunkte.

Didaktische Reflexion soll geschehen unter der Perspektive der Förderung möglichst weitgehender Verfügung aller Menschen über sich selbst. Die didaktische Praxis wird dementsprechend bestimmt durch die Unverfügbarkeit der Schüler in der unterrichtlichen Interaktion. Besonders diese Forderung wird eine der Zentralanliegen des von SCHULZ entwickelten "Hamburger Modells".

6.2.3 Grenzen und Kritik

Trotz der verschiedenen Planungsperspektiven des Modells werden ihm in der Kritik zwar Stärke in der Analyse, aber Schwächen in der Planung vorgeworfen.

"Die lehrtheoretische Didaktik hat ihre Stärken vornehmlich im Prozess des Analysierens von realem Unterricht. Didaktik aber heißt Analyse und Planung" (WINKEL 1999, 97). Hierdurch werden zwar Betimmungsmomente des unterrichtlichen Lehrens und Lernens erfasst, diese sind aber dem Unterricht planenden Lehrer im konkreten Fall nur wenig hilfreich.

Den Gründern des lehrtheoretischen Modells kann allerdings zugute gehalten werden, dass es ihnen nicht so sehr um konkrete Planung ging, sondern mehr um die Ermittlung von jeglichen Unterricht bestimmenden Strukturen. In der praktischen Vorbereitung des täglichen Unterrichts findet daher das lehrtheoretische Modell bei Lehrern kaum Anwendung.

6.3   DIE KYBERNETISCH-INFORMATIONSTHEORETISCHE DIDAKTIK

6.3.1 Kybernetische Grundlagen des Unterrichts

Die kybernetische Didaktik ist eine Betrachtungsweise der Didaktik, bei der unterrichtliche Prozesse der Zielsetzung und Zielverwirklichung analog dem **Regelkreismodell** gesehen werden (v. CUBE 1999, 59 f.). Die Kybernetische Didaktik besteht in der Anwendung kybernetischer Begriffe und Methoden auf den Gegenstandsbereich des Unterrichts oder der Ausbildung. Hierbei lassen sich drei Hauptbereiche unterscheiden:

- die Beschreibung von Unterricht (Ausbildung) als Regelung,
- die Verwendung informationstheoretischer Methoden in Lerntheorie, Didaktik und Mediendidaktik und
- die Programmierung rückgekoppelter Lehrsysteme.

Erziehen sowie Lernen und Lehren werden hierbei im Sinne einer Soll-Wert-Ist-Wert-Approximation gedeutet. Im Rahmen einer weiteren Verallgemeinerung dieses Systems wird nicht mehr von Lehrern und Schülern als Personen, sondern von Lehrsystemen und Lernsystemen gesprochen. Lehren und Lernen vollziehen sich demnach als Kommunikation zwischen einem Lehrsystem und einem Lernsystem. Das Lehrsystem kann sowohl durch eine Person (Lehrer) als auch durch ein Lehrmittel (Buch, Lehrgerät), das Lernsystem sowohl durch eine Person (Schüler) als auch durch eine Maschine (lernender Automat) repräsentiert werden.

In der Kommunikation zwischen Lehr- und Lernsystem kommt dem Prozess der **Rückmeldung** (Feedback) entscheidende Funktion zu. Dies bedeutet, dass sowohl im Lern- als auch im Lehrprozess der zurückgemeldete Erfolg der vorhergehenden Maßnahmen die weiteren Maßnahmen bestimmt. Das Hauptinteresse der kybernetischen Didaktik liegt in einer Verbesserung der Effektivität des Lehr- und Lernprozesses.

Es wird erwartet, dass durch die Verwendung kybernetischer Modelle zur Darstellung komplexer Sachverhalte Informationsreduktion erfolgt und dadurch größere Einsicht gewonnen werden kann. Durch die Übernahme der kybernetischen Methode der Kalkülisierung, d. h. der Verwendung von vereinfachenden Modellvorstellungen und deren mathematischer Behandlung, verspricht man sich eine gedankliche und sprachliche "Präzisierung und Optimierung von Lehrstrategien" (v. CUBE 1999, 69)

Diese Aufgabe kann eine kybernetische Didaktik nur erfüllen, wenn sie sich nicht so sehr als eine neue Disziplin, die sich den anderen aufdrängt, versteht, sondern als eine Denkweise neben anderen, um mit deren Hilfe naturwissenschaftlich interpretierbare und auf ihre Effektivität hin überprüfbare Strukturen als Modelle im pädagogischen Bereich zu entwerfen.

Eine Relevanz der kybernetischen Betrachtungsweise unterrichtlicher Prozesse kann besonders dort erwartet werden, wo in Bereichen des Bildungswesens eine Objektivierung geistiger Arbeit, d. h. die Übertragung (oder auch Unterstützung) von Lehrerfunktionen auf ein technisches System erfolgt. Dies setzt jedoch voraus, dass diese Objektivierung theoretisch und praktisch möglich, didaktisch sinnvoll und pädagogisch wünschenswert sind.

6.3.2 Der informationstheoretische Ansatz

Die informationstheoretische Didaktik verwertet die Grundkonzeptionen der Informationstheorie für die theoretische Konstellation eines didaktischen Modells. Aufgabe der informationstheoretischen Didaktik ist es, mit Hilfe der Informationsberechnung (Informationsgehalt, Speicherkapazität u. ä.) die effektivste Vermittlungsform zu finden. Für das Lernen bedeutsame informationstheoretische Erkenntnisse und Interpretationen sind:

- **Lernbedingungen**: Voraussetzung für das Lernen sind die Fähigkeiten der Informationsaufnahme, Informationsverarbeitung und Informationsspeicherung.
- **Lernen als Erzeugung von Redundanz**: Durch Lernen wird Redundanz (Informationsüberschuss) erzeugt, d. h. aufgrund des Lernprozesses wird eine Information mit gleichem Inhalt bei nochmaligem Auftreten (je nach Lernerfolg) mehr oder weniger überflüssig.
- **Speicherungskapazität**: Die Menge der lernbaren Informationen ist jeweils von den Kapazitäten des Kurzzeitspeichers und des Langzeitspeichers abhängig.
- **Informationsgehalt**: Das Maß zur Bestimmung des Informationsgehaltes ist die Anzahl der erforderlichen Frageschritte, gemessen in Bit (binary digit), welche nötig wären, um eine Wissensvermehrung im gleichen Ausmaß herbeizuführen.
- **Zeicheninventar**: Informationsaustausch und somit Lernen ist nur möglich, wenn eine weitgehende Übereinstimmung der Zeicheninventare mit entsprechenden Bedeutungszumessungen von Informationssender und Informationsempfänger besteht.

Für den Unterricht verweist die Informationstheorie besonders auf die Notwendigkeit der Annäherung und Anpassung der Zeicheninventare von Lehrer und Schüler, der gezielten Organisation von Informationsverarbeitung und der Evaluation (Kontrolle) des im Unterricht erzielten Informationsgewinns.

6.3.3 Anwendungsmöglichkeiten und Grenzen der kybernetisch-informationstheoretischen Didaktik

6.3.3.1 Planung von Unterricht

Das kybernetisch-informationstheoretische Modell der Didaktik vereinigt sowohl kybernetische als auch informationstheoretische Grundlagen für die Planung von Unterricht, wobei beide Aspekte integrativ ineinander übergehen. Bei der Planung von Unterricht sollten die Lehrziele des Unterrichts in operationalisierter Form vorliegen. Die Planung vollzieht sich dann in drei Schritten:
- **Entwicklung von Lehrstrategien**. Es kann dabei auf allgemeine Strategien zur Erlangung von Kenntnissen, Erkenntnissen und Fertigkeiten zurückgegriffen werden.
- **Planung des adäquaten Medieneinsatzes**. Das Problem besteht nicht nur in der Codierung der zu übermittelnden Informationen, sondern vor allem in der "Realisation von Lehrstrategien".
- **Festlegung der didaktischen Stationen**, z. B. von Kontrollstationen, bei denen die Ist-Werte ermittelt und als Rückmeldung weitergeleitet werden. (v. CUBE 1999, 64 f.)

6.3.3.2 Grenzen des Modells

Die Erwartung einer Präzisierung und Optimierung von Lernstrategien durch die Verwendung informationstheoretischer Methoden in der Didaktik erscheint sehr hoch angesetzt und es ist fraglich, ob die kybernetisch-informationstheoretische Didaktik dies zu leisten vermag. Anregend könnte bestenfalls die Verwertung informationstheoretischer und kybernetischer Grundlagen im Bereich der Mediendidaktik sein. Hierbei wird versucht, die Codierung der Wirklichkeit durch AV-Medien oder durch digitale Medien zu verbessern.

Zwar hat sich der kybernetische Aspekt der Didaktik für ein Neuüberdenken unterrichtlicher Prozesse als anregend und fruchtbar erwiesen, doch sind die Grenzen einer solchen Betrachtungsweise unübersehbar und drängen sich geradezu auf.

Vor allem zeigte sich die Erwartung und Ankündigung einer Erneuerung der Didaktik durch die Kybernetik als unsachgemäß und übertrieben.

Die Begrenztheit der kybernetischen Didaktik ist einerseits auf die **Einseitigkeit** ihres Ansatzes, andererseits auf die **Komplexität** unterrichtlicher Phänomene zurückzuführen. Außerdem ergibt sich die Plausibilität der kybernetischen Deutung aufgrund ihrer "Wenn-dann-Objektivität". Hiermit ist gemeint, dass jeweils die Zielformulierungen als Vorgaben gesetzt werden müssen. Damit lautet der formal didaktische Ansatz: Wenn das Lernziel X erreicht werden soll, dann ist so und so zu verfahren. In dieser reinen Formalisierung ist eine entscheidende Begrenzung des kybernetischen Ansatzes für die Didaktik zu sehen.

Eine weitere Begrenzung ergibt sich aus der **Abstraktion der Unterscheidungsmerkmale** physikalischer, physiologischer und psychischer Realitätsbereiche. Die Kybernetik wird zwar als "Fundament der Wissenschaften" oder als "Brücke zwischen den Wissenschaften" bezeichnet, doch spiegelt sich in diesen ihr zugeordneten Prädikaten ein zu großes Vertrauen auf eine universelle Gültigkeit wider.

Die Didaktik ist weder ein "Teilgebiet der Kybernetik" noch ist die Problematik des Unterrichts ausschließlich als ein "Spezialgebiet der Kybernetik" zu interpretieren. Die grundlegenden Unterschiede zwischen mechanischen und psychischen Regelprozessen dürfen nicht übersehen oder nivelliert werden.

Deshalb ist die Anwendung und Übertragbarkeit des Regelkreises in den nichttechnischen Bereich nur bedingt möglich. Dem Regelkreismodell kommt daher in der Didaktik nur ein begrenzter Erkenntniswert zu. Universalität wird ihm nur dort zugesprochen, wo man aufgrund von Grenzüberschreitungen fälschlicherweise glaubt, menschliche Funktionen darzustellen, die in Wirklichkeit nur maschinentechnische Prozesse sind.

Die kybernetisch-informationstheoretische Didaktik kann zwar grundsätzlich dazu beitragen, unter Berücksichtigung seither vernachlässigter Gesichtspunkte (z. B. des Informationsgehaltes von Aussagen im Lehrprozess, der Speicherkapazitäten von Kurz- und Langzeitspeicher, der Übereinstimmung des Zeicheninventars von Informationssender und -empfänger) den Unterricht zu effektivieren, schließt jedoch wichtige Gesichtspunkte der didaktischen Problematik wie Zielentscheidung und Inhaltsauswahl aus. Daneben werden bedeutsame Differenzen zwischen menschlichem Lernen und einem technischen Informationsspeicher häufig unberechtigterweise vernachlässigt.

6.4   DAS LERNZIELORIENTIERTE MODELL DER DIDAKTIK

6.4.1 Kennzeichnung des lernzielorientierten Modells

Bei der Beschreibung des lernzielorientierten Modells wird darauf verwiesen, dass Lernziele ein wesentliches Merkmal eines jeden didaktischen Ansatzes sind (MÖLLER 1999, 75). Die Besonderheit des lernzielorientierten Modells wird dadurch bestimmt, dass in ihm folgende Voraussetzungen eingehen und zum Tragen kommen:

- Der **Zielerstellungsprozess** wird als ein zentraler Bestandteil einbezogen und Ziele werden nicht als etwas Vorgegebenes, von irgendeiner außenstehenden Instanz oder Institution Übernommenes betrachtet.
- Es wird ein **handbares Instrumentarium** vorgestellt, das es ermöglicht, die Zielerstellung in einzelnen praktikablen und erlernbaren Handlungsschritten durchzuführen.
- Die Betonung liegt hierbei auf einer eindeutigen **Zielbeschreibung**, welche präzise durchzuführen ist. Diese Präzision ist dann gegeben, wenn sowohl das Verhalten, das der Lerner zeigen soll, als auch der Inhalt, an dem das Verhalten geäußert werden muss, eindeutig bestimmt wird.
- Die **Methodenwahl** ist unabdingbar, wenn auch nicht ausschließlich von den präzisen Zielen abhängig.
- Die **Bestimmung des Erfolgs** von Lernen und Lehren ist nur anhand der Ziele wirkungsvoll möglich.

Der lernzielorientierte Ansatz wird im Rahmen einer curricularen Didaktik gesehen, wobei ein Curriculum als "Plan für Aufbau und Ablauf von Unterrichtseinheiten" definiert wird (MÖLLER 1999, 75). Ein solcher Plan muss Aussagen über Lernziele, Lernorganisation und Lernkontrolle beinhalten.

Das lernzielorientierte Modell wird als ein "präskriptiver" Ansatz bezeichnet, d. h. es hat die Funktion, Handlungsanweisungen für den Unterricht, für seine Planung, Durchführung und Analyse zu geben. Es soll Lehren und Schülern zu einer optimalen Realisierung des Lernens dienen. Wesentliche Anregungen werden aus den **behavioristisch orientierten Lerntheorien** übernommen, die besonders die Bedeutung des beobachtbaren Verhaltens betonen und die Grundlagen für empirische Unterrichtsforschung bieten.

In der Lernplanung als erste Phase werden Lernziele für eine Unterrichtseinheit erstellt.

Hierauf bezogen sind anschließend optimale Lernstrategien zur Erreichung der ausgewählten Lernziele zu planen (Lernorganisation). Schließlich werden Kontrollverfahren konstruiert (Lernkontrolle), die überprüfen sollen, ob die Lernziele erreicht wurden.

6.4.2 Sammlung, Beschreibung und Ordnung von Lernzielen

Der erste Schritt besteht in der Sammlung von Lernzielen, ohne zu diesem Zeitpunkt bereits zu entscheiden, ob und welche davon dann auch im Unterricht tatsächlich angestrebt werden sollen. Hierbei ist es ratsam, sich nicht auf eine einzige Quelle und Verfahrensweise zu beschränken, sondern mehrere Möglichkeiten auszuschöpfen. Bei der Beschreibung von Lernzielen ist es erforderlich, dass der Lehrer sich über die durch seinen Unterricht zu erreichenden Ziele klar wird und seine Zielvorstellungen ausdrücklich aufschreibt und dass er, wo immer dies möglich ist, die Zielvorstellungen den direkt Betroffenen, also den Schülern, mitteilt. Eine eindeutige Zielbeschreibung liegt dann vor, wenn darin angegeben wird, was der Lernende tun soll (eindeutige Endbeschreibung), womit und unter welchen situativen Bedingungen er dies tun soll und woran das richtige Verhalten erkannt werden kann.
Sind diese Bedingungen erfüllt, so handelt es sich um ein "operationalisiertes Lernziel". Die Ordnung von Lernzielen in Lernzielschemata hilft in der Lernplanungsarbeit bei der Entdeckung neuer Lernzielen. Sie beruht im wesentlichen auf der **Lernzieltaxonmie.**
Der **kognitive Bereich** besteht dabei aus sechs Hauptklassen, wobei das Ordnungsschema dadurch bestimmt wird, dass es von einfacheren Lernzielen zu komplexeren Zielen überleitet. Die jeweils mit Unterklassen aufgefüllten Hauptklassen sind Wissen, Verstehen, Anwenden, Analyse, Synthese und Evaluation.
Für den **affektiven Bereich** wurden fünf Hauptklassen gebildet mit jeweiligen Unterklassen. Die Ordnung wird dadurch bestimmt, dass die anfänglichen Lernziele von einem geringeren Grad des Angeregtseins ausgehen und die höheren zu einem Vorgang des sich damit Identifizierens überleiten. Im affektiven Bereich bestehen die Hauptklassen: Beachtung, Beantwortung, Werten, Wertzuordnung und Festlegung der Persönlichkeit.
Die Entscheidung für bestimmte Lernziele, kann nach folgenden Kriterien erfolgen kann:
- Kriterium der gesellschaftlichen Anforderung,
- Kriterium der basalen menschlichen Bedürfnisse,
- Kriterium der demokratischen Ideen und
- Kriterium der Bedeutsamkeit für das Fach.

Abschließend werden in der Unterrichtsvorbereitung für die gesetzten Lernziele die adäquaten Lehrmethoden bestimmt.

6.4.3 Anwendung des lernzielorientierten Ansatzes

6.4.3.1 Vorteile der Lernzielorientierung

Dem lernzielorientierten Ansatz werden folgende Vorteile zugesprochen (MÖLLER 1999, 89 f.):

- **Transparenz**: Sie ist wesentliches "demokratisierendes Element" des Unterrichts. Die Ziele können diskutiert, verworfen oder akzeptiert werden.
- **Kontrollierbarkeit**: Der Lehrer begnügt sich nicht mit einem Glauben, dass alles gut gelaufen ist, sondern sucht Möglichkeiten der Überprüfung.
- **Beteiligung der Betroffenen**: Hierdurch wird ein weiteres "demokratisierendes Element" eingebracht wird. Die Betroffenen werden hierdurch zu wichtigen "Entscheidungsträgern".
- **Effizienz**: Mit Hilfe von eindeutig beschriebenen Lernzielen wird die Lernsituation geklärt. Damit werden positive Verstärkungsmöglichkeiten geschaffen und die Voraussetzungen eingebracht, zum Aufbau erwünschter Verhaltensweisen.

6.4.3.2 Begrenzte Gültigkeit

In verschiedenen Ansätzen, z. B. in der geforderten Operationalisierung der Lernziele zeigt sich besonders deutlich der behavioristische Ansatz. Damit ergibt sich eine notwendige Beschränkung in der Gültigkeit der aufgeführten Vorteile. Sie gelten nur insoweit, als Unterricht der Schaffung erwünschter Verhaltensweisen dient (Anpassung) und weniger in der Absicht der Persönlichkeitsförderung Einstellungen und Haltungen aufbauen soll.

Für die Funktion des Lehrers als Organisator von Lernprozessen wird sich damit der lernzielorientierte Ansatz als vorteilhaft erweisen, reicht aber nicht aus für die Förderung einer erzieherischen und ganzheitlichen Persönlichkeitsentfaltung im Unterricht. Zusätzlich ist zu beachten, dass die Wirkeinheiten des Lernens nicht in den geforderten operationalisierten Teilzielen zu erfassen sind und somit die Operationalisierung der Ziele zur Ermittlung der Effizienz des Unterrichts nur bedingt geeignet ist. Das beobachtbare Verhalten reicht allein nicht aus, um die Wirkungen des Unterrichts zu evaluieren.

6.5   DIE KRTISCH-KOMMUNIKATIVE DIDAKTIK

6.5.1 Kennzeichnung des kritisch-kommunikativen Modells

6.5.1.1 Definition und Abgrenzung

Dieses Konzept der Didaktik nennt sich kritisch insofern, "als sie vorhandene Wirklichkeiten ... eben nicht unkritisch akzeptiert, sondern - soweit dies Schule überhaupt kann - permanent zu verbessern trachtet (WINKEL 1999, 94). Kommunikativ nennt sich diese Didaktik in zweierlei Hinsicht: "Unterricht ist ein kommunikativer Prozess" und "weil Lehren und Lernen kommunikativer werden sollen, d. h. schülerorientierter, kooperativer, transparenter, mit- und selbstbestimmender, störungsärmer".

6.5.1.2 Zur Bedeutung der Kommunikation

Die umfassende Bedeutung der Kommunikation zeigt sich vor allem in der "pragmatischen Theorie der Kommunikation" (WATZLAWICK u. a. 1974) Persönlichkeits- und Gruppenbildung bauen auf Kommunikation auf. Sie ist wesentlicher Bestandteil zwischenmenschlicher Beziehungen (human relation). Niemand kann sich ihr entziehen. Dementsprechend lautet das erste Grundaxiom der Kommunikation: "Man kann nicht nicht kommunizieren" (WATZLAWICK a.a.O., 53). Dies bedeutet für Erziehung und Unterricht, dass bereits das Zusammentreffen von Personen in der Schule und im Schulleben ein kommunikativer Akt ist, unabhängig davon, ob ein verbaler Informationsaustausch stattfindet oder nicht.

Bei der **Planung und Gestaltung von Unterricht** wird der Kommunikation unter verschiedenen Aspekten besondere Bedeutung zugemessen:
- **Nonverbale Kommunikation:** Die nonverbalen Kommunikation ist bei der zwischenmenschlichen Interaktionen sehr bedeutsam. Im Unterricht gehört hierzu auch das weite (gegenüber der verbalen Kommunikation leider oft zu wenig beachtete) Feld der Gestik und Mimik. Hier werden Zeichen ausgegeben, welche meist unbewusst dem Schüler "Botschaften" der Anerkennung, Zuneigung aber auch der Ablehnung und Abwertung übermitteln. Die Bedeutung der nonverbalen Zeichen im unterrichtlichen Kommunikationsprozess ist oft größer als die der vom Lehrer ausgegebenen verbalen Zeichen. Im nonverbalen Bereich wirken wir mehr als durch das, was wir sagen.

Besonders problematisch ist das Feld der "doppelten Botschaften", wenn z. B. durch die Mimik etwas anderes ausgedrückt wird als durch Worte.

- **Beziehungsebene**: Das zweite Axiom in der pragmatischen Theorie der Kommunikation besagt, dass jeder Kommunikation ein Inhalts- und ein Beziehungsaspekt zukommt. Der Inhaltsaspekt betrifft die sachliche Nachrichtenübermittlung, der Beziehungsaspekt das persönliche Verhältnis zwischen den Kommunikationspartnern. Diese Beziehung ist besonders wichtig und überlagert den Inhalt. Dies gilt auch für die Kommunikation im Unterricht. Doch hier wird bei der Unterrichtsplanung und der -gestaltung dem Inhaltsaspekt meist größere Bedeutung zugemessen.
- **Symmetrische Kommunikation**: In einem weiterem Axiom wird darauf verwiesen, dass zwischenmenschliche Kommunikation entweder symmetrisch oder komplementär ablaufen kann. In der symmetrischen Kommunikation beruht das Verhältnis der Kommunikationspartner auf Gleichheit und gegenseitiger Anerkennung, während es bei der komplementären Kommunikation in Unterschiedlichkeit und im Sinne einer Über- oder Unterordnung besteht. In der symmetrische Kommunikation ist das Verhalten umkehrbar, d. h. die Formulierungen des Lehrers gegenüber dem Schüler sind so gestaltet, dass sie auch vom Schüler gegenüber dem Lehrer angewendet werden können, ohne gegen die Regeln der Höflichkeit zu verstoßen.
- **Metakommunikation**: Der Begriff der Metakommunikation wird in verschiedener Hinsicht verwendet. Im engeren Sinne bedeutet Metakommunikation eine Kommunikation **über** Kommunikation, wenn z. B. der Lehrer mit seinen Schülern über die in einer Unterrichtsstunde oder in einer spezifischen Situation vollzogene Kommunikation spricht und mit ihnen darüber wertend reflektiert. In der kritisch-kommunikativen Didaktik wird die Metakommunikation bei der Planung und Gestaltung von Unterricht als wesentlicher Beitrag für die Selbstentfaltung des Schülers und zur Demokratisierung der Schule bewusst einbezogen.
- **Kommunikative Kompetenz**: Ein Richtziel bei der Planung von Unterricht und Erziehung ist die Entfaltung von kommunikativer Kompetenz. Darunter wird die Möglichkeit und Fähigkeit verstanden, zur gewünschten Zeit mit den selbstgewählten Personen in der erstrebten Art und Weise Kommunikation aufzunehmen und zu praktizieren.

Kommunikative Kompetenz wird im Unterricht gefördert, indem den Beteiligten eigene Entscheidungsfreiheit bei der Gestaltung der Kommunikation eingeräumt und dem Schüler dazu verholfen wird, über die getroffene (oder unterlassene) Entscheidung zu reflektieren. Kommunikative Kompetenz ist in der kritisch-kommunikativen Didaktik ein wesentlicher Beitrag zur erstrebten Mündigkeit des Schülers.

6.5.1.3 Grundstruktur der kritisch-kommunikativen Didaktik

Aus einer kritischen Analyse sollen Planungsschritte entwickelt werden, die über zahlreiche edukative, unterrichtliche und fachliche Lernziele schrittweise die Emanzipation ermöglichen. Erforderlich ist hierbei die Zurücknahme autoritärer Verhaltensweisen, bis hin zu den Versuchen, soviel und so oft wie möglich symmetrisches (gleichwertiges) Handeln im Unterricht herzustellen. Dem Lehrer kommt dabei die schwierige Aufgabe zu, sich zu "entautorisieren". Eine solche Didaktik ist nicht stundenweise, sondern nur über längere Zeiträume zu konzipieren.

Die Schule hat die **Möglichkeit**, "Sollenswerte" zu sehen und zu setzen und auf den Grundwerten der "Demokratisierung" und "Humanisierung" das oberste Lernziel "Emanzipation" anzustreben. Tatsächlich dominieren jedoch in den Grunderfahrungen der Schule "den Grundwerten zuwiderlaufende Beobachtungen". In der schulischen **"Wirklichkeit"** findet sich als reales Lernziel: "Abhängigkeit". Unterrichtliche Analyse soll erfolgen unter den Aspekten der Vermittlung, Inhaltlichkeit, Beziehungen und Störfaktizität:
- **Vermittlungsaspekt:** Hierunter werden alle lehrenden und lernenden Verfahren der Sachauseinandersetzung verstanden.
- **Inhaltsaspekt:** Dieser betrifft all das, was im Unterricht behandelt wird.
- **Beziehungsstrukturen:** Im Unterricht vollziehen sich die Prozesse des Lehrens und Lernens in ganz bestimmten Beziehungen.
- **Störfaktoriale Gesichtspunkte** betreffen Störungsarten (Disziplinstörungen, Provokationen, Lernverweigerung, neurotisch bedingte Störungen), Störungsrichtungen, Störungsfolgen und Störungsursachen.

6.5.2 Konsequenzen für die Unterrichtsplanung und die Unterrichtsgestaltung

Im Mittelpunkt der Überlegungen einer Unterrichtsplanung und Unterrichtsgestaltung nach dem kritisch-kommunikativen Modell steht das Bemühen, die im Unterricht sich einstellenden Kommunikationsprozesse kritisch zu hinterfragen und die unterrichtliche Kommunikation möglichst optimal zu gestalten. Hierzu sind verschiedene Ansätze möglich, die zum Teil von der kritisch-kommunikativen Didaktik selbst ausgehen oder zum anderen Teil in enger Beziehung zu ähnlichen Modellen stehen.

6.5.2.1 Notwendige Veränderung von Teilkommunikationen

Ein Lehrer, der mit Hilfe einer lehrerzentrierten Darbietung versucht, die Schüler insgeheim auf seine eigenen Vorstellungen festzulegen, wird unter Umständen vehemente Disziplinstörungen registrieren. Man kann "nicht mit Hilfe einseitig dirigierter Verfahren selbst reguliertes Lernen in Gang setzen und Lernengagement erwarten, wo man dies über die Methode geradezu verhindert" (WINKEL 1999, 103).
In die Unterrichtsplanung als einen Prozess der Auseinandersetzung und Entscheidungsfindung darüber, was den Schülern zur Entwicklung kritischen Denkens angeboten werden soll, sind alle direkt und indirekt Betroffenen einzubeziehen. Hierzu gehören:
- Schüler-Schüler-Beziehung: Schüler sind miteinander kooperierend bei der Unterrichtsplanung zu beteiligen.
- Schüler-Lehrer-Beziehung: Wichtig ist das Bemühen um abnehmende Dominanz des Lehrers.
- Eltern-Eltern-Beziehung: Hierzu zählen auch der Einbezug der Eltern in die Unterrichtsplanung und die Mitwirkung der Eltern im Lehrkörper.
- Lehrer-Lehrer-Beziehung: Diese bezieht sich auf die Kooperation der Lehrer in der Lehrplan-Gestaltung (team-teaching).
- Lehrer-Schulaufsicht-Beziehung: Gefordert wird weniger Über- und Unterordnung, mehr gegenseitige Information und Hilfe.

6.5.2.2 Einbezug des gruppendynamischen Aspekts

Die Berücksichtigung gruppendynamischer Prozesse verbessert die unterrichtliche Kommunikation. Hier kann auf die Theorie und Praxis der **themenzentrierten Interaktion** (TZI) verwiesen werden:

- Es wird eine **menschliche Gestaltung** der schulischen Lernsituation gefordert, d. h. Einbeziehung der Bedürfnisse der Teilnehmer.
- **Thematisierung**: Das Thema (Lehrziel mit pädagogischer Relevanz für den Schüler) steht im Mittelpunkt und die Kooperation erfolgt in Auseinandersetzung mit dem Thema.
- **Einbeziehung des Schülers**: Jeder Schüler kann sich so äußern oder teilnehmen, wie er das möchte (im Gegensatz zum traditionellen Unterricht, bei dem meist vom Lehrer und leistungsstarken Schülern dominierende Funktionen übernommen werden).
- **Unterrichtliche Maßnahmen**: Das Thema muss Notwendigkeiten oder Interessen der Gruppe entsprechen.
- **Beachten von Störungen**: Störungen haben insoweit Vorrang, als sie aufgearbeitet werden müssen. Hieraus ergibt sich eine positive Auswirkung auf die Gruppenkohäsion.

  Jeder ist der Anwalt seiner selbst (be your own chairman). Jeder hat das Recht zu reden und zu schweigen, wann er will. Dies ermöglicht den Gruppenmitgliedern, ihre eigene innere Welt zu finden und zu akzeptieren. Als Folge hiervon werden Selbststeuerung und Selbstverantwortlichkeit in der Gruppe erwartet.

Die Realisierung dieses Konzeptes erfordert hohe Bereitschaft des Lehrers sowie eine Sensibilisierung des Schulsystems gegenüber Bedürfnissen der Schüler. Ein wesentlicher Bestandteil der kritisch-kommunikativen Didaktik ist die Einplanung und Gestaltung der symmetrischen Kommunikation im Unterricht. Hierzu gehört die Vermeidung von "Beziehungsfallen", welche sich in der schulischen Lernsituation ergeben. Ein Teil hiervon ist institutionell bedingt.

6.5.3 Grenzen der kritisch-kommunikative Didaktik

Die kritisch-kommunikative Didaktik gibt vor, sehr vieles zu leisten. Zunächst einmal möchte sie "nicht in polemischer Frontstellung" gegenüber den anderen didaktischen Theorien stehen, "sondern möchte deren Einseitigkeiten und Verkürzungen zum Anlass nehmen, mit dieser neuen Theorie, die sicherlich allemal komplexere Praxis schulischen Wirkens adäquater zu verstehen" (WINKEL 1999, 96). Vor allem glaubt sie, die "erste und bisher einzige Didaktik" zu sein, "die das Analyse-Planungs-Problem so miteinander verschränkt, dass Normen 'von außerhalb' überflüssig werden und stattdessen die Planung aus der Analyse erwächst und diese wiederum eine bessere Planung ermöglicht".

Der kritisch-kommunikativen Didaktik kommt das Verdienst zu, einen wichtigen und bedeutsamen Aspekt des Unterrichts, die zwischenmenschliche Kommunikation, in den Mittelpunkt gestellt zu haben. Eine Verbesserung des Kommunikationsprozesses in Erziehung und Unterricht ist immer zu begrüßen; ebenso die Aufforderung an den Lehrer zur kritischen Reflexion, vor allem dort, wo gesetzte Normen unreflektiert Gefahr laufen, zur Aufrechterhaltung von Macht oder zur Verletzung der Würde des Kindes missbraucht zu werden.

Es ist jedoch auch kritisch zu fragen, ob bei einer angenommenen Überflüssigkeit aller Normen von außerhalb diese "kritische" Einstellung nicht letztlich zur Desorientierung führen und in subjektiver Selbstüberschätzung zur Beliebigkeit werden kann. Die Notwendigkeit einer Wertorientierung des Unterrichts, der die **Persönlichkeitsentfaltung** fördern soll, darf auch bei einer Kritik traditioneller Inhalte und Formen nicht völlig in Vegessenheit geraten.

6.6 BEDEUTUNG DER DIDAKTISCHEN MODELLE

6.6.1 Verhältnis von Theorie und Praxis in der Didaktik

Als eine **Theorie** des Unterrichts weist die Didaktik die Merkmale auf, die grundsätzlich eine Theorie bestimmen: innere Widerspruchlosigkeit, Selektion der Phänomene, Abgrenzung von anderen Theorien, Möglichkeit der Verifizierung/Falsifizierung, Verallgemeinerung und beschränkte Gültigkeit. In der Didaktik werden verschiedene Ansätze mit unterschiedlichen Schwerpunkten und Gewichtungen entwickelt und auf die Praxis zu übertragen versucht.

Der **Theorie-Praxis-Bezug** in der Didaktik wird dadurch bestimmt, dass die Theorie zwar der praktischen Bewährung bedarf, die Praxis aber nicht in **einem** theoretischen Konzept aufgehen kann. Wegen der Komplexität der unterrichtlichen Wirklichkeit gibt es daher nicht **die** Theorie des Unterrichts. Ersatzdienste leisten die nach einem theoretischen Konzept entworfenen didaktischen Modelle.

6.6.2 Bedingte Gültigkeit der didaktischen Modelle

Die didaktischen Modelle haben die Funktion der **Strukturierung** und **Veranschaulichung** der Bestimmungsfaktoren des Unterrichts und können durch Setzung von Schwerpunkten zu einer systematischen Planung und Gestaltung von Unterricht beitragen. Dies leisten sie durch eine relativierende Vereinfachung, welche letztlich die Anwendbarkeit didaktischer Modelle ermöglicht, aber auch ihre beschränkte Gültigkeit bedingt.

Die didaktischen Modelle haben ihre Gültigkeit nur unter den bei ihnen dominierenden Aspekten. Soweit man Unterricht unter diesen Aspekten subsumiert, lassen sich die didaktischen Modelle für die Planung und Gestaltung von Unterricht einsetzen, wobei durch eine Verbindung verschiedener Ansätze die Grenzen des einzelnen Modells überlagert werden können.

Didaktische Modelle und Theorien können zwar helfen, die Praxis transparenter zu gestalten, aber auf Grund der Komplexität der Schulwirklichkeit und ihrer Bestimmungsfaktoren eine immanente Schlüssigkeit nur aufgrund von Vereinseitigungen bestimmter und Ausblendung anderer bedeutsamer Bereiche erreichen.

Das Unterrichtsgeschehen ist als ganzes problematisch. Es ist viel zu **komplex**, als dass es durch den spezifischen Ansatz **eines** didaktischen Modells entproblematisiert werden könnte. Die problembewusste Auseinandersetzung hiermit bleibt dem Lehrer als **permanente Aufgabe** bestehen, denn auch eine summative Verwendung der Modelle ist wegen ihrer Eigengesetzlichkeiten nicht möglich.

6.6.3 Zur praktischen Anwendung bei der Unterrichtsplanung

Zur Bedeutung der didaktischen Modelle könnte abschließend die Frage aufgeworfen werden, welche Stellung diese Modelle bei den Lehrern in der Praxis in ihrer Unterrichtsvorbereitung und -gestaltung haben. Interessanterweise haben Autoren der aufgezeigten Modelle in einer Diskussion hierzu selbst Stellung genommen, von denen einige zitiert werden sollen (GUDJONS u. WINKEL 1999, 117 ff.).

WINKEL : "Mir fällt auf, dass der normale, durchschnittliche Lehrer sich mit uns eigentlich gar nicht beschäftigt. Er beschäftigt sich mit Didaktik bis zur Zweiten Prüfung, benutzt das eine oder andere Modell als Schema, um einen Unterrichtsentwurf zu machen, aber ich kenne keinen Praktiker, der sich nach der Zweiten Prüfung mit uns in irgendeiner Form auseinandersetzt."

v. CUBE: "Das stimmt ja gar nicht. Das ist absolut nicht wahr!"

KLAFKI: "Ich möchte die Frage von Herrn WINKEL ein bisschen differenzieren. Man muß, glaube ich, einen Unterschied machen zwischen einer expliziten Beschäftigung mit didaktischen Modellen und der täglichen Reflexion des Unterrichts nach didaktischen Gesichtspunkten."

SCHULZ: "Auch wenn einige der vorliegenden Theorien einen problematischen Praxisbezug haben, ist es nicht so sehr ein Mangel der Konzepte, sondern mehr ein Mangel einer Ausbildung, die es nicht ermöglicht, Studenten Theorie so zu vermitteln, dass sie später danach handeln können."

7. UNTERRICHTSTECHNOLOGIE UND MEDIENDIDAKTIK

7.1 UNTERRICHTSTECHNOLOGIE

7.1.1 Problemfelder: Unkritische Erwartungshaltung und Voreingenommenheit

AV-Medien werden als **technische** Medien definiert (Kap. 7.5.1). Damit kommt der **Unterrichtstechnologie** ein bedeutsamer Beitrag zu bei der theoretischen Grundlegung des Einsatzes von AV-Medien im Unterricht.

Der Begriff der Unterrichtstechnologie erweckt häufig Emotionen gegensätzlicher Art, welche - wie die meisten Emotionen - nicht sachlich begründet sind, sondern unkritischen Einstellungen entsprechen.

Auf der einen Seite ist es die unreflektierte, optimistische Erwartungshaltung, dass mit Hilfe einer Technologie des Unterrichts eine **Optimierung schulischen Lehrens und Lernens** herbeigeführt werden könnte, so dass unter Einsatz entsprechender Apparaturen und Programme auch endlich in unseren Schulstuben, wie schon lange in der Industrie und auch im Haushalt, bei einem Minimum an Kraft- und Zeitaufwand ein Optimum an unterrichtlicher Effektivität erreicht werden kann. Verbunden ist diese positive unkritische Erwartungshaltung häufig mit einer Fortschrittsbegeisterung, welche (wenn auch nicht immer zugegeben) schon dann etwas für gut hält, wenn es nur neu ist, und bereits schon dann im Unterricht für einsetzbar hält, wenn es gut funktioniert.

Demgegenüber steht eine ebenso unkritische Ablehnung des vermeintlichen technischen Perfektionismus, der Gefahr läuft zu einer **Erschütterung traditioneller menschlicher Werte** zu führen, welche letztlich einmündet in eine "Manipulation", "Entmenschlichung" und "Verbildung" des Menschen. Wenn bereits in der Schule Vertiefung und Besinnung ersetzt werden durch technische Betriebsamkeit, wenn anstelle der Qualität die Quantität des mit Hilfe der Technik bewältigten Stoffes steht, wo soll dann in einer durch technische Medien überfluteten Umwelt der junge Mensch lernen, zu sich selbst und zu den wahrhaft gültigen Werten zu finden? Auch diese Argumentation, so plausibel sie klingen mag, zeugt von unkritischer Voreingenommenheit.

Gegenüber diesen mehr oder weniger naiven Setzungen positiver oder negativer Art ist eine **sachliche Auseinandersetzung** sowohl mit den Möglichkeiten als auch den Grenzen und Gefahren einer Unterrichtstechnologie erforderlich.

Vorangehen muss eine unvoreingenommene Analyse dessen, was mit Unterrichtstechnologie gemeint ist. Hierbei geht es allerdings nicht nur um eine Begriffsdefinition, sondern gleichzeitig um eine Sachdiskussion.

Mit der Abgrenzung (Definition) von dem, was Unterrichtstechnologie nicht ist, muss also gleichzeitig eine Merkmals- und Funktionsbeschreibung derjenigen Sachverhalte und Aufgaben erfolgen, welche der Unterrichtstechnologie zuzuordnen sind (BANKS 1993).

7.1.2 Begriffsbestimmungen

Die Auseinandersetzung mit dem Begriff der Unterrichtstechnologie soll in vier Teilschritten erfolgen. Zuerst wird zu fragen sein, was man unter **"Technik"** versteht, bevor eine Definition von **"Technologie"** erfolgen kann. Sodann muss festgelegt werden, was **"Unterrichtstechnik"** ist, um anschließend **"Unterrichtstechnologie"** zu definieren und zu beschreiben.

7.1.2.1 Technik

Eine Diskussion um denjenigen Sachverhalt, der mit dem Begriff der Technologie gemeint ist, erfordert eine vorhergehende Analyse des Technikbegriffe. Der Begriff Technik ist in der Alltagssprache verbunden mit Vorstellungen von Maschinen, Werkzeugen und Automaten. Der Techniker ist dann derjenige, der diese Maschinen zu bedienen in der Lage ist bzw. sie beherrscht oder auch entwirft. Bei einer genaueren Bestimmung des Technikbegriffes ist es jedoch erforderlich, von dieser allgemeinen Ausrichtung und Einengung auf das rein Maschinelle loszukommen. Doch auch hierfür ergeben sich bereits Hinweise in der Alltagssprache. Man spricht z. B. bei einem guten Fußballer von einem guten "Techniker", es gibt eine "Technik des Schachspielens" und ein Marathonläufer wird nur dann bestehen, wenn er sich eine gute "Lauftechnik" angeeignet hat. Bei all diesen Techniken werden keine Maschinen oder besondere Apparaturen eingesetzt.

Um den Begriff der Technik in seiner allgemeinen Bedeutung zu erfassen, empfiehlt es sich, seinen Ursprung zu berücksichtigen. Der Begriff der Technik stammt aus dem Griechischen: techne, Handwerk; technike, zur handwerklichen Kunst gehörig. In ihrer ursprünglichen Bedeutung hatte Technik also etwas mit Kunst und Handwerk zu tun.

Heute wird häufig die Technik von der Kunst unterschieden, oft sogar als Gegensatz empfunden. In diesem Sinne ist Technik die Dienstbarmachung der Kräfte der Natur durch Einsatz von Maschinen. Der Technikbegriff ist jedoch nicht hierauf beschränkt. Dies zeigt bereits seine Verwendung in den verschiedenen Spiel- und Sportarten. Die Suche nach einer umfassenden Bestimmung des Technikbegriffes legt es daher nahe, die Frage zu stellen: Was ist das Gemeinsame bei einem Techniker, der Maschinen einsetzt oder entwirft, und einem Sportler, z. B. einem Marathonläufer, der völlig auf sich allein gestellt - also ohne maschinelle Einrichtungen - die Technik des Langstreckenlaufes beherrscht? Es lassen sich hierbei zwei bedeutsame Merkmale aufzeigen:

- **Ein bestimmtes Ziel soll erreicht werden.**

Dieses Ziel ist entweder im echten Sinne des Wortes wie beim Marathonläufer ein Zielband und beim Fußballspieler die Torlinie oder das Ziel besteht allgemein gesehen in der Erfüllung eines praktischen Zweckes, z. B. die Entfernung nicht genießbarer Bestandteile von einer Kartoffel durch eine Schälmaschine oder die Beseitigung von Abfallprodukten durch eine Geschirrspülmaschine. Die Gemeinsamkeit besteht also in einer bestimmten Zielsetzung bzw. in einem praktischen Zweck, unabhängig davon, ob Ziel oder Zweck mit oder ohne maschinelle Automation erreicht werden sollen.

- **Das Verfahren ist wiederholbar.**

Eine Maschine, die zur Erfüllung eines Zweckes gebaut wird, soll nicht nur ein einziges Mal diesen praktischen Zweck erfüllen. So wie die Tätigkeit der Kartoffelschälmaschine sich nicht nur auf eine Kartoffel beschränken kann, wird der Fußballspieler, der ein guter Techniker sein will, wiederholt den Ball geschickt behandeln und dorthin bringen, wohin er nach Meinung des Publikums soll. Ähnliches gilt für den Marathonläufer, den Skifahrer ebenso wie für die Geschirrspülmaschine. Das heißt, der Einsatz sowohl von Maschinen als auch der körperliche Einsatz muss überall dort, wo man von Technik spricht, nicht nur einmalig hier und jetzt verlaufen, sondern muss wiederholbar sein. Die Wiederholbarkeit ist daher das zweite gemeinsame Merkmal jeder Technik.

Unter Berücksichtigung der beiden bedeutsamen Kennzeichen der Technik, der Erfüllung eines Zweckes und der Wiederholbarkeit, kann Technik definiert werden:

> **Technik ist die Anwendung von Verfahrensweisen, welche der wiederholten Erreichung eines Zieles dienen.**

Bezeichnet man die Erreichung eines praktischen Zieles als Effektivität und die wiederholte Erreichung als Repetition, so ergeben sich als Merkmale für die Technik: **Effektivität** und **Repetition**. Wem dies zu hochtrabend klingt, der kann allerdings den gleichen Sachverhalt auch mit einfachen Worten ausdrücken. Für die Technik ist von Bedeutung: Was bringt's - wie oft?

Auch der in der Pädagogik verwendete Technikbegriff weist darauf hin, dass es sich hier nicht ausschließlich um den Einsatz von technischen Geräten handelt. Man denkt zwar bei dem Begriff der Technik vornehmlich an den Aufschwung und Siegeszug der Technik in der Neuzeit, doch reicht die Anwendung der Technik bis in die frühesten Zeiten der Menschheit zurück. Seit der Mensch begann, die ihn umgebende Welt und die Kräfte der Natur nicht nur hinzunehmen, sondern sie bewusst in seinen Dienst zu stellen, gibt es Technik.

7.1.2.2   Technologie

Der Begriff der Technik ist nicht mit dem der Technologie gleichzusetzen, obwohl die synonyme Verwendung beider Begriffe häufig angetroffen wird. Eine "... logie" ist eine Lehre, etwas, was Wissen vermittelt. Sie ist ein Teilbereich der Wissenschaft, ein Wissenschaftszweig. Die Technologie ist somit die **Lehre** von der Technik. Als solche ist sie nicht identisch mit dem praktischen Einsatz der technischen Verfahrensweisen. Als Lehre von der Technik beschäftigt sie sich mit den Fragen der Entwicklung sowie mit den Möglichkeiten und Grenzen des Einsatzes von Techniken.

Die Technik wird also nicht dadurch zur Technologie, dass man technische Verfahren besonders häufig, intensiv oder lange anwendet, sondern dass man sich mit ihnen kritisch auseinandersetzt. Die Technik setzt Verfahren ein, auf die ihre Ziele gerichtet sind. Technik und Technologie haben also unterschiedliche Objekte. Die **Objekte der Technik** sind technische **Verfahren** zur wiederholten Erreichung von Zielen. Das **Objekt der Technologie** dagegen ist die **Technik**.

> **Technologie ist die Lehre von und die kritische Auseinandersetzung mit der Entwicklung, dem Einsatz und der Erprobung von technischen Verfahren.**

Es ist durchaus möglich, den Begriff der Technologie auch auf gesellschaftliche Prozesse zu übertragen. Deshalb lässt sich der Begriff Technologie auch definieren als "wissenschaftliche Kontrolle natürlicher und gesellschaftlicher Prozesse" (HABERMAS 1968, 112). Allerdings wird vermutet, dass der Begriff Technologie, sofern man ihn auf Prozesse der Beeinflussung menschlichen Verhaltens anwendet, "wohl wie kaum ein anderer geeignet" ist, "Kulturkritiker des antiautoritären und konservativen Lagers in gemeinsamer Ablehnung zu vereinigen" (FLECHSIG 1976, 15).

7.1.2.3 Unterrichtstechnik

> **Unterrichtstechnik ist die Anwendung von Lehr- und Lernverfahren, welche im Unterricht der wiederholten Vermittlung von Inhalten zur Erreichung von Lehr- und Lernzielen dienen.**

Zu den Unterrichtstechniken gehören alle Formen des Lehrens und Lernens, welche Unterrichtsstoffe wiederholt vermitteln und Unterrichtsziele effektiv erreichen helfen, und zwar unabhängig davon, ob es sich um apparative Einrichtungen handelt oder nicht. So ist es durchaus legitim, in diesem Zusammenhang von "Techniken des Lehrerverhaltens" (GRELL 1994) zu sprechen. Sie geben Anleitungen, **wie** sich ein Lehrer in bestimmten Situationen am besten verhält, um bestimmte Wirkungen im Schülerverhalten auszulösen. Sie sagen aber nichts darüber aus, ob dieses Verhalten des Schülers für seine Persönlichkeitsentfaltung sinnvoll ist oder nicht. (Dies wird leider manchmal von den Verfechtern solcher Techniken übersehen bzw. bewusst ignoriert.)

7.1.2.4   Unterrichtstechnologie

Nach der Bestimmung von Unterrichtstechnik und unter Berücksichtigung des herausgearbeiteten Unterschiedes zwischen Technik und Technologie ist die Definition von Unterrichtstechnologie naheliegend. Hierbei ist der Begriff der Unterrichtstechnologie analog zum allgemeinen Technologiebegriff zu bestimmen:

> **Unterrichtstechnologie ist die kritische und wissenschaftliche Auseinandersetzung mit den Möglichkeiten und Grenzen der Anwendung technischer Verfahren bei der Organisation von Lehren und Lernen.**

Als **Kritik** mit und **Wissenschaft** von der Unterrichtstechnik ist die Unterrichtstechnologie nicht gleichzusetzen mit der Anwendung von technischen Medien oder dem Einsatz von Techniken im Unterricht. In diesem Zusammenhang taucht gelegentlich der Fehler auf, dass man z. B. fordert, die Lehrerbildung müsse den zukünftigen Lehrerinnen und Lehrern den Umgang mit Unterrichtstechnologien vermitteln, weil man glaubt, die Schule wird zukünftig mehr als bisher Unterrichtstechniken einsetzen.

Hier wäre es angebracht, etwas genauer zu differenzieren. In der **praktischen** Ausbildung sollen die zukünftigen Lehrer vertraut gemacht werden, mit dem Umgang und Einsatz (handling) technischer Medien, also die **Unterrichtstechnik** anzuwenden. Daneben ist es Aufgabe der **wissenschaftlichen** (theoretischen) Ausbildung, sich kritisch mit dem Einsatz der Unterrichtstechniken, also mit den Aufgaben der **Unterrichtstechnologie**, auseinanderzusetzen.

7.2   AUFGABEN DER UNTERRICHTSTECHNOLOGIE

Die Aufgaben und Probleme der Unterrichtstechnologie zentrieren sich um die Fragen:

- Welche Verbesserungen sind bei den angewandten Verfahren möglich und welche neueren Verfahren sollten in diesem Zusammenhang entwickelt werden? (Innovation).
- Sind diese neuen Verfahren praktizierbar und welche Gesichtspunkte müssen bei ihrer Anwendung beachtet werden? (Implementation).
- Wie kann die Effektivität der neueren Verfahren überprüft werden und welchen Nutzen bringen sie tatsächlich? (Evaluation).

Die Unterrichtstechnologie beschäftigt sich also mit der Entwicklung (Innovation), Prüfung der Anwendbarkeit (Implementation) und Bewertung der Effektivität (Evaluation) von Lehr- und Lerntechniken im Unterricht.

7.2.1 Innovation

Innovation betrifft die Planung und Entwicklung **neuer** Vorgehensweisen. Im Bereich der Schule sind damit vornehmlich Neuerungen methodischer und schulorganisatorischer Art gemeint. Im Unterricht führt die Innovation nicht nur zu neuen Anstößen des technischen Instrumentarium, sondern auch aller zu einer bestimmten Zweckerfüllung wiederholt anwendbarer Lehrverfahren (Unterrichtstechniken).

Hierbei ist jedoch zu beachten, dass nicht jede mit Innovation bezeichnete Veränderung echten **Fortschritt** bringt. Didaktisch ist ein Verfahren **nicht schon deshalb gut, weil es neu ist.** Auch das Altbewährte hat seine Berechtigung und darf nicht im Streben nach technischer Neuerung vernachlässigt werden.

7.2.2 Implementation

Implementation (lat.: implere, etwas vollbringen, ausführen) bezieht sich auf die Durchführung und Anwendung von Verfahren. Im unterrichtstechnologischen Aspekt betrifft sie jedoch nicht so sehr die praktische Anwendung der Lehrtechniken, sondern meint die Prüfung ihrer **Anwendbarkeit** (Praktikabilität).

Ein Verfahren mag zwar neu sein und auch bei gekonnter Handhabung etwas bringen, wenn aber der Schüler nicht in der Lage ist, sinnvoll damit umzugehen, kann es im Unterricht nicht eingesetzt werden. Bei der Implementation wird z. B. geprüft, ob Schüler verschiedener Altersstufen erfolgreich mit einem technisches Unterrichtsverfahren hantieren können (handling).

Dies ist aber allein noch kein ausreichendes Kriterium für dessen Einsatz im Unterricht. Es müssen daher noch **weitere Überprüfungen** vorgenommen werden. Zu ihnen zählt die Evaluation.

7.2.3 Evaluation

Aufgabe der Unterrichtstechnologie ist es, nicht nur neue Verfahren zu entwickeln und deren Anwendbarkeit durch die Schüler abzusichern, sondern auch ihren **Erfolg** beim Einsatz im Unterricht kritisch zu überprüfen. Zentrales Anliegen dieser Evaluation (engl. value, Wert) ist die Klärung des Problems, ob die neuen Verfahren einen größeren Unterrichtserfolg bringen im Vergleich mit den seitherigen. Auch muss geprüft werden, ob und inwieweit sich **unerwünschte Nebeneffekte** einstellen.

Schließlich muss auch die Effektivität eines Unterrichtsverfahrens abgesichert werden. Dies betrifft die Relation eines festzustellenden Erfolges zu dem hierzu erforderlichen Aufwand an Anstrengung der Schüler sowie Aufwand an Zeit und Geld.

Problematisch erweist sich hierbei, dass nicht alle Ergebnisse des Einsatz technischer Verfahren quantitativ erfassbar sind. Ein Großteil der Unterrichtserfolge ergeben sich nur qualitativ und sind damit nicht messbar. Zusätzlich muss beachtet werden, dass Unterrichtserfolge sich oft nicht unmittelbar, sondern erst nach einer gewissen Zeit einstellt.

Aber auch dort, wo Unterrichtserfolge messbar erscheinen, können nicht alle Verfahren mit dem **gleichen Maßstab** gemessen werden. Von Bedeutung ist also bei der Evaluation, ob die angewandten Verfahren auch tatsächlich in Bezug auf das erwartete Ziel Erfolge bringen (was wird erreicht) und mit welcher Genauigkeit der Erfolg festgestellt werden kann.

In der Testtheorie, wo ebenfalls die neu entwickelten Messverfahren einer Kontrolle unterzogen werden, kennt man diese Problem als Überprüfung der Validität, das ist die **Gültigkeit** eines Verfahrens (was wird erfasst) und der Reliabilität, das ist die **Zuverlässigkeit** (wie genau wird gemessen).

Analog hierzu gilt, dass die Unterrichtserfolge einer Lehrtechnik, z. B. der Einsatz eines AV-Mediums, die durch Evaluation des neuen Verfahren nachgewiesen werden, kritisch überprüft werden, ob sie gültig und zuverlässig ermittelt wurden.

Während die Unterrichtstechnologie unter dem Aspekt der Innovation, Implementation und Evaluation sich kritisch mit dem Einsatz von Unterrichtstechniken allgemein auseinandersetzt, ist es Aufgabe der **Mediendidaktik** als Spezialgebiet der Didaktik den **Einsatz von Medien** im Unterricht, besonders der **AV-Medien,** zu hinterfragen. Die folgenden Kapitel sind Teilgebiete der Mediendidaktik.

7.3 KENNZEICHNUNG VON MEDIEN ALLGEMEIN

7.3.1 Allgemeiner Medienbegriff

In der Alltagssprache regt der Begriff "Medium" zu Assoziationen (Gedankenverknüpfungen) vielfältiger Art an. Eine hiervon ist das Medium bei okkulten oder hypnotischen Experimenten. Man kann diesem Medium seinen Willen aufzwingen, man kann es manipulieren oder als Mittel zum Zwecke transzendenter Verbindungen mit Verstorbenen, als Geistwesen oder ähnliches benutzen.

Als Mittel der Manipulation mit der damit verbundenen Verletzung der personalen Würde des Menschen ist das Medium zwar häufig in der Diskussion, diese Art Medium ist aber im Zusammenhang mit AV-Medien nicht tangiert. Dementsprechend sind diese Medien von den weiteren Überlegungen ausgegrenzt.

Doch auch die angebotenen Definitionen des Medienbegriffs in Bezug auf AV-Medien waren bis vor kurzem z. T. so vielfältig und verwirrend, dass dies einer "babylonischen Sprachverwirrung" gleichkam. Hinzu trat ein Wandel des Medienverständnisses im Bereich des Unterrichts. Heute ist der Medienbegriff nach einer langen Phase der Erklärungs- und Deutungsbemühungen zwar nicht unumstritten, so doch hinreichend geläutert.

Medien allgemein als Oberbegriff von AV-Medien haben eine doppelte Funktion:

Medien sind Quellen und Träger von Informationen.

In diesem allgemeinen Medienbegriff sind alle Medien, ausgehend von den natürlichsten und urtümlichsten aller Medien, der Gestik und der Sprache, bis zu den perfektesten Informationsträgern computergesteuerter und elektronischer Anlagen, eingeschlossen.

In der Alltagssprache wird häufig der Begriff der "Massenmedien". (MM) verwendet, auch Massenkommunikationsmittel (MKM) genannt. Diese zeichnen sich durch folgende Merkmale aus:
- Die Informationen werden mit Hilfe technischer Apparaturen hergestellt und verbreitet.
- Die Informationen werden von einer geringen Anzahl von Personen ausgewählt und richten sich an eine große Anzahl von Adressaten.
- Die Adressaten sind räumlich über einen großen Bereich verteilt.

- Die Informationen verlaufen in der Regel auf dem Wege einer Ein-weg-Kommunikation, d. h. gehen nur in die Richtung vom Informa-tionssender (Expedient) zum Informationsempfänger (Perzipient).

Das zuletzt genannte Merkmal der Einbahn-Information wird heute ge-legentlich durch den Einsatz technischer Möglichkeiten der Rückmel-dung zu überwinden versucht, wodurch eine weitere Steigerung der Attraktivität der Massenmedien erwartet wird.

7.3.2 Medien als Informationsträger und Informationsquellen

Die doppelte Funktion der Medien lässt sich mit den beiden folgenden Schemata veranschaulichen.

Medien als Informationsträger

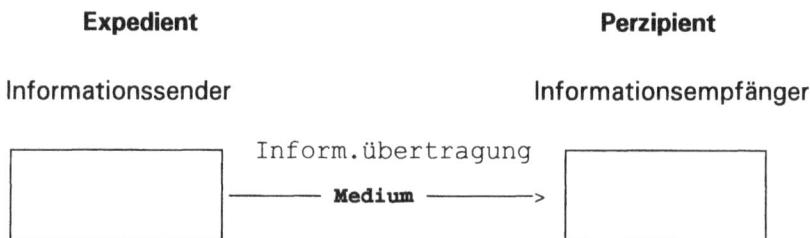

Expedient	**Perzipient**
Informationssender	Informationsempfänger

```
                      Inform.übertragung
 ┌──────────┐                              ┌──────────┐
 │          │     ──── Medium ─────>       │          │
 │          │                              │          │
 └──────────┘                              └──────────┘
```

In diesem Schema hat das Medium die Aufgabe der Vermittlung (Übertragung) von Informationen, die von einem Expedienten (Informationssender) ausgegeben und von einen Perzipienten (Informationsempfänger) aufgenommen werden. Das Medium dient da-bei als Mittler, als Überbringer, es hat vermittelnde Funktion. Es stellt selbst nicht die Information dar, aber es trägt (transportiert) die Infor-mation vom Expedienten zum Perzipienten.

Im Unterricht werden durch das Medium als Informationsträger (z. B. Sprachzeichen, Mimik, Gestik, Buch, Tafel u. ä.) dem Lernenden In-formationen übermittelt.

Medium als Informationsquelle

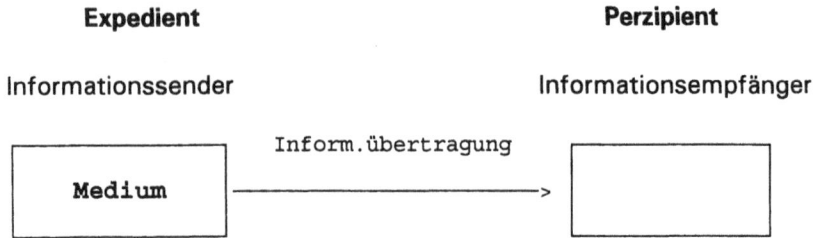

Expedient	Perzipient
Informationssender	Informationsempfänger

```
 _____      Inform.übertragung      _____
|                   |                            |                   |
|     Medium        | ------------------------>  |                   |
|_____|                            |_____|
```

Hier geht die Information von einem Medium aus. Im Unterricht kann dies ein Kassettenrekorder, ein Videorecorder, Lehrgerät u. ä. sein. Hierbei wird in der Regel die Lehrfunktion auf das Medium übertragen, welches das Lehren mehr oder weniger interaktiv gestaltet.

Die Funktionen des Mediums als Informationsträger und/oder als Informationsquelle gehen ineinander über.

7.4 MÖGLICHKEITEN DER KLASSIFIKATION (EINTEILUNG) DER MEDIEN

Wegen der Vielfalt der Medien und der Verschiedenartigkeit der Absichten, unter denen sie eingesetzt werden, gibt es unterschiedliche Kriterien für die Einteilung der Medien (SCHRÖTER 1981).

7.4.1 Angesprochener Sinnesbereich

- **Auditive Medien:**
  Zu diesen zählen alle diejenigen Medien, die der Sprache zugeordnet sind bzw. sich der Sprache bedienen (Rundfunk, Tonband, Schallplatte). Auditive Medien vermitteln also akustische Eindrücke.
- **Visuelle Medien:**
  Das sind Medien, die ihre Informationen optisch ausgeben (Zeichen, Schrift, Bild, Film). Visuelle Medien beanspruchen also das Auge als Informationsempfänger.
- **Audiovisuelle Medien:**
  Hier wird nach audiovisuellen Medien im engeren (i. e. S.) und im weiteren Sinn (i. w. S.) unterschieden.
- Audiovisuelle Medien i. e. S. sind auf Medien beschränkt, die sowohl akustisch als auch optisch Information anbieten (z. B. Tonfilm, Tonbildreihe, Fernsehen u. a.). Die Informationsübermittlung findet hier unter Einbezug des Hör- **und** des Gesichtssinnes statt.
- Audiovisuelle Medien i. w. S. bieten Informationen entweder auditiv **oder** visuell an. In diesem Falle würden also auch die oben genannten auditiven und die visuellen Medien zu den audiovisuellen Medien zu rechnen sein.
  Unter AV-Medien versteht man in der Regel audiovisuelle Medien i. w. S., also auch rein auditive und rein visuelle Medien, soweit sie zu den automatischen (technischen) Medien gehören.

7.4.2 Automation

- Natürliche Medien (Zeichen, Sprache, Gestik),
- darstellende nicht-automatische Medien (Bild, Symbol, Modell, Schema),
- halbautomatische Medien (Tonband, Rundfunk, Fernsehen),
- vollautomatische Medien (Computer, adaptives Lehrgerät).

Die Unterscheidung in halbautomatische und vollautomatische Medien besteht darin, dass erstere sich nicht an die Lerngeschwindigkeit des Lernenden direkt anpassen bzw. keine je nach Lernfortschritt differenzierte Informationsausgabe ermöglichen.

Vollautomatische Medien passen sich an die Lerngeschwindigkeit und den Lernfortschritt des Schülers an. Sie ermöglichen **interaktives** Lernen.

7.4.3   Darstellungsebene

- Objektale Medien:
  Medien, welche als Objekte vorliegen (z. B. Pflanzen, Gebrauchsgegenstände, Modelle u. ä.).
- Ikonische Medien:
  Medien, die optische und/oder akustische Informationen vermitteln (Bilder, Arbeitsfolien, Filme, Videobänder).
- Symbolische Medien:
  Medien, welche Symbolcharakter haben (z. B. Texte, Kartenmaterial, Tonbänder).

7.4.4   Unterrichtliche Funktion

- Selbstunterrichtende Medien:
  Medien, welche über einen längeren Zeitabschnitt wesentliche Lehrfunktionen übernehmen (Lehrprogramme, interaktive Lehreinheiten).
- Selbstinformierende Medien:
  Medien, welche alle bedeutsamen Informationen liefern (Diareihen, Filme, Videoaufzeichnungen).
- Selbstkontrollierende Medien:
  Medien, welche Aufgaben stellen und dem Schüler unmittelbar Rückmeldungen zur Selbstkontrolle geben (Rechenkärtchen, Rechentrainer, Leselotto, Aufgabensammlungen mit Lösungsbeigaben).
- Ergänzende Medien:
  Medien, welche gelegentlich zur Ergänzung der Lehrerausführungen herangezogen werden (Bilder, Modelle, Grafiken).

7.4.5 Methodische Verwendung

- Motivationsmedien:
  Medien, welche die Aufmerksamkeit und das Interesse wecken sollen und in der Regel zu Beginn einer Unterrichtseinheit eingesetzt werden (Tonbandaufzeichnungen, bildliche Problemdarstellungen).
- Erarbeitungs- und Darbietungsmedien:
  Medien, welche Unterrichtsinhalte vermitteln und erklären (Sachfilme, Tonband, Dia-Reihen).
- Übungsmedien:
  Medien, welche dazu beitragen, das Gelernte durch Übung zu verfestigen (Aufgabensammlungen, Übungshefte).
- Kontrollmedien:
  Medien, welche die Lernzielkontrolle ermöglichen, d. h. mit denen geprüft werden kann, ob und in welchem Ausmaß das angestrebte Unterrichtsziel erreicht wurde (Arbeitsblätter, Lückentexte).

7.4.6 Bedeutung im Unterricht

- Enrichment-Modell:
  Medien tragen zu einer **Bereicherung** des Unterrichts bei. Sie dienen der Verdeutlichung, Erläuterung oder Ergänzung des behandelten Unterrichtsstoffe. Die Schüler sind hierbei meist wenig eigenaktiv.
- Kontext-Modell:
  Medien sind nicht nur Ergänzung, sondern ein wichtiger **Bestandteil** im Unterrichtszusammenhang (Kontext). Die Schüler setzen sich hierbei in der Regel aktiv mit den Medien auseinander.
- Direct Teaching-Modell:
  Die Medien übernehmen selbst **Lehrfunktionen** im Sinne einer Objektivierung des Unterricht. Informationsausgabe, Aufgabenstellungen und Rückmeldungen werden von den Medien vollzogen.

7.5   DEFINITION UND KENNZEICHNUNG VON AV-MEDIEN

7.5.1 Definition der AV-Medien

Audiovisuelle Medien (AV-Medien) können sowohl im engeren als auch im weiteren Sinne definiert werden.

Audiovisuelle Medien i. e. S. sind Medien, welche Informationen auditiv **und** visuell anbieten. Hierzu gehören z. B. der Tonfilm, die Tonbildschau und das Fernsehen (Videorecorder).

Audiovisuelle Medien i. w. S. umfassen alle Medien, welche ihre Informationen auditiv **oder** visuell aussenden. Hierzu zählen der Arbeitsprojektor, der Rundfunk, das Tonband, der Bildschirmtext (BTX) u. a. Es zeigt sich im Sprachgebrauch, dass hiermit besonders die **technischen** Medien gemeint sind. Sprache, Mimik, Gestik, Buch und Wandtafel werden also in der Regel nicht den audiovisuellen Medien zugeordnet, auch dann nicht, wenn man den Begriff "audiovisuell" im weiteren Sinne verwendet.

> **AV-Medien sind technische Informationsquellen oder -träger, welche ihre Informationen auditiv und/oder visuell übermitteln.**

Folgendes Schema zeigt die Einteilungsmöglichkeiten der AV-Medien im weiteren und im engeren Sinn.

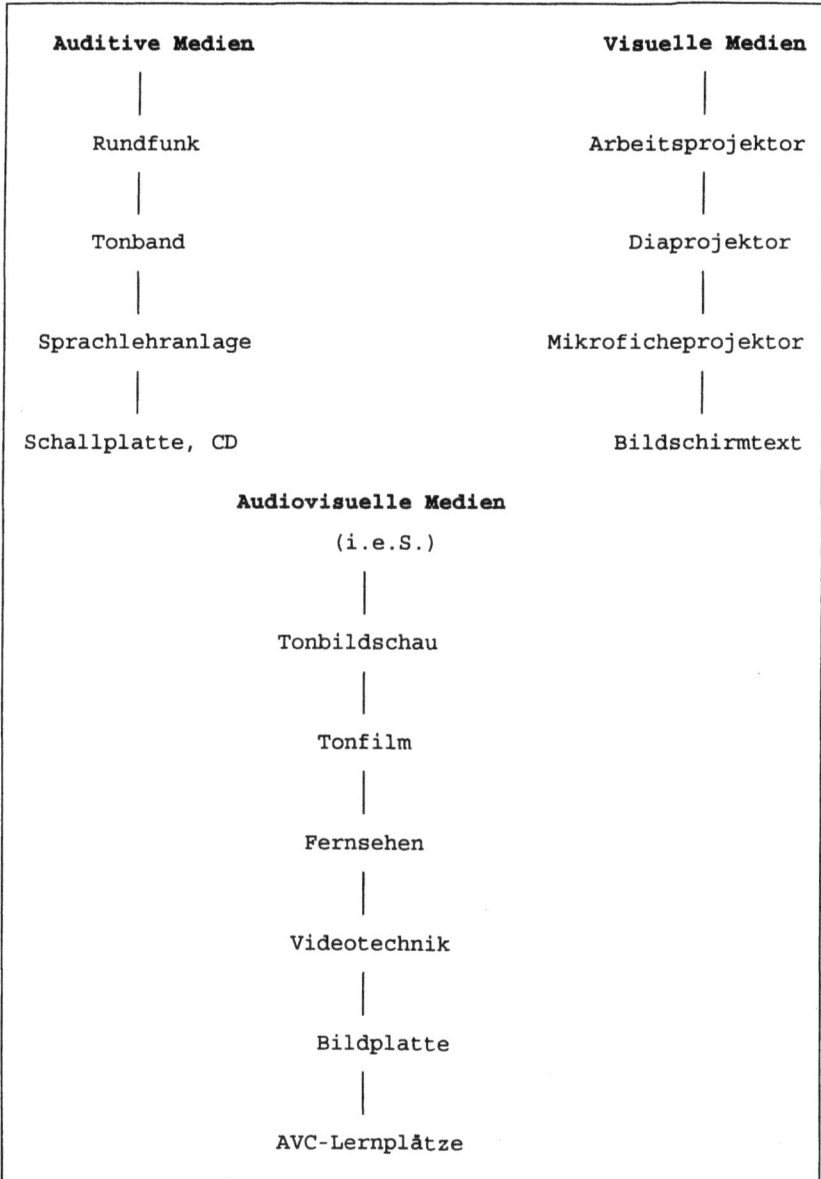

A V - M e d i e n
(i. w. S.)

Auditive Medien	Visuelle Medien
Rundfunk	Arbeitsprojektor
Tonband	Diaprojektor
Sprachlehranlage	Mikroficheprojektor
Schallplatte, CD	Bildschirmtext

Audiovisuelle Medien
(i.e.S.)

Tonbildschau

Tonfilm

Fernsehen

Videotechnik

Bildplatte

AVC-Lernplätze

7.5.2 Zur Kennzeichnung der AV-Medien

Im allgemeinen und technischen Aufbau zeigt sich bei den AV-Medien ein dualer Charakter: man unterscheidet zwischen sog. **Hardware** und **Software**. Unter Hardware versteht man die apparativen Einrichtungen und Geräte, unter Software hingegen die eigentlichen Informationsinhalte und deren Trägermaterialien sowie auch die Programme zur Informationsübermittlung und -steuerung.

Der Arbeitsprojektor z. B. ist als Apparat mit allen seinen technischen Bestandteilen (Lichtquelle, Arbeitsplatte, Linse, Spiegel usw.) der Hardware zuzurechnen.

Die im Unterricht oder Vortrag aufzulegenden Folien gehören zur Software. Hierbei kann noch zwischen passiver Software (unbeschriftete Folien) und aktiver Software (beschriftete Folien) unterschieden werden.

Im unterrichtlichen Bereich hat sich seit den 70er Jahren neben bzw. mit der "technologischen Wendung" in der Didaktik (FLECHSIG 1976) in Bezug auf die AV-Medien ein Wandel des Medienverständnisses vollzogen. Dieser ist vor allem dadurch gekennzeichnet, dass sich das althergebrachte Verständnis hauptsächlich auf die Frage bezog, inwieweit der Unterricht durch den Einsatz zusätzlicher Hilfsmittel angereichert werden könnte (Enrichment-Modell), während in der heutigen Diskussion vornehmlich auch die Frage der selbständigen Übernahme von Lehrfunktionen durch Medien (Direct-Teaching-Modell) mit einbezogen ist.

Im Unterricht dienen AV-Medien zur Verbesserung der Informationsvermittlung und/oder zur Ausgabe unterrichtlich bedeutsamer Informationen, d. h. im Unterricht sind AV-Medien Hilfsmittel, die im unterrichtlichen Lehrprozess dem Lehrer zur Übermittlung von Informationen dienen oder selbst Informationen ausgeben.

7.6 DIDAKTISCHE FUNKTIONEN DER AV-MEDIEN

AV-Medien haben grundsätzlich die Aufgabe (Funktion), Hilfe bei der effektiven Gestaltung von Unterricht und Erziehung zu leisten. Im Einzelnen lassen sich hierbei verschiedene didaktische Funktionen der AV-Medien aufzeigen: Veranschaulichung, Motivierung, Informierung, Individualisierung, Objektivierung und Reproduzierung.

7.6.1 Veranschaulichung

7.6.1.1 Beschreibung der Veranschaulichungsfunktion

Medien helfen dem Lehrer, eigene begrenzte Möglichkeiten der anschaulichen Stoffdarbietung zu erweitern. Gelegentlich wird in diesem Zusammenhang auch von der Funktion der "Visualisierung" gesprochen. Mit Hilfe der AV-Medien werden für eine direkte Veranschaulichung schwer erreichbare und sprachlich nur inadäquat darstellbare Gegebenheiten der Wahrnehmung zugänglich gemacht. Hierdurch können veranschaulicht werden:
- Sachliche Gegebenheiten, welche nicht direkt erreichbar sind (durch realitätsgetreue Abbildungen),
- sachliche Gegebenheiten, welche auf Grund ihrer Kleinheit oder Größe nicht direkt beobachtbar sind (durch Vergrößerung oder Verkleinerung),
- Geschehnisse, welche relativ selten auftreten, aber für die Erkenntnisgewinnung bedeutsam sind (durch realitätsgetreue Abläufe),
- Bewegungsabläufe, welche in der direkten Beobachtung nicht erkennbar sind (durch Zeitraffer- und Zeitlupendarstellung),
- Zusammenhänge, welche in der Realität nicht überschaubar und erkennbar sind (durch Schemata und Modelle).

Die Bedeutung der Anschauung für die Erkenntnisgewinnung ist nach wie vor unumstritten. Der Mensch, besonders das Kind und der Jugendliche, ist auch bei der geistigen Tätigkeit auf die vorhergehende sinnhafte Wahrnehmung angewiesen. Dies gilt im besonderen Maße für die Lerneffektivität und Gedächtnishaftung. Als besonders wirksam erweist sich hierbei die Kombination von Hören **und** Sehen.
Die Gedächtnishaftung als bedeutsames Kriterium der Unterrichtung wurde in der Kurzzeithaftung (nach ca. drei Stunden) und in der Langzeithaftung (nach ca. drei Tagen) untersucht.

Dabei zeigte sich, dass im Kurzzeitbereich durch Hören ca. 70% des Lernmaterials noch vorhanden ist, durch Sehen ca. 75%. Bei der kombinierten Vermittlung durch Sehen und Hören, also audiovisuell, ergaben sich in der Kurzzeithaftung   mehr als 85%. Bei der Langzeithaftung ist die Differenz noch gravierender. Hierbei ergibt sich ein Verhältnis von 10% (auditiv) zu 20% (visuell) und 65% (audiovisuell).

Die verbesserte Speicherung bei audiovisueller Veranschaulichung berücksichtigt jedoch nicht alle Aspekte, z. B. wie sich die gleichzeitige Aktivierung beider Sinne Hören und Sehen hinsichtlich der Verkümmerung der eigenen Vorstellungswelt, Phantasie und Kreativität auswirkt.

Es ist also auf eine Ausgewogenheit auch zu den reinen auditiven Vermittlungstechniken zu achten, wozu u. a. der Hörfunk oder die Tonkassette gute Möglichkeiten bieten.

7.6.1.2 Regeln und Grenzen der Veranschaulichung durch AV-Medien

Für die praktische Verwirklichung des Anschauungsprinzips durch AV-Medien gelten folgende Richtlinien:

- **Bevorzugung der Sachbegegnung**
  Vorhandene Medien können dazu verleiten, sie auch dort einzusetzen, wo es möglich ist, die Schüler ohne größeren Aufwand an die Wirklichkeit heranzuführen.
- **Gelenkte Anschauung**
  Man sollte die Schüler nicht nur einfach zum Hinschauen auffordern, sondern ihre Aufmerksamkeit auf bestimmte Sachverhalte lenken.
- **Keine Übersättigung**
  Eine dosierte Auswahl aus der Fülle des Darbietbaren ist besser als totale Veranschaulichung.
- **Anschauung mit Aktivitäten verbinden**
  Das Angeschaute soll zum Denken und praktischen Tun veranlassen. Hierdurch wird die Lernwirksamkeit erhöht.

Durch die Transformation des nicht unmittelbar Erfahrbaren mittels AV-Medien in den Erfahrungshorizont des Einzelnen wird die Wirklichkeit teilweise verfremdet.

Eine medienspezifisch **gebrochene Realität**, d. h. nicht die Sache selbst, sondern das Abbild der Sache wird repräsentiert und verinnerlicht.

Des weiteren wird durch die ständige Versorgung mit einer vom Empfänger rezeptiv aufzunehmenden Welt der fortschreitende Praxisschwund gefördert und der Schüler in einer Verbraucherhaltung verstärkt. Hierdurch gehen entscheidende Momente der eigenen Lebens- und Weltanschauung verloren.

7.6.2 Motivierung

7.6.2.1 Kennzeichnung der Motivierung

Motivierung im Unterricht ist die Schaffung und Berücksichtigung von Lern- und Leistungsbedürfnissen der Schüler. Die Bedeutung der Motivierung für das unterrichtliche Lernen wird von der Lernpsychologie allgemein anerkannt und in der Allgemeinen Didaktik hervorgehoben (SERVE 1992). Als motivierende Momente wirken hierbei
- der **Anreiz von Aufgaben,**
- die **Art der Darstellung** eines Sachverhaltes,
- der **Neuigkeitsgehalt** einer Sache,
- die **Möglichkeit der Selbstbetätigung** sowie
- die Vermittlung von **Erfolgserlebnissen.**

Jedes AV-Medium hat, wenn es zum ersten Mal eingesetzt wird, bereits wegen seines Neuigkeitswertes einen relativ hohen Motivierungsgrad. Der Schüler und Lernende interessiert sich in der Regel für die Apparatur und freut sich, wenn sie "funktioniert". Dabei arbeitet er zumindest anfangs aufmerksam mit, wodurch ein gewisser Lernerfolg gewährleistet wird. Motivierend ist der Umgang mit dem Medium vor allem dann, wenn der Lernende durch einen angemessenen Schwierigkeitsgrad zu Erfolgserlebnissen kommt und der jeweilige Lernerfolg ihm durch das Medium zurückgemeldet, d. h. bestätigt wird. Erfolgserlebnisse wirken insofern motivierend, als sie die weitere Leistungsbereitschaft steigern, Misserfolgserlebnisse dagegen schwächen sie ab.

Besonders durch die Verbindung von Veranschaulichung und Motivierung kommt den AV-Medien erhöhte Lernwirksamkeit zu. Was dem Schüler anschaulich vor Augen geführt wird, weckt und erhält seine Aufmerksamkeit und erleichtert ihm das Verständnis.

Hierdurch wird er motiviert, sich weiter mit der Sache zu beschäftigen. Abstrakte Formulierungen und verbale Erklärungen erwecken dagegen kaum Interesse und Aufmerksamkeit.

7.6.2.2 Didaktische Aspekte zur Motivierung durch AV-Medien

Allerdings darf nicht erwartet werden, dass allein durch den Einsatz eines AV-Mediums die Motivierung gesichert und problemlos sei. Es sollten hierbei bestimmte didaktische Grundregeln beachtet werden:

- **Sachmotivierung**
  Motivierung, die sich der Sache (dem durch das Programm dargebotenen Inhalt) zuwendet, ist lernwirksamer als der Neuigkeitsgehalt eines Gerätes, der im Laufe der Zeit abnimmt.
- **Individueller Motivationsgrad**
  Der Motivierungsgrad ist von Lernendem zu Lernendem verschieden und wird bedingt von der individuellen Neigung sowie dem seitherigen persönlichen Lernerfolg auf einem bestimmten Gebiet.
- **Motivierungsvariabilität**
  Durch eine ständige "Berieselung" mit Informationen nehmen Zuwendung und Aufmerksamkeit rasch ab. Es ist daher für Abwechslung in der Informationsdarbietung und im Informationsgehalt zu sorgen.
- **Vermeidung von Gängelung**
  Es ist darauf zu achten, dass beim Lernenden durch die medienbedingte Steuerung nicht das Gefühl der Gängelung entsteht, wodurch ebenfalls Zuwendung und Aufmerksamkeit nachlassen.
- **Erfolgsbestätigungen**
  Durch den Einsatz des Mediums sollten dem Lernenden nicht nur Informationen, sondern möglichst häufig auch Erfolgsbestätigungen vermittelt werden, wodurch die Motivierung erhalten bleibt und gefördert wird.

7.6.3 Informierung

7.6.3.1 Informierung als Grundfunktion der Medien

Die Verwendung von AV-Medien trägt grundsätzlich zur Informierung der Schüler bei. Bereits ihre Kennzeichnung als Quellen oder Träger von Informationen verweist auf diese Grundfunktion. Vorher Nicht-Gewusstes wird mit Hilfe der Medien dem Schüler optisch und/oder akustisch dargeboten und bekanntgegeben.

Hierbei informieren die Medien vornehmlich über Sachverhalte, Geschehnisse und Zusammenhänge, welche allein durch Lehrervortrag nur schwer oder nicht vermittelt werden können. Durch den Einsatz von AV-Medien ist zu erwarten, dass der Informationsgehalt des Unterrichts vergrößert und der Wissensbestand der Schüler vermehrt werden kann. Die Übernahme eines Teiles der Informationsleistungen durch Medien beeinflusst die Lehraktionen des Lehrers und erweitert seinen Spielraum bei der Organisation des Unterrichts. Da seine Aktivitäten weniger an eigene Informationsleistungen gebunden sind, kann er die individuellen Lernleistungen der Schüler besser fördern. Durch diese mögliche Veränderung der Lehrerrolle wird der Lehrer frei für eine individuelle Lernberatung.

Im Zusammenhang mit dem Informationseffekt steht auch die Möglichkeit der Aufmerksamkeitssteuerung durch die AV-Medien. Wenn es dem Lehrer gelingt, durch Medien die Aufmerksamkeit der Schüler zu wecken, zu erhalten und zu lenken, wird der Informations- und damit Lernerfolg gesteigert werden. Zwar darf man nicht in den Irrtum verfallen, Unterricht sei ausschließlich Organisation und Präsentation von Information, doch ist Lern- und Erziehungswirksamkeit des Unterrichts stark von qualifizierten Informationsträgern abhängig.

Grundsätzlich sollen Medien dazu verhelfen, die von ihnen vollzogene Instruktion zu einer Verbesserung, evtl. "Optimierung" von Lernprozessen zu führen. Anzustreben ist die Befähigung der Schüler,
- die durch AV-Medien vermittelten Informationen aufzunehmen und zu verstehen,
- die Informationen auf ihre Absicht und Wirkung kritisch zu überprüfen und
- daraus Folgerungen für das eigene Verhalten zu ziehen.

7.6.3.2 Grundsätze und Grenzen der Informierungsfunktion

Beim Einsatz der Medien als Informationsträger sollte der Lehrer in kritischer Einstellung einige Grundsätze berücksichtigen:
- **Aufnahmekapazität**
  Bei jedem Medieneinsatz muss auf eine Auswahl (Selektion) und Beschränkung der Information geachtet werden, um die Aufnahmekapazität der Schüler nicht zu überschreiten.
- **Individuelle Information**
  Nicht alle Informationen sind für jeden Schüler in gleicher Weise wissensbereichernd.

Neben der Berücksichtigung der Aufnahmekapazität ist daher auch auf den individuellen Wissensstand zu achten.

- **Informationsgehalt**
Es ist vor jedem Einsatz von Medien zu prüfen, ob diese die Informationen sachgemäß, klar und deutlich gestalten. Unklare, lückenhafte und unübersichtliche Informationsgestaltung verwirrt den Schüler und sollte von vornherein ausgeschieden werden.

- **Kritische Einstellung**
Mit Hilfe der Medien sollten die Schüler auch lernen, die Problematik der vermeintlich "objektiven Information" zu erkennen. Bereits bei jüngeren Schülern darf man nicht auf der Stufe: "So ist das!" stehenbleiben, sondern sollte häufig zur Frage überleiten: "Ist das wirklich so?". Auf diese Art und Weise werden die Schüler zu einem kritischen Medienkonsum angeleitet.

- **Unterscheidung**
Die Differenzierung von Information (Darstellen der Fakten) und Interpretation (Deuten der Fakten) ist gerade beim Medieneinsatz besonders wichtig. Auch hierzu sollten die Schüler möglichst frühzeitig angeleitet werden.

7.6.4 Individualisierung

7.6.4.1 Kennzeichnung der Individualisierung

Individualisierung ist die verstärkte Form der Differenzierung. Gemeint ist hierbei die Auflösung des heterogenen Klassenverbands zugunsten homogener Arbeitsgruppen (Differenzierung) unter Berücksichtigung individueller Gegebenheiten des Schülers (Individualisierung). Individuelle Gegebenheiten können durch den Einsatz von AV-Medien auf verschiedene At berücksichtigt werden:
- Die Art des Stoffes wird angepasst an Entwicklungsstand und Interesse der Schüler,
- der Umfang des Stoffes (Inhalt, Information) wird angepasst an die Aufnahmefähigkeit,
- die Darstellung des Stoffes wird angepasst an die Verständnisfähigkeit der Schüler,
- das Lehrtempo wird angepasst an die individuelle Lerngeschwindigkeit,
- der Schwierigkeitsgrad der zu lösenden Aufgaben wird angepasst an den individuellen Lernfortschritt.

Durch die Differenzierung und Individualisierung werden Über- und Unterforderungen der Schüler eingeschränkt und ihre Interessenlage berücksichtigt, wodurch sich Leistungsbereitschaft, Lernleistung und Anspruchsniveau steigern.

Bei der Individualisierung des Unterrichts durch AV-Medien ergeben sich jedoch auch Probleme, die der Lehrer berücksichtigen sollte: Individualisierung sichert den Lernerfolg nicht unbedingt ab. Bei Mitbeteiligung besserer Schüler entsteht gelegentlich ein "Zugpferd-Effekt", der bei der Individualisierung wegfällt. Individualisierung des Unterrichts steht im Gegensatz zu der für die Persönlichkeitsentfaltung erforderlichen Sozialisation und schränkt das hierfür gleichfalls bedeutsame soziale Lernen ein.

7.6.4.2 Individualisierung durch AV-Medien

Bei Verwirklichung der Individualisierung werden zusätzliche Anforderungen an die organisatorische Aufgabe des Lehrers gestellt. Individualisierung erfordert bestmögliche Ausstattung der Schulen und Klassen in Bezug auf die räumlichen Möglichkeiten und apparativen Einrichtungen sowie der zur Verfügung stehenden Programme.

Zur Vermeidung negativer Konsequenzen und zur Absicherung des Lernerfolges sollte der Lehrer im Hinblick auf die Individualisierung beim Einsatz von AV-Medien folgende Regeln beachten:

- **Keine Diskriminierung**
  Die Zuweisung differenzierter und individualisierter Programme und Unterrichtssequenzen darf den Schüler nicht diskriminieren.
- **Aufforderungscharakter**
  Der Schwierigkeitsgrad der Anforderungen soll auch bei der Individualisierung dem Schüler insoweit angepasst werden, dass ein gewisser Aufforderungsgrad an das Anspruchsniveau erhalten bleibt.
- **Variation**
  Individualisierung ist gelegentlich durch heterogene Lerngruppen zu ergänzen.
- **Angemessenheit**
  Um die Individualisierungs- und Differenzierungsmöglichkeiten der Medien voll auszunutzen, ist auf die Angaben bei der Software in Bezug auf Adressatengruppe, Schwierigkeitsgrad und Voraussetzungen zu achten.

7.6.5 Objektivierung

7.6.5.1 Bedeutungszumessungen zur Objektivierung

Objektivierung des Unterrichts durch den Einsatz von AV-Medien kann in dreifacher Hinsicht gesehen werden:

- **Übertragung der Lehrfunktion auf ein Objekt (Medium):**
  Aktivitäten des Lehrers (Informieren, Provozieren, Qualifizieren) werden vom Medium übernommen, indem es dem Schüler Informationen vermittelt, zum Verhalten auffordert und seine Leistungen beurteilt.
- **Befreiung des Unterrichts von subjektiven Störmomenten:**
  Der Unterricht wird durch Sympathie- und Antipathieeffekte bei Lehrer und Schüler entscheidend beeinflusst. Soweit vornehmlich bei einem gestörten Lehrer-Schüler-Verhältnis negative Effekte entstehen, können diese durch den Einsatz von in dieser Hinsicht "neutralen" Medien vermieden werden.
- **Exakte Bestimmung des Lernerfolges:**
  Diese bezieht sich sowohl auf den Lernprozess allgemein (z. B. auf die Frage, ob auch tatsächlich das gelernt wird, was gelernt werden soll) als auch auf die Kontrolle der individuellen Leistung des einzelnen Schülers (die Beurteilung erfolgt aufgrund eines exakt vorher festgelegten Gütemaßstabes). Letztere ist häufig als Selbstkontrolle (z. B. in Sprachlehranlagen oder an Lernplätzen) durchzuführen.

7.6.5.2 Richtlinien und Grenzen für die Objektivierung durch Medien

Bei der Verwendung von AV-Medien ist jedoch zur Vermeidung unerwünschter Nebeneffekte der Objektivierung zu beachten:

- **Sinnvolle Beschränkung**
  Durch vollständige Übertragung der Lehrfunktion auf ein Objekt geht die soziale Komponente als bedeutsames Moment des Lernens und der individuellen Entfaltung teilweise verloren. Ausschließlicher Medieneinsatz ist daher nicht angebracht.
- **Hilfestellung**
  Je mehr die Funktionen des Lehrers auf ein Medium übertragen werden, desto intensiver sollte der Schüler die Bereitschaft des Lehrers spüren, individuelle Hilfen zu leisten. Der Lehrer bleibt auch bei der lernwirksamen Steuerung des Unterrichts durch ein Medium unersetzbar.

- **Beschränkte Messbarkeit**

Die Möglichkeit der exakten Bestimmung eines individuellen Lernerfolges darf nicht darüber hinwegtäuschen, dass ein Großteil lernwirksamer Effekte weder erkennbar noch objektivierbar ist, d. h. sie entziehen sich jeglicher Messmethode. Aus diesem Grund darf der Schüler nicht ausschließlich nach den durch Objektivierung ermittelten Messergebnissen beurteilt und gefördert werden.

Der Lehrer muss daher beim Einsatz von AV-Medien die Grenzen der Objektivierung beachten, sich immer wieder als Persönlichkeit in den Lehr- und Erziehungsprozess einbringen und hierbei in besonderer Weise die Persönlichkeitsentfaltung der Schüler zu fördern versuchen.

7.6.6 Reproduzierung

7.6.6.1 Reproduzierung als sinnvolle Wiederholung

Mit Reproduzierung ist gemeint, dass der Lehrprozess beliebig oft wiederholt werden kann. Durch die Möglichkeit der Reproduzierung mit Hilfe der Medien wird die **Wiederholung** als vergessene Selbstverständlichkeit und als Beitrag zum Prinzip der Erfolgssicherung wieder aktualisiert.

Wiederholung kann in unterschiedlicher didaktischer Absicht angestrebt werden. Wiederholung durch den Einsatz von AV-Medien ermöglicht einerseits, solchen Schülern den Unterrichtsverlauf nochmals anzubieten, welche bei der erstmaligen Darbietung durch Krankheit oder ähnliches verhindert waren, andererseits kann der Lehrprozess für diejenigen Schüler, welche die angebotenen Informationen bei der ersten Behandlung nicht verstanden haben, beliebig oft wiederholt werden (Wiederholung zum **Ausgleich von Lerndefiziten**).

Eine Reproduzierung ist aber auch dann sinnvoll, wenn nach der ersten Darbietung eine allgemeine Aussprache und Diskussion erfolgt. Durch wiederholtes Zurückgehen auf die Anschauungsgrundlage kann die Diskussion belebt und erweitert werden. Die Reproduktion besteht also nicht nur in einem schematischen Wiederholen, sondern auch als eine Bereicherung durch kritische Überlegungen, Problemanalysen u. ä. (Wiederholung zur **Stärkung des Lernerfolgs**).

Allgemein dient die Reproduzierung der Sicherung und somit der Stabilisierung des Gelernten.
Nach einem gewissen Zeitabschnitt des Vergessens (Vergessenskurve) sind entsprechende Wiederholungen nötig, die der Auffüllung von Lücken dienen und das Gelernte vor dem Vergessen bewahren (Wiederholung als Übung zur **Sicherung des Gelernten**).
Für die Reproduzierung jeglicher Art sind AV-Medien besonders geeignet. Unterstützt wird dies durch die einfache und häufig raumsparende Lagerfähigkeit der Software (z. B. Arbeitstransparente, Kassetten u. a.) und die damit verbundene ständige Verfügbarkeit für den Lehrer.

Im Zusammenhang mit der Reproduzierungsmöglichkeit steht auch der **Multiplikationseffekt** der Medien. Multiplikation der Lernwirkung ergibt sich z. B. dadurch, dass der Erfolg einer Unterrichtsstunde durch wiederholten Einsatz der auf ihre Lernwirksamkeit geprüften Medien in anderen Klassen für eine möglichst große Anzahl von Schülern nutzbar gemacht werden kann.
Im allgemeinen geht eine effektive Unterrichtsstunde im Schulalltag vorüber, ohne dass ihre Wirksamkeit auf breiter Basis ausgenutzt wurde. Nur jeweils diejenigen Schüler, welche die Möglichkeit hatten, an dieser Unterrichtsstunde teilzunehmen, kamen in den "Genuss" dieser Stunde. Durch wiederholten Einsatz in möglichst vielen Klassen und den damit verbundenen Multiplikationseffekt der Medien wird die Anzahl der Adressaten wesentlich vergrößert.

Mit Hilfe von Lehrprogrammen, Unterrichtsfilmen u. ä. können immer wieder an verschiedenen Orten unter verschiedenen Bedingungen bei verschiedenen Schülern Lehrprozesse vollzogen werden (Wiederholung zur **Erweiterung der Adressatengruppe**).
Der Multiplikationseffekt ist für den **Rund**funk und für das **Fern**sehen besonders deutlich, weil hier auch größere Entfernungen ohne weiteres überbrückt werden können und, falls die entsprechenden Geräte einmal angeschafft sind, Kosten für den einzelnen Empfang keine Rolle mehr spielen. Die Informationen werden hier praktisch "jedem" überall hin "frei Haus" geliefert.

7.6.6.2 Regeln für die Reproduzierung zum Zwecke der Übung

Auch im Zusammenhang mit der Funktion der Reproduzierung durch wiederholten Einsatz gelten bestimmte Regeln:

- **Übungsziel**
  Wiederholung sollte gezielt erfolgen. Dem Schüler sollte daher das Ziel der Übung klar sein. Gelegentlich ist auch die Angabe wichtig, worauf bei der einzelnen Wiederholung zu achten ist.
- **Übungsfortschritt**
  Die Schüler sollten erkennen, wie sie durch Übung Leistungsverbesserungen erzielen.
- **Differenzierte Übungen**
  Wiederholungen sollten unter Berücksichtigung des individuellen Lernfortschrittes erfolgen, d. h. es ist darauf zu achten, dass an der Wiederholung besonders diejenigen Schüler teilnehmen, welche sie nötig haben bzw. die daran interessiert sind. Durch weiterführende Aufgaben für Schüler, denen die Wiederholung nichts mehr bringt, ist Leerlauf zu vermeiden.

7.7 INTERAKTIVES LERNEN MIT MULTIMEDIA

7.7.1 Der Computer im Unterricht

Im Unterricht kann der Computer sowohl Gegenstand (Inhalt, Stoff) der unterrichtlichen Behandlung sein als auch im Rahmen seiner Möglichkeiten zur Gestaltung der Lehr- und Lernprozesse (als Medium) eingesetzt werden.

Während in der informationstechnischen Grundbildung bzw. Medienpädagogik der Computer als **Inhalt** des Unterrichts dient und damit auch die Zielthematik betrifft, (z. B. Befähigung zum sinnvollen Umgang oder Erziehung zum kritischen Konsum), übernimmt er in der Mediendidaktik **Lehrfunktionen.**

Aufgrund seiner Dialogfähigkeit nimmt der Computer unter den AV-Medien eine zentrale Stellung ein, da er interaktives Lernen ermöglicht (GRAF 1985, STEPPI 1989). Dementsprechend hat sich eine eigene "Didaktik des computerunterstützten Lernens" (Euler 1992) entwickelt. Erforderlich ist für die "schulische Medienarbeit im Computerzeitalter" (SACHER 2000, Buchtitel) in kritischer Analyse und Reflexion eine "pädagogische Positionsbestimmung" der neuen Medien vorzunehmen.

7.7.2 Computer und interaktives Lernen

Unter Interaktion versteht man eine **Wechselwirkung im Verhalten**, d.h. dass das Verhalten des einen das Verhalten des anderen bestimmt und umgekehrt. Bei der Interaktion erfolgt ein Austausch von Informationen, welche den Kommunikationsprozess gestalten. Beim interaktiven Lernen vollzieht sich der Informationsaustausch als Wechselwirkung, indem die Informationsausgabe und der Informationsempfang dem jeweiligen Erfolg (oder Misserfolg) des vorhergehenden Informationsaustausches angepasst wird. Im Rahmen des interaktiven Lernens übernimmt der Computer die **Hinführung** auf ein **Lernziel** unter Vermittlung der für das Lernen bedeutsamen **Erfolgskontrollen** (Rückmeldungen). Als **Vorteile** des Computers im Rahmen des interaktiven Lernens werden aufgeführt:

- Der Computer kann Anweisungen erteilen und deren Ausführung überwachen.
- Er kann Fragen stellen, Antworten entgegennehmen, diese bewerten und darauf reagieren (interaktives Lernen).

- Er kann die Darbietung des Lehrstoffes, das Lerntempo und den Schwierigkeitsgrad der zugehörigen Erfolgskontrollen an den jeweiligen Lerner anpassen. Er ermöglicht also individuelles Lernen.
- Er kann selbsttätig weitere Lehrmedien einsetzen (Bildplatte, Tonkassette u. a.), wenn seine eigenen Darstellungsmittel (Schrift, Grafik, Sprachausgabe) nicht mehr ausreichen.
- Er kann reale Situationen durch Simulation nachbilden.

Bei der Beurteilung der Möglichkeiten des Einsatzes des Computers im Unterricht als Medium sollten jedoch auch entscheidende **Grenzen** mitberücksichtigt werden.

Diese liegen zum Teil darin, dass ein interaktives Lehrprogramm nicht improvisieren kann, ebensowenig kann es die vorgegebenen Inhalte und Lernstrategien ändern. Eine weitere entscheidende Begrenzung besteht darin, dass die Möglichkeiten des Computers vornehmlich auf die Verwirklichung kognitiver Lernziele beschränkt sind, die Verwirklichung affektiver Lernziele und der Vollzug von sozialen Lernformen auch in Zukunft dem Lehrer vorbehalten sein werden.

7.7.3 Interaktives Lernen durch Multimedia

Indem Computer und Fernsehen schon seit langem zusammenwachsen, bringen sie neue Nutzungsformen hervor. Eine hiervon ist Multimedia, als eine "neue Art und Weise der Mediennutzung im Informations- und Lernprozessen" (ISSING 1997, 1). Hierbei schwinden die Grenzen zwischen den Informationsquellen Fernsehgerät, Telefon und Personalcomputer. Dadurch kann Multimedia mehrere Mediendarstellungsformen (Text, Video, Audio u.a.) verfügbar machen. Wie alle neuen Medien wird Multimedia "durch die Eigenschaften der Individualität, Interaktivität, Asynchronität und Multifunktionalität charakterisiert" (ISSING a.a.O.).

> **Multimedia ist eine Kombination verschiedener AV-Medien zu einem Medienverbund, der interaktive Lernprozesse durch den integrativen Einsatz verschiedener Medientypen auf der Basis computergesteuerter Digitaltechnik ermöglicht.**

Mittelpunkt von Multimedia ist also ein Computer mit relativ großem Arbeitsspeicher und geeignetem Betriebssystem. Mit seiner Hilfe kann der Einsatz, die Informationsausgabe, die Aufgabenstellung und die Rückmeldung der verschiedenen Medien individuell im interaktiven Lernen gesteuert werden.

Wegen der Vielfalt seiner Einsatzmöglichkeiten - aber auch Grenzen - stellt Multimedia eine "Herausforderung für Erziehung und Unterricht" dar (AUFENANGER 1999).

7.7.4 Autorensystem als Möglichkeit der eigenen Programmgestaltung

Der wesentliche Unterschied zwischen einem Multimedia-Lernplatz und dem Autorenplatz besteht darin, dass beim Lernplatz für den **Lernenden** (Schüler) Programme eingesetzt werden, die erworben oder ausgeliehen wurden. Sie sind in ihrem Inhalt und in ihrer formalen Gestaltung abgeschlossen und nicht veränderbar. Der **Autorenplatz** ermöglicht dagegen, dem **Lehrer** in Bezug auf die Programmierung als **Autor** wirksam zu sein, d. h. die Programme selbst zu erstellen. Die apparative Einrichtung muss dementsprechend erweitert werden.

Mit Hilfe des Autorenplatzes wird es dem Lehrer möglich, für seine Schüler eigene Programme zu erstellen. Besonders bedeutsam ist beim Autorensystem, dass der Lehrer als Autor bei der Gestaltung der Informationsgestaltung, der Verzweigung des Programms und der Aufgabenanalyse keine Programmiersprache beherrschen muss. Schon nach einer relativ kurzen Einarbeitung kann jeder medieninteressierte Lehrer mit Hilfe des Autorensystems für sein Fach und seine Schüler individuell abgestimmte Programme erstellen.

> **Ein Autorensystem unterstützt den Autor eines tutoriellen Lernprogramms bei der Gestaltung der Informationsdarstellung, der Aufgabengestaltung, der Verzweigung und der Rückmeldung, ohne dass er eine Programmiersprache beherrschen muss.**

Am Autorenplatz entwirft und realisiert der Lehrer eigene Möglichkeiten für die Gestaltung des interaktiven Lernens. Die Entwicklung hierfür ist noch im vollen Gange.

Eine informative Beschreibung über die Einsatzmöglichkeiten des Autorensystems in der Schule und im Unterricht geben ISSING/TOBER (1988) und ERNST/ SCHULZ (1991).

Anforderungen an Autorensysteme sind:
- Ihre Benutzung sollte möglichst einfach sein, da als Autoren keine Programmexperten erforderlich sind.
- Die Lernprogramme sollten trotz entsprechender Vorstrukturierung variabel und flexibel sein.
- Die Lernprogramme sollten sich möglichst effektiv erweisen, also mit geringem Zeit- und Arbeitsaufwand erstellt werden können.

7.7.5 Möglichkeiten und Grenzen von Multimedia und Autorensystem

Aufgabe der Mediendidaktik ist die Planung und kritische Überprüfung von medial gelenkten Lehr- und Lernprozessen. Somit kommt die Mediendidaktik nicht umhin, Multimedia und Autorensystem in ihre Überlegungen einzubeziehen.
Als Anforderungen müssen aber verschiedene Voraussetzungen erfüllt sein. Hierzu zählen Einfachheit, Variabilität, Flexibilität und Effektivität. Unter diesen formalen Bedingungen bieten Autorensystem und Multimedia gute Möglichkeiten für die Planung von gelenkten Lehr- und Lernprozessen.
Doch sind grundsätzlich auch strukturelle und inhaltlich Kriterien zu beachten. Effektiver Unterricht vollzieht sich nicht nur als technisch gelenkter Prozess. Deshalb dürfen die traditionellen Unterrichtsformen, wie z. B. das Unterrichtsgespräch oder die Projektarbeit, nicht vernachlässigt werden. In den Medieneinsatz sind die mehrfach bewährten Unterrichtsformen des fächerübergreifenden Unterrichts, der Öffnung des Unterrichts, der Schülerorientierung und des erziehenden Unterrichts einzubeziehen.

In den Möglichkeiten und Grenzen von Multimedia und Autorensystem zeigt sich die **Implikation** (Verflechtung, gegenseitige Bedingung) von Mediendidaktik, Unterrichtstechnik und Unterrichtstechnologie. Multimedia und Unterrichtstechnik sind keineswegs die letzten Phasen in der Entwicklung der Unterrichtstechnik, die zwar jetzt schon einen beachtlichen Stand erreicht hat, aber erst am Anfang steht.
Der lernende Schüler "Online im Internet", das "surfende Klassenzimmer" und der "vernetzte Schüler" sind schon heute keine abschreckenden Zukunftsvisionen mehr.

In der Ausnutzung aller technischen Möglichkeiten und im Streben nach Perfektion läuft der Einsatz ausgefeilter technischer Medien und die Unterrichtstechnik Gefahr, zum Selbstzweck zu pervertieren. Mediendidaktik und Unterrichtstechnologie verweisen auf die Notwendigkeit der **kritischen Reflexion** über den Medieneinsatz und die Unterrichtstechnik. Hierbei ergeben sich bedeutsame Begrenzungen und Notwendigkeiten.

Die Grenzen liegen vor allem in der **dienenden Funktion** aller, besonders aber der technischen Medien. Das bedeutet, dass "technisches Knowhow und equipment in pädagogischen Handlungsfeldern nicht Selbstzweck sind, sondern sich unter pädagogisch-didaktischen Kriterien zu legitimieren haben" (MÜLLER 1999). Daher darf ihr "vermeintlich interaktive Charakter" und die "perfekte Virtualität" nicht darüber hinwegtäuschen, dass sie "soziale Deprivation und Singularisierung" erzeugen können. Hieraus ergibt sich die Notwendigkeit der grundlegenden Fragen nach dem pädagogisch-didaktischen Sinn und Zweck und den neben den Möglichkeiten sich ergebenden Grenzen und Gefahren.

Eine mit Hilfe des Autorensystems selbst erstellte Lern-Software stellt also hohe Anforderungen an das didaktische Geschick und die pädagogische Verantwortung an den Lehrer als Autor. Reine Lernprogramme ermüden rasch und verlieren an Lernwirksamkeit, wenn nicht ein gewisser Aufforderungs- oder Spielcharakter, z. B. mit Überraschungs- oder Motivierungseffekten, eingeplant wird. Andererseits dürfen sie nicht in die Nähe von Computerspielen gerückt werden, bei denen ein "Fun über alles" dominiert.

Zu den Gefahren zählen auch mögliche negative Nebenwirkungen, etwa die Gefahr einer Schematisierung und damit verbundenen Inflexibilität oder einer Übersteuerung bzw. Manipulation in Verbindung mit Autoritätssetzungen und Identifikationsproblemen. Hierauf ist gerade bei scheinbar gut funktionierender Perfektion des Ablaufs besonders zu achten.

Die Weiterentwicklung des Autorensystems wird sich also als eine Gratwanderung zwischen technokratischer Himmelsstürmerei und solider Sach- und Medienkompetenz bewähren müssen.

8. KREATIVITÄT ALS HERAUSFORDERUNG IM UNTERRICHT

8.1 KENNZEICHNUNG VON KREATIVITÄT

8.1.1 Bestimmungsmerkmale der Kreativität

Der deutsche Nobelpreisträger für Physik GERD BINNIG hielt bei einem Symposium über "Evolution, Kreativität und Bildung" einen Vortrag über "Kreativität der Natur". Der Vortrag begann: "Sie alle sind sicherlich neugierig zu erfahren, was Kreativität denn überhaupt ist. Ich werde Ihnen das ganz schnell erklären. Ich denke, Kreativität ist die **Fähigkeit zur Evolution**. So, jetzt wissen Sie es. Diese Definition wird Ihnen wahrscheinlich auch nicht allzuviel weiterhelfen, und natürlich weiß auch ich nicht so recht, was Kreativität ist. Ich glaube aber an diese Definition und sie hilft mir sehr, kreative Prozesse besser zu verstehen." (BINNIG 1991, 21)

Kreativität ist multifaktoriell bestimmt, d. h. an ihr ist eine Reihe von Bestimmungsfaktoren beteiligt. Sie ist daher kaum durch eine eindeutige und allgemein verbindliche Definition zu erfassen (SERVE 1994, GOLEMAN/KAUFMANN/RAY 1997). Helfen kann vielleicht die Hervorhebung eines bedeutsamen Merkmals von Kreativität, das zum Verständnis kreativer Prozesse beiträgt.

Sicher ist die Evolution nicht das einzige Bestimmungsmerkmal von Kreativität. Man könnte versuchen, weitere Kennzeichen von Kreativität zu finden, um **kreative Prozesse zu verstehen**. Als Hilfe kann hierzu dienen, jeweils auch den Gegenpol zu benennen. Der Gegenpol von Evolution wäre z.B. Stagnation. Wenn Evolution ein Kennzeichen von Kreativität ist, dann wird Stagnation kreative Prozesse hindern.

Kreativität

Evolution - - - - - - - - - - - Stagnation
Originalität - - - - - - - - - - Uniformierung
Innovation- - - - - - - - - - - - Perseveration
diverg. Denken - - - - - - - - -konverg. Denken
Phantasie - - - - - - - - - - - Logik
Offenheit - - - - - - - - - - Geschlossenheit
Nonkonformität - - - - - - - Konformität
Eigenständigkeit - - - - - - - -Verfügbarkeit
ungewöhnl. Ideen- - - - - - feste Regeln
schöpfer.Handeln- - - - - - - nachvollz.Verhalten
unerwart.Realisierung- - - - zielger. Produktion

Die Reihe könnte fortgesetzt werden. Hierbei ist zu beachten, dass die Gegenüberstellung nicht ohne weiteres das Gegenteil bedeutet, sondern einen Gegenpol darstellt. Gegenpol heißt: das eine ist nicht ohne das andere denkbar und zwischen beiden besteht ein Spannungsverhältnis, innerhalb dessen sich die Kreativität bewegt. Wir erhalten so ein Polaritätsmodell von Kreativität.

8.1.2 Arbeitsdefinition von Kreativität

Im vorliegenden Schema haben die Bestimmungsmerkmale der Kreativität unterschiedliche Bedeutungszumessungen. Bei einigen handelt es sich um **Ursachen** von Kreativität (Evolution, Innovation, Phantasie), andere beschreiben **Verlaufsformen** (divergierendes Denken, Originalität, Offenheit, Eigenständigkeit) und wieder andere sind **Auswirkungen** (ungewöhnliche Ideen, schöpferisches Handeln, unerwartete Realisierung).

Hierdurch wird es möglich, trotz der Schwierigkeit Kreativität zu definieren, aus dem Polaritätsmodell ohne Anspruch auf Vollständigkeit oder Verbindlichkeit eine Beschreibung von Kreativität zu versuchen, welche als Arbeitsdefinition dienen kann:

> **Kreativität ist multifaktoriell bestimmt. Sie wird durch Evolution, Innovation und Phantasie angeregt und vollzieht sich als eine Art divergierendes Denken, welches sich durch Originalität, Offenheit und Eigenständigkeit auszeichnet und zu ungewöhnlichen Ideen, schöpferischem Handeln und unerwarteten Realisierungen führt.**

Einen umfassenden Überblick über die Bedeutungszumessungen von Kreativität in der Alltagssprache und in der wissenschafltichen Literatur bietet SERVE (1994, 19 f.).

8.2 BEGRÜNDUNG DER KREATIVITÄT IM UNTERRICHT

8.2.1 Persönlichkeitsbildung

Persönlichkeitsbildung erstrebt die wachsende und bewusste Teilhabe des Menschen an Natur und Kultur mit dem Ziel eines positiven Verhältnisses zu sich selbst, zum Mitmenschen, zur Welt und zu den Werten. Besonders das **positive Verhältnis zu sich selbst** (Ich-Kompetenz) steht in enger Beziehung zu Merkmalen der Kreativität: Originalität, Offenheit und Eigenständigkeit.

Zusätzlich ist an der Kreativität das emotionale Betroffensein entscheidend beteiligt. Da das Emotionale zur Persönlichkeitsentfaltung beiträgt, kann auch von diesem Ansatz die Bedeutung der Kreativität für die Persönlichkeitsbildung gesehen werden.

Soweit im Unterricht nicht nur Wissen und Können vermittelt werden soll, sondern auch die Persönlichkeitsbildung als Erziehungsauftrag ernst genommen wird, müssen der Kreativität im Unterricht Entfaltungsmöglichkeiten geboten werden, denn Persönlichkeitsbildung kann sich nur unter Mitbeteiligung kreativer Kräfte vollziehen und Kreativität wird durch Persönlichkeitsbildung gefördert.

Die Erziehungsaufgabe der Schule impliziert also die Förderung der Kreativitätsentfaltung (SERVE 1994, 107). Somit wird die Kreativitätsförderung zu einem "erzieherischen Problem der Schule" (SCHRÖDER 1999, 208).

8.2.2 Kreativität und Fähigkeitsentfaltung

Neben der Begründung der Kreativitätsförderung durch den Erziehungsauftrag gibt es noch weitere Begründungsansätze, die schon in der Vergangenheit zum Tragen kamen. In unseren Schulen, besonders in der Reformpädagogik, z.B. in der "freien geistigen Schularbeit" von GAUDIG, einer Variationsform der sog. Arbeitsschule, spielte das Schöpferische eine entscheidende Rolle. Auch die "Kunsterziehungsbewegung" und die "Pädagogik vom Kinde aus" betonen als Ziel die Entfaltung der kindlichen schöpferischen Kräfte.

Kreativität wirkt sich nicht nur auf Prozesse der Persönlichkeitsbildung fördernd aus, sondern auch auf die Entfaltung von Fähigkeiten und Fertigkeiten. Sie erhöht die Motivation, verstärkt den Arbeitseinsatz, führt zu positiven Leistungsergebnissen und steigert damit auch den fachlichen Schulerfolg.

8.2.3 Kreativität und Lernen

Bereits in den 60er Jahren forderte und begründete BRUNER (1966) das "**kreative Lernen**". Beim kreativen Lernen findet der Lernende schöpferisch und selbsttätig Lösungswege. Hierbei werden durch Eigeninitiative kognitive Strukturen aufgebaut, d. h. Einsichten und Kenntnisse erworben, die es ermöglichen, auch später auftretende Probleme eigenständig zu lösen und neue Zusammenhänge aufzufinden. Als Vorteile des entdeckenden Lernens für die geistige Entwicklung werden gesehen:
- größere Lernfreude und Selbstvertrauen,
- Eigenaktivität des Lernenden,
- erhöhte Konzentration und Ausdauer sowie
- besseres Haftenbleiben des selbst Entdeckten.

Im kreativen Lernen zeigt sich ein enges Verhältnis von Kreativität und Lernen: Kreativität ist Voraussetzung für sinnvolles Lernen und Kreativität kann man lernen, wenn man kreativ sein darf.

Die positiven Beziehungen zwischen Kreativität und Lernen ergeben somit eine weitere wichtige Begründung für die Kreativitätsförderung im Unterricht. Dadurch wird der Unterricht in der Schule mehr als bisher zum Feld der natürlichen Erfahrung, an dem die Schüler durch und für das Leben lernen.

8.3 HEMMUNGSFAKTOREN DER KREATIVITÄT IM UNTERRICHT

Die Kreativität ist deshalb eine Herausforderung im Unterricht, weil sie zwar klar und einsichtig begründet werden kann, ihre Realisierung im Unterricht aber noch sehr defizitär erfolgt, weil ihr entscheidende Hindernisse entgegen stehen. Hierzu zählen:

- Hemmungsfaktoren, die aufgrund unseres Schulsystems bestehen,
- Einschränkungen, die durch die Kreativität selbst verursacht werden,
- Hemmungen, die in der Lehrerpersönlichkeit liegen, und
- Behinderungen, die beim Schüler auftreten.

Hierbei gehen die verschiedenen Ansätze der Hemmungsfaktoren integrativ ineinander über.

8.3.1 Struktur des Schulsystems

Durch das Schulsystem wird die Entfaltung von Kreativität vornehmlich dadurch behindert, dass sich die Regelschulen zu Institutionen entwickelt haben, in denen Kreativitätsentfaltung nur wenig Platz hat. Verstärkt wird die Schule hierin durch die Industrie, "Die Industrie schreit eigentlich gar nicht nach Kreativität, denn man braucht eher den angepassten Menschen, der vorgezeichnete Funktionen ausfüllt." (BINNIG 1991, 143) Wenn Schule anstatt Persönlichkeitsbildung zu fördern vornehmlich Auslese und Verfügbarkeit für Industrie und Gesellschaft anstrebt, dann ist Kreativität wenig gefragt. Die Beschreibungen unseres Schulsystems fallen daher meist sehr negativ aus. Hierzu einige Beispiele:

WAGENSCHEIN (1990, 155): In der Schule kommt es durch reine Wissensvermittlung zur "fachlichen Benommenheit". Es dominiert die "Zwangshandlung des Stoffhäufens". In der Schule kommt es zu einer "Zerstörung durch Belehrung" immer dann, "wenn wir die originale Denklust durch einen Belehrungsfeldzug" so überschütten, dass diese Denklust "fertig gemacht" wird.

v. HENTIG (1993, 10): Die Schule "entlässt die jungen Menschen kenntnisreich, aber erfahrungsarm ... "

ECKINGER (1991, 3 ff.): Der Schulunterricht läuft Gefahr, zu einem ausgeklügelten System von "Lern-Schnellstraßen" zu verkommen. Hierbei kommen "als Auslesekriterium aus der großen Zahl menschlicher Leistungen nur die kognitiven, die leicht zähl- und messbaren in Betracht."

In einer Schule, in der das Auslesekriterium dominant wird, kommt es in der Regel zu einem Widerspruch von Schule und Kreativität, wobei die Kreativität Gefahr läuft, auf der Strecke zu bleiben. "Kreativität: keine Schultugend" (HÖHLER 1994, 75). Die entscheidende Frage lautet: "Wollen wir Kreativität wirklich in unseren Schulen?" (SEITZ 1994, 44)

8.3.2 Mangelnde Planbarkeit und Messbarkeit der Kreativität

Die Kreativität selbst erweist sich in unseren Schulen u.a. dadurch als nicht leicht zu realisierende Forderung, dass sich Kreativität im Prinzip nicht planen lässt, "weil sie darauf ausgelegt ist, vorhandene Grenzen im Denken und Handeln zu überschreiten" (EBERT 1991, 27). Die Kreativität gerät dadurch in Konflikt, weil unsere Schulen auf Ordnung und Freiheit in Grenzen angewiesen sind. Unterricht vollzieht sich in der Regel als ein organisiertes Lehren und Lernen. Zu dieser Organisation gehören die Einplanung von Zielen, Inhalten und Methoden des Unterrichts. Hierbei die Kreativität als solche einzuplanen, erweist sich als recht schwierig.

Zudem ist Kreativität kaum beurteilbar und erst recht nicht messbar, und was man nicht benoten kann, rangiert in unseren Schulen meist unter "ferner liefen". Kindliche Kreativität entwickelt sich unermesslich im spielerischen Tun, in der freien Kommunikation, im zweckfreien Träumen und Angemutetsein - und in der Freude. Dies sind Entfaltungsbereiche der Kreativität, die nicht quantifizierbar sind.

Letztlich kann zur Kreativität nicht aufgefordert werden, schon gar nicht auf Anordnung: "Sei kreativ!". Und es wäre eine Perversion der Kreativitätsförderung, wenn ein Schüler fragt: "Müssen wir heute wieder kreativ sein?"

8.3.3 Lehrerpersönlichkeit

Der dritte Komplex der Hemmungsfaktoren kann bei der Lehrerpersönlichkeit gesehen werden. Der Lehrer steht täglich unter einem Erwartungsdruck von Seiten der Schulbehörde und der Eltern, welche von ihm die Erfüllung des Lehrplanes im bestmöglichen Umfange erwarten. Im Lehrplan ist aber kaum Kreativität gefordert. Hier stehen Inhalts- und Zielvorgaben. Wer als Lehrer Kreativität fördern möchte, kommt daher unter Zeitdruck, der umso größer wird, je mehr Prüfungs- oder Abschlussarbeiten anstehen.

Eine zusätzliche Belastung kommt auf den Lehrer zu. Wer zur Kreativität anregen will, darf nicht allein den Intellekt, sondern muss auch den emotionalen Bereich ansprechen, d. h. neben den kognitiven auch die affektiven Lernziele in den Mittelpunkt stellen. Nicht jeder Lehrer, der ja vornehmlich als Fachwissenschaftler ausgebildet wurde, ist dazu in der Lage. Die Lehrerbildung ist vornehmlich wissenschafts- und nicht so sehr schülerorientiert. Kreativität ist aber besonders dann zu fördern, wenn man sich auf den Schüler einstimmen kann, wenn man in der Lage ist, ihn dort abzuholen und zu akzeptieren, wo er steht. Es erfordert im Stress des Schulalltags vom Lehrer viel Spürsinn und Sensibilität, Ansätze von Kreativität beim Schüler zu erkennen und zu tolerieren oder gar zu fördern. Hierzu ein Beispiel, wie auch ein Rechenunterricht, der sich an Fehlervermeidung orientiert und um feste Regeln bemüht, Spielraum lässt für Kreativität:

Eine Schülerin der Grundschule berichtet, dass eine Rechenaufgabe, die sie richtig gelöst habe, von der Lehrerin als falsch bewertet wurde. Wer hatte recht?
Die Aufgabe lautete: Ein Kind braucht 45 Minuten für den Heimweg. 10 Minuten ist es unterwegs. Bilde die Aufgabe und versuche sie zu lösen! Erwartet wurde als Lösung: 45 - 10 = 35 Minuten.
Die Schülerin gab als Lösung: 55 Minuten. Ihre Begründung: Das Kind ist 10 Minuten unterwegs. Jetzt braucht es noch 45 Minuten. Also benötigt es für den ganzen Weg 55 Minuten.
Es kann angenommen werden, dass die übrigen Kinder der Klasse gut gerichtet sind, auf das, was die Lehrkraft von ihnen erwartet. Eines der Kinder hatte eine eigene (kreative, divergierende) Idee. Leider wurde sie als falsch verworfen und damit wohl auch das Kind für die Zukunft in die "richtige" Bahn gelenkt. So kann keine Kreativität gefördert werden.

8.3.4 Einstellung der Schüler

Gerade dieses Beispiel verweist auf den vierten Komplex der Hemmungsfaktoren von Kreativitätsförderung in der Schule, auf den Schüler. Ein Schüler, der von seinen Eltern angeregt wird, sich für gute Noten anzustrengen, merkt gar bald, dass diese häufig von seinem Wissensstand abhängen. Er wird sich um "Bescheidwissen" bemühen.

Wenig bringt es für ihn dabei, eigene Wege einzuschlagen, besonders dann, wenn er sich einer Auslese unterziehen muss. Hier wird er sich nach den Kriterien richten, nach denen er beurteilt und damit selektiert wird. Kreative Wege zu gehen, erweist sich häufig für ihn als Luxus, den er sich nicht leisten kann, um die an ihn gestellten Erwartungen zu erfüllen. Seine Rolle als Schüler bietet ihm wenig Spielraum für kreative Eskapaden. Es besteht die Gefahr einer "Isolation kreativer Kinder" (HÖHLER 1994, 81).

8.4   ANSÄTZE DER KREATIVITÄTSFÖRDERUNG IM UNTERRICHT

8.4.1 Eigeninitiative des Lehrers

Zur Überwindung der Hemmungsfaktoren werden häufig Schlagwörter vorgetragen, z. B.: Lehrplanentrümpelung, Aufbrechen verkrusteter Strukturen u. ä. Die Realisierung dieses Forderungskatalogs ist in Kürze nicht möglich. Von der Schule völlige Umstrukturierung zu erwarten ist utopisch.

Daher verlieren wir leider in der Hoffnung auf Reformen von oben, die nicht eintreten, unsere eigenen Möglichkeiten reformerischen Handelns hier und jetzt allzu leicht aus den Augen. Es kommt von oben keine Reform und es wird nichts besser, wenn wir es nicht als Einzelner im Rahmen der gegebenen Möglichkeiten anders versuchen.

Jeder einzelne Lehrer ist selbst in der Lage, Beiträge zur Kreativitätsförderung zu leisten. Innerhalb des Lehrplanes eines Faches zeigen sich Ansätze, schöpferische Leistungen einzubringen. Naheliegend ist dies besonders für Fächer der Kunsterziehung, der Sprachwissenschaften, aber auch für Geschichte, Geographie, Physik und Chemie. Hier ist die Fachkompetenz und der Einfallsreichtum der Lehrkräfte gefragt. Dadurch, dass jeder Schüler Ansätze zur Kreativität mitbringt, ergeben sich eigentlich gute Voraussetzungen für eine Kreativitätsförderung.

Hierbei sind die Möglichkeiten der Kreativitätsförderung in der Schule vielfältiger Art und sollten in ein Modell schulischer Kreativitätsförderung eingebracht werden. Die schon seit einiger Zeit in Diskussion stehenden Unterrichtsformen des offenen Unterrichts (BÖNSCH 1993, MEYER 1994, 420) oder des Projektunterrichts (GUDJONS 1986), deren Verwirklichung stark vom Lehrer oder Lehrerkollegium abhängen, bieten gute Ansätze hierzu. Aber auch ansonsten gilt der Grundsatz: "Kreativität entdecken!" (GOLEMAN u.a. 1997, Buchtitel)

Wir können Kreativität nur fördern, indem wir in der **persönlichen Begegnung** von Lehrer und Schüler, in der Gestaltung des Unterrichts und des Schullebens dem Kind die Möglichkeit geben, kreativ zu sein. Erforderlich sind unorthodoxe und experimentierfreudige Lehrer, welche ihren Freiraum (und gelegentlich auch etwas mehr) optimal nutzen.

Eine wichtige Aufgabe kommt dem Lehrer bei der Gestaltung des Schulalltags zu. Hier spielt das Lehrer-Schüler-Verhältnis eine entscheidende Rolle. Unterrichtsstil und Sprachverhalten des Lehrers sind hierbei mitbeteiligt, z.B. durch Verwendung reversibler Umgangsformen. Reversibel ist ein Sprachverhalten, wenn dieses vom Schüler gegenüber dem Lehrer in gleicher Weise angewandt werden kann, ohne gegen den Anstand zu verstoßen.

Kreativitätsfördernder Schulalltag heißt also nicht Auflösung jeglicher Ordnung in Regel- und Zügellosigkeit. Eine gewisse Ordnung ist auch für die Kreativitätsförderung unerläßlich. Bestimmte Regeln sind auch in einem kreativitätsfördernden Unterricht nicht zu vermeiden. Sonst könnte z.B. die Situation eintreten, dass ein Schüler die Rechenaufgabe 2 x 2 mit dem Ergebnis 27 löst. Auf den Hinweis des Lehrers, dies sei wohl falsch, könnte der Schüler antworten: "Aber kreativ."

Im totalen Chaos kann sich kaum Kreativität sinnvoll entfalten. Unterricht, der im Spannungsfeld zwischen Chaos und Ordnung liegt, gibt Spielraum für Kreativität (SERVE 1994, 186 f.).

8.4.2 Auswahl der Inhalte

Neben der Gestaltung des Schulalltags hat der Lehrer oder ein Lehrerkollegium auch Möglichkeiten für eine sinnvolle Auswahl und die Schwerpunktsetzung innerhalb des Lehrplans, also für die - wenn auch manchmal etwas gewagte - eigenständige Reduzierung der Inhalte. Nicht die Menge des zu vermittelnden Unterrichtstoffes, sondern die Wirkung auf die Entfaltung persönlichkeitsbildender Kräfte ist entscheidend.

Zu beachten ist, "dass weniger mehr sein kann als viel oder gar alles - als die doch nie erreichbare Vollständigkeit" (v. HENTIG 1993, 212). Das Nachvollziehbare, Vorgeprägte und Abrufbare tritt zurück zugunsten der Bildungswirksamkeit dessen, was motiviert, Neugierde weckt, Erstaunen verursacht und Raum lässt für Kreativität.

Es muss immer wieder neu der Gefahr entgegengewirkt werden, dass durch die "rationale Mühle", die konsequente und stringente Aufarbeitung die Inhalte ihre Lebendigkeit verlieren und das persönliche Angemutetsein im Lernprozess als störend empfunden wird. Überraschung und Erstaunen sind im täglichen Unterricht recht selten geworden, aber sie sind echte Wirkmomente für Kreativitätsförderung. Wirkungsvoller ist es , dem Kind zu ermöglichen eigene Wege zu gehen (auch nach dem Prinzip von Versuch und Irrtum), es verwundert und staunend zu machen als ihm etwas "weiszumachen" (im Sinne von wissend machen).

Welche Inhalte im Sinne von Kreativitätsförderung auswählt werden, ist der Kompetenz des einzelnen Lehrers in den verschiedenen Fächern überlassen. Praktische Möglichkeiten für Kreativitätsförderung sind für den Lehrer, der sie echt will, in der Literatur zahlreich aufgeführt (z.B. ZITZLSPERGER 1993, SERVE 1994). Hierzu zählen:
- Schüler gestalten Schule (Projekttage u.ä.),
- Rollen und Phantasiespiele (z.B.: Ich bin Abgeordneter u.a.)
- Einbringen von Schülerideen in Unterricht und Spiel,
- Phantasie in der Zimmer- und Hausgestaltung,
- neue Sprache erfinden,
- geheime Botschaften senden,
- angefangene Geschichten fortsetzen,
- Phantasiebilder malen u.a.

Hierbei zeigt sich, dass Kreativität natürlich kein Fach sein kann, sondern überfachlicher Art ist. Als allgemeine Maxime ist die Kreativitätsförderung sowohl fächer- als auch jahrgangs- und schulartenübergreifend.

Zwischen Inhaltsauswahl und Methodengestaltung liegen auch die vielfältigen Möglichkeiten des Einsatzes der neuen AV-Medien, z. B. des Medienverbundes, des interaktiven Lernens oder des Autorensystems, zur Förderung kreativer Prozesse. Zwar sind diese technischen Medien hauptsächlich zur Vermittlung von Informationen konzipiert, aber durch entsprechende Gestaltung multimedialer Information und Provokation ist es durchaus möglich, zum schöpferischen und selbständigen Denken anzuregen.

8.4.3 Methodische Gestaltung

Neben der inhaltlich orientierten Förderung der Kreativität, welche im fachlich gebundenen Stoff Realisierungen ermöglicht, gibt es auch wichtige methodische Ansätze, z. B. Grundsätze (Prinzipien) der Unterrichtsgestaltung. Hierzu gehören einige, die schon immer unabhängig von Kreativität einen guten Unterricht kennzeichnen, z. B. die Schülerorientierung (als Anerkennung der Person und Berücksichtigung der Individualität), die Selbständigkeit und Aktivierung (vor allem im Zusammenhang mit Projektunterricht), die Angst- und Repressionsfreiheit, die Differenzierung u.a. Einige weitere sind zwar auch nicht neu, stehen aber besonders im engen Zusammenhang mit der Kreativitätsförderung. Hierzu zählen die Thematisierung, die Ganzheitlichkeit und die Metakommunikation.

- **Thematisierung** der Inhalte heißt nicht nur eine didaktische Reduktion, also die Beschränkung auf das Wesentliche wie z.B. im exemplarischen Unterricht. Während in der Literatur häufig nicht zwischen den Begriffen "Thema" und "Inhalt" bzw. "Gegenstand" des Unterrichts unterschieden wird, sollte im Sinne einer präzisen Terminologie zwischen Thema und Inhalt differenziert werden. Ein Thema ist ein pädagogisch aufgearbeiteter Inhalt.
  Dies besagt, dass Inhalte der Natur und der Gesellschaft erst dadurch zu Themen des Unterrichts werden, dass sie unter bestimmten Frageperspektiven **zu den Schülern in Beziehung gesetzt** werden. Beispiel: "Ausländerfeindlichkeit" ist kein Thema, sondern Inhalt. Zum Thema wird dieser Inhalt durch eine Beziehung zum Schüler: "Mein Freund kommt aus der Türkei". Durch die Thematisierung werden die Schüler stärker angeregt, eigenes schöpferisches Gedankengut einzubringen, als durch den Inhalt, denn das Thema zeigt stärkeren Motivationsschub.

- **Ganzheitlichkeit und Vertiefung** gelten in doppelter Hinsicht: Ganzheitlichkeit und Vertiefung in Bezug auf den Schüler und in Bezug auf den Stoff:
  Ganzheitlichkeit und Vertiefung in Bezug auf die Person heißt Entrationalisierung des Unterrichts, in die Tiefendimension vordringen, heißt neben dem Verstand auch das Gefühl ansprechen, affektive Ziele zum Tragen kommen lasen (Zielformulierung : Sensibilisieren).
  Ganzheitlichkeit und Vertiefung in Bezug auf den Inhalt heißt, Beziehungen und Sinnzusammenhänge erkunden, heißt auch Wertaspekte über die sichtbare Realität hinaus zu erfragen.

Die Schüler werden gerade durch Wertungen, deren subjektive Setzung oder objektive Gültigkeit durchaus zur Diskussion gestellt werden sollte, schöpferische Assoziationen einbringen.

- **Metakommunikation** wird als Variationsform der geläufigen Kommunikation unterschiedlich interpretiert. Hier ist gemeint: Über den Kommunikationsprozess (des Unterrichts) zu diskutieren, also den Unterricht selbst als Kommunikationsprozess, seine Zielsetzungen, Inhalte und methodische Gestaltung zum Gegenstand der Kommunikation machen. Dies kann dadurch geschehen, indem die Schüler den erlebten Unterricht besprechen und bewerten oder selbst Anregungen geben, wie man einen Unterrichtsstoff (oder ein Thema), der (das) zur Behandlung ansteht, unterrichtlich ansprechend und wirkungsvoll gestalten könnte, z. B. durch entsprechende Provokationen, Veranschaulichungen, Medieneinsätze und Transferleistungen. Metakommunikation kann sowohl im Schulalltag als auch in einer formellen "Lehrer-Schüler-Konferenz" (GORDON 1999) praktiziert werden.

8.5   ZUSAMMENFASSUNG DER KREATIVITÄTSFÖRDERUNG

Die Berücksichtigung und Förderung der Kreativität erweisen sich als notwendige Bestandteile des Unterrichts. Sie sind Beiträge zur Persönlichkeitsbildung im Rahmen des Erziehungsauftrags, zur Entwicklung von Fähigkeiten und zur Verbesserung des Lernerfolgs.
Leider ergeben sich im Alltag des Unterrichts Hemmungsfaktoren verschiedener Art. Hierzu zählen oft das Schulsystem der Regelschulen, die Stofffülle der Lehrpläne, die Einstellung von Lehrern und Schülern, aber auch die Nicht-Planbarkeit und Nicht-Messbarkeit der Kreativität.
Zur besseren Förderung der Kreativität müssten in unseren Schulen Innovationen für Lehrziele und Stoffpläne eingebracht werden. Doch auch jetzt schon ist es möglich, durch Eigeninitiative und Kooperation in der Schule, z. B. durch Ausnutzung von Wahlmöglichkeiten im Inhalt und Berücksichtigung von besonderen methodischen Prinzipien in der eigenen Unterrichtsgestaltung, kreativitätsfördernde Impulse zu setzen. Weitere gezielte Möglichkeiten der Kreativitäsförderung bieten die Gestaltung des Schulalltags besonders in Verbindung von Unterricht und Freizeit durch Öffnung des Unterrichts für musisches Wirken, durch das Angebot von Neigungsgruppen und durch die aktive Freizeitgestaltung.

9 LEISTUNG UND LEISTUNGSBEURTEILUNG IM UNTERRICHT

9.1 LEISTUNGSBEGRIFF

9.1.1 Vielfalt des Leistungsbegriffes

Die widersprüchliche Vielfalt der Antworten auf die Frage, ob Leistung in der Schule berechtigt ist oder die Schule ein leistungsfreier Schonraum darstellen soll, lässt es fraglich erscheinen, ob bei den bestehenden gegensätzlichen Forderungen über die gleiche Sache geredet wird. Vielmehr scheinen die magische Wirkung und die Häufigkeit der Verwendung des Leistungsbegriffes im umgekehrten Verhältnis zu seinem Informationsgehalt zu stehen (HARTFIEL 1977, 7).

Der Begriff der Leistung wird vielseitig verwendet. In der Physik und Technik wird Leistung definiert als die pro Zeiteinheit geleistete Arbeit. In der Ökonomie wird Leistung einerseits gesehen als der erzielte Ertrag, das Produzierte, andererseits als der zur Produktion benötigte Aufwand. Die Rechtswissenschaft kennt den Begriff der Leistung als Gegenstand einer Schuldverpflichtung, z. B. eine Zahlung. Die Landwirtschaft bezeichnet die erzielten Produkte der Nutztiere, z. B. Milch, Wolle und Fleisch, als Leistung.

9.1.2 Definition von Leistung

Durch die etymologische Ableitung lässt sich sowohl ein dynamischer (Leistung als Vollzug) als auch ein statischer Ansatz (Leistung als Ergebnis) des Leistungsbegriffes aufzeigen. In der deutschen Umgangssprache geht in die beiden Ansätze der Leistung als Prozess und als Ergebnis das Pflichthafte der Arbeit mit ein.

Leistung als Arbeitsprozess oder als Arbeitsergebnis steht jedoch nicht absolut, sondern immer in Relation zu einem Gütemaßstab. Die für die Erläuterung des Begriffes Leistung erforderlichen Bestimmungsmomente "Prozess", "Ergebnis" und "Gütemaßstab" lassen sich zu einer Definition von Leistung zusammenfassen: Leistung ist "Ergebnis und Vollzug einer Tätigkeit, die mit Anstrengung und gegebenenfalls mit Selbstüberwindung verbunden ist und für die Gütemaßstäbe anerkannt werden, die also beurteilt wird" (KLAFKI 1996, 228).

Bezeichnet man eine Tätigkeit, die mit Anstrengung bzw. Schwierigkeiten verbunden ist mit "Arbeit", so lässt sich Leistung kurz definieren:

> **Leistung ist der Prozess oder das Ergebnis einer Arbeit in Relation zu einem Gütemaßstab.**

9.1.3 Verbindungen mit dem Leistungsbegriff:

Leistungsprinzip: Grundsatz der Verteilung der Lebensgüter und der Rangpositionen innerhalb einer Gesellschaft unter dem Gesichtspunkt der Leistung (Produktivität),

Leistungsgesellschaft: gesellschaftliche Ordnung, beruhend auf dem Leistungsprinzip,

Leistungsdruck: Leistungsforderungen, verbunden mit Sanktionen und Repressalien,

Leistungsangst: Hemmung im Bereich des Leistungsvollzugs aufgrund befürchteten Versagens und der damit verbundenen Folgen.

9.2   LEISTUNGSFORDERUNG IM UNTERRICHT

Die Problematik der Leistung im Unterricht zentriert sich um die Probleme der **pädagogischen Begründung** und das Problem der **didaktischen Gestaltung** der Leistungsforderung.

Beide gelten gleichsam als "conditio sine qua non" (lat.: notwendige Bedingung, ohne die etwas nicht eintreten kann, unerlässliche Voraussetzung). Das bedeutet: Die Leistungsforderung im Unterricht ist allein in der erzieherischen Wirksamkeit begründet und hat in ihrer Gestaltung ausschließlich nach didaktischen Kriterien zu erfolgen.

Dies hat entscheidende Konsequenzen im Unterricht: Nichts anderes als die erzieherische Wirksamkeit, also z. B. nicht wirtschaftliche Aspekte, können die Begründung für die Leistungsforderung im Unterricht sein. Ebenso dürfen keine anderen Gesichtspunkte, z. B. nicht die Autorität des Lehrers, über die Art und Weise der Gestaltung der Leistungsforderung im Unterricht entscheiden.

9.2.1 Begründung: Pädagogische Funktionen

Erzieherisch ist die Leistung im Unterricht nur in ihrer **persönlichkeitsbildenden Wirkung** zu begründen. Mit der Begründung der Leistung im Unterricht und in der Schule beschäftigten und beschäftigen sich Pädagogen der Vergangenheit, z. B. KERSCHENSTEINER (1854-1932) und FURCK (1975) und der Gegenwart, z. B. KLAFKI (1996) und JÜRGENS (1998). Bei allen beruht die Legitimation der Leistung in der Schule grundsätzlich in ihrem Beitrag zur Persönlichkeitsentfaltung. Hierbei ist die Bedeutung des Leistungsvollzugs für den Sozialisationsprozess in einer Gesellschaft mitbeteiligt.

Die Begründung der Leistung im Unterricht beruht somit in ihren **erzieherischen Funktionen** der Sozialisation, der Entfaltung von Fähigkeiten und der persönlichen Welt-Gestaltung.

- **Sozialisationssfunktion**
  Die Sozialisation ist als "Teilprozess der Enkulturation" zu sehen (KRON 1996, 51). Hierbei übernimmt der Heranwachsende Formen des Zusammenlebens, um die zu tradierenden Werte der Gesellschaftsstruktur zu erhalten und weiter zu vermitteln. Für das Überleben des Einzelnen und der Gesellschaft ist ein Minimum an Anpassung unumgänglich. Im Leistungsvollzug lernt der Schüler, sich den Gegebenheiten seiner **sachlichen Umwelt** und **sozialen Mitwelt** anzupassen.

Diese Anpassungsfunktion der Leistung ist zwar bedeutsam, doch kann die Berechtigung der Leistung in der Schule nicht allein durch sie begründet werden.

- **Entfaltungsfunktion**
  Leistung in der Schule ist nicht nur ein Vorgang der sachlichen Einordnung und der sozialen Unterordnung, sondern ein entscheidender Prozess der Selbstverwirklichung. Jede Fähigkeitsdisposition benötigt zu ihrer Entfaltung den Leistungsvollzug. Ebenso können sich Fertigkeiten nur entfalten, wenn sie im Leistungsprozess eingeübt werden. Leistungen dienen daher im schulischen Bereich der Entfaltung von **Fähigkeiten** und der Entwicklung von **Fertigkeiten**. Dies gilt in gleicher Weise für manuelle Fertigkeiten (z. B. Handgeschicklichkeit) wie für musische Begabungen (z. B. im Zeichnen oder Musizieren), für die Intelligenz (z. B. Begriffsbildung und Urteilsvermögen) und für das Gedächtnis (z. B. Merkfähigkeit für Zahlen und Formen).

- **Gestaltungsfunktion**
  Schließlich soll der Schüler durch die Leistung befähigt werden, kritisch zur **Gesellschaft** und zur **Welt**, in der er lebt, Stellung zu nehmen und auf sie **einzuwirken**. Im Gegensatz zum Tier hat der Mensch nicht nur Umwelt, sondern Welt, die ihm nicht nur gegeben, sondern aufgegeben ist.
  Gestaltende Einwirkung auf die Welt, Verbesserung und Fortschritt sind nur durch Leistungsvollzüge zu erreichen. Es ist widersinnig, generell Leistung zu verweigern, weil man z. B. gegen die bestehende Gesellschaftsordnung ist.

Die Leistungsforderung im Unterricht hat also auch in der Schule von heute ihre Berechtigung, damit
- der Heranwachsende in der Welt und Gesellschaft bestehen kann (Sozialisationsfunktion),
- zur eigenen Persönlichkeitsentfaltung sowie zur Entwicklung von Fähigkeiten und Fertigkeiten (Entfaltungsfunktion) kommt und
- befähigt wird, auf seine Welt mitgestaltend und mitbestimmend einzuwirken (Gestaltungsfunktion).

Die Schule wird auch in Zukunft nicht ohne Leistung auskommen, denn die Lebensqualität und Persönlichkeitsentfaltung ist nur über Leistung zu erreichen und zu halten. "Wir brauchen eine leistungsfähige Schule." (ECKINGER 1994, 958)

9.2.2 Grenzen der Leistungsforderung

Aus der Begründung der Leistung in ihren erzieherischen Funktionen ergibt sich, dass **kein Absolutheitsanspruch** des Leistungsprinzips in der Schule besteht. Grundschulkinder und auch Kinder im Vorschulalter können häufig mehr leisten als ihnen Familie und Grundschule abverlangen. Doch nicht alles, was vom Kinde geleistet werden kann, ist auch pädagogisch sinnvoll. Es besteht vielmehr die Gefahr, dass bei Ausnutzung aller möglichen Leistungsentfaltungen das Kind an seiner seelisch-geistigen Entwicklung Schaden leidet. Daher muss die Leistungsforderung auf das pädagogisch Sinnvolle reduziert werden.
Ein Teil der Reformbemühungen der 60er Jahre ist auf der Stufe der "naiven Schulreform" stehengeblieben, welche die notwendige Wandlung in der Erziehung verhindert. In einer naiven Reform gelten die Bemühungen vornehmlich dem Leistungsprinzip (mehr Leistung, bessere Leistung, mehr Effektivität) und der Schule (mehr Schulen, bessere Schulen, komplexere Schulen).
Es wurde übersehen, dass die Leistung in der Schule nur unter pädagogischem Aspekt gesehen werden darf. Eine ausschließlich leistungsorientierte Schule selektiert in Angepasste und Nicht-Angepasste. Die Berechtigung der Leistungsforderung im Unterricht hat grundsätzlich ihre **Grenzen** und ist in ihrem Beitrag zur **Persönlichkeitsentfaltung** des Kindes verankert. "Als Leistung darf in der Schule nichts gefordert werden, was die Erziehung des jungen Menschen zur Selbst- und Mitbestimmungsfähigkeit, zur Kritik und Urteilsfähigkeit ..., zur Kreativität usw. hindert. Positiv formuliert: Schule muss, in dem Sinne 'Leistungsschule' sein, dass sie die Bewältigung der Aufgaben und Lernprozesse ermöglicht und fördert, die zur Mündigkeit, Selbst- und Mitbestimmungsfähigkeit führen können" (KLAFKI. 1996, 228).

9.2.3 Didaktische Gestaltung der Leistungsforderung

9.2.3.1 Leistungsforderung als pädagogischer Akt

Aus der ausschließlichen Begründung der Leistung im Unterricht durch ihren Beitrag zur Persönlichkeits- und Fähigkeitsentfaltung ergibt sich als Grundsatz für die didaktische Gestaltung: Jede Leistungsforderung ist als eine pädagogische Maßnahme durchzuführen.

Leistungsforderung als pädagogischer Akt heißt zunächst, dass jede Leistungsforderung ausschließlich in ihrer Erziehungsfunktion begründet und damit so zu gestalten ist, dass sie der Persönlichkeitsentfaltung dient. Hierzu gehören als Grundprinzipien die **Anerkennung der Personalität** und die **Berücksichtigung der Individualität** des Schülers.

9.2.3.2 Weitere Grundsätze für die Leistungsforderung

- **Leistungsangebot:**
  Damit ist gemeint: Weniger Leistungsforderungen, mehr Leistungsangebote. Im Leistungsangebot ist Kindgemäßheit, Freude, Lebensbezogenheit und mitmenschlicher Bezug zu berücksichtigen.
- **Leistungsziel:**
  Die angestrebte Leistung sollte sachlich begründet sein und das Leistungsziel aufgezeigt werden. Hierbei erweisen sich kurzfristig erreichbare Nahziele wirkungsvoller als in der weiteren Zukunft liegende Fernziele, deren Annäherung man durch den Leistungsvollzug nicht erlebt.
- **Angemessenheit:**
  Bei der Festlegung der Leistungsziele und der methodischen Gestaltung sollten die individuellen Leistungsfähigkeiten, das persönliche Anspruchsniveau und der augenblickliche Leistungsfortschritt mitberücksichtigt werden (Prinzip der Differenzierung).
- **Erfolgsbestätigung**
  Jede Leistung des Schülers muss vom Lehrer zur Kenntnis genommen werden. An die Kenntnisnahme sollten sich Bestätigungen des Erfolgs (Verstärkungen) oder kritische Stellungnahmen anschließen. Erfolgserlebnisse erweisen sich dabei erzieherisch wirksamer als Misserfolgserlebnisse.
- **Erfolgssicherung**
  Es ist sicherzustellen, dass die schulische Leistung kein einmaliger Akt bleibt, sondern auch später wiederholt werden kann (Prinzip der Erfolgssicherung). Als erfolgssichernde Maßnahmen dienen Übung (Wiederholung), Anwendung (Verwertung im praktischen Tun) und Übertragung (Berücksichtigung von Ähnlichkeiten).
- **Ganzheitlichkeit**
  Durch den Leistungsvollzug soll der Mensch als Ganzes gefördert werden, d. h. neben den bevorzugten kognitiven Leistungen sollen auch Leistungen im körperlichen, sozialen und musischen Bereich angesprochen werden. Ganzheitlichkeit bedeutet auch, durch Entspannung bei Spiel und Freude ganz Mensch zu sein.

9.2.2.3 Widersprüche zur Leistungsforderung als pädagogischer Akt

- Dominanz der **Anpassungsfunktion** der Leistung:
  Leistung wird zum Zweck der Reglementierung und Anpassung gefordert und vollzogen. Entfaltungs- und Gestaltungsfunktion treten zurück.
- Überbewertung des **Leistungsergebnisses**:
  Allein das Messbare und Objektivierbare wird berücksichtigt. Der für die Entfaltung der Persönlichkeit bedeutsamere Leistungsvollzug wird gegenüber dem Ergebnis vernachlässigt. Der "auf die Leistungsergebnisse bezogene, produktorientierte Leistungsbegriff" muss relativiert und bezogen werden "auf Leistungen in einem dynamischen Sinne" (KLAFKI 1996, 228 f.)
- Überwiegende **Leistungskonkurrenz**:
  Wenn der andere der Beste ist, kann ich es nicht selbst sein. Aus diesem Grund wird Leistung in Konkurrenz zum Mitschüler vollzogen. Die Sozialisierung kommt zu kurz
- **Autorität** in der Leistungsforderung:
  Die Leistungsforderung erfolgt nicht in gegenseitiger Absprache und Begründung, sondern unter einer autoritären Steuerung. Diese zeichnet sich dadurch aus, dass Ziel, Inhalt und Gestaltung der Leistung ausschließlich vom Lehrer bestimmt werden.
- **Leistungsdruck** statt Leistungsangebot:
  Die Schüler müssen Repressalien bei Leistungsversagen befürchten. Daher leben sie ständig in Angst vor der zu erbringenden Leistung.
- Vorherrschen der **kognitiven Leistungen**:
  Die für die Erziehung bedeutsamen Bereiche der sozialen und affektiven Leistungen treten zurück. Denk- und Lernleistungen herrschen vor und bestimmen das Leistungsbild des Schülers; andere Leistungsbereiche werden vernachlässigt.
- Dominanz der **stofflich** und **fachlich** gebundenen **Leistung**:
  Allgemeine Erziehungsziele wie Demokratieverständnis, Erziehung zur Selbständigkeit, Förderung der Kreativität u. a. werden nicht gesehen, obwohl sie in Lehrplänen und Curricula meist verbindlich vorgeschrieben sind. Dagegen dominieren die Leistungen in einzelnen Unterrichtsfächern, welche in der Regel von den Fachlehrern unter Vernachlässigung der allgemeinen Erziehungsziele erteilt werden.

Treten diese Widersprüche zur Leistungsforderung als pädagogischer Akt im Unterricht auf, wird die erzieherische Funktion der Leistung entscheidend gehemmt.

9.3   LEISTUNGSBEURTEILUNG IM UNTERRICHT

9.3.1 Begründung der Leistungsbeurteilung

- **Erfolgsbestätigung**
  Der Schüler, der eine Leistung vollbracht hat, erwartet, dass diese
  nicht nur zur Kenntnis genommen wird, sondern auch entspre-
  chende Würdigung erfährt. Hierbei sollte der positiven Rückmeldung
  der Vorzug gegenüber einer negativen gegeben werden.
- **Abstimmung des Schwierigkeitsgrades**
  Beurteilungen der Schülerleistung sind erforderlich, um bei zukünf-
  tigen Leistungsforderungen den individuellen Leistungsfortschritt
  des Schülers zu berücksichtigen.
- **Beratungsgrundlage**
  Die persönlichen Leistungsfortschritte sind häufig Grundlagen für
  Schullaufbahnberatungen u. ä. Hierbei sind auch die individuellen
  Schwierigkeiten und Leistungsdefizite wichtig.
- **Ermittlung des Lehrerfolgs im Unterricht**
  Die erzielten Leistungen der Schüler sind ein Kriterium für die Ef-
  fektivität schulischen Lehrens und damit für die Unterrichtsarbeit
  des Lehrers.
- **Selbstkontrolle des Schülers**
  Die erbrachten Leistungen dienen dem Schüler zur Kontrolle des eigenen Lernerfolgs (Feedback). Der Schüler erfährt hierbei, inwieweit
  sein eigener Lernerfolg den gesetzten Lernzielen entspricht und in
  welchem Umfange seine Leistungen von denen seiner Mitschüler
  abweichen.
- **Forschungsprojekte**
  Ergebnisse der Leistungsbeurteilung können das empirische Material
  für pädagogische und unterrichtliche Forschungsarbeiten liefern. Sie
  geben Hinweise auf den Erfolg von verschiedenen Unterrichtsmethoden und neuen Unterrichtsmitteln.

9.3.2 Die traditionelle Leistungsbeurteilung durch Noten

Es gibt kaum einen Bereich in Schule und Unterricht, der so heftiger
Kritik ausgesetzt ist, wie die Vergabe von Schulnoten für Schülerleistungen. Auch wenn anstelle der Noten Punkte treten, wird das Problem nicht wesentlich entschärft.

Die Ursache dafür, dass sich in unseren Schulen die Noten besonders in den Sekundarschulen so stabil erwiesen und teilweise auch noch erweisen, liegt in den Erwartungen, die man nach wie vor mit den Noten verbindet.

9.3.2.1 Erwartete Funktionen der traditionellen Vergabe von Noten

- **Motivierung**
  Die Erteilung von Zensuren wird häufig damit begründet, dass der Schüler schon allein durch den Umstand, dass seine Leistung benotet wird, sich um **besserem Leistungsvollzug** bemüht. Leistungen, von denen der Schüler weiß, dass sie nicht nur zur Kenntnis genommen, sondern auch qualifiziert werden, widmet er größere Aufmerksamkeit und strengt sich bei ihrem Vollzug mehr an. Die Begründung der Zensur erfolgt also durch eine angenommene Steigerung der Leistungsbereitschaft, Verbesserung der Aufmerksamkeit und Erhöhung der Anstrengung. Insofern kann eine Vergabe von Zensuren leistungssteigernd wirken.
  Doch auch die **gegenteilige Wirkung** muss vor allem bei leistungsschwächeren Schülern angenommen werden. Dies ist besonders dann der Fall, wenn verängstigte Schüler durch Notengebung immer wieder aufs Neue unter Leistungsdruck gesetzt werden. Hier können bereits das Wissen, dass die geforderte Leistung benotet wird, und bisherige negative Erfahrungen Angst bewirken und den Leistungsvollzug entscheidend mindern. Deshalb werden schwächere Schüler, die der Motivation und Stärkung ihres Selbstvertrauens besonders bedürften, durch die Ziffernnote am wenigsten gefördert. Die Möglichkeit, durch Vergabe von Zensuren Leistung zu bewirken, darf nicht dazu veranlassen, den Leistungsanreiz hierauf zu beschränken. In diesem Zusammenhang ist auch die Gefahr einer Motivverschiebung zu sehen. Aus einem Kind, das natürlicherweise etwas wissen und können will, wird ein von außen gesteuerter Schüler, der mit Notendruck zur Leistung angetrieben werden soll. Es ist daher pädagogisch sinnvoller, Leistungsverbesserungen nicht durch Noten, sondern durch vermehrte Fördermaßnahmen anzuregen.

- **Informierung**
  Die grundlegendste Bedeutung von Schulnoten ist ihre Informationsfunktion. Sie informieren den Schüler und seine Eltern, inwieweit die Leistungen des Schülers den Anforderungen der Schule entsprechen.

Hierbei wirken sie sich besonders auf das **zwischenpersonale Verhältnis** der Betroffenen und damit auf das soziale Klima aus. Zeugnisnoten sind zu denjenigen Informationen zu rechnen, welche den zwischenmenschlichen Bezug im Elternhaus und in der Schule entscheidend mitbestimmen.

Die Konsequenzen der Information reichen von kurzfristigen Störungen bis zu lang anhaltenden Spannungen zwischen dem Schüler und seinen Eltern als Informationsempfänger, sowie zwischen dem Schüler und seinem Lehrer als Informationssender. Das interpersonale Verhältnis wird dann besondes belastet, wenn die als Zensuren empfangenen Informationen den vorliegenden Erwartungseinstellungen nicht entsprechen.

Leider wird gerade bei denjenigen Noten, die unterhalb des Erwartungsniveaus liegen, die Information, welche eine Note gibt, von den Eltern meist falsch interpretiert.

Die Note informiert nur über eine unter bestimmten Bedingungen vom Schüler erstellte und dem Lehrer abgelieferte Leistung. Es besteht die Gefahr, dass Eltern diese Leistungsbeurteilung auslegen als eine Information über den Schüler. Hier wird fälschlicherweise gleichgesetzt "schlechte Leistung" = "schlechter Schüler". Erstens ist diese Gleichsetzung falsch und zweitens entsteht hierdurch gerade bei mangelhaften Noten häufig die Neigung zu Kurzschlusshandlungen sowohl der Eltern als auch des betroffenen Schülers.

- **Kontrolle**
Die Kotrollfunktion der Zensur hat mehrere Aspekte. Zensuren haben Kontrollfunktion sowohl für den Schüler als auch für den Lehrer.

Dem **Schüler** geben sie Rückmeldung in Bezug auf das von ihm gesetzte Lernziel bzw. das vom Lehrer vorgegebene Lehrziel. Allerdings ist hierbei zu beachten, dass der Schüler die Kontrollfunktion der Noten nur dann ernst nimmt, wenn er sich gerecht beurteilt fühlt.

Dem **Lehrer** kann die Vergabe von Zensuren als Kontrolle über seinen Unterrichtserfolg dienen. Dies umso mehr, je objektiver seine eigenen Bewertungen sind. Unter dem Gesichtspunkt einer Rückmeldung über sein methodisches Geschick sollte der Lehrer die Ursache für schlechte Zensur also nicht nur beim Schüler, sondern auch bei sich selbst suchen. In der Schule sollte Leistung in erster Linie gemessen werden, um den Unterricht und den Lehrer zu kontrollieren. Mit jeder Klassenarbeit prüft der Lehrer auch seine eigene Leistung.

Der Erfolgskontrolle durch Leistungsmessung kann grundsätzlich pädagogische Bedeutung zugesprochen werden. Doch üben Zensuren eine Kontrollfunktion grundsätzlich nur dann aus, wenn sie wirklich objektiv erstellt werden. Leider ist dies nicht immer der Fall (Scheinobjektivität). Insofern ist die Möglichkeit, dass Zensuren einer echten Kontrolle dienen, **nur begrenzt** gegeben.

Kritisch wird auch die Kontrollmöglichkeit durch die Erteilung von Zensuren von Seiten der betroffenen Schüler gesehen (CZERWENKA u. a. 1989, 116). Die Einwände der Schüler zentrieren sich dabei um bestimmte Schwerpunkte:

- Leistungsdruck und Versagensangst,
- Systemmängel in der Leistungskontrolle und in der Zensurenpraxis,
- Grundsätzliche Systemkritik.

- **Auslese**

Die Auslese (Selektion, Allokalisation) ist eine der wichtigsten, gleichzeitig aber auch pädagogisch fragwürdigsten Funktionen der Schule bzw. der Leistungsbeurteilung durch Noten.

Die Schulnoten bestimmen häufig entscheidend das Vorrücken in den Jahrgangs- und Leistungsklassen der traditionellen Schularten. In die nächsthöhere Stufe kommt nur derjenige Schüler, dessen Zensuren die jeweils vom Schulsystem gesetzten Bedingungen erfüllen. Eine weiterführende Schule kann nur derjenige Schüler besuchen, durch dessen Zensuren nachgewiesen ist, dass er die Unterrichtsziele der zuvor absolvierten Schule erreicht hat. Damit können Zensuren für das weitere Lebensschicksal eines Schülers entscheidende Bedeutung haben.

Besonders bei der Funktion der Auslese sind einige wichtige **Kritikpunkte** zu beachten. Hierzu gehören u. a. die mangelnde Gültigkeit der Note als Auslesekriterium und die verschiedenen negativen Konsequenzen der Auslese in der Schule.

Die mangelnde Gültigkeit der Note als Selektionskriterium ist darin verursacht, dass die Verwendung von Zensuren oder auch Punkten als Auslesekriterium zahlreiche Voraussetzungen einschließt, die keineswegs abgesichert sind, aber häufig unkritisch übernommen werden.

Hierzu gehören ein angenommenes Gleichbleiben der Fähigkeitsstruktur und der Leistungshöhe in der weiteren Entwicklung. Es wird hierbei vorausgesetzt, dass ein Schüler, der seither gute Leistungen vollbrachte und den Anforderungen entsprach, auch den zukünftigen Aufgaben und Zielen gerecht wird.

Da die körperliche und seelisch-geistige Entwicklung in einer ständigen Wechselwirkung zu Umwelteinflüssen steht, kann es jedoch zu entscheidenden Veränderungen in der Ausbildung von Fähigkeiten und Fertigkeiten kommen. Empirische Untersuchungen haben bestätigt, dass der Vorhersagewert von Noten relativ niedrig ist.

Eine weitere Fehlerquelle für die Verwendung der erbrachten Noten oder Punkten als Auslesekriterium ist die angenommene Übereinstimmung in der Höhe der Anforderungen und der Art der Leistungsbereiche.

Es wird dabei vorausgesetzt, dass die zukünftigen Anforderungen und Leistungsbereiche mit denjenigen übereinstimmen, in denen die benoteten Leistungen vollzogen wurden.

Dies kann jedoch nur in den seltensten Fällen angenommen werden, da z.B. ein Wechsel der Schulart, ein Übergang von der Schule zur Arbeitswelt oder zum Studium neue Aufgabenfelder mit unterschiedlichen Anforderungen und Leistungsbereichen mit sich führten.

Zusätzlich erfolgt eine Änderung der äußeren Bedingungen des Leistungsvollzugs, also der situativen Gegebenheiten, in denen die erwarteten Leistungen vollbracht werden sollen. Die Leistungen, welche bewertet wurden, vollzogen sich unter bestimmten äußeren Bedingungen, zu denen nicht nur die sachlichen Gegebenheiten der Umwelt gehörten, sondern besonders auch die sozialen Positionen und das Ansehen in der Gruppe, das Lehrer-Schüler-Verhältnis, der Arbeits- und Umgangsstil, die Beurteilungskriterien u. a. Eine Auslese aufgrund der unter bestimmten Bedingungen vollbrachten und benoteten Leistungen wäre nur dann gerechtfertigt, wenn diese Bedingungen in dem neuen Bereich, für den ausgelesen wird, gleichbleiben. Dies kann jedoch nicht angenommen werden.

Neben der mangelnden Gültigkeit der Note als Auslesekriterium müssen auch **negative Konsequenzen** der Auslese durch Schulnoten in Kauf genommen werden.

Die Auswirkungen auf die **Schule** wurde schon vor Jahrzehnten beschrieben. Durch ihre Auslesefunktion wird die Schule zu einer bürokratischen Zuteilungsapparatur von Lebens-Chancen (SCHELSKY 1961, 18). Der Existenzkampf wird notwendigerweise bereits in die Schule verlegt, wenn Noten (manchmal sogar Zehntelnoten) über das weitere Lebensschicksal entscheiden. Aus einer Stätte des natürlichen Lernens wird eine Welt des Konkurrenzkampfes und des Leistungsdrucks. Gerade auf das Ausleseprinzip sind in der Schule die meisten Fehlentwicklungen zurückzuführen.

Ebenso sind die Auswirkungen auf den **Lehrer** zu beachten. In der Ausleseschule wird der Lehrer zum "Verwalter von Lebensschicksalen" (OBLINGER 1979, 102). Bei einer noch etwas krasseren Formulierung führt die "Notentyrannei" dazu, dass Lehrer zu "Dompteuren" werden. Sie dressieren ihre Schüler mit guten und schlechten Noten wie mit "Zuckerbrot und Peitsche" Der Lehrer wird zum Fehlerzähler und "Notenbuchhalter". Aus einem pädagogischen Miteinander im Lehrer-Schüler-Verhältnis wird ein sich misstrauendes Gegeneinander. Auch birgt die Möglichkeit der Selektion durch Notenvergabe die Gefahren der Machtausübung und des Disziplinierungsrituals.

Besonders drastisch sind die Auswirkungen für den **Schüler**. Er wird als Ausleseobjekt in seiner personalen Würde entscheidend betroffen. Dies gilt vor allem für den weniger leistungsfähigen Schüler. Hinzu kommt, dass auch mittelmäßig Begabte negativ selektiert werden. Auslese kann nur dann funktionieren, wenn tatsächlich einige zum Zuge kommen, andere nicht. Der Misserfolg ist somit vorprogrammiert. Des weiteren wird das soziale Gefüge der Schüler untereinander entscheidend erschüttert. Unter Wettbewerbsbedingungen bewirkt die Auslese, dass der Mitschüler zum Konkurrent wird: Wenn der andere der Bessere ist, kann ich es nicht sein. Aus dem Kameraden wird ein ich-gerichteter Durchsetzer, dem der andere gleichgültig ist oder gar zum Gegner wird. Die Auslese wird daher besonders fragwürdig für die Erziehung zu gegenseitiger Hilfe, zur Kooperationsfähigkeit und Solidarität.

- **Disziplinierung**

Pädagogisch noch bedenklicher als die Funktion der Auslese ist die Anwendung der Noten als Mittel zur Disziplinierung. Schüler, die sich nicht ordnungsgemäß verhalten, werden gelegentlich durch schlechte Noten unter Druck gesetzt oder bestraft. Allerdings ist sich kaum ein Lehrer dessen bewusst oder wird es zugeben, dass er Noten zur Disziplinierung seiner Schüler verwendet. Doch kommt es nicht selten vor, dass im Zweifelsfalle die schlechtere Note erteilt wird, wenn der Schüler durch "Disziplinlosigkeit" den Leistungsvollzug störte.

Noten als Disziplinierungmittel führen zu der Gefahr, die Leistungsbeurteilung als "Notenpeitsche" einzusetzen und damit zur Manipulierung zu missbrauchen. Es wird dann keine echte Erziehungsarbeit mehr geleistet, sondern Dressur. "Wer z. B. Aufmerksamkeit im Unterricht v. a. durch Strafen erzwingt oder Zensuren hierzu missbraucht, verhindert freiheitliche Erziehung durch unpädagogische Disziplin." (SCHIEFELE 1974)

Das beste Mittel für Disziplinierung ist eine anregende Unterrichtsgestaltung. Hierzu gehört die Motivierung für eine sinnvolle Tätigkeit. Ein Lehrer, der sich effektiv um Motivierung bemüht, hat den Notendruck nicht nötig, um die Schüler "auf Vordermann zu bringen", denn das beste Disziplinierungsmittel ist die Motivierung.

9.3.2.2 Mängel der traditionellen Notengebung

Als wichtigste Mängel der traditionellen Notengebung gelten die Funktionsüberlastung und die Scheinobjektivität (INGENKAMP 1989) der Noten.

- **Funktionsüberlastung**

  Die beschriebenen Funktionen der Noten zeigen, dass in sie hohe Erwartungen gesetzt werden. Doch Noten leisten nicht, was man von ihnen erwartet.

  Dies gilt besonders für die zuletzt erwähnten Funktionen der Auslese und Disziplinierung. Aber auch die Kontroll- und Motivierungsfunktion können sie nur bedingt erfüllen. Mit Funktionsüberlastung ist gemeint, dass die Erwartungen gegenüber den von den Noten zu leistenden Funktionen wesentlich höher liegen als deren Realisierungsmöglichkeiten.

- **Scheinobjektivität**

  Scheinobjektivität bedeutet, dass die durch die Verwendung von Zahlen vermutete Objektivität nur eine scheinbare ist, denn es gehen subjektive Momente in die Zuordnung der verschiedenen Noten ein.

  Dies zeigt sich bereits u. a. bei der Definition der beiden Noten 3 und 4 in der Bestimmung der "Ständigen Konferenz der Kultusminister": Die Note 3 (befriedigend) wird erteilt, wenn die Leistung im allgemeinen "den Anforderungen entspricht". Die Note 4 (ausreichend) wird gegeben, wenn die Leistung "zwar Mängel aufweist, aber im Ganzen den Anforderungen noch entspricht". Die Entscheidung, ob die Arbeit noch "allgemeinen Anforderungen" entspricht oder nur noch "im Ganzen den Anforderungen" entspricht, ist schwierig und häufig subjektiv bedingt.

  Das Ergebnis dieser Bewertung erscheint zwar als eine eindeutige Zahl, darf aber nicht darüber hinweg täuschen, dass ihre Zuordnung weniger eindeutig erfolgen musste. Das Vertrauen in eine Ziffer und somit in die Objektivität ist nicht gerechtfertigt.

Die Zensur ist nicht allein von der tatsächlichen Leistung abhängig, sondern von subjektiven Entscheidungen des Beurteilers:

- Mädchen haben in der Regel bessere Noten als Jungen. Dies trifft insbesondere für die Grundschule und die sprachlichen Fächer zu.
- Je bedeutsamer ein Fach für die Selektion von Schülern ist, umso strenger wird in diesem Fach zensiert. Für die 4. Klasse der Grundschule trifft dies z. B. für Rechtschreiben, Rechnen und Aufsatz zu. Neben den "strengen" Fächern (Mathematik, Fremdsprachen, Deutsch) gibt es die "mittelstrengen" (Sachunterricht) und die "milden" Fächer (Kunst, Musik, Sport, Religion). Dadurch werden die Noten in verschiedenen Fächern nicht vergleichbar.
- Die Noten in den Hauptfächern werden im Durchschnitt im Gymnasium von Jahrgang zu Jahrgang schlechter. Trotz starker Auslese wird auch der verbleibende "positive" Rest von Schülern noch strenger zensiert.
- Noten und Leistungen streuen stark von Klasse zu Klasse, von Schule zu Schule, von Lehrer zu Lehrer und von Erhebungszeitpunkt zu Erhebungszeitpunkt.

Beweise für mangelnde Objektivität liegen vor,
- wenn gleiche Leistungen bei verschiedenen Lehrern unterschiedliche Beurteilungen erhalten,
- der gleiche Lehrer zu verschiedenen Zeiten die gleiche Leistung unterschiedlich beurteilt,
- wenn unterschiedliche Vorinformationen (z.B. über Berufsstand der Eltern) bei gleichwertigen Leistungen zu unterschiedlichen Urteilen führen.

Hierzu ein Beispiel (WEISS 1989): Aufsätze A und B waren gleichwertig, erhielten aber unterschiedliche Vorinformationen.
Information 1: "Hier handelt es sich um einen Aufsatz eines durchschnittlichen Schülers. Beide Elternteile sind berufstätig. Der Schüler liest gerne Schundhefte."
Information 2: "Der Aufsatz stammt von einem sprachlich begabten Schüler. Der Vater ist Redakteur an einer bekannten Tageszeitung."
Zu beurteilen waren Rechtschreibung, Stil, Inhalt und Gesamteindruck. Obwohl beide Aufsätze annähernd gleich gut waren, wichen die Notenstufen je nach Vorinformation in allen Beurteilungsbereichen (auch im Rechtschreiben) um fast eine Notenstufe voneinander ab.

Das Vertrauen in eine Ziffer und in die damit angenommene Objektivität ist also nicht gerechtfertigt, obwohl sich diese objektiv gibt. Bundeseinheitliche Benotungsanweisungen durch die Ministerien, festgelegte Notenstufen von 1 bis 6, Berechnungen von Notendurchschnitten u. ä. erwecken den Anschein unbestechlicher Objektivität.

9.3.2.3 Subjektive Störfaktoren

Die Funktionsüberlastung und Scheinobjektivität der Zensur wird größtenteils durch nachweisbare subjektive Störfaktoren bedingt. Hierzu zählen:

- **Hof-Effekt**
  Hierbei handelt es sich um einen Ausstrahlungsprozess bei der Beurteilung. Der Hof-Effekt bewirkt, dass die positive oder negative Beurteilung eines Leistungsbereiches zu positiven Urteilen in anderen Leistungsbereichen tendiert, auch wenn diese in keinem ursächlichen Zusammenhang stehen. Dieser Ausstrahlungseffekt prägt die Erwartungseinstellung des Beurteilers und steht in engem Zusammenhang mit anderen Störfaktoren (Vorinformation, social perception u. ä.).

- **Vorinformation**
  Positive oder negative Informationen über einen Schüler wirken sich auf die hier und jetzt zu beurteilenden Leistungen aus. Vorinformationen liegen auch vor, wenn der Lehrer bei der Übernahme einer Klasse die Benotung der einzelnen Schüler durch den vorhergehenden Klassleiter im Beurteilungsbogen zur Kenntnis nimmt und dementsprechend mit bestimmten Vorerwartungen an die Beurteilung herangeht.
  Die Wahrscheinlichkeit, dass seine Beurteilung dadurch beeinflusst wird, ist sehr groß, auch wenn er nicht darum weiß und sich dessen nicht bewusst wird.

- **Perseverationstendenz**
  Der Störfaktor der Perseveration wird auch als Reihungseffekt bezeichnet. Hierbei handelt es sich um eine Tendenz, an einer einmal gegebenen Beurteilung möglichst lange festzuhalten. Die erste Bewertung der Leistung eines Schülers in einem bestimmten Fach wirkt sich auf die weiteren Bewertungen der Leistungen dieses Schülers in dem gleichen Fach aus.

- **Tendenz zur Einseitigkeit**
  Einzelne Beurteiler neigen grundsätzlich mehr zu einer positiven, andere mehr zu einer negativen Beurteilung.

Die ersteren finden an einer an sich sehr guten Leistung immer noch Mängel, welche sie veranlassen, diese nur mit "befriedigend" zu beurteilen; letztere sehen auch in einer sehr schlechten Leistung noch positive Züge und beurteilen diese daher noch mit "ausreichend". In diesem Zusammenhang kann auch von einem "Milde-" bzw. "Strenge-Effekt" gesprochen werden. Daneben gibt es noch die Neigung, Extremnoten zu vermeiden und nur Bewertungen im mittleren Bereich zu erteilen. In diesem Fall erhalten die Schüler auf ihre Leistungen kaum eine Note 1, aber auch keine Note 6. Die meisten Noten zentrieren sich um den Bereich "durchschnittlich". Die Vermutung liegt nahe, dass diese Tendenz zur Mitte (Zentraltendenz), die ebenfalls als eine Tendenz zur Einseitigkeit zu werten ist, sich nicht selten auf Grund einer Scheu vor extremen Noten einstellt. Extreme Noten muss man in besonderer Weise begründen und verantworten.

- **Social Perception**
Hierunter versteht man eine Wahrnehmung, welche von im Sozialgefüge geltenden Normen und Regeln beeinflusst wird. Unbewusst gilt dabei der Grundsatz: Was nicht sein darf, ist auch nicht. So werden z. B. bei einem guten Schüler grundsätzlich weniger Fehler festgestellt als bei einem schlechten. Der Organismus wehrt sich scheinbar gegen die Wahrnehmung des Unerwarteten. Dies hängt vornehmlich damit zusammen, dass unsere Wahrnehmungsprozesse eine Art selektive Wahrnehmung darstellen, d. h. wir begegnen der Umwelt mit bestimmten Annahmen (Vorurteile), welche jeweils das Wahrnehmen entscheidend beeinflussen. Eine Sonderform von social perception ist die Abhängigkeit der Wahrnehmung von der sozialen Umwelt, die sich als Wahrnehmungsverzerrung durch Gruppendruck einstellt, z. B. bei der Wahrnehmung der zahlreichen negativen Eigenschaften des sog. "Sündenbockes" in der Gruppe.

9.3.2.4 Weitere Störmomente in der Leistungsbeurteilung

- **Logische Fehler**
Diese entstehen durch die Neigung des Beurteilers, Merkmale, die er logischerweise für zusammengehörig ansieht, ähnlich zu beurteilen, z. B.: dieser Schüler kann sich nicht klar ausdrücken, also kann auch der Aufsatz von ihm nicht gut sein. Es ist jedoch durchaus möglich, dass in scheinbar logisch zusammenhängenden Gebieten Schüler völlig unterschiedliche Leistungen vollbringen.

- **Implizite Persönlichkeitstheorie**
  Der Lehrer hat in der Regel eine Meinung von der Persönlichkeits-
  struktur des Schülers. Diese wird meist von einem ganzheitlichen
  Aspekt bestimmt, geht aber in der Regel von Einzelheiten (z. B. beobachtete oder vermeintliche Sprachbegabung, Höflichkeit, Ausdauer, Aufmerksamkeit u. a.) aus. Das Meinungsbild von der in sich
  geschlossenen Persönlichkeit des Schülers beeinflusst die Beurteilung der Schülerleistungen in den verschiedenen Leistungsbereichen. Dies gilt in besonderer Weise für die nicht messbaren Bereiche. Hier zeigt sich deutlich ein enger Zusammenhang zum Hof-
  Effekt und zu social perception.

- **Einstellungsfehler**
  Diese entstehen dadurch, dass eigene Meinungen und Einstellungen, zu denen auch das persönliche Anforderungsniveau gehört,
  sich auf die Anforderungen gegenüber den Schülern maßgebend
  auswirken und dementsprechend auch Konsequenzen für die Beurteilung der Schülerleistung haben. Im engen Zusammenhang damit
  steht die Tendenz zur Projektion (eigene Wünsche, Strebungen und
  Regungen werden in den Schüler verlagert). Zu den Ein-
  stellungsfehlern zählt auch eine Überinterpretation der Schichtzuge-
  hörigkeit der Kinder.

- **Pygmalion-Effekt**
  Der Pygmalion-Effekt ist im eigentlichen Sinne kein Störfaktor in der
  Leistungsbeurteilung, sondern eine Folge derselben. Hiermit ist gemeint, dass ein Schüler, der permanent schlechte Leistungsbeur-
  teilungen erfährt, tatsächlich auch im Laufe der Zeit ein "schlechter
  Schüler" wird. Der Schüler wird also im Laufe seiner Entwicklung
  so, wie ihn der Lehrer beurteilt.

Die subjektiven Störfaktoren, die in ihrer negativen Beeinflussung der
Leistungsbeurteilung integrativ ineinander übergehen, führen dazu,
dass die Noten kein objektives Bild der Schülerleistung widerspiegeln.
In einer Extremsituation könnte dabei der Fall auftreten, dass die für
Leistungen vergebenen Noten evtl. **über den Beurteiler mehr aussagen**,
als über die zu beurteilende Leistung selbst.

9.4 VERBESSERUNGSMÖGLICHKEITEN

Die Mängel und Missbräuche in der Erstellung von Zeugnissen können nicht völlig aufgehoben werden. Man kann aber versuchen, die Negativwirkungen einzuschränken.

9.4.1 Selbstkritische Einstellung

Die selbstkritische Einstellung des Beurteilers ist eine entscheidende Voraussetzung für eine Verbesserung der Leistungsbeurteilung.

- **Vermeidung subjektiver Störfaktoren**
  Die subjektiven Störfaktoren führen dazu, dass die Noten kein objektives Bild der Schülerleistung widerspiegeln. Von Bedeutung ist, dass die subjektiven Störfaktoren sich keineswegs im Laufe der Zeit aufgrund von "Erfahrung" durch den Beurteiler abschwächen, sondern im Gegenteil verstärkt auftreten können, denn es fehlt in der Regel die entsprechende korrigierende "Rückmeldung".
  Um die Wirkung der subjektiven Störfaktoren möglichst minimal zu halten, ist es Voraussetzung für Gegenmaßnahmen, dass der Lehrer um sie weiss und sein eigenes Urteil auf deren Wirksamkeit **kritisch** überprüft.

- **Bemühen um weitgehende Objektivierung der Beurteilung**
  Diese ist gekennzeichnet durch das Streben nach Objektivität bei der Vergabe von Zensuren. Objektivität bedeutet, das Urteil ist frei von subjektiven Störmomenten (negative Bestimmung der Objektivität) und das Urteil wird ausschließlich von der zu beurteilenden Sache (Leistung) und durch nichts anderes bestimmt (positive Kennzeichnung der Objektivität). Objektivität bleibt als Aufgabe gegeben, auch wenn sie nie völlig erreicht werden kann. In der kritischen Reflexion weiß der Lehrer um diese Fehlbarkeit und wird nicht in eine Überzeugungsgewissheit verfallen.
  Gelegentlich können zur Verbesserung der Objektivität **standardisierte Messverfahren** (Leistungstests) eingesetzt werden. Diese sind auf ihre Validität (Gültigkeit bezogen auf das, was beurteilt wird) und Reliabilität (Zuverlässigkeit bezogen auf Messgenauigkeit) überprüft. Aber auch bei ihrem Einsatz ist die selbstkritische Einstellung gegenüber dem eigenen Vorgehen nötig. Es ist also auf einen dosierten Einsatz unter Berücksichtigung der nur beschränkten Verlässlichkeitsgrad dieser Verfahren zu achten.

9.4.2 Vermeidung von Irrtümern und Missbräuche in der Notenpraxis

Zur kritischen Einstellung gehört vor allem   auch, Irrtümer und Missbräuche in der Notenpraxis (SACHER 1996) zu vermeiden. Hierzu zählen:
- Unsinnige Berechnung von Notenbruchteilen (Zehntelnoten erhöhen bestenfalls die Scheinobjektivität),
- mathematisch unzulässige und falsche Berechnung von Mittelwerten aus Einzelnoten,
- Verzerrungen durch Nichtberücksichtigung von Notentendenzen,
- unsinnige Anlage von "normalverteilten" Benotungsskalen und
- rechtlich unzulässige gruppenbezogene Benotung.

9.4.3 Verteilung und Bezugsnormen

- **Pädagogisch sinnvolle Verteilung**
  Häufig dominiert bei der Vergabe von Noten das Bemühen um eine Verteilung nach der Gauß'schen Normalverteilung. Diese ist jedoch nicht pädagogisch sinnvoll. In der Normalverteilung treten Spitzenwerte sowohl im oberen als auch unteren Bereich selten und gleichmäßig verteilt auf. Die Vergabe der einzelnen Zensur für die erbrachten Leistungen in einer Klasse ist hauptsächlich abhängig von der Interpretation der Spitzenleistung (Leistung, die in den Bereich der Note 1 fällt) und der Sockelleistung (Leistung, die nicht mehr in den Bereich der Note 6 fällt). Als Spitzenleistung sollten **nicht nur die absolut fehlerfreien Leistungen** gelten. Auch sollte die Bestnote durchaus auch häufiger verteilt werden, zumal wenn viele Schüler das gesteckte Ziel erreicht haben. Als Sockelleistung sollten aus pädagogischen Gründen auch Minimalleistungen anerkannt werden. Es ist eine irrige Annahme, dass es bei jeder Vergabe von Zensuren auch schlechte Noten geben muss. Dies widerspricht eigentlich dem Grundanliegen von jedem pädagogischen Bemühen, die Schüler zu fördern. Selbst ein Minimum an Verbesserung müsste sich in der Notenskala positiv auswirken.

- **Zielorientierte Messung**
  Die übliche normorientierte Beurteilung geht von der falschen Annahme aus, dass Zensuren normal verteilt sind. Abgesehen davon, dass es **die** Normalverteilung nicht gibt, hat dies zur Folge, dass Versager **notwendigerweise vorprogrammiert sind.** Es kann daher von einem Unrecht der Normalverteilung gesprochen werden.

Bei einer zielorientierten Beurteilung (kriteriumsorientierter Maßstab) ist der Vergleichsmaßstab nicht ein angenommener Durchschnittswert, von dem die erzielten Leistungen nach oben oder unten abweichen, sondern das gesetzte Ziel, das die Schüler mehr oder weniger erreichen.

Das Ergebnis deutet dann einen noch bestehenden Abstand zum Ziel oder die Zielerreichung an. Die Benotung ist dann nicht mehr gruppen-, sondern kriteriumsorientiert.

- **Individueller Maßstab**
Neben der gruppen- und kriterienorientierten Messung gibt es auch einen individuellen Beurteilungsmaßstab (auch als ipsativer Maßstab bezeichnet). Dieser wird als pädagogische Lösung zum Ausgleich von Notenungerechtigkeit vorgeschlagen. Hierbei wird der individuelle Leistungsfortschritt erfasst und bewertet. Ein Schüler, der aufgrund seiner Anstrengung und seiner Fortschritte jetzt mehr leistet oder weniger Fehler macht als vorher, bekommt eine bessere Beurteilung, auch wenn seine Leistung im Vergleich zu den übrigen noch weit unter dem Durchschnitt liegt.

Eine solche "pädagogische Zensur" ist durchaus vertretbar, wenn derartige Bewertungen in der Klassengemeinschaft abgesprochen sind. Ansonsten kommt die Beschwerde: "Ich habe genauso viele Fehler, aber eine andere Note". Die Berücksichtigung des Lernfortschritts gegenüber einer vorhergehenden Leistung kann sachlich und als fördernd begründet werden. Allerdings kann sie nicht in Zeugnisse eingebracht werden, welche im Sinne der Auslese Konsequenzen haben.

9.4.4 Alternative pädagogische Diagnostik und Anerkennung von Gruppenleistungen

Als Verbesserungsmöglichkeit wird in der Literatur gelegentlich die sog. "alternative pädagogische Diagnostik" erwähnt (MIETZEL 1998, 420). Hierbei wird besonders das Verhalten des Schülers bei der Auseinandersetzung mit einer Unterrichtsaufgabe beobachtet und bewertet. Die Alternative besteht vor allem darin, dass hier im Gegensatz zur traditionellen Leistungsbewertung durch Noten mehr der dynamische Aspekt der Leistung (Leistungsvollzug) und weniger der statische Leistungsaspekt (Leistungsergebnis) in die Beurteilung einfließt.

Eine weitere mögliche Alterative stellt die Anerkennung von Gruppen-
leistungen dar. Hierbei kommt es darauf an, das vorwiegend individua-
listisch-wettbewerbsorientierte Leistungsverständnis im Unterricht zu
ersetzen durch das Lösen gemeinsamer Aufgaben und sich am Prinzip
der Solidarität einer lernenden Gruppe zu orientieren. Die individuelle
Leistung sollte primär an ihrem Beitrag zur Lösung gemeinsamer
Aufgaben gemessen werden.

9.4.5 Wortgutachten statt Noten

In zahlreichen Bundesländern wurden in den unteren Jahrgangsstufen
Wortgutachten eingeführt. Gefordert wird u. a. der Verzicht auf Zif-
fernnoten, stattdessen sollten nur informative Lernberichte sowie die
Ergänzung von Ziffernnoten durch Wortberichte erstellt werden. Die
Ziffernbeurteilung wird durch einen Wortbericht erweitert, der insbesondere auf die individuelle Lernsituation und auch Leistungsstärken
bzw. -schwächen in Teilbereichen eingeht.
Wortgutachten haben dann pädagogisch einen Sinn, wenn sie
persönlichkeitsfördernd, d. h. anregend und motivierend angelegt sind.
Als helfende und beratende Aussage können sie sowohl den Kindern
als auch den Eltern wertvolle Hilfen bieten.
Allerdings sind hier wieder mehr die subjektiven Faktoren mitbeteiligt,
und zwar in doppelter Hinsicht: Auf Seiten des Lehrers beim Schreiben
der Gutachten und auf Seiten der Eltern beim Deuten der Aussagen
und Formulierungen.
Wortgutachten sind also eine wertvolle Ergänzung, Differenzierung und
Begründung von Ziffernnoten. Vermutlich können sie diese aber zumindest in den Oberklassen der Sekundarstufen nicht völlig ersetzen.

9.4.6 Berücksichtigung der Problemfelder einer Leistungsbeurteilung

Im Unterricht bildet der Beurteilungsprozess zwar eine **Wirkeinheit**,
diese setzt sich aber aus Teilprozessen zusammen, an denen Faktoren
verschiedener Art beteiligt sind. Die Teilprozesse bestehen aus **Leistungsprovokation** (durch den Lehrer), **Leistungsvollzug** (durch den
Schüler) und **Leistungsbeurteilung im eigentlichen Sinne** (durch den
Lehrer).
Jeder dieser Teilprozesse enthält bedeutsame Probleme, die beachtet
werden sollten und im folgenden Schema zusmmengefasst sind.

Übersicht über die Teilprozesse der Beurteilung und ihre Probleme

1. **Leistungsprovokation**
   Problem der variierenden Effektivität
   Problem der Provokationsentscheidung
2. **Leistungsvollzug**
   Problem der situativen Leistungsbeeinflussung
   Problem der Fixierung des Ergebnisses
3. **Leistungsbeurteilung**
   Problem der Ausschaltung subjektiver Störfaktoren
   Problem der Maßstabnormierung
   Wenn zur Leistungsbeurteilung im Unterricht noch die Schülerbeurteilung als Fähigkeitsdiagnose oder Eignungsprognose hinzukommen, ergeben sich weitere Problemfelder:
4. **Fähigkeitsdiagnose**
   Problem der nicht abgesicherten Prämissen
   Problem der Wahrscheinlichkeitsverlagerung
5. **Eignungsprognose**
   Problem der entwicklungsmäßigen Veränderung
   Problem der Variabilität der äußeren Gegebenheiten

9.4.6.1 Probleme der Leistungsprovokation

Soweit sich Schülerleistungen nicht völlig spontan einstellen, ist der erste Teilschritt eine Aufforderung des Lehrers, welche den Schüler zu einem Leistungsvollzug anregen soll. In der Regel geht diese Leistungsprovokation direkt vom Lehrer aus. Aber auch eine geschickt entfaltete Problemsituation kann den Schüler veranlassen, Leistung zu vollbringen.

- **Problem der variierenden Effektivität**
  Das Problem der variierenden Effektivität besteht darin, dass je nach Art der Anregung zum Leistungsvollzug (Projekt oder Auftragserteilung durch den Lehrer) diese bei jedem Schüler unterschiedlich wirkt. Sie kann zum Motiviertsein aber auch zur Verweigerung führen. Stark mitbeteiligt sind hierbei das Lehrer-Schüler-Verhältnis und das soziale Klima in der Klasse. So bleiben z. B. Leistungsanregungen manchmal deshalb unwirksam, weil gerade **dieser** Lehrer sie gibt oder weil Leistung in der Klassengemeinschaft "nicht gefragt" ist und das Ansehen mindert. Aber auch der Schwierigkeitsgrad einer Aufgabe, das persönliche Anspruchsniveau oder die körperliche und seelisch-geistige Verfassung wirken sich unterschiedlich aus.

Schließlich ist auch ein "negativer Lernauftrag-Effekt" zu beachten (SCHRÖDER 1997, 75). Er tritt häufig bei weniger guten Schülern auf. Diese vollbringen gelegentlich gerade dort gute Leistungen, wo sie nicht gezielt zum Leistungsvollzug aufgefordert werden. Dann wenn der Lehrer Leistungen in Auftrag gibt, versagen sie oder verweigern sich.

- **Problem der Provokationsentscheidung**
  Damit ist gemeint, dass trotz der mangelnden Kenntnis der Auswirkung der Lehrer sich für eine bestimmte Art der Aufforderung entscheiden muss.
  Seine Entscheidung muss also mit einem relativ hohen Unsicherheitsfaktor gefällt werden. Der Lehrer weiß nicht mit Sicherheit, wie die eine oder andere Aufforderung zum Leistungsvollzug "ankommt". Er kann lediglich von der Auswirkung vorher erteilter Leistungsprovokationen Schlüsse ziehen.
  Hierbei bietet auch der Projektunterricht oder die Freiwilligkeit eines Leistungsvollzugs keine Patentlösungen. Grundsätzlich sollte allerdings bei der Leistungsforderung zunächst der weniger verbindlichen Form der Vorzug gegeben werden.

Die Probleme der variierenden Effektivität und der Provokationsentscheidung führen dazu, dass nicht allein die Leistungsdisposition des Schülers, sondern die Art und Weise der Provokation zu einem guten oder schlechten Leistungsergebnis führt. Durch seine Entscheidung ist der Lehrer selbst am Zustandekommen der von ihm beurteilten Leistung beteiligt und beurteilt damit teilweise auch sich selbst.

9.4.6.2 Probleme des Leistungsvollzugs

- **Problem der situativen Leistungsbeeinflussung**
  Dieses Problem bezieht sich auf die Auswirkungen der in der jeweiligen Situation vorliegenden Gegebenheiten. Die Faktoren, welche den Leistungsvollzug entscheidend mitbestimmen, lassen sich in drei große Bedingungskomplexe zusammenfassen: die **individuellen Leistungsbedingungen**, die **sachlichen Leistungsbedingungen** und die **sozialen Bedingungen**. Bei einer Leistungsbeurteilung ist vom Beurteiler auf eine möglichst optimale Gestaltung aller am Leistungsvollzug beteiligten Bedingungen Wert zu legen. Er kann sie aber nicht gänzlich steuern, so dass mit ihren Auswirkungen auf die Güte und Qualität der zu beurteilenden Leistung zu rechnen ist.

Störungen können dabei schwerpunktmäßig im Bereich der sachlichen Leistungsbedingungen liegen (mangelhaftes Werkzeug, Störungen durch Lärmbelästigung, Kälte- und Wärmeeinwirkung u. ä.), oder im Bereich der sozialen Mitwelt (Missfallenskundgebungen Mitbeteiligter, Ablenkung durch Gespräche, zu hohe Erwartungseinstellung anderer). Sie können aber auch als individuelle Faktoren die Entfaltung der Leistungsfähigkeit hemmen (Leistungshemmung durch Ängstlichkeit, seitherige Frustrationserlebnisse, Desorganisation des Leistungsverhaltens).

- **Problem der Fixierung des Leistungsergebnisses**
   Für eine Beurteilung kann nur derjenige Bereich der Leistung herangezogen werden, welche dem Lehrer erfassbar vorliegt, also das **Leistungsergebnis.** Nur insoweit der Schüler in der Lage ist, die Ergebnisse seiner Leistung zum Ausdruck zu bringen oder schriftlich zu fixieren, steht dem Lehrer ein Beurteilungsobjekt zur Verfügung. Doch nicht jeder Leistungsvollzug des Schülers schlägt sich in einem objektivierbaren Ergebnis nieder. Dies gilt z. B. besonders für den Bereich des Denkens.
   Hier werden vom Schüler häufig "Höchstleistungen" vollbracht, die jedoch völlig verlorengehen, z. B. wenn der Schüler seinen Gedankengang nicht konsequent zu Ende führt oder sein Denkergebnis verwirft, aber auch wenn er nicht in der Lage, es verständlich und nachvollziehbar zum Ausdruck zu bringen. Um das Problem der Ergebnisfixierung einzuschränken, ist eine genaue Information des Schülers über die Art und Weise seines Vorgehens und die Niederschrift seiner Ergebnisse Voraussetzung.

9.4.6.3 Probleme der Leistungsbeurteilung

- **Ausschaltung subjektiver Störfaktoren**
   Zu den subjektiven Störfaktoren, welche die Leistungsbeurteilung negativ beeinflussen, zählen Hof-Effekt, Vorinformation, Tendenz zur Einseitigkeit, Perseverationstendenz u. a. Diese sind zwar nicht völlig zu eliminieren, doch kann das Wissen um ihre Wirksamkeit und das bewusste Gegensteuern ein Beitrag zur verbesserten Beurteilung führen. In diesem Zusammenhang wird auch vorgeschlagen, bei wirklich entscheidenden Beurteilungen diese von zwei unabhängigen Beurteilern vorzunehmen. Dies ist aber sehr aufwendig und beseitigt nicht die sonstigen Mängel des Notensystems. Auch die Verschlüsselung der zu beurteilenden Leistungen ist nur bedingt möglich.

- **Problem der Maßstabsnormierung**

  Beim üblichen sozialen Maßstab (Bezugspunkt ist klassenintern) wird die erbrachte Schülerleistung mit der anderer Schüler in Beziehung gesetzt. Hierbei erweist es sich als Nachteil, dass es immer auch schlechte Noten geben wird. Auch ist das Ergebnis "gut" oder "ausreichend" abhängig, ob sich das Klassenkollektiv aus leistungsfähigen oder weniger leistungsfähigen Mitschülern zusammensetzt.

  Als weitere Möglichkeit bietet sich ein zielorientierter Maßstab an. Hier wird die Schülerleistung mit dem gesetzten Ziel verglichen. Beim individuell ausgerichteten Bezug wird die erbrachte Leistung des Schülers mit seiner vorhergehenden verglichen und je nach Verbesserung die entsprechende Note erteilt. Bei einer pädagogisch sinnvollen Vergabe von Noten auf Schülerleistungen muss jeweils der Orientierungspunkt mit reflektiert werden.

9.4.6.4 Probleme der Fähigkeitsdiagnose

Im Unterricht und in der Schule werden häufig aufgrund der Leistungsbeurteilung auch **Schülerbeurteilungen** vollzogen. Schülerbeurteilung ist **mehr** als das schriftlich fixierte Urteil des Lehrers über einen Schüler. Schülerbeurteilung vollzieht sich tagtäglich in der zwischenmenschlichen Kommunikation. Sie prägt die Erwartungseinstellung des Lehrers in Bezug auf all das, was er dem Schüler als Leistungsvollzüge zutrauen kann. Aber auch in der bewusst durchgeführten Ermittlung und fixierten Beurteilung von Fähigkeiten und Leistungsdispositionen (Fähigkeitsdiagnose) wird in der Regel von den vom Schüler vollbrachten Leistungen ausgegangen, weil **Fähigkeiten nicht direkt beobachtet und beurteilt** werden können. Deshalb wird z. B. von einer vollbrachten Rechenleistung des Schülers auf seine Fähigkeit mit Zahlen umzugehen und zu rechnen geschlossen.

- **Problem der nicht abgesicherten Prämissen**

  Dieses Problem ergibt sich aus dem Umstand, dass die Prämissen, mit deren Hilfe eine Aussage über die Leistungsfähigkeit als Folgerung erstellt wird, keine absolute Gültigkeit haben.

  Beispiel:

  1. Prämisse: Hohe Leistungsfähigkeit (im Rechnen) führt zu guten (Rechen-)Leistungen.

  2. Prämisse: Die Leistung des Schülers X (im Rechnen) ist gut.

  Konklusion: Der Schüler X besitzt also eine hohe (Rechen-) Fähigkeit.

Beide Prämissen sind nicht abgesichert. Die erste in den Schluss eingehende Bedingung weist zwar augenscheinliche Gültigkeit auf, es mangelt ihr aber an innerer Stringenz und Umkehrbarkeit. Gute Leistungen werden zwar durch gute Leistungsfähigkeit mitbedingt, aber gute Leistungsfähigkeit führt nicht notwendigerweise zur guten Leistung. Es können sich auch durchaus Störfaktoren einstellen, z. B. in der Leistungsprovokation oder im Leistungsvollzug, welche trotz "sehr guter" Ausprägung der Fähigkeitsstruktur es nur zu einer "guten" oder "durchschnittlichen" Leistung kommen lassen.

Auch die 2. Prämisse ist nicht völlig abgesichert, denn der Einfluss subjektiver Störmomente (z. B. Hof-Effekt, Vorinformation u. ä.) bei der Beurteilung: "Die Leistung ist gut" kann nicht ausgeschlossen werden.

Jede **Folgerung** als Konklusion ist **so gut** wie die **Gültigkeit** der Prämissen. Da diese nicht gegeben ist, muss der hierauf aufbauende Schluss als nicht abgesichert gelten. Der diagnostische Schluss von der vom Schüler erstellten und vom Lehrer beurteilten Leistung auf die Leistungsfähigkeit ist daher nur bedingt berechtigt, und zwar bei gezielten Maßnahmen zur Einschränkung der in den einzelnen Teilprozessen beteiligten Störfaktoren. Da die Fähigkeiten jedoch nur über die vom Schüler erbrachten Leistungen erschlossen werden können, ist hierbei besonders kritisches Vorgehen erforderlich. Doch auch dann besteht keine unbedingte Gültigkeit des sich hierauf aufbauenden Urteils.

- **Problem der Wahrscheinlichkeitsverlagerung**
Dieses Problem ergibt sich auch dann, wenn als gesichert angenommen werden kann, dass die Leistungsbeurteilung in ihrer Objektivität einigermaßen gesichert ist, d. h. dass das Urteil: "Die Leistung des Schülers ist gut" ein objektives Urteil ist und dass das Leistungsergebnis allein durch die vorhandene Leistungsfähigkeit zustande kam. Das Problem der Wahrscheinlichkeitsverlagerung besteht darin, dass bei einer sehr guten Leistung, wenn die Beurteilung "sehr gut" korrekt ist und es sich um einen echten Leistungsvollzug handelt, mit sehr hoher Wahrscheinlichkeit auf sehr hohe Leistungsfähigkeit geschlossen werden kann. Die **Verlässlichkeit** eines solchen Schlusses **verringert** sich jedoch mit **abnehmender Leistung**.

Eine mittelmäßige Leistung kann sich auch dann ergeben, wenn eine gute oder eine sogar sehr gute Ausprägung der Leistungsfähigkeiten vorliegt.

Es kam in diesem Falle aufgrund der bereits erwähnten Störfaktoren in der Leistungsprovokation, im Leistungsvollzug oder in der Fixierung des Leistungsergebnisses jedoch trotz vorhandener Fähigkeit nicht zu einer guten Leistung.
Besonders problematisch ist der Rückschluss von der Leistung auf die Leistungsfähigkeit, wenn die Leistungen "mangelhaft" oder "sehr schlecht" sind. Hier ist der Rückschluss auf "sehr schlechte" Leistungsfähigkeit sehr fragwürdig, denn evtl. kamen die mangelhaften Leistungen trotz guter Leistungsfähigkeit aufgrund widriger Umstände, z. B. gestörtes Lehrer - Schüler - Verhältnis, situativ bedingte Störungen u. a. zustande.
Bei dem diagnostischen Verfahren zur Ermittlung zur Leistungsfähigkeit aufgrund der vollbrachten Leistung vergrößert sich also die mögliche Missweisung von oben nach unten, also mit abnehmender Leistung. Dies bedeutet, dass besonders bei Leistungen **im unteren** (schlechteren) **Bereich** der Rückschluss auf die Leistungsfähigkeit **sehr fraglich** und problematisch ist. Er ist daher umso kritischer zu vollziehen, je schlechter die Leistungen sind, von denen aus auf die Leistungsfähigkeit zurückgeschlossen wird.

Der diagnostische Prozess bei der Beurteilung von Fähigkeiten besteht also darin, dass von einem vorliegenden Ergebnis des Leistungsvollzuges auf die Leistungsfähigkeit geschlossen wird. Der Rückschluss auf die Leistungsdisposition ist jedoch nur bedingt gültig. Im Rahmen der Schülerbeurteilung kommt also dem durch einen Rückschluss vom Leistungsergebnis auf die Leistungsdisposition erstellten Urteil über die Fähigkeiten des Schülers nur bedingte Gültigkeit zu.

9.4.6.5 Probleme der Eignungsprognose aufgrund der Leistungsbeurteilung

Schülerbeurteilung aufbauend auf der Leistungsbeurteilung im Unterricht beabsichtigt häufig eine Vorhersage (Prognose) über die zu erwartenden Leistungsentfaltung.
Dies ist z. B. dann der Fall, wenn ausgehend von den Schülerleistungen im Unterricht bei der Schullaufbahnberatung über die Eignung des Schülers für weitergehende Leistungsforderungen geurteilt werden soll. Ein ähnlicher Vorgang vollzieht sich jedes Jahr am Schulende, wenn die erzielten Noten über das Vorrücken in die nächsthöhere Klasse entscheiden.

- **Problem der Entwicklung der individuellen Dispositionen**

Der Schluss von einer gegenwärtig vorliegenden Leistung auf zukünftigen Leistungsvollzug ist nur bei einer relativen Konstanz der Fähigkeitsstruktur möglich. Das Gleiche gilt für die übrigen individuellen Leistungsbedingungen wie Interessenlage, Willenseinsatz u. ä. Die Stabilität der individuellen Bedingungen für den Leistungsvollzug ist die Voraussetzung für die Berechtigung einer Vorhersage.

Nun ist aber die Annahme der **Konstanz** der Fähigkeitsstruktur, der Interessenlage und der Einsatzbereitschaft **nur bedingt gültig**. Sie mag angebracht sein bei sehr kurzfristigen Leistungsvorhersagen beim Übergang in die nächste Jahrgangsstufe. Im Bereich der Schülerbeurteilung im Zusammenhang mit der Schullaufbahnberatung oder bei der Zuweisung eines Studienplatzes ist jedoch die Beurteilung der Eignung in der Regel auf Leistungsvollzüge gerichtet, die meistens erst Monate (manchmal Jahre) nach der Leistungsbeurteilung eintreten. Dies gilt z. B. für die Übergangsauslese für die weiterführenden Schulen. Hier wird das "Gutachten" häufig fast ein halbes Jahr vor Unterrichtsbeginn in der neuen Schule erstellt, wobei die eigentliche Zeit der Bewährung noch weiter in der Zukunft liegt.

Wenn auch nicht angenommen werden kann, dass sich in dieser Zeit die Fähigkeiten völlig umstrukturieren, so können doch Veränderungen auftreten, welche den zukünftigen Leistungsvollzug beeinflussen. Der Schüler befindet sich in der Zwischenzeit nach wie vor in einem Entwicklungsprozess, der sich auf alle individuellen Gegebenheiten erstreckt. In dessen Verlauf können sich bedeutsame Veränderungen anbahnen. Seitherige Retardationen (Verzögerungen) können z. B. durch neue Umweltanregungen abgelöst werden durch Entwicklungsschübe, welche die Fähigkeitsstruktur variieren. In gleicher Weise können sich z. B. durch Krankheit Akzelerationen (Beschleunigungen) abbauen und den Entwicklungsprozess stagnieren lassen.

In keinem Fall kann also die Konstanz der individuellen Leistungsbedingungen als gesichert angesehen werden. Aufgrund der Problematik "Stabilität versus Variabilität" sind "immer nur bedingte Prognosen" möglich (HELLER 1998, 987). Der Schluss von der momentanen Leistung auf zukünftige Leistungsvollzüge, der Stabilität voraussetzt, ist mit hoher Unsicherheit belastet.

- **Problem der Variabilität der äußeren Gegebenheiten**

Ähnlihces gilt für die sozialen und schulischen Einflüsse, welche die Schulleistung beeinflussen. In der Regel geht in den Schluss von der jetzigen Leistung auf den zukünftigen Leistungsvollzug als eine weitere Annahme ein, dass die äußeren Bedingungen, unter denen sich die derzeitige Leistung einstellte, auch vorliegen, wenn die erschlossene zukünftige Leistung erbracht wird. Dieser Annahme kommt jedoch ebenfalls nur geringe Wahrscheinlichkeit zu.

Die Leistungsergebnisse, die der Schüler **hier und jetzt** erbringt und die als Grundlage der Prognose dienen, kamen unter **spezifischen Bedingungen** zustande. So war die Leistungsprovokation in bestimmter Form und vom Lehrer inhaltlich nach eigenem Ermessen oder nach Anleitung gestaltet. Es ist nicht abgesichert, ob die zukünftigen Leistungsvollzüge in gleicher Weise angeregt werden. Der Schüler erbrachte die Leistung hier und jetzt unter speziellen sachlichen und sozialen Bedingungen. So arbeitete er z. B. im Unterricht mit seinem gewohnten Arbeitsgerät. Wie er mit den neuen Schulgeräten oder Arbeitswerkzeugen umgehen kann, ist nur schwer voraussagbar.

Im Unterricht vollbrachte er Leistungen in seiner gewohnten Mitwelt, in einer Gruppe Gleichaltriger, in der er ein gewisses Ansehen oder eine Position hatte, das mit einem bestimmten Rollenverhalten verbunden war. All dies beeinflusste seinen Leistungsvollzug. In einer weiterführenden Schule jedoch wird er völlig **neuen Gruppenkonstellationen** vorfinden. Manche Schüler, die vorher in der Grundschule dominierende Funktion aufgrund ihrer überdurchschnittlichen Leistungsfähigkeit hatten, erleben sich später dem Durchschnitt zugehörig und weitaus weniger angesehen. Die Erfolgsbestätigungen bleiben aus oder werden zu Misserfolgserlebnissen.

Was der Schüler nun unter den veränderten äußeren Gegebenheiten leistet, ist nicht allein von seinen Fähigkeiten bedingt, welche die gleichen geblieben sein mögen, sondern vor allem auch von seiner **Anpassung an die neue Situation.**

Doch nicht nur die Bedingungen, unter denen sich die Leistung vollzieht, sondern auch die Beurteilungsmaßstäbe bleiben in der Regel nicht die gleichen. In der jetzigen Beurteilung liegen z. B. die Kriterien teilweise in der Sorgfalt und Genauigkeit der Arbeit. In weiterführenden Schulen und in manchen Berufszweigen kommt es mehr auf die Geschwindigkeit an, die vielleicht sogar mit intensivem Leistungsdruck verbunden sein mag.

Die äußeren Gegebenheiten bleiben also keineswegs gleich, sondern verändern sich bei der Leistungsprovokation, dem Leistungsvollzug und der Leistungsbeurteilung. Die Variabilität der Bedingungen beeinflusst die Verlässlichkeit des Schließens von einer jetzigen Leistung auf den zukünftigen Leistungsvollzug.

Die Eignungsprognose ist somit durch die nicht gewährleistete Konstanz der individuellen Bedingungen und der Variabilität der äußeren Gegebenheiten, welche den Wahrscheinlichkeitsgrad der Vorhersage absichern würden, sehr störanfällig. Erschwerend kommt hinzu, dass die Urteile in Bezug auf die Leistungsergebnisse und die Leistungsfähigkeiten, auf welche sich die Prognose bezieht, häufig selbst nicht abgesichert sind.

Die möglichen Wirkfaktoren, welche die Vorhersage zukünftiger Leistungen verfälschen können, sollten dem Lehrer Anlass sein, bei der Eignungsbeurteilung der Schüler besonders kritisch vorzugehen.

Die **Problemfelder** der Leistungsbeurteilung durch Noten und der sich daran anschließenden Fähigkeitsdiagnose und Eignungsprognose zeigen Auswirkungen vielfältiger Art:
- Die Leistungsprovokation wirkt sich von Schüler zu Schüler und von Situation zu Situation unterschiedlich aus (Problem der variierenden Effektivität).
- Der Lehrer muss sich für eine Leistungsprovokation entscheiden, die nicht bei jedem Schüler die Leistungsfähigkeit optimal aktualisiert und deren Auswirkung er nicht kennt (Problem der Provokationsentscheidung).
- Der Leistungsvollzug des Schülers ist situativen Störmomenten ausgesetzt (Problem der situativen Leistungsbeeinflussung).
- Nicht jeder Leistungsvollzug des Schülers schlägt sich in einem objektivierbaren Ergebnis nieder. Leistungsbeurteilung kann sich jedoch nur auf die fixierten Leistungsergebnisse beziehen (Problem der Fixierung des Leistungsergebnisses).
- Die Leistungsbeurteilung durch den Lehrer ist subjektiven Störfaktoren ausgesetzt (Problem der subjektiven Störfaktoren).
- Eine annähernd objektive Leistungsmessung ist abhängig von einer Maßstabsnormierung und einer Maßstabsvereinbarung (Problem der exakten Leistungsmessung).
- Der Rückschluss von der erstellten Leistung auf die Leistungsfähigkeit (Diagnose) schließt z. T. nicht abgesicherte Prämissen ein (Problem der nicht abgesicherten Prämissen).

- Die Erschließung der Fähigkeit vom Leistungsergebnis auf die Leistungsfähigkeit zeigt in Bezug auf ihre Gültigkeit unterschiedliche Ausprägungen der Wahrscheinlichkeit (Problem der Wahrscheinlichkeitsverlagerung).
- Bei der sich anschließenden Eignungsprognose ergibt die entwicklungsbedingte Veränderung der Fähigkeitsstruktur wesentliche Einschränkungen (Problem der Fähigkeitsverlagerung durch Entwicklung).
- Ähnliches gilt für die angenommene Konstanz der äußeren Leistungsbedingungen, die keineswegs abgesichert ist (Problem der Variabilität der äußeren Bedingungen).

Hieraus ergibt sich als bedeutsame Konsequenz, dass die Beurteilung der Schülerleistung durch Noten im Unterricht schon an sich pädagogisch ein sehr fragwürdiges Unterfangen ist und daher die sich darauf aufbauende Schülerbeurteilung (Fähigkeitsdiagnose und Eignungsprognose) besonders kritisch durchzuführen ist, da sie nur eingeschränkte Gültigkeit aufweist.

9.4.7 Einschränkung der Notendiktatur

Auch beim bestehenden Zensurensystem kann der Lehrer negative Auswirkungen von Noten dezimieren. Ein erster und wichtiger Schritt hierzu ist seine eigene Einstellung, dass die Note nicht über die Zukunft oder den Wert eines Menschen entscheiden kann und darf.

Wichtig ist daher auch, mit Eltern und Schülern über die Notwendigkeit der Erstellung von Zeugnissen und die hierbei auftretenden Mängel zu reden. Hierbei sollte auch die Fragwürdigkeit der **eigenen** Beurteilungspraxis zur Diskussion gestellt werden (Metabeurteilung).

Die pädagogischen Mängel der Noten sollten den Lehrer veranlassen, eine mögliche Notendiktatur mit allen ihm zur Verfügung stehenden Mitteln einzuschränken bzw. erst gar nicht aufkommen zu lassen.

Doch ist nicht grundsätzlich die Abschaffung der Leistungsbeurteilung zu fordern. Denn wenn die Schule die Schülerleistung nicht benotet, werden es andere tun (z. B. zur Auslese) - und das noch weniger pädagogisch. Auch die sog. "Humane Schule" kommt nicht umhin, Leistungen zu beurteilen (OLECHOWSKI/GARNITSCHNIG 1999).

Erforderlich ist eine Leistungsbeurteilung,
- die nicht nur Ergebnisse erfasst, sondern auch den Leistungsvollzug einbezieht,

- die nicht nur die Leistungsnorm als Kriterium der Beurteilung aufweist, sondern auch den individuellen Lernfortschritt und andere Bezugssysteme berücksichtigt,
- die nicht von subjektiver Willkür geprägt wird, sondern vom Streben nach Objektivierung,
- die sich nicht nur auf Notenvergabe beschränkt, sondern auch Wortgutachten und persönliche Hinweise einsetzt,
- die nicht in apädogischen Zwecken wie Auslese und Disziplinierung ihre Begründung erfährt, sondern sich auf das pädagogisch Sinnvolle beschränkt,
- die nur sehr eingeschränkt und kritisch für die Schülerbeurteilung (Fähigkeitsdiagnose, Eignungsprognose) verwendet werden darf,
- die' nicht der gemessenen Leistung Dominanz einräumt, sondern der kreativen Entwicklung des Kindes.

Ein wichtiger Ansatz zur Einschränkung der Notendiktatur ist auch die **Ausschaltung von Verallgemeinerungen** bei der Bewertung einer Note. Es ist leider ein verbreiteter Irrtum, der nicht nur von den Eltern, sondern auch vom Lehrer gelegentlich vollzogen wird, den Schüler mit einer benoteten Leistung zu identifizieren. Ausgangspunkt für die Note ist hierbei die in einem bestimmten Fach unter bestimmten Bedingungen vollbrachte und benotete Leistung. Statt die Interpretation hierauf zu beschränken, wird von dieser Leistung auf die Person des Schülers geschlossen.
Pauschalurteile, wie "guter" oder "schlechter" Schüler, werden hiervon abgeleitet und damit die Negativwirkung der Note verstärkt. Wenn überhaupt genügt die Feststellung: "Deine (Rechen-)Leistung ist diesmal nicht so gut ausgefallen." Dazu gehören auch Aufmunterungen: "Ich weiß, Du kannst mehr als es die Note anzeigt", oder: "Du hast andere Vorzüge", oder: "Wenn Du willst, helfe ich Dir, deine Leistung zu verbessern".

In diesem Zusammenhang sollten auch **Veränderungen in der Schule** in Betracht gezogen werden, welche eine Einschränkung der Notendiktatur ermöglichen. Hierzu gehören u. a. die Rücknahme der Schlüsselfunktion der Schule für die Zuteilung von Lebenschancen, dafür aber mehr die Hereinnahme des Lebens (z. B. der Gemeinschaft) in die Schule.
Zur Verhinderung und Einschränkung der Notendiktatur muss die Funktion der Schule als Auslese-Institution mit Weichenstellung für das spätere Leben zurückgenommen werden.

Hierzu gibt es Ansätze verschiedener Art, die integrativ ineinander übergehen:

- Entwicklung zu einer demokratischen Erziehungsschule,
- Abbau der Auslesefunktion der Schule mit Weichenstellung für das spätere Leben,
- Ausrichtung der Schule als Institution zur Förderung von Persönlichkeits- und Fähigkeitsentfaltung
- Partnerschaftlichkeit und individuelle Förderung,
- Schaffung und Bereitstellung von Erfahrungs- und Handlungsmöglichkeiten,
- Öffnung der Schule für die Probleme der Gemeinde und Einbezug der Gemeinden als Partner der Schule: Community Education (COMED),
- regional angemessene Schulgestaltung: Schule in der Region (SIR),
- Schule als Lebens- und Erfahrungsraum, in dem humanes und demokratisches Handeln praktiziert und gelernt werden kann: Humane Schule,
- Aktivierung als dominierendes Prinzip: Nicht nur über Dinge reden, sondern Realitäten "begreifen" und "ergreifen", vor allem mitgestalten (Projektunterricht),
- ganzheitliche Erziehung, die neben Leistung auch Spiel, Entspannung und Freude fördert.

PERSONENREGISTER

SACHREGISTER

LITERATUR

ADAM, G.: Religion als Beruf. In: ERNST/ GONNERT/ SCHULZ (1992), 8-18

ADL-AMINI, B. : Medien und Methoden des Unterrichts. Donauwörth 1994

AEBLI, H.: Psychologische Didaktik. Stuttgart 1963

APEL, H.J.: Schulpädagogik. Eine Einführung. Köln u. Wien 1990

APEL, H.J.: Prinzipien didaktischen Handelns. In: SEIBERT/ SERVE (1992), 9-42

APEL; H.J.: "Verständlich unerrichten - Chaos vermeiden". Unterrichtsmethode als strukturierende Lernhilfe. In: SEIBERT (2000) 139-160

ARNOLD, W.: Person, Charakter, Persönlichkeit. Göttingen (3)1969

ATTNEAVE, F.: Informationstheorie in der Psychologie. Stuttgart u. Bern 1965

AUFENANGER, S. (Hrsg.): Multimedia - eine Herausforderung an Erziehung und Unterricht. Leverkusen 1999

AUSUBEL, D.P.: Psychologie des Unterrichts. 2 Bände. Weinheim u. Basel 1974

BANKS, F. (Ed.): Teaching Technology. London 1993

BASSLER, W.: Ganzheit und Element. Zürich 1988

BAUER, R.: Lernen an Stationen in der Grundschule. Berlin 1997

BECKER, G.E.: Handlungsorientierte Didaktik. 3. Bde. Weinheim 1984-1986

BECKER, G.E.: Planung von Unterricht. I. u. II., Weinheim (6) 1994

BECKER, G.E.: Durchführung von Unterricht. Weinheim (6)1993

BECKER, G.E.: Auswertung und Beurteilung von Unterricht. Weinheim (5)1994

BECKMANN, H.-K./ FISCHER, W.L. (Hrsg.): Herausforderungen der Didaktik. Bad Heilbrunn 1990

BERCHTHOLD CH./ STAUFFER, M.: Schule und Umwelterziehung. Bern, Berlin u. a. 1999

BERG, H.C./SCHULZE, T.: Lehrkunst. Neuwied 1995

BERNERT, W.: Unterrichtsmethoden aus fachdidaktischer Perspektive. In: SEIBERT (2000), 71-88

BINNIG, G.: Natur und Evolution. In VBE (Hrsg.): Evolution, Kreativität und Bildung. München 1991

BLANKERTZ, H.: Theorien und Modelle der Didaktik. München 1975

BLOOM, B.S.: Alle Schüler schaffen es. In: betrifft: erziehung 3., 1970

BLOOM, B.S. u.a. (Hrsg.): Taxonomie von Lernzielen im kognitiven Bereich. Weinheim u. Basel (4)1974.

BÖHM, W.: Wörterbuch der Pädagogik. Stuttgart (14)1994

BÖNSCH, W.: Schüler aktivieren. Hilfen für die tägliche Unterrichtsgestaltung. Hannover (3)1994

BÖNSCH, M.: Üben und Wiederholen im Unterricht. München 1988

BÖNSCH, M.: Methoden des Unterrichts. In: ROTH (1991), 716-729

BÖNSCH, M.: Offener Unterricht in der Primar- und Sekundarstufe I. Hanover 1993

BÖNSCH, M.: Schüler aktivieren. Hannover (3) 1994

BÖNSCH, M.: Variable Lernwege. Ein Lehrbuch der Unterrichtsmethoden. Paderborn (2)1995

BÖNSCH, M.: Differenzierung in Schule und Unterricht. München 1995

BÖNSCH, M: Das Methodenrepertoire ausschöpfen. In: HAARMANN (1997) 131-164

BÖNSCH, M.: Unterrichtsmethoden konstruieren Lernwege. In: SEIBERT (2000), 23-70

BOURNE, L.E./ EKSTRAND, B.R.: Einführung in die Psychologie. Eschborn b. Frankfurt 1992

BRAUN-SCHARM, H.: Kinder- und jugendpsychiatrische Störungen und Schule. In: SEIBERT/SERVE/TERLINDEN (2000), 71-84

BRUNNHUBER, P.: Prinzipien effektiver Unterrichtsgestaltung. Donauwörth (19)1995

BRÜCKL, H.: Der Gesamtunterricht im ersten Schuljahr.
    München (2)1948
BRUNER, H.S. (Hrsg.): Studies in Cognitive Growth. New York 1966
BUCHEN, S.: Ganzheitliches Lernen in Unterricht und Weiterbildung.
    Weinheim 1993
CATANIA, A.G.: Learning. Baltimore (2)1992
CHOTT, P.: Das Prinzip der Lebensnähe. Frankfurt 1988
CLAPAREDE, E.: L'education functionelle. Neuchatel (2)1946
COHEN, J.: Psychologie psychologisch betrachtet. Freiburg 1959
COHN, R.: Von der Psychoanalyse zur themenzentrierten Interaktion.
    Stuttgart 1986
COMENIUS, J.A.: Opera Didactica Omnia. 1657, Neudruck Prag 1957
COPEI, F.: Der fruchtbare Moment im Bildungsprozess.
    Heidelberg (9)1969
CROWDER, N.A.: Automatic Tutoring by Means of Intrinsic
    Programming. In: LUMSDAINE/ GLASER (1964), 268-298
CUBE, F.v.: Kybernetische Grundlagen des Lernens und Lehrens.
    Stuttgart (4)1982
CUBE, F.v.: Die kybernetisch-informationstheoretische Didaktik.
    In: GUDJONS/ WINKEL (1999), 57-74
CZERWENKA, K.: Offener Unterricht. In: Forum E, 1992, Heft 5, 6-10
CZERWENKA, K.: Lehrer und Schüler unter dem Druck wechselseitiger
    Erwartungen. In: SEIBERT/ SERVE (1996),
CZERWENKA, K.: Der Auftrag der Schule - heute.
    In: SEIBERT/SERVE/TERLINDEN (2000), 153-172
CZERWENKA, K./ NOLLE, K. u. a.: Bericht über eine internationale
    Untersuchung von Schülerurteilen über Schule. Lüneburg 1989
DANNHÄUSER, A./ IPFLING, H.-J./ REITHMEIER, B.(Hrsg.): Ist die
    Schule noch zu retten? Plädoyer für eine neue Bildungsreform.
    Weinheim und Basel 1988
DERBOLAV, J.: Das "Exemplarische" im Bildungsraum des
    Gymnasiums. Düsseldorf 1957
DERBOLAV, J.: Was heißt "Wissenschaftsorientierter Unterricht"?
    In: Zeitschrift für Pädagogik, 23., 1977, 935-945
Deutscher Bildungsrat: Empfehlungen der Bildungskommission.
    Strukturplan für das Bildungswesen (1970). Stuttgart (3)1971
DEWEY, J.: Wie wir denken. Zürich 1951
DIETRICH, J. (Hrsg.): Handbuch Freinet-Pädagogik. Weinheim u. Basel
    1995
DIETRICH, T.: Die Psychologie Peter Petersens. Der Jena-Plan -
    Beispiel einer humanen Schule. Bad Heilbrunn (5)1991
DIETRICH,T. : Peter Petersen. In: GLÖCKEL/ GOLDMANN u.a. (1993),
    223-234
DIRSCHERL, K.: Der Lehrer als Manager.
    In: SEIBERT/SERVE/TERLINDEN (2000), 189-204
DOLCH, J.: Grundbegriffe der pädagogischen Fachsprache.
    München, (8)1971
DRASCHOFF, S.: Hinführung zum Einsatz neuer Medien. In KRAWITZ
    (1997), 178-185
DUMKE, D. (Hrsg.): Interaktiver Unterricht. Weinheim (2)1993
EBBERT, B.: Eltern-Lexikon Schule. Bochum 1999
EBERT, W.: Mehr Kreativität in der Schule. In: SCHRÖDER (1991)
    20-29
EBERT, W.: Lernen ist Evolution. Trostberg 1993
ECKINGER, L.: Grenzen öffnen für die Schule der Zukunft.
    Vortrag 1991
ECKINGER, L.: Schule neu gestlten. In: SEIBERT/SERVE (1994),
    947-966
EDELMANN, W.: Lernpsychologie. Weinheim (5)1996
EINSIEDLER, W.: Schulpädagogik - Unterricht und Erziehung in der
    Schule. In: ROTH (1991), 649-657

ERNST, H.: Die Neuorientierung des Hauptschullehrplans '85 an der Idee der Ganzheit. In: Bayerische Schule, 14/88, 21-24

ERNST, H.: Humanistische Schulpädagogik. Bad Heilbrunn 1993

ERNST, H.: Ganzheit und Menschlichkeit. Würzburg 1997

ERNST, H. u. SCHULZ, G.: Das Autorensystem und sein Einsatz in Schule und Universität. In: SCHRÖDER (1991), 147-166

ERNST, H./ GONNERT, S./ SCHULZ, G. (Hrsg.): Theorie und Praxis in der Lehrerbildung. München 1992

EULER, D.: Didaktik des computerunterstützten Lernens. Nürnberg 1992

EYKMANN, W.: Über die Ziele einer christlichen Elternbildung. In: ERNST/ GONNERT/ SCHULZ (1992) 96-113

FERRIERE, A.: Schule zur Selbstbetätigung oder Tatschule. Weimar (3)1928

FLECHSIG, K.H.: Die technologische Wendung in der Didaktik. In: ISSING/ KNIGGE-ILLNER (1976), 15-38

FRANK, H. (Hrsg.): Lehrmaschinen in kybernetischer und pädagogischer Sicht. 3 Bde., Stuttgart 1963-1965

FRANK, H.: Kybernetik - Brücke zwischen den Wissenschaften. Frankfurt (4)1964

FRANK, H.: Kybernetische Grundlagen der Pädagogik. Baden-Baden 1970

FRÖHLICH. W.D.: Wörterbuch der Psychologie. München (22)1998

FUNG, E./ VISSCHER, A./ BARTA B.Z. (ed.): Information Technology in Educational Management for the Schools of the Future. Dortrecht 1997

FURCK, C.F.: Das pädagogische Problem der Leistung in der Schule. Weinheim, Basel (5) 1975

GAGNÉ, R.M.: Die Bedingungen des menschlichen Lernens. Hannover (5)1980

GARLICHS, A.: Alltag im offenen Unterricht. Frankfurt 1991

GAUDIG, H.: Freie geistige Schularbeit in Theorie und Praxis. Breslau (2)1922

GAUDIG, H.: Die Schule im Dienste der werdenden Persönlichkeit. Leipzig (3)1930

GEISSLER, E.E.: Analyse des Unterrichts. Bochum 1980

GENSICKE, T.: Wertewandel an der Schwelle zum 3. Jahrtausend. In: SEIBERT/SERVE/TERLINDEN (2000), 21-56

GLÖCKEL, H.: Beiträge zu einer realistischen Schulpädagogik. Donauwörth 1981.

GLÖCKEL, H.: Vom Unterricht. Lehrbuch der Allgemeinen Didaktik. Bad Heilbrunn (3)1996

GLÖCKEL, H./ GOLDMANN, U./ MATTHESE, E./ SCHÜLER, U. (Hrsg.): Bedeutende Schulpädagogen. Bad Heilbrunn 1993

GLÖCKEL, H./ RABENSTEIN, R./ DRESCHER, R./ KREISELMEYER, H. (Hrsg.): Vorbereitung des Unterrichts. Bad Heilbrunn 1989

GLOGAUER, W.: Die neuen Medien verändern die Kindheit. Weinheim 1993

GOLEMAN, D./ KAUFMAN, P./ RAY, M. : Kreativität entdecken. München u. Wien 1997

GORDON, T.: Lehrer-Schüler-Konferenz. München (13)1999

GRÄSEL. G./ GRUBER, H.: Kooperatives Lernen in der Schule. In: SEIBERT (2000), 161-176

GRAF, K.D. (Hrsg.): Computer in der Schule. Stuttgart 1985

GRELL, J.: Techniken des Lehrerverhaltens. Weinheim (14)1992

GUDJONS, H.: Handlungsorientiert Lehren und Lernen. Projektunterricht und Schüleraktivität. Bad Heilbrunn 1986

GUDJONS, H.: Didaktik zum Anfassen. Bad Heilbrunn 1997

GUDJONS, H./ WINKEL, W. (Hrsg.): Didaktische Theorien. Braunschweig (10)1999

HAARMANN, D. (Hrsg.): Handbuch Elementare Schulpädagogik. Weinheim u. Basel 1997

HABERMAS, J.: Technik und Wissenschaft als "Ideologie". Franfurt 1968

HÄNSEL, D.: Das Projektbuch Grundschule. Weinheim 1986
HALLITZKY, M.: Strukturen der methodischen Öffnung in reformpäd-
    agogischen Unterrichtskonzeptionen.
    In: SEIBERT/SERVE/TERLINDEN (2000), 115-138
HANSELMANN, J./ WETTER, F.: Neue Leitsätze für den Unterricht an
    Grund-, Haupt- und Sondervolksschulen. München 1989
HARROW, A.J.: A Taxonomy of the Psychomotoric Domain.
    New York 1972
HARTFIEL, G. (Hrsg.): Das Leistungsprinzip. Opladen 1977
HECKHAUSEN, H.: Förderung der Lernmotivierung und der
    intellektuellen Tüchtigkeit. In: ROTH (1970), 193-228
HECKHAUSEN, H.: Motivation. Kognitionspsychologische Aufspaltung
    eines summarischen Konstrukts. In: Psychologische Rundschau,
    28., 1977, 175-189
HECKHAUSEN, H.: Motivation und Handeln. Heidelberg 1980
HEIMANN, P.: Didaktik als Unterrichtswissenschaft. In: REICH u.
    THOMAS (1976)
HEIMANN, P., OTTO, F. u. SCHULZ, W.: Unterricht. Analyse und
    Planung. Hannover 1979
HELLE, H.J.: Gesellschaftliche Tendenzen und Perspektiven in
    Deutschland zu Beginn des dritten Jhrtausends. In: SEIBERT/
    SERVE (1994), 72-102
HELLER, K.A.: Schulleistungsprognose. In: OERTER/ MONTADA
    (1998), 983-989
HENGSTENBERG, H.-E.: Grundlagen der Ethik. Würzburg 1989
HENTIG, H.v.: Die Bielefelder Laborschule. Göttingen 1971
HENTIG, H.v.: Die Schule neu denken. Eine Übung in praktischer
    Vernunft. München, Wien 1993
HENZ, H.: Lehrbuch der systematischen Pädagogik. Freiburg, Basel,
    Wien (3)1975
HENZ, H.: Ethische Erziehung. München 1991
HENZ, H.: Bildungstheorie. Frankfurt 1991
HERBART, J.F.: Allgemeine Pädagogik. Göttingen 1906
HESSE, H. FISCHER, A. u. HOPPE, R. : Kommunikation und
    Kooperation im Unterricht. Baltmannsweiler 1992
HEURSEN, G. : Ungewöhnliche Didaktiken. Hamburg 1997
HIERDEIS, W. (Hrsg.): Taschenbuch der Pädagogik.
    Baltmannsweiler 1978
HILLEBRAND, M.J.: Psychologie des Lernens und Lehrens. Ein
    anthropologische Grundlegung. Bern, Stuttgart 1958
HILLMANN, K.-W.: Wörterbuch der Soziologie. Stuttgart (4)1994
HÖHLER, G. : Kreativität in der Schule. In: HÖHLER u.a.: Kreativität in
    Schule und Gesellschaft. Donauwörth 1994, S. 62-99
HOLZKAMP, K.: Lernen. Subjektwissenschaftliche Grundlegung.
    Frankfurt u. New York 1993
HORN, H.A.: Der Leipziger Lehrerverein. In: GLÖCKEL/ GOLDMANN
    u.a. (1993), 125-143
INGENKAMP; K.H. (Hrsg.): Die Fragwürdigkeit der Zensurengebung.
    Weinheim u. Basel (8)1989
INGENKMP; K.H.: Lehrbuch der pädagogischen Diagnostik. Weinheim
    u. Basel (2)1992
INGENKAMP, F.B.: Zielerreichendes Lernen - Mastery Learning.
    Ravensburg 1979
IPFLING, H.-J. (Hrsg.): Grundbegriffe der pädagogischen Fachsprache.
    München 1974
IPFLING, H.-J.: Volksschüler unter Leistungsdruck. In: Bayer. Schule,
    28., 1975, H.15, 23-26
IPFLING, H.-J.: Unterrichtsmethoden der Reformpädagogik. Bad
    Heilbrunn 1992
ISSING, L.J.: Information und Lernen mit Multimedia.
    Weinheim (2)1997
ISSING, L.J./ KNIGGE-ILLNER, H. (Hrsg.): Unterrichtstechnologie und
    Mediendidaktik. Weinheim 1976

ISSING, L.J./ TOBER, K.: Autorensystem für die Entwicklung computerunterstützter Lernprogramme. Berlin 1988
JANKE, W./ MEYER, H.: Didaktische Modelle. Frankfurt 1991
JÜRGENS, E.: Leistung und Beurteilung in der Schule. St. Augustin (4)1998
KAISER, A./ KAISER, R.: Studienbuch Pädagogik. Frankfurt (9)1998
KAISER, E.: Unterrichtsformen, Differenzierung und Individualisierung. In: ROTH (1991), 730-741
KARMANN, G.: Humanistische Psychologie und Pädagogik. Bad Heilbrunn 1987
KARSEN, F.: Sinn und Gestalt der Arbeitsschule. In: GRIMME (1930)
KATZ, Y./ MILLIN, D./ OFFIR, B.: Impact of Informtion Technology. From practice to curriculum Dordrecht 1996
KEIL, W.: Psychologie des Unterrichts. München 1977
KERSCHENSTEINER, G.: Das Grundaxiom des Bildungsprozesses und seine Folgerungen für die Schulorganisation. München 1919
KERSCHENSTEINER, G.: Der Begriff der Arbeitsschule. München 1912, Stuttgart (11)1955
KERSTIENS, L.: Erziehungsziel: Humanes Leben. Bad Heilbrunn 1991
KIRCHER, E./ GIRWIDZ, R./ HÄUßLER, P.: Physikdidaktik. Wiesbaden 1999
KLAFKI, W.: Das pädagogische Problem des Elementaren und die Theorie der kategorialen Bildung. Weinheim (4)1964
KLAFKI, W.: Die Fruchtbarkeit des Elementaren für die Bildungsarbeit der Volksschule. In: Bayer. Schule, 17., 1964, 373-379
KLAFKI, W.: Didaktik und Methodik. In: GROOTHOFF (1964), 50-65
KLAFKI, W.: Didaktik und Methodik. In: HIERDEIS (1978), 160-177
KLAFKI, W.: Prinzipien einer demokratischen Schule. In: DANNHÄUSER u.a. (1988), 15-21
KLAFKI, W.: Neue Studien zur Bildungstheorie und Didaktik. Weinheim u.Basel (54)1996
KLAFKI, W. : Sinn und Unsinn des Leistungsprinzips in der Erziehung. In: KLAFKI (1996), 209-247
KLAFKI, W.: Zur Unterrichtsplanung im Sinne kritisch-konstruktiver Didaktik. In: KLAFKI (1996), 251-284
KLAFKI, W.: Die bildungstheoretische Didaktik im Rahmen kritisch-konstruktiver Erziehungswissenschaft. In: GUDJONS/ WINKEL (1999), 13-34
KLAFKI, W./ STÖCKER, H.: Innere Differenzierung des Unterrichts. In: KLAFKI (1993), 173-208
KLASSEN, T.Г./ SKIERA, E./ WÄCHTER, B. (Hrsg.): Handbuch der reformpädagogischen und alternativen Schulen in Europa. Baltmannsweiler 1990
KLINGBERG, L.: Lehrende und Lernende im Unterrricht. Berlin 1990
KOCH, L.: Logik des Lernens. Weinheim 1991
KOCK, P. : Praktische Schulpädagogik. Donauwörth 1987
KOCK, P. u. OTT, H: Wörterbuch der Erziehung und Unterricht. Donauwörth (6)1997
KÖHLER, W.: The Task of Gestalt Psychology. Princeton, NJ 1947
KÖNIG, E.: Werte und Normen in der Erziehung. In: ROTH (1991), 219-229
KÖSEL, E.: Die Modellierung von Lernwelten. Elztal-Dallau 1993
KOZDON, B.: Hauptaufgaben der Schule. In: SEIBERT/SERVE/TERLINDEN (2000), 105-114
KRATHWOHL, D.R./ BLOOM, B.S./ MASSIA, B.B.:Taxonomie von Lernzielen im affektiven Bereich. Weinheim, Basel 1975
KRATOCHWIL, L.: Unterrichten können. Brennpunkte der Didaktik. Baltmannsweiler 1992
KRAWITZ, R: Pädagogik statt Therapie. Vom Sinn individualpsychologischen Sehens, Denkens und Handels. Bad Heilbrunn (3) 1997
KRAWITZ, R. (Hrsg.): Bildung im Haus des Lernens. Bad Heilbrunn 1997

KRAWITZ, R.: Unterricht als individualpädagogische Praxis.
In: SEIBERT (2000), 89-114
KRAWITZ, R./ KURZ, G.: Unterricht zwischen Planung und Prozess. In:
KRAWITZ (1997) 92-108
KREISELMEYER, H.: Praktisches Lernen in der Schule. In: unterrichten
erziehen 1993, H. 8, 9-12
KRON, F.W.: Grundwissen Didaktik. München u. Basel 1993
KRON, F.W.: Grundwissen Pädagogik. München u. Basel (5)1996
KRUEGER, F.: Lehre von dem Ganzen. Bern 1949
LAY, W.A.: Die Tatschule. Leipzig 1911
Leipziger Lehrerverein (Hrsg.): Die Arbeitsschule. Leipzig 1909
Leipziger Lehrerverein: Gesamtunterricht im 1. u. 2. Schuljahr.
Leipzig 1914
LERSCH, P.: Der Mensch als soziales Wesen. München (2) 1965
LEWIN, K.: Field Theory in Social Science. New York 1951
LORENZ, K.: Die Rückseite des Spiegels. München u. Zürich (2)1973
LOSER E./ TERHART, E.: Schule als Lebensraum - Schüler und Lehrer.
In: ROTH (1991), 859-868
LÜTTERFELDS, W. : Bildung zwischen individuellem Anspruch und
kultureller Norm. In: SEIBERT/SERVE/TERLINDEN (2000), 269-314
LUMSDAINE, A.A./ GLASER, R.: Teaching Machines and Programming
Learning. Washington (6)1964
MARBE, K.: Experimentalpsychologische Untersuchungen über das
Urteil. München 1913
MARX, K./ ENGELS F.: Manifest der Kommunistischen Partei. 1848,
Frankfurt 1970
MASLOW, A.: Motivation und Persönlichkeit. Freiburg (2)1978
MAIER, W.: Grundkurs Medienpädagogik und Mediendidaktik.
Weinheim 1998
MAUERMANN, L. (Hrsg.): Lehrer als Erzieher. Donauwörth 1987
MAYR, F.J.M.: Offene Schule. Frankfurt, Berlin u.a. 1999
MERTENS; G. Umwelterziehung. Paderborn 1989
METZGER, W.: Gesetze des Sehens. Frankfurt (2)1954
METZGER, W.: Stimmung und Leistung. Münster (4)1967
MEYER, E./ WINKEL, R. (Hrsg.): Unser Ziel: Humane Schule.
Baltmannsweiler 1991
MEYER, E./ WINKEL, R. (Hrsg.): Unser Konzept: Lernen in Gruppen.
Baltmannsweiler 1991
MEYER, H.: Leitfaden zur Unterrichtsvorbereitung. Königstein/Ts.1980
MEYER, H.: Unterrichtsmethoden. Frankfurt 1994
MIETZEL, G.: Pädagogische Psychologie des Lernens und Lehrens.
Göttingen, Bern (5)1998
MOEGLING, K.: Fächerübergreifender Unterricht - Wege ganzheitlichen
Lernens in der Schule. Bad Heilbrunn 1998
MÖLLER, C.: Die curriculare Didaktik. In: GUDJONS/ WINKEL
(1999), 57-92
MOGEL, H.: Wirklichkeit, Erfahrungsbildung und Erfahrungsverar-
beitung im Spiel des Kindes.
In: SEIBERT/SERVE/TERLINDEN (2000), 57-70
MÜLLER, W.: Vortrag zur Einweihung des Zentrums für Sprachen und
Mediendidaktik der Universität Würzburg. Würzburg 1999
NAEF, R.D.: Rationeller Lernen lernen. Weinheim (4) 1973
NEUMANN-SIEMON, E. : Geschlossener und offener Unterricht.
Theoriehelfer. München 1991
OBLINGER, H.: Theorie der Schule. Donauwörth (2)1979.
OBLINGER, H.: Lernzielorientierter Unterricht. In: OBLINGER u.a.
(1985), 11-15
OBLINGER, H.: Wissenschaftsorientierter Unterricht.
In: OBLINGER u.a.(1985), 44-53
OBLINGER, H.: Lernzeitorientierter Unterricht (mastery learning) In:
OBLINGER u.a. (1985), 103-107
OBLINGER, H./ KOTZIAN, O./ WALDMANN, J.: Grundlegende
Unterrichtskonzeptionen. Donauwörth 1985

OERTER, R.: Entwicklung und Förderung. Angewandte Entwicklungspsychologie. In: ROTH (1991), 158-171
OERTER, R.: Motivation und Handlungssteuerung. In: OERTER/ MONTADA (1998), 758-822
OERTER, R./. MONTADA, L.: Entwicklungspsychologie. Weinheim (4) 1998
OESTREICH, P.: Menschenbildung. Ziele und Wege der Entschiedenen Schulreform. Berlin 1922
OESTREICH, H.: Die Schule zur Volkskultur. Rudolstadt/Thür. (2)1945
OLECHOWSKI, R./ GARNITSCHNIG, K. (Hrsg.): Humane Schule. Frankfurt, Berlin u.a. 1999
OLWEUS, D. : Gewalt in der Schule. Bern (2)1999
OTTO, B.: Geistiger Verkehr mit Schülern im Gesamtunterricht. Groß-Lichterfelde 1907
OTTO G./ SCHULZ W. (Hrsg.): Methoden und Medien der Erziehung und des Unterrichts. Stuttgart u. Dresden 1996
PAPPLER, M. (Hrsg.): Umwelterziehung im Klassenzimmer. Donauwörth 1999
PARKHURST, H.: Education on the Dalton-Plan. London 1923
PASK, G.: Electronic Keyboard Teaching Machines. In: LUMSDAINE/.GLASER (1964), 336-348
PASSEY, D./ SAMWAYS, B. (Ed.): Information Technology. Supporting change through teacher education. Dordrecht 1997
PAULUS, CH.: Das multidimensionale Lernprofil. Bern, Berlin u.a. 1999
PAWLOW, I.P.: Lectures on Conditioned Reflexes. New York 1941
PETERSEN, J./ REINERT, G.B. (Hrsg.): Medien und Methoden des Unterrichts. Donauwörth 1994
PETERSEN, P.: Der kleine Jena-Plan. Weinheim (5)1968
PETERßEN, W.H.: Handbuch Unterrichtsplanung. München 1982
PETERßEN, W.H.: Didaktik und Curriculum/Lehrplan. In: ROTH (1991), 658-673
PETERßEN, W.H.: Lehrbuch Allgemeine Didaktik. München (4)1996
PIAGET, J.: Psychologie der Intelligenz. Zürich, Stuttgart (2)1966
PÖGGELER, E.: Grundwerte in der Erziehung. Freiburg 1994
POPP, S.: Der Daltonplan in Theorie und Praxis. Bad Heilbrunn 1995
PRELL, S.: Neue Didaktik. Die Integration von Diagnose und Evaluation im Unterricht. In: SEIBERT/SERVE/TERLINDEN (2000), 231-268
PRESSEY, S.L.: A Simple Apparatus which Gives Tests and Scores and Teaches. In: School and Society, 23., 1926, 373-376
PRESSEY, S.L.: A Machine for Automatic Teaching of Drill Material. School and Society, 25., 1927, 549-552
RAGALLER, S.: Die Methodenfrage im Sachunterricht der Grundschule. In: SEIBERT (2000), 177-212
REBLE,A.: Zum Prinzip des wissenschaftsorientierten Unterichts. In: Zeitschrift für Pädagogik, 25., 1979, 65-79
REBLE, A. (Hrsg.): Die Arbeitsschule. Bad Heilbrunn (4)1979
REBLE, A.: Was fordert die Schule von der Erziehungswissenschaft in der Lehrerausbildung. Vortrag Fachschaft Päd./Schulpäd. Ichenhausen 1986
REIN, W.: Pädagogik im Grundriss Leipzig (2)1927
REINHARDT, K.: Öffnung der Schule. Community Education als Konzept für die Schule der Zukunft. Weinheim, Basel 1992
REINMANN-ROTHMEIER, G./ MANDL, H.: Unterrichten und Lernumgebungen gestalten. München 1999
RICHTER, N.: Gestaltpädagogisches Lehren und Lernen im Deutsch als Fremdsprache-Unterricht. Bern, Berlin u.a. 1999
ROBINSOHN, S.B.: Bildungsreform als Revision des Curriculums. Neuwied 1967
ROBINSOHN, S.B.: Erziehung als Wissenschaft. Stuttgart 1973
ROLLETT, B.: Pädagogische Intervention, Anamnese, Gutachten, Therapieformen. In: ROTH (1991), 880-892
ROTH, H. (Hrsg.): Begabung und Lernen. Stuttgart (5) 1970
ROTH, H.: Pädagogische Psychologie des Lehrens und Lernens. Hannover (14)1973

ROTH, L. (Hrsg.): Pädagogik. Handbuch für Studium und Praxis. München 1991
SACHER, W.: Prüfen, Beurteilen, Benoten. Bad Heilbrunn (2)1996
SACHER, W.: Computer und die Krise des Lernens. Bad Heilbrunn 1990
SACHER, W.: Audiovisuelle Medien und Medienerziehung in der Schule. München 1994
SACHER, W.: Schulische Medienarbeit im Computerzeitalter. Bad Heilbrunn 2000
SCHEIBE, W.: Die reformpädagogische Bewegung. Weinheim u. Basel (10)1999
SCHEIBNER, O.: Die Arbeitsschule in Idee und Gestaltung. Heidelberg (6)1962
SCHELER, M.: Der Formalismus in der Ethik und die materiale Wertethik. Halle (5)1966
SCHELSKY, H.: Schule und Erziehung in der industriellen Gesellschaft. Würzburg (3)1961
SCHERMER, F.J.: Grundlagen de Psychologie. Stuttgart 1999
SCHIEFELE, H.: Schule von heute - Schule für morgen? München 1969
SCHIEFELE; H.: Disziplin - überflüssig für eine freiheitliche Erziehung? Schulreport 1974, Heft 3, o.S.
SCHIEFELE, H./ KRAPP, A.: Aus Interesse lernen - Mit Interesse leben. München 1990
SCHILCHER, A.: Zwischen traditionellem Aufsatz und kreativem Schreiben. In: SEIBERT (2000) 213-228
SCHIEFELE, H./ PRENZEL, M.: Motivation und Interesse. In: ROTH (1991), 813-823
SCHMIDT, H.: Denkschrift zur Gründung eines Instituts für Regelungstechnik (1941). Quickborn 1961
SCHMIDT, H.-D./ SCHAARSCHMIDT, U./ PETER, V. (Hrsg.): Dem Kinde zugewandt. Baltmannsweiler 1991
SCHMIRBER, G.: Ethik und Werterziehung. Regensburg 1992
SCHNEIDER, W.: Entwicklung des Gedächtnisses. In: OERTER/ MONTADA (1998), 654-704
SCHORCH, G.: Unterrichtsplanung und Unterrichtsvorbereitung. In: ROTH (1991), 704-715
SCHRAMM, A.: 50 Unterrichtsbegriffe aus dem 20. Jahrhundert. München 1975
SCHRÄDER-NAEF, R.D.: Schüler lernen Lernen. Weinheim, Basel 1977
SCHRÖDER, H.: Erziehungsziel: Persönlichkeit. Wissenschaft und Schule, Bd. 1, München (2)1990
SCHRÖDER, H. (Hrsg.): Blickpunkt Schule. Aktuelle Probleme in Schule und Unterricht. München 1991
SCHRÖDER, H.: Grundwortschatz Erziehungswissenschaft. München (2)1992
SCHRODER,H.: Studienbuch Allgemeine Didktik. München 1995
SCHRODER, H.: Leistung in der Schule. München 1997
SCHRÖDER, H.: Theorie und Praxis der Erziehung. Der Erziehungsauftrag der Schule als Herausforderung. München (2)1999
SCHRÖDER, H. u. SCHRÖDER, R.: Theorie und Praxis der AV-Medien im Unterricht. München 1989
SCHRÖDER,R.: AV-Medien im Unterricht an Schulen für Sprachbehinderte und Hörbehinderte. Frankfurt 1987
SCHRÖTER, G.: Medien im Unterricht. Donauwörth 1981
SCHULZ, G.: Umwelterziehung in der Schule. In: SCHRÖDER (1991), 112-125
SCHULZ, W.: Die lehrtheoretische Didaktik. In: GUDJONS/ WINKEL (1999), 35-52
SEEL, N.M.: Psychologie des Lernens. München 2000
SEIBERT, N.: Das Unterrichtsprinzip der Differenzierung. In : SEIBERT/ SERVE (1992), 95-126
SEIBERT, N.: Das Unterrichtsprinzip der Strukturierung. In: SEIBERT/ SERVE (1992), 197-214

SEIBERT, N.: Das Unterrichtsprinzip der Veranschaulichung. In: SEIBERT/ SERVE (1992), 247-265
SEIBERT, N.: Unterricht- ein Spagat zwischen Sachanspruch und Kindbedürfnis. In: SEIBERT/SERVE/TERLINDEN (2000), 205-227
SEIBERT, N. (Hrsg.): Unterrichtsmethoden kontrovers. Bad Heilbrunn 2000
SEIBERT, N./ SERVE, H.J./ ZÖPFL, H. (Hrsg.): Schulpädagogik. München 1990
SEIBERT, N./ SERVE, H.J. (Hrsg.): Prinzipien guten Unterrichts. München 1992
SEIBERT, N./SERVE H.J. (Hrsg.): Bildung und Erziehung an der Schwelle zum dritten Jahrtausend. München 1994, Studienausgabe: Marquartstein 1996
SEIBERT, N./ SERVE, H.J./ TERLINDEN, R. (Hrsg.): Problemfelder der Schulpädagogik. Bad Heilbrunn 2000
SEITZ, O.: Kriterien guten Unterrichts. In: SEIBERT/ SERVE (1992), 45-93
SEITZ, R. : Wollen wir Kreativität wirklich in unseren Schulen? In: HÖHLER u.a. Kreativität in Schule und Gesellschaft. Donauwörth 1994, 44-61
SERVE, H.J.: Das Unterrichtsprinzip der Motivierung. In: SEIBERT/ SERVE (1992), 165-195
SERVE, H.J.: Das Unterrichtsprinzip der Übung. In: SEIBERT/ SERVE (1992), 221-243
SERVE, H.J.: Förderung der Kreativitätsentfaltung als implizite Bildungsaufgabe der Schule. München 1994
SERVE, H.J.: Veranwortungserziehung heute - eine schulpädagogische Bildungsaufgabe zwischen modernistischer Rhetorik und aktueller Problematik. In: SEIBERT/SERVE/TERLINDEN (2000), 115-130
SKINNER, B.F.: Science and Human Behavior. New York 1953
SKINNER, B.F.: The Science of Learning and the Art of Teaching. Harvard educ. Rev., 24., 1954, 86-97
SKINNER, B.F.: Beyond of Freedom and Dignity. New York 1971, dtsch.: Jenseits von Freiheit und Würde. Hannover 1973
SKOWRONEK, H.: Psychologische Grundlagen einer Didaktik der Denkerziehung. Hannover 1970
SKOWRONEK, H.: Lernen und Lerntheorien. In: ROTH (1991),183-193
SPRANGER, E.: Die Fruchtbarkeit des Elementaren. In: Die Schule, 3., 1948, 161-164
STEPPI, H.: CBT Computer Based Training. Planung, Design und Entwicklung interaktiver Lernprogramme. Stuttgart 1989
STONES, E.: Psychologie des Lernens und Lehrens. Weinheim 1972
STÄMMLER, F.M. u. BECK,W.: Ganzheitliche Veränderung in der Gestalttherapie. Wuppertal 1998
STÖCKER, K.: Neuzeitliche Unterrichtsgestaltung. München (18)1984
TAUSCH, R. u. TAUSCH, A.: Erziehungspsychologie. Göttingen (9)1979
THORNDIKE, E.L.: The Fundamentals of Learning. New York 1932
TOLMAN, E.C.: Collected Papers in Psychology. Berkely 1951
TULODZIECKI, G.: Medien in Unterricht und Erziehung. In: ROTH (1991), 742-751
WAGENSCHEIN, M.: Der Begriff des exemplarischen Lernens. In: Zeitschr. f. Päd., 1956, 129-153
WAGENSCHEIN, M.: Kinder auf dem Weg zur Physik. Weinheim (3)1990
WAGNER, R.: Rückkoppelung und Regelung. Ein Urprinzip des Lebenden. In: Naturwiss., 48, 1961, 235-246
WALDMANN, J.: Schülerorientierter Unterr. In: OBLINGER u.a.(1985), 109-114
WATZLAWICK, P/ BEAVIN, J.H./ JACKSON, D.: Menschliche Kommunikation. Bern (4)1974
WEGMANN, R.:Theorie des Unterrichts. München 1964

WEINERT, F.: Theory Buildung in the Domain of Motivation and Learning in School. München 1990

WEISS, R.: Aufgaben der Zensuren und Zeugnisse. In: INNGENKAMP (1989), 62-66

WEISS, R.: Die Zuverlässigkeit von Ziffernnoten bei Aufsätzen und Rechenarbeiten. In: INGENKAMP (1989), 104-116

WELLENHOFER, W.: Grundlagen einer modernen Arbeitsblatt-Praxis. München 1991

WENIGER, E.: Theorie der Bildungsinhalte und des Lehrplans. 1962

WIATER, W.: Unterrichten und Lernen in der Schule. Donauwörth 1993

WIATER, W.: Vom Schüler her unterrichten. Donauwörth 1999

WIATER, W.: Jeden Schüler aus seinen Selbstäußerungen heraus verstehen. In: SEIBERT/SERVE/TERLINDEN (2000), 85-104

WICHELMANN, E.: Lernen im Netz. Internetnutzung in Unterricht und Schulleben. In: KRAWITZ (1997), 186-197

WIENER, N.: The Human Use of Human Beings. Cybernetic and Society. New York 1948

WILHELM, T.: Theorie der Schule. Stuttgart (2)1969

WINKEL, R.: Der gestörte Unterricht. Bochum (2)1980

WINKEL, R. (Hrsg.): Didaktische Theorien. Braunschweig 1981

WINKEL, R.: Theorie und Praxis der Schule. Baltmannsweiler 1997

WINKEL, R.: Die kritisch-kommunikative Didaktik. In: GUDJONS/WINKEL (1999), 93-112

ZIMMER, J./ NIGGEMAYER, E.: Macht die Schule auf, lasst das Leben rein! Weinheim 1986

ZITZLSPERGER, H.: Ganzheitliches Lernen. Weinheim u. Basel (3)1993

ZÖPFL, H.: Unterricht. In: ZÖPFL/ HUBER (1990)

ZÖPFL, H./ HUBER, H.: Über Grundlagen von Bildung und Erziehung. Donauwörth 1990

www.ingramcontent.com/pod-product-compliance
Lightning Source LLC
Chambersburg PA
CBHW030812100426
42814CB00002B/88